Dietmar Lütz

HOMO VIATOR

Karl Barths Ringen mit Schleiermacher

TVZ

THEOLOGISCHER VERLAG ZÜRICH

CIP-Titelaufnahme der Deutschen Bibliothek

Lütz, Dietmar:
Homo viator : Karl Barths Ringen mit Schleiermacher / von
Dietmar Lütz. - Zürich: Theol. Verl., 1988
Zugl.: Zürich, Univ., Diss., 1987
ISBN 3-290-10022-7

Meinen Kindern

JOHANNES

GABRIEL

DOROTHEE

die mit wachem und mitfühlendem Interesse
den Fortgang der Arbeit begleitet haben

Proficere est nihil aliud nisi
semper incipere.

LUTHER
WA 4, 350,14

VORWORT

Dies ist eine Arbeit über Karl Barth, nicht über Schleiermacher. Sie ist entstanden aus der Beschäftigung mit der Dialektischen Theologie in ihrer Auseinandersetzung mit Schleiermacher.

Ich habe Karl Barth während meines Studiums *nicht* kennengelernt. Er schien uns als "veraltet", als "nicht zeitgemäss". Heute, nach einigen Jahren des Nachholens, erscheint es mir unvorstellbar, wie man "an Barth vorbei" überhaupt Theologie studieren kann! Sehr freuen würde ich mich, wenn diese Arbeit, die ja durchaus den Charakter einer theologischen Biographie besitzt, auch anderen Theologen und Theologiestudenten Appetit macht auf Barth.

Danken möchte ich an dieser Stelle Herrn Prof. Dr. H. Geisser von der Universität Zürich für seine fröhliche Ermutigung, mit der er das Entstehen dieser Arbeit stets begleitet hat. Danken möchte ich ihm besonders dafür, dass seine Begleitung in keiner Phase etwas Drängendes oder Zwängendes an sich hatte. Er hat dadurch, dass er mich "meine" Arbeit schreiben liess, auch ein Risiko auf sich genommen. Ich schätze das sehr.

Danken möchte ich auch der Universität Zürich, die für die Herstellung dieser Arbeit den Zentralkomputer zur Verfügung gestellt hat.

An dieser Stelle darf der Name eines sehr guten Freundes nicht unerwähnt bleiben: Prediger Philipp Zielke aus Stabio. Er - im übrigen ein grosser Barthkenner und -freund - hat mir in überaus selbstloser Weise den grössten Teil der von mir benutzten Barth-Literatur geschenkt. Ohne diese Hilfe hätte ich ganz schlicht die Arbeit nicht durchführen können. Etwas ähnliches gilt übrigens auch für die Seminarbibliothek der Baptistischen Theologischen Hochschule in Rüschlikon bei Zürich. In der Zeit meines Literaturstudiums für diese Arbeit habe ich die Geduld und Freundlichkeit dortiger Bibliotheksleiter und -benutzer mehr als einmal auf eine harte Probe gestellt.

Ein besonderer, abschliessender Dank gilt meiner Familie, die mich durch ihre verständnisvolle Rücksichtnahme überhaupt erst in Stand gesetzt hat, diese Arbeit zu schreiben und zu beenden. Dabei war mir das ungläubige Staunen meiner Kinder darüber, dass der Papa ein "Buch"(!) schreibt, der grösste Antrieb, und das zu einer Zeit, als ich bereits aufgeben wollte.

Ich freue mich, mit dieser Arbeit im 100. Geburtsjahr Karl Barths einen Beitrag dazu geleistet zu haben, diesen erstaunlichen und faszinierenden Theologen zu ehren.

Zürich, zu Weihnachten im Barth-Jahr 1986

Die vorliegende Untersuchung ist die leicht überarbeitete Fassung einer Arbeit, die im Dezember 1986 bei der Theologischen Fakultät der Universität Zürich als Dissertation eingereicht wurde.

ABKÜRZUNGEN HÄUFIG VERWENDETER LITERATUR

Standardabkürzungen nach G. Krause, G. Müller, (Hrsg.), **Theologische Realenzyklopädie. Abkürzungsverzeichnis.** Berlin, Walter de Gruyter, 1976. Für Einzelheiten siehe das Verzeichnis der verwendeten Literatur am Schluss dieser Arbeit.

Autoren, von denen wir hauptsächlich nur ein Werk verwendet haben, werden meist nur mit ihrem Namen und der Seitenangabe zitiert.

[ ] kennzeichnet Auslassungen und Ergänzungen in den Vorlagen. { } kennzeichnet eigene Auslassungen und Ergänzungen. Jahreszahlen mit Hochzeichen (z.B. 1928^2) geben das Erscheinungsjahr und die Auflage.

Abschied	Barth, K., "Abschied", **ZZ** 1933
AF	**Archivio di Filosofia**
Anfänge I	Moltmann, J., (Hrsg.), **Anfänge der dialektischen Theologie. Bd.I.**
Anfänge II	Moltmann, J., (Hrsg.), **Anfänge der dialektischen Theologie. Bd.II.**
Aufruf	Härle, W., "Der Aufruf der 93 Intellektuellen und Karl Barths Bruch mit der liberalen Theologie",
BKB	**Bibliographie Karl Barth.**
Briefe	Barth, K., **Briefe 1961 -1968.**

Versuch	Barth, K. **Rudolf Bultmann.** Ein Versuch, ihn zu verstehen. 1952
BwBonh	Barth, K. und Bonhoeffer, D., "Briefwechsel",
BwBu	Barth, K. und Bultmann, R., **Briefwechsel.**
BwHarnack	Barth, K. und v.Harnack, A., "Ein Briefwechsel mit Adolf von Harnack", 1923
BwKittel	Barth, K. und Kittel, G., **Ein theologischer Briefwechsel.**
BwTh I	Barth, K. und Thurneysen, E., **Briefwechsel.** Bd. I
BwTh II	Barth, K. und Thurneysen, E., **Briefwechsel.** Bd. II
ChW	**Die Christliche Welt**
CD	Barth, K., **Die Christliche Dogmatik im Entwurf.** 1927
Einführung	Barth, K., **Einführung in die evangelische Theologie.** 1970
EK	**Evangelische Kommentare**
EvTh19.Jh	Barth, K., **Evangelische Theologie im 19. Jahrhundert.** 1957
EvTh	**Evangelische Theologie**
FQI	Barth, K., **Fides quaerens intellectum.** 1931
GA	**Karl Barth - Gesamtausgabe.**
Gedenkfeier	**Gedenkfeier im Basler Münster.** ThSt 100. 1969

GL²	Schleiermacher, F.D.E., **Der christliche Glaube.** 2. Auflage , 1830
Grundriss	Barth, K., **Dogmatik im Grundriss.** 1947
KBRS	**Kirchenblatt für die Reformierte Schweiz**
KD	Barth, K., **Die Kirchliche Dogmatik.**
KuD	**Kerygma und Dogma**
Lebenslauf	Busch, E., **Karl Barths Lebenslauf.** 1975
Menschlichkeit	Barth, K., **Die Menschlichkeit Gottes.** 1956
MyW¹, MyW²	Brunner, E., **Die Mystik und das Wort.** 1924 bzw 1928
Nachwort	Barth, K., "Nachwort", zu Bolli, H., (Hrsg.), **Schleiermacher-Auswahl.**
NKZ	**Neue Kirchliche Zeitschrift**
NZSTh	**Neue Zeitschrift für Systematische Theologie**
oBriefe	Barth, K., **Offene Briefe 1945 - 1968.**
ProtTh	Barth, K., **Die Protestantische Theologie im 19. Jahrhundert.** 1947
Ref.	**Reformatio**
RGG²	**Religion in Geschichte und Gegenwart.** 2. Auflage, 1927-1931
RGG³	**Religion in Geschichte und Gegenwart.** 3. Auflage, 1956-1962
Röm¹	Barth, K., **Der Römerbrief.** 1919
Röm²	Barth, K., **Der Römerbrief.** 1922

SJTh	Scottish Journal of Theology
Table Talk	Barth, K., Karl Barth's Table Talk. Hrsg. John D. Godsey.
ThBeitr	Theologische Beiträge
ThBl	Theologische Blätter
TEH	Theologische Existenz heute
ThFrA	Barth, K., Theologische Fragen und Antworten. 1957
ThR	Theologische Rundschau
ThSchl	Barth, K., Die Theologie Schleiermachers. GA 1978
ThSt	Theologische Studien
ThuK	Barth, K., Die Theologie und die Kirche. 1928
TRE	Theologische Realenzyklopädie
VF	Verkündigung und Forschung
WGuTh	Barth, K., Das Wort Gottes und die Theologie. 1924
UCR	Barth, K., Unterricht in der christlichen Religion. 1924
ZDTh	Zeitschrift für Dialektische Theologie
ZSTh	Zeitschrift für Systematische Theologie
ZThK	Zeitschrift für Theologie und Kirche

Zwischenzeit Barth, K., "Zwischenzeit", in: "Die tollen 20er Jahre", 1961

ZZ **Zwischen den Zeiten**

INHALT

Teil 1
EINLEITUNG

Am 16. März 1968, knapp neun Monate vor seinem Tode, schrieb Karl Barth in einem Brief an seinen Freund Carl Zuckmayer folgende aufschlussreiche Zeilen:

> "Im kommenden Sommersemster möchte ich - so Gott will und wir leben - mit den Studenten noch einmal Schleierma-cher lesen. Ob Ihnen der Name des (1768 geborenen) Man-nes etwas sagt? Ich habe seine romantische Theologie ein Leben lang ernstlich bekämpft, möchte aber zum Schluss versuchen, sie unter der heutigen Jugend zum Leuchten zu bringen. Ob es gelingen wird?"[1]

Was Barth hier in geraffter Form zur Sprache bringt, enthält nicht weniger als eine Summe seines Lebenswerkes. Blitzlichtartig wird auch eine eigentümliche Spannung sichtbar: das Nebeneinander von "Kampf" und "zum Leuchten bringen". Nur wenige Monate später hat Barth das Thema "Schleiermacher" ausführlich thematisiert. In dem berühmten Nachwort zu H. Bollis *Schleiermacher-Auswahl*[2] gibt Barth über seine Geschichte mit Schleiermacher gründlichst Rechenschaft. Die oben erwähnte Spannung im Verhältnis Barths zu Schleiermacher wird auch hier deutlich, ja sogar noch verschärft. Schleiermacher erscheint als der "Freund-Feind"(300), mit dem Barth "sachlich von Grund aus *nicht* einig zu gehen vermag"(306). Doch der eminente Gegensatz lässt Raum für Liebeserklärungen:"'immer sprach zu

---

[1] **BwZuckmayer** 39.

[2] Erschienen 1968. Seitenangaben im Text.

seinem Vorteil eine innere Stimme schon'"(298) und "'alte Liebe rostet nicht'"(296). Ihre Zuspitzung erhält das Freund-Feind-Schema jedoch erst am Schlusse des Nachwortes. Barth bekundet nämlich seine "Verlegenheit" Schleiermacher gegenüber: "habe ich ihn richtig verstanden"(307)? Eine Serie von vier scheinbar recht hilflosen Doppelfragen krönt den Eindruck der Barthschen Unsicherheit und gipfelt schliesslich in der Frage nach der Angemessenheit der Fragen selbst. Es wird deutlich: Barth verweigert die Aussage; ob wirklich aus Hilflosigkeit, aus Verlegenheit?

Diese Selbstdarstellung Barths im "Nachwort" hat bis heute das Urteil des theologischen Publikums geprägt. Freunde und Kritiker Barths teilen eine Art *communis opinio*, die sich wohl in folgender Weise umreissen lässt: Barths Verhältnis zu Schleiermacher ist das einer nicht zu ernsten Animosität auf dem Hintergrund von fast schwärmerischer Verehrung.[3] Die Zählebigkeit dieser Meinung ist durchaus begreiflich, kann (ja muss) sie sich doch auf das authentische Zeugnis Barths berufen. In der Tat hat er Schleiermacher in höchst auffälliger Weise Lobeshymnen gesungen: "An die Spitze einer Geschichte der Theologie der neuesten Zeit gehört und wird für alle Zeiten gehören der Name Schleiermacher und keiner neben ihm."[4] Er nannte Schleiermacher einen "Heros ... wie sie der Theologie nur selten geschenkt werden."[5] Sein "weiträumiger und darum weitausgreifender, ... wahrhaft komprehensiver Geist"[6], seine "erstaunliche Beweglichkeit des Denkens"[7] heben ihn weit über alle "Schleiermacher-Epigonen der Gegenwart"[8]. Daneben ist er "vornehm und ritterlich, ein Gentleman durch und durch"[9]. Durch seine überragende "Menschlichkeit" war er "den beiden ihn in Berlin so

---

[3] Stellvertretend für die Vielen: **Jüngel** 136, **Schrofner** 37ff. und **Steck/Schellong** 31.

[4] **ProtTh** 379.

[5] AaO. 380.

[6] **Nachwort** 304.

[7] Ebd.

[8] AaO. 306.

[9] AaO. 305.

gehässig bekämpfenden Kollegen: Hegel, dem Philosophen, und Marheineke, dem lutherischen Dogmatiker, weit überlegen"[10]. Lassen diese über-
schwenglichen Loblieder einen anderen Schluss zu als den, dass Barth zu
Schleiermacher "ein fast ähnlich verehrungsvolles Verhältnis hat, besser ein
liebevolles, wie zu Mozart"[11]?

Im Fahrwasser dieser *communis opinio* schwimmt leider das unausrott-
bare Urteil über Emil Brunner, dessen "Vergröberungen" und "Verfälschun-
gen"[12] so unangenehm mit Barths "Noblesse gegenüber seinem Gegenstand"[13] im Kontrast stehen sollen. Auch im Blick auf diese Meinung - die
so häufig vertreten wird, dass wir uns jede Dokumentation ersparen - darf
man Barth als Urheber bezeichnen. Hatte schon "Die Protestantische Theologie des 19. Jahrhunderts" diesbezüglich nichts an Kritik zu wünschen übrig
gelassen[14], so wird Brunners Schurkenrolle auch 1968 nur noch ausdrücklicher festgeschrieben, wenn Barth sich (unausgesprochen aber überdeutlich)
gegen Brunner in die Brust wirft und behauptet: "ohne die Voraussetzung
eines über ihn {Schleiermacher} ausgesprochenen Anathema konnte ich
damals in meinen drei letzten Göttinger Semestern zum erstenmal an die
Ausarbeitung und an den Vortrag meiner eigenen Dogmatik herangehen"[15].

Im Verlauf unserer Untersuchungen wird sich herausstellen, inwiefern
beide, die communis opinio und ihr Korollar, sich mit den historischen Tatsachen vertragen. Ebenso wird es sich erweisen müssen, was es mit der oft
behaupteten "Prägung" Barths durch Schleiermacher auf sich hat, der
H.U.v.Balthasar die folgende berühmte Fassung gegeben hat:

---

10   Ebd.

11   E. Wolf, "Glaube und Erkenntnis", **EvTh** 21(1961) 215.

12   W. Trillhaas, "Der Mittelpunkt der Glaubenslehre Schleiermachers", **NZSTh**
      10(1968) 290.

13   Ebd.

14   **ProtTh** 382.

15   **Nachwort** 297.

"Von Schleiermacher kommt Barth her; Schleiermacher hat
ihm in seiner theologischen Bildungszeit das begriffliche
Rüstzeug geliefert, ja noch viel mehr: eine gewaltige Intuition in die Einheit, Grösse, Totalität der theologischen Wissenschaft. Schleiermacher war für ihn das, was Plato für die
Denker der Renaissance, was Spinoza für Herder und Goe-
the, was Schopenhauer für Nietzsche war: der Prägstock, der
ein nicht mehr auszulöschendes Zeichen aufdrückt, die
Form, aus der man sich bei aller materiellen Entgegensetzung sich nicht mehr befreit."[16]

Auch dieses Urteil v.Balthasars hat weitgehend Aufnahme gefunden und nur
wenig Widerspruch erregt.[17] Vor allem die bequeme Spaltung in einen "formalen" und einen "materialen" Barth hatte eine sehr komfortable Konsequenz: man brauchte sich nun weder mit dem einen, noch mit dem anderen
"Barth" auseinanderzusetzen. Der "formale" Barth war ja noch ganz das
Kind des 19. Jahrhunderts, der "materiale" hingegen das eines noch viel älteren. In jeder Hinsicht war Barth also antiquiert. Bis in die jüngste Zeit wurde die - wenigstens teilweise - Kontinuität zwischen Schleiermacher und
Barth in mancherlei Variationen, aber unermüdlich, kolportiert.[18] Dies
geschah häufig mit der unverhohlenen Schadenfreude, den vermeintlichen
"Überwinder" Schleiermachers doch noch des offenen oder heimlichen
"Schleiermacherianismus" zeihen zu können. Bei Lichte besehen lässt sich
die Mehrzahl der Abhängigkeitsvorwürfe jedoch nicht halten. Übrigens gilt
der vorstehende Satz für sehr viele Aussagen, die in den letzten Jahrzehnten
das Verhältnis Barths zu Schleiermacher zum Gegenstand genommen haben.
Ihn zu begründen ist faktisch jedoch kaum möglich. Denn: in fast jedem
Schleiermacherbuch wird irgendwo auch zu Barths Haltung Stellung bezo-

---

[16]   v.Balthasar 210.

[17]   Widerspruch kam vor allem von G. Foley, "The Catholic Critics of Karl Barth",
         ScJTh 14(1961) 154 und von W. Hassiepen, **Der Religionsbegriff Karl
         Barths in seiner Auseinandersetzung mit der Theologie Schleiermachers**
         (1967) IV: "Diese These v.Balthasars wird aber auch kritisch zu prüfen sein,
         insofern es nämlich sehr fraglich ist, ob man die Theologie Schleiermachers mit
         der Karl Barths einfach im Sinne des Schemas formal-material vergleichen
         kann."

[18]   Vgl. **Zahrnt** 44f., **McGrath** 280ff., **Ebeling** 427.

gen, und Barth-Monographien lassen natürlich auch sein Verhältnis zu
Schleiermacher nicht unerwähnt. Nur - in den meisten Fällen handelt es sich
um sehr summarische Behauptungen, die nicht erkennen lassen, welche
inhaltlichen Untersuchungen ihnen tatsächlich zugrunde gelegen haben. Das
Zitieren einzelner Stimmen aus diesem gewaltigen Doppelchor hat darum
etwas unangenehm Zufälliges an sich. Man möge es uns somit nicht übel-
nehmen, wenn wir uns in dieser Untersuchung auf einige ausgewählte Exem-
plare beschränken und damit in Kauf nehmen, manches markante "Stimm-
chen" übergangen oder gar übersehen zu haben.

Ob man sich nun auf die Seite Barths stellt, oder auf die Seite Schleiermachers, ob man ein Befürworter oder ein Kritiker der Kontinuitätshypothe-
se ist, ein Urteil scheint weitgehenden Konsens gefunden zu haben: Schleiermacher war für Barth von eminenter Bedeutung! Wohl wird die Bedeutung
hier und da unterschiedlich nuanciert und pointiert, über das Faktum selbst
gibt es keinen ernsthaften Disput.[19] Um so mehr überrascht, ja schockiert
die Tatsache, dass es bisher nur eine (leider unveröffentlichte) Untersuchung
gibt, die das Verhältnis Barth-Schleiermacher angemessen thematisiert.

W. Hassiepens Göttinger Dissertation aus dem Jahre 1967[20] untersucht
Barths Verständnis von "Religion" und "natürlicher Theologie" und "zielt
auf eine Darstellung der Theologie Karl Barths unter dem Gesichtswinkel
dieser beiden (im letzten dieses einen) Fragenkreises"[21]. Diese an sich schö-
ne und grundlegende Arbeit hat leider den Nachteil, dass sie vor der Inan-
griffnahme und Herausgabe der *Karl Barth Gesamt-Ausgabe* verfasst wurde
und darum auf viele wichtige Quellen verzichten musste.[22] Die daraus resul-

---

19   Am weitesten geht wohl K. G. Steck mit der Behauptung, "Schleiermacher war
     im Endeffekt doch der wichtigste, beständigste und am meisten respektierte
     Gegner und Partner". **Steck/Schellong** 17. Für G. Ebeling nimmt *Luther* diese
     Rolle im Leben Barths ein, war Luther der "eindrücklichste Theologe, der ihn
     am meisten herausforderte und beunruhigte, der ihm zum anspruchsvollsten
     Massstab wurde", obwohl auch Ebeling einräumt, dass man Schleiermachers
     Bedeutung für Barths Theologie "sogar noch am ehesten zu Luther in Konkur-
     renz sehen könnte". **Ebeling** 531.

20   S. oben in Anm. 17.

21   **Hassiepen** VI.

tierenden, unvermeidlichen historischen und theologischen Fehlurteile haben darum eine erneute Behandlung der gesamten Thematik ratsam erscheinen lassen. Die Selbstbeschränkung Hassiepens auf den Religionsbegriff Barths[23] stellt zudem eine perspektivische Einengung dar, die u.E. nicht notwendig zu sein scheint. Der Wert der Dissertation Hassiepens bleibt aber unbenommen und liegt vor allem in der geleisteten Vorarbeit. Insbesondere habe ich von einigen Quellenhinweisen dankbar Gebrauch gemacht.

Aber auch die hier vorliegende Arbeit will sich nur als "Vorarbeit" verstehen. Beim Abschreiten des zu bearbeitenden Geländes kamen ungeahnte Felder in den Blick, die brach gelassen werden mussten und der Bearbeitung durch Andere und Fähigere entgegenwarten. Die uns wichtig erscheinenden Brachfelder sollen aber wenigstens genannt werden, und das nicht ohne das Bedauern, dass sie, deren Ertrag das Bild reicher und vollständiger gemacht hätten, hier nur als hoffnungsvolle Ackerböden und nicht als "Felder, weiss zur Ernte", ansichtig werden. Im übrigen handelt es sich durchweg um "Spannungsfelder" in Barths Verhältnis zu Schleiermacher:

• im Blick auf ihr gemeinsames "Reformiertentum" und den daraus resultierenden Gegensatz zur lutherischen Tradition;[24]

---

22   Das betrifft insbesondere Barths **ThSchl, Nachwort, BwTh, BwBu, CD, UCR, Ethik, Briefe, oBriefe,** aber auch so grundlegende Werke wie E. Busch, **Lebenslauf** und E. Jüngel, **Barth-Studien.**

23   Der Behauptung Hassiepens, "das sachliche Thema der Auseinandersetzung mit der Schleiermacherschen Systematik" sei der Begriff der Religion (**Hassiepen** V) können wir hier nicht folgen. U.E. spricht vieles dafür, dass es Barth primär um sachgemässe Christologie ging und erst in zweiter Linie um die Fragen der Religion, der natürlichen Theologie, der Ethik, der Kultur. (Zur Begründung s. unten).

24   Vgl. dazu W. Niesel, "Schleiermachers Verhältnis zur reformierten Tradition", **ZZ** 8(1930) 511-525. Ein Kontrast dazu bei H.Asmussen, "Finitum capax infiniti", **ZZ** 5(1927) 70-81. Siehe auch F. Schröter, "Bemerkungen über den reformierten Charakter des theologischen Ansatzes Karl Barths", **Antwort** 148-155 und schliesslich W. Niesel, "Karl Barth und der Heidelberger Katechismus", AaO. 156-163.

- im Blick auf ihr Verhältnis zu Hegel;[25]

- im Blick auf ihr Verhältnis zum Katholizismus;[26]

- und schliesslich im Blick auf ihre Stellung in und zur "Theologie des 19. Jahrhunderts".

In diesen Punkten gilt es weiterzuarbeiten, denn die z.T. sehr widersprüchlichen Urteile über Barths "Pendeln" zwischen Schleiermacher und Hegel z.b. lassen bei genauerer Untersuchung noch manche Korrekturen des landläufigen Barthbildes erwarten.[27] Ein zweiter Grund, die hier vorgelegte Arbeit als "Vorarbeit" anzusehen, ist natürlich mit dem Fortschritt der *Karl Barth Gesamt-Ausgabe* gegeben. Hier sind noch zahlreiche Überraschungen zu erwarten, besonders von den noch ausstehenden Bänden über den "Unterricht in der christlichen Religion". Auch von einer weiteren Briefedition liesse sich noch manches Fündlein erhoffen, wenn es auch sicher keine dramatischen Entdeckungen mehr geben wird.

Der Hauptgrund jedoch, diese Arbeit eine "Vorarbeit" zu nennen, liegt in ihrer selbstgewählten Begrenzung. Wie Hassiepen geht es auch uns "nicht um die Nachprüfung der Interpretationen und kritischen Stellungnahmen Karl Barths auf die Rechtmässigkeit ihres Urteils im Blick auf Schleiermachers Aussagen, sondern um die Nachfrage nach dem 'Ertrag' dieser Ausein-

---

25 Hierzu **Gestrich** 11 und insbesondere 261: "An Hegels Fragestellung anknüpfend, suchte Barth die von Schleiermacher ausgegangene theologiegeschichtliche Entwicklung zu korrigieren. Er trat der Wirkungsgeschichte Schleiermachers mit derjenigen Hegels, der Wirkungsgeschichte Hegels freilich auch mit derjenigen Schleiermachers entgegen. Auf der Suche nach einem beide Wirkungsgeschichten übergreifenden, deren lähmende Disparatheit überwindenden Standort, liess Barth der Schleiermacherschen Linie Objektivität, der Hegelschen Linie Kirchlichkeit angedeihen." Vgl. zum Thema auch M. Welker, "Barth und Hegel", **EvTh** 43(1983) 307-328.

26 Hierzu vgl. R. Stalder, **Grundlinien der Theologie Schleiermachers,** das Vorwort dazu von J. L. Leuba und natürlich **v.Balthasar** 212ff. und **Küng** samt dem Vorwort von Karl Barth. Vgl. ebenfalls **Flückiger** 128 ff.

27 Gleiches gilt für den oft behaupteten, absurden "Krypto-Katholizismus" Barths, den er ja zu allem Überfluss noch mit Schleiermacher gemeinsam haben soll.

andersetzungen für die Theologie Karl Barths selbst"[28]. Denn zum Einen hätte eine sachgerechte Untersuchung der "Gerechtigkeit" Barths den hier angepeilten Rahmen gesprengt. Zum Anderen ist es aber auch sehr fraglich, was eine "rechtmässige" Interpretation denn sei. Wer kann hier zu Gericht sitzen über Schleiermacher und Barth? Und: gibt es nicht ein Rechthaben auch mitunter dann, wenn man im Unrecht ist?

Nun hat allerdings Barth selbst Anlass genug gegeben, seine Schleiermacher-Interpretation auf ihre Genauigkeit hin zu beleuchten. Immerhin hat er ja zuweilen ein Licht auf seinen Freund-Feind geworfen - wir nehmen hier ein Ergebnis vorweg -, welches den Tatbestand der christlichen "Ehrabschneiderei" durchaus erfüllt. Man wird darum sicher nicht ganz falsch gehen, wenn man in der "Überschwenglichkeit" des späteren Barth auch das schlechte Gewissen mithört, wozu Barth wahrlich Anlass genug gehabt hat.[29] Und es ist wohl auch kein Zufall, dass in seiner eigenen Geschichte die Erkenntnis der völligen Selbstbegründung der Theologie mit einem Stilwandel in seiner öffentlichen Schleiermacher-Kritik einhergeht.[30] Wenn Theologie nur in sich selbst begründet ist, verbietet sich natürlich jede Rechthaberei von einem Standpunkt ausserhalb ihrer selbst. Die Theologie wird damit wieder zum Zeugnis, und ihr Wahrheitsanspruch ist dann allein der des Bekenntnisses. Barths Theologie ist ihrem *Wesen* nach Ohnmachtstheologie, wenn sie auch der äusseren Erscheinung ihrer Vertreter nach Goliath ähnlicher sieht als David. Wenn das aber zutrifft, dann handelt es sich geradezu um eine "Ehrenpflicht" der Theologie, Barths Schleiermacher-Interpretation von ihren *eigenen* Voraussetzungen her (!) auf ihre Ordentlichkeit hin zu überprüfen. Was wir selbst in der hier vorliegenden Arbeit dazu angemerkt und moniert haben, mag als ein erster Schritt in diese Richtung angesehen werden. Vorarbeiten zu leisten ist keine Schande, und wir sehen unser Ziel schon als erreicht an, wenn wir für ein Weiterarbeiten an der Sache hier und da Voraussetzungen geschaffen haben. In jedem Falle hätte es die Mühe gelohnt, wenn es dieser "Vorarbeit" gelänge, das gegossene Bild des "ehernen Karl" wieder in Fluss zu bringen.

---

[28]   **Hassiepen** VII.

[29]   Ist das etwa der tiefere Sinn des Zitates "'Le criminel revient toujours à la place de son crime.'"? **Nachwort** 298.

[30]   Wir meinen hier die Zeit zwischen der **CD** und der **KD**.

In methodischer Hinsicht bietet sich für unsere Untersuchung das chronologische Vorgehen in Form eines biographischen Längsschnittes an. Wir haben uns bemüht, die dazu unvermeidliche Wiederholung sattsam bekannter Fakten auf ein Minimum zu reduzieren. Sowohl, was die Darstellung betrifft, als auch die unvermeidlichen Periodisierungen, hat sich der Gebrauch einer Barthschen Metapher bewährt, die als Rahmen für diese Arbeit das in ihm enthaltene Barthbild erst recht zur Geltung bringen soll: Es handelt sich um die klassische Befreiungsgeschichte, den Exodus Israels aus Ägypten. Wir meinen damit zweierlei getroffen zu haben: erstens das Barthsche Selbstverständnis als eines messianischen Befreiers der Theologie aus der Schleiermacherschen Knechtschaft, und zweitens eine Zusammenschau der so oft disparat erscheinenden Abschnitte seines Lebens und Wirkens. Im Verlaufe der Untersuchung hat die Metapher mehr als einmal den hermeneutischen Schlüssel geliefert, der dem Werk Barths neue - vielleicht unkonventionelle - Zugänge eröffnete. Man sehe darum die - mitunter sehr breiten - Bezugnahmen auf diese Metapher nicht nur als dekorative Elemente an, nicht nur als Stimmungsbilder, sondern als notwendige Interpretationshilfe, die dem Doppelaspekt des έρμηνεύειν, nämlich Verständnis zu schaffen *und* Darstellung zu sein, Rechnung tragen will.

In diesem Sinne ist auch der Titel dieser Arbeit - HOMO VIATOR - zu verstehen. Im Zusammenhang von Exodus und Wüstenwanderung ist er als Ehrentitel für Barth gemeint und zugleich als eine Lebensbeschreibung. Wie sehr Barth die Pilger-Existenz als paradigmatisch für das christliche Leben und die Kirche ansah, hat er noch am Ende seines Lebens zum Ausdruck gebracht. In einem Vortrag, an dem er noch am Vorabend seines Todes arbeitete, heisst es:

"Die Bewegung der Kirche ist ... ein kräftiges *Aufbrechen*. ... Die alte, die mittlere, die neue und die heutige Kirchengeschichte ist fortlaufend eine offene oder verborgene Geschichte solcher - scheinbar grosser, scheinbar kleiner, scheinbar gelungener, scheinbar misslungener Aufbrüche. Das nicht genug zu beleuchtende Modell: der Auszug Israels aus Ägypten in das verheissene Land."[31]

---

[31] **Letzte Zeugnisse** 63.

Barth hat dieses Modell gelebt. Sein Ringen mit Schleiermacher legt davon beredt Zeugnis ab.

Teil 2

KARL BARTHS RINGEN MIT SCHLEIERMACHER

Kapitel 1

ÄGYPTEN

(BIS 1914)

"Als wir vor nun rund dreissig Jahren in der Theologie
zur Fahrt nach neuen Ufern aufbrachen, da ging es uns
- ich darf das jedenfalls von mir sagen - ... um die Freigabe des Wortes, in welchem Gott den Menschen
anspricht zu Gunsten einer Freigabe auch des Wortes,
in dem ein Mensch den anderen anredet. Es ging uns
um die Entlassung der Bibel - und weil des Verstehens
der Bibel, darum alles Verstehens - aus der ägyptischen
Gefangenschaft, in der immer wieder eine andere Philosophie darüber verfügen und uns darüber belehren
wollte, was der Heilige Geist als Gottes- und Menschenwort sagen dürfe, um 'verständlich' zu sein."

K. Barth, (1952)[1]

Die Art und Weise, wie Barth mehrfach von seiner theologischen Frühzeit
als von einer "ägyptischen Gefangenschaft" redet, deutet auf mehr als nur
eine griffige Redewendung. Hierin spricht sich auch mehr als ein Kantisches
Aufklärungspathos aus, mehr als ein messianisches Sendungsbewusstsein.
Es geht Barth um den Hinweis auf eine, die Theologie und die Kirche unauf-
hörlich bedrohende Gefahr. Es geht darum, dass Theologie und Kirche ihre
Freiheit verlieren können! "Ägypten" ist also keine vergangene Episode,
sondern eine stets aktuelle Versuchung für den christlichen Glauben. Barth

---

[1] Versuch 52.

hat diese Versuchung erlebt, war ihr erlegen, ist ihr schliesslich entflohen
und blieb sein Leben lang auf der Hut vor ihr. Barth wurde ein Warner vor
den "Fleischtöpfen Ägyptens"[2] , an denen er einst selbst gesessen hatte. Mit
dem Stichwort "Ägypten" bezeichnet Barth jedoch noch viel mehr: den fast
vierhundertjährigen Irrweg, auf dem die protestantische Kirche ihre reformatorische Herkunft vergessen und verleugnet hat und schliesslich in einem
"Neuprotestantismus" gelandet war.

"Es ist derselbe neue zweite Protestantismus, von dem wir
vorhin zugestehen mussten, dass er die *Substanz* der Kirche
verloren hat, von dem wir nun sagen müssen: er hat auch
ihre *Erneuerung* preisgegeben. Er hat aufgehört kirchlich
und er hat aufgehört protestantisch zu sein: jenes mehr in
seiner rationalistischen, dieses mehr in seiner pietistischen
Gestalt."[3]

Dieser Verlust von Substanz und Erneuerung hat jedoch zur Folge, dass der
Neuprotestantismus, "der kraft seiner pietistischen Komponente längst
unprotestantisch geworden ist, innerlich und sachlich längst wieder bei der
römischen Kirche sich befindet"[4]. Der Katholizismus hingegen ist "seinerseits in diesen vier Jahrhunderten in geradezu erstaunlicher Weise sich selbst
treu geblieben"[5]. "Gefestigter und ausgeprägter, aber auch verfeinerter und
einladender steht er uns heute gegenüber als dies im 16. Jahrhundert der Fall
war."[6]

Das also bedeutet "Ägypten" für Barth: die von der Reformation unbe-
helligte katholische Kirche, zu der der Neuprotestantismus wenigstens sachlich heimgekehrt ist. Die Schlüsselfigur dieses "neuen" Protestantismus sieht

---

[2] **ThuK** 4 und 357, **BwBu** 100 und 118, **Versuch** 53.

[3] **ThuK** 350.

[4] AaO. 351.

[5] Ebd.

[6] Ebd.

Barth "in dem grössten und genialsten Neuprotestanten, in Fr. Schleiermacher"[7]. In ihm hat das "Schielen nach den Fleischtöpfen Ägyptens"[8], "das Heimweh nach der Synthese, nach dem Gleichgewicht, nach der Harmonie ... seine theologische und in der Lehre Hegels seine philosophische Erfüllung gefunden"[9].

Damit ist jetzt das Motiv der Barthschen Auseinandersetzung mit dem Neuprotestantismus sichtbar geworden: die Erneuerung der Reformation und ihres genuin protestantischen Anliegens in der Frontstellung gegen Katholi-

---

[7] AaO. 350.

[8] AaO. 357: "Wo hat man nicht zurückgeschielt nach den Fleischtöpfen Ägyptens?"

[9] Ebd.

[10] Vgl. **KD I/1** 33ff. Die hier vorliegende doppelte Frontstellung findet sich bei Barth allerdings schon erheblich früher als in der kirchlichen Dogmatik. In einem (damals unveröffentlichten) Entwurf für das Vorwort zu **Röm**[1] schreibt er: "Wir sind von Paulus wieder mindestens gleich weit entfernt wie die später [?] Judenchristen des ersten Jahrhunderts oder die katholische Kirche vor der Reformation." **Röm**[1] 595. Im Auslegungstext selbst steht folgender aufschlussreicher Passus: "Gott musste die katholische Kirche mit ihrer Gotik und ihrem Thomas hinter sich zurücklassen, und der Ertrag auch dieser Verwerfung war eine Befreiung des göttlichen Wortes aus unerträglichen Fesseln ... . Gott musste auch das Christentum der Reformation hinter sich zurücklassen, und wieder war das Ergebnis eine Freiheit der Gottesbotschaft; aber noch grösser als diese Freiheit wird uns doch *der* Augenblick sein, wo dieses jetzt in Erstarrung und Selbstauflösung begriffene Christentum sein Heiligtum wieder entdecken wird, wo die Lutheraner wieder lutherisch, die Calvinisten wieder calvinisch, die Positiven wieder positiv sein, denken und reden und der Welt geben werden, was sie ihr jetzt leider schuldig geblieben sind." AaO. 443f. Dass die oben erwähnte doppelte Frontstellung in Wahrheit nur eine, nämlich die reformatorische ist, wird auch im folgenden Text deutlich: "Wann wäre die Kirche nicht in Versuchung gewesen, der Gerechtigkeit Gottes eine solche menschliche Gerechtigkeit zu substituieren? ... Wann wäre sie etwas Anderes gewesen als das, was die römische Kirche nur vollkommener ist als alle übrigen: die Organisation zur Wahrung der berechtigten Interessen des Menschen gegenüber Gott." **Röm**[2] 357.

zismus und Schleiermacher.[10] Nur von hier wird völlig verständlich, was
Barth gegen den Neuprotestantismus auf dem Herzen hat. Nur von hier wird
auch erkennbar, dass der Katholizismus - wenn auch nicht biographisch, so
doch sachlich - Barths primärer Gegner war.[11] Weiter unten werden wir auf
die entscheidende Frage[12] zu sprechen kommen, was Barth zu dieser Wertung und Wichtung der Reformation geführt hat, nachdem er doch, nach
eigener Aussage, "mit allen Anderen die verschiedenen Kelche dieser Theologie {des Neuprotestantismus} bis auf den letzten Tropfen ausgetrunken"[13]
hatte.

Dass wir bereits an dieser Stelle vorgreifend die Aufmerksamkeit auf
die Doppelthematik Schleiermacher-Katholizismus lenken, geschieht mit der
Absicht, diesen wichtigen - von hier ab nur noch sporadisch erwähnten -
Hintergrund des Ringens Barths mit Schleiermacher von allem Anfang an
bewusst und gegenwärtig zu machen. Dass sich in diesem Ringen das reformatorische Anliegen als Überwindung sowohl der Aufklärung (Modernismus) als auch des Katholizismus zur Geltung bringen will, und dass sich die
Auseinandersetzungen weithin auf parallelen Wegen und in vergleichbarer
Manier abspielen, gehört zu den Thesen dieser Arbeit, deren Nachweis hier
nicht geführt werden kann.

Nachdem wir mit dieser ersten, theologiegeschichtlichen Ortung
"Ägyptens" bereits weit vorgegriffen haben, wollen wir uns nun dem eigentlichen Neuprotestantismus zuwenden. Unser Augenmerk werden wir dabei
vor allem auf das Selbstverständnis des Neuprotestantismus richten, um
danach zu fragen, wie sich dieses zu den bekannten Urteilen Barths verhält.

---

11   Wir meinen also, dass gerade das Gegenteil von dem zutrifft, was v.Balthasar
     behauptet: "auch in seinem Kampf gegen das Katholische kämpft Barth im
     Grunde noch um die Reinigung Schleiermachers". **v.Balthasar** 212f. Vgl.
     dazu auch **KD II/2** 593!

12   Wir meinen die Frage Ebelings: "... was etwa Wilhelm Herrmann oder was das
     Studium Schleiermachers oder was irgendein sonstiger Einfluss dazu beigetra-
     gen haben mag, in der Reformation den Ort zu sehen, von dem aus die bibli-
     sche Botschaft gleichermassen gegen den römischen Katholizismus wie gegen
     den modernen Protestantismus von Grund aus neu zur Geltung zu bringen ist."
     Ebeling 533.

13   **Menschlichkeit** 5.

1.1   Neuprotestantismus

Nicht Barth hat den Begriff des "Neuprotestantismus" geschaffen. Ganz im Gegensatz zur sonst üblichen Verfahrensweise ist dieser Name seinen Vertretern auch nicht angehängt worden, sondern ist stolze Selbstbezeichnung einer Theologie, die sich ihrer Stellung und ihres Ranges nur allzu gut bewusst ist. *Ernst Troeltsch* war es, der den Begriff prägte. Bereits 1906 gibt er eine Darstellung des fundamentalen Unterschiedes zwischen Alt- und Neuprotestantismus.[14] Danach ist der "Altprotestantismus" geschichtlich der Reformation und damit dem Mittelalter zuzuordnen, während der "Neuprotestantismus" den Endpunkt einer jahrhundertelangen Entwicklung des Christentums zu höchster Blüte bedeutet. Noch deutlicher wird der Unterschied in einer späteren Schrift Troeltschs:

"Der Altprotestantismus fällt trotz seines allgemeinen Priestertums ... unter den Begriff der streng kirchlich supranaturalen Kultur, die auf einer unmittelbaren und streng abgrenzbaren, vom Weltlichen zu unterscheidenden Autorität beruht. ... An Stelle der Hierarchie und der in ihr fortgesetzten Menschwerdung Christi trat die alles hervorbringende Wunderkraft der Bibel: die protestantische Fortsetzung der Menschwerdung Gottes. ... Erst als der Neuprotestantismus die Idee der kirchlichen Gesamtkultur aus den Augen verloren hatte, konnte er die Gewissensforderung der historisch-philologischen Kritik, die staatsfreie vereinskirchliche Gemeindebildung und die Offenbarungslehre der inneren persönlichen Überzeugung und Erleuchtung als genuine protestantische Prinzipien bezeichnen, während der alte Protestantismus das alles mit den Kategorien des 'Naturalismus' einerseits und des 'Fanatismus', 'Enthusiasmus', 'Sektiererei' andererseits belegte"[15].

---

14   E. Troeltsch, "Protestantisches Christentum und Kirche in der Neuzeit", in: P. Pinneberg (Hrsg.), **Die Kultur und die Gegenwart I** (1906) 253-458. Vgl. dazu Barths Definition in **KD IV/1** 423.

15   E. Troeltsch, **Die Bedeutung des Protestantismus für die Entstehung der modernen Welt** 26f.

Dieser "moderne Protestantismus" ist seit dem Ende des 17. Jahrhunderts "überall auf den Boden des paritätischen oder gar religiös indifferenten Staates übergetreten"[16] und "selbst ein Bestandteil der modernen Kultur und von ihr tiefgreifend beeinflusst"[17], wohingegen beim Altprotestantismus von einer Wirkung zur Herbeiführung der modernen Kultut nur im Hinblick auf seine verschiedenen Gruppen gesprochen werden kann.[18]

In seiner *Glaubenslehre*[19] entwirft Troeltsch schliesslich eine theologische Systematik auf bewusst neuprotestantischem Boden. Das Christentum bedeutet für ihn eine Ausdrucksform der "Gegenwart Gottes in der menschlichen Seele"(2), die im Laufe der christlichen Geschichte verschiedene "Entwicklungsstufen" erlebt hat: "die urchristliche, die katholische, die altprotestantische und die neuprotestantische"(3). Von allen "Offenbarungen und Selbsterschliessungen Gottes"(2) ist es der endgültige und zusammenfassende Durchbruch "zur Gestaltung einer prinzipiell universalen, ethischen, rein geistigen und Persönlichkeit bildenden Erlösungsreligion"(ebd.). Im *"Begriff des christlichen Prinzips"* wird die christliche Gottesidee zusammengefasst und "tritt an die Stelle der alten Bibelautorität und bedeutet innerhalb der Bibel die Einheitlichkeit der in ihren historischen Urkunden ausgesprochenen geistig-religiösen Lebensmacht"(ebd.).

> "Es kann sich daher für die Glaubenslehre nicht um die
> Erhebung der Glaubenssätze aus der Bibel handeln, vielmehr
> um eine Entwicklung der frei gebildeten Glaubenssätze her-
> aus aus dem heutigen Leben. Indem dieses seinerseits mit
> der Bibel und der christlichen Urzeit aufs engste zusammen-
> hängt, kommt dann auch der Einfluss der Bibel auf die
> Gestaltung der Glaubenslehre zu seinem Recht."(3)

---

[16]   AaO. 25.

[17]   AaO. 30.

[18]   Ebd.

[19]   Nach Heidelberger Vorlesungen aus den Jahren 1911 und 1912, aufgrund von Mitschriften von Gertrud v. le Fort herausgegeben von Martha Troeltsch. Seitenangaben im Text.

Der neuprotestantische Kirchenbegriff "sieht das Christentum als eine von
Jesus ausgehende grosse Lebenseinheit und Erlösungsmacht an, versteht
aber die Kirche in ihrem allgemeinsten Sinne lediglich als den fortwirkenden
Geist Christi überhaupt"(ebd.).

Vorbild und Lehrmeister der "Reorganisation einer modernen Theologie"(1) ist Schleiermacher. Im "Gegensatz zur altprotestantischen und pietistischen Dogmatik"(8) nimmt er seinen Ausgangspunkt von der "Tatsache
des Religionhabens der Menschen überhaupt"(ebd.) und gelangt schliesslich
"zur Bejahung des Christentums als der höchsten Religion"(9). Troeltsch
weiss sich als der intimste Nachfolger Schleiermachers: "keiner der gegenwärtigen Theologen hält sich so eng an Methode und Sinn *Schleiermachers*
und fühlt sich in so innerer Übereinstimmung mit ihm"(130). Die "Glaubenslehre" Schleiermachers ist ihm "mustergültig"(55) und trägt ihren Namen mit
gutem Grund:

> "denn wir haben jetzt nicht mehr irgendwelche Gesetze zu
> fixieren, nicht mehr aus einer inspirierten Bibel Dogmen
> herauzuholen. Wir haben es mit der Lehre vom Ausdruck für
> das Wesen der christlichen Frömmigkeit zu tun"(10).

"Wie Schleiermacher, so bauen auch wir auf dem gegenwärtigen Bewusstsein der Gemeinden."(14) Dementsprechend ist es also überall "nicht Gott
selbst, sondern unser Gedanke von Gott, der darzustellen ist"(138). "Gott ist
unmittelbar gegenwärtig, und in den verborgensten Gängen unserer Gefühle
besteht eine beständige Selbstbeziehung auf ihn"(129). Ein "persönliches
Verhältnis zu Jesus und das Gefühl, die Erlösung durch ihn empfangen zu
haben"(345) gehört mit zum christlichen Glauben. Es wird vermittelt durch
die christliche Gemeinde,

> "indem wir darauf reflektieren, dass die von der Gemeinde
> uns dargebotene Wahrheit uns in der Darstellung des Bildes
> Christi vorgehalten wird, und dass die Gemeinde ihren tra-
> genden Grund in Christus hat, empfinden wir die Erlösung
> als von Christus ausgehend"(346).

Die Bedeutung Jesu wird darum "von Schleiermacher mit Recht in den
Begriff des produktiven Urbildes zusammengefasst"(345), das aber keineswegs nur als historische Erscheinung in Betracht"(346) kommt. Die "historischen Schranken hat der Tod zerbrochen, und zugleich hat er den in dieser
Erscheinung enthaltenen Geist als ein fortwirkendes, mit der Zeit und ihren

Bedürfnissen sich wandelndes Prinzip entbunden"(347).

"Das ist die tiefsinnige Bedeutung der paulinisch-
johanneischen Lehre vom Geist. Sie überwindet die Schranken der Historie, macht Christus gegenwärtig und zeigt ihn
als eine Kraft des Werdens und der Fortbildung, wo die einfachen religiösen Grundgedanken des Evangeliums einer
immer neuen, freilebendigen Anwendung fähig werden ... .
Schleiermacher hat sie aufzunehmen versucht, aber dabei
den Hauptpunkt, den Unterschied der zeitlich und individu-
ell gebundenen historischen Erscheinung von dem freien
Geiste, nicht beachtet."(Ebd.)

Erscheinung und Geist, Person und Prinzip gehören für Troeltsch untrennbar
zusammen. Anstatt "die Person dem Prinzip gegenüber lediglich als ersten
Durchbruchspunkt zu bezeichnen, wie Biedermann getan hat"(346), und statt
mit Schleiermacher, Ritschl und Herrmann die überwältigende Wirkung der
Person auf das Prinzip zu betonen, versucht Troeltsch die Synthese durch-
zuhalten, denn der "Zirkel, dass eins das andere stützt, liegt in der Natur der
Sache"(ebd.).

Mag Troeltsch mit seiner engen Nachfolge Schleiermachers auch tatsächlich allein dastehen[20], so hat er doch mit der Benennung der kirchlich-
theologischen Gegenwart als eines "neuen" Protestantismus weitgehend
Anklang gefunden. Es scheint fast, als habe er mit dem Namen "Neuprotestantismus" die Sache überhaupt erst richtig Wirklichkeit werden lassen,
denn innerhalb kurzer Zeit wurde sie Gegenstand mehrerer wissenschaftlicher Einzeluntersuchungen.[21]

---

[20] Troeltschs Schleiermacherbild erscheint an vielen Stellen undifferenziert und
stark schematisiert. Für unsere Untersuchung ist es jedoch von Bedeutung, *dass*
am Anfang dieses Jahrhunderts Schleiermacher tatsächlich *so* verstanden worden war, im Massanzug, als historisches Kabinettstück. Es wird zu beachten
sein, dass sich Barths spätere Einwände auch gegen diesen "Schleiermacher"
wenden.

[21] Vgl. H. Stephan, **Die heutigen Auffassungen vom Neuprotestantismus,**
(1911), K. Sapper, **Neuprotestantismus,** (1914), R.H. Grützmacher, "Altprotestantismus und Neuprotestantismus", **NKZ** 11(1915) 789-825.

Die umfangreichste Darstellung gibt *Karl Sapper* in seinem 1914 erschienenen Buch "Neuprotestantismus".[22] In seinem Buch will Sapper Klarheit schaffen über das "Wesen des Neuprotestantismus als einer Form der christlichen Religion"(VI). Dies geschieht - wie bei Troeltsch - in Abgrenzung gegen den Altprotestantismus. Diesen sieht er durch zwei Prinzipien charakterisiert: den reformatorischen, persönlichen Glauben und den Biblizismus (139). Was seiner Ansicht nach bei Luther noch lebendige Zuversicht zu Gott war, wurde sehr bald danach überschattet von einer Betonung göttlicher Autorität des Bibelbuchstabens, darum "musste naturgemäss auch jener 'Glaube' gefordert werden, welcher eben nur eine Zustimmung zu den Lehren der Bibel ist"(143). Neuprotestantismus hingegen ist ein radikaler Bruch mit jeder Form des (unsittlichen) Dogmatismus. Dieser Bruch erweist sich als Befreiung des dogmatisierten Glaubens zum wahren "Vertrauen auf den uns in Christus offenbaren Gott"(147f.). "Der Unterschied von Alt- und Neuprotestantismus ist somit in allererster Linie durch die *Überwindung des Biblizismus* bedingt."(148) An die Stelle des Biblizismus tritt das "Grundprinzip des Neuprotestantismus": "Die grundsätzliche Überordnung der unter dem Einfluss des Christusgeistes stehenden religiösen Erfahrung über jede äussere Autorität, auch über die des Bibelbuchstabens."(Ebd.) Allerdings sind die Dogmen damit nicht erledigt: "Das 'Dogma' ist berechtigt, wenn es als Ausdruck persönlicher religiöser Erfahrung verstanden werden kann, wenn das religiöse Leben in ihm wenigstens annähernd entsprechenden Ausdruck findet."(Ebd.) Damit ist die religiöse Erfahrung zum Kanon der Dogmatik erhoben. Darüber hinaus ist sie jedoch auch - wie bei Troeltsch - "Erkenntnisquelle"(150), die "Quelle, aus welcher wir sie {die Glaubenssätze} schöpfen"(106).

Nach diesen Ausführungen überrascht es keineswegs, dass sich Sapper nachdrücklich auf Schleiermacher beruft:

> "Mit vollem Recht sagt in diesem Sinne *Schleiermacher:* 'Was nicht Gegenstand der frommen Erfahrung werden kann, das mag wohl sonst beglaubigt und aus andern Gründen von Wichtigkeit sein - auf grundlegende religiöse Bedeutung kann es keinen Anspruch machen.'"(5)

---

[22] Seitenangaben im Text.

Auch bei Sapper übernimmt Schleiermacher somit die Rolle des Ahnherrn und Schutzpatrons des Neuprotestantismus:

> "Schleiermacher war es, der als erster mit voller Klarheit erkannte, dass die kritische rationalistische Umdeutung oder Abschwächung der orthodoxen Systeme keine lebensfähige Gestalt der christlichen Religion hervorbringen konnte. Er hat auch den Weg gezeigt, auf welchem man allein das Ziel erreichen konnte, eine Gestalt der christlichen Religion zu finden, welche deren wahres Wesen unverkürzt und ungebrochen zum Ausdruck bringt und doch zugleich mit dem modernen Denken vereinbar ist."(6)

Atmosphärisch ist der Neuprotestantismus des beginnenden 20. Jahrhunderts kulturell-religiöser Optimismus. Stärke, Selbstbewusstsein, Schwung und eine freie, individuelle Christlichkeit sind seine Kennzeichen. Er ist in Bewegung, mit dem Ziel der "Umsetzung des Protestantismus in eine philosophische Bildungsreligion"[23]. "Neuprotestantismus" ist der Name für ein Klima, nicht für eine Schulrichtung. Was Troeltsch und Sapper darunter verstehen, lässt sich in folgenden Punkten zusammenfassen:

* Neuprotestantismus ist eine Weiterentwicklung der reformatorischen Christlichkeit, die mit dem Ende des 17. Jahrhunderts beginnt, in Schleiermacher ihre entscheidende "Reorganisation" erlebt und im 20. Jahrhundert zu ihrer "letzten Gestaltung"[24] findet.

* Neuprotestantismus geniesst die Freiheit von Bibel, Dogma und Lehramt und stellt aller Orthodoxie das freie, religiöse Erleben des Individuums gegenüber.

* Neuprotestantismus bewundert Jesus als religiöses Prinzip, als Ursprung, Ziel und Vorbild christlichen Einzel- und Gemeinschaftslebens, und weiss das "Betriebsklima" der Kirche als "Geist Christi" zu schätzen.

---

[23] So E. Troeltsch, zit. nach H. Hohlwein, "Neuprotestantismus", **RGG**[3] 1431.

[24] E. Troeltsch, **Glaubenslehre 3.**

• Die individuelle Erfahrung, das persönliche Glaubensleben, liefert die Kriterien für Wahrheit und Echtheit theologischer Aussagen.

• Neuprotestantismus ist "Bestandteil der modernen Kultur und von ihr tiefgreifend beeinflusst".

Auch *Karl Barth* hat in späteren Jahren immer wieder das Wesen des Neuprotestantismus zu beschreiben versucht. Er tat es, um vor der Versuchung zu warnen, die das neuprotestantische Christentumsideal noch allemal bedeutete, und "weil die nachwachsenden Generationen Ägypten - die Ära Ritschl-Harnack-Troeltsch und die ihr vorangehenden Zeiten - nicht mehr aus eigener Anschauung gekannt haben, den Sinn unseres Auszuges von dort vielleicht nicht mehr realisieren können"[25]. Seine, im übrigen sehr eigenständige, Charakterisierung des Neuprotestantismus kann hier nur in Kürzeln vorgestellt werden. Der Begriff des "Neuprotestantismus" taucht u.W. bei Barth erst in den Schriften seiner Münsteraner Zeit, also in der zweiten Hälfte der zwanziger Jahre auf.Es überrascht nicht, dass diese Kategorisierung gerade in den Jahren geschieht, die durch die prinzipielle Auseinandersetzung mit dem Katholizismus geprägt ist.[26] Auch Barth sieht den Neuprotestantismus im Konflikt mit der Reformation, und auch er macht die Differenz an der Frage nach der Autorität der Bibel fest:

> "Wir befinden uns mit dieser Frage im Angesicht eines der schwersten Konflikte ihrer {der Kirche} Geschichte. Vorhanden, wenn auch noch nicht in seiner Schwere empfunden, seit den ersten Jahrhunderten, kam er in der Reformation und Gegenreformation des 16. Jahrhunderts zum offenen Ausbruch und bezeichnet seither im Zusammenhang mit den bekannten anderen Gegensätzen die Grenze, die die *römisch-katholische* Kirche von der wahren, der *evangelischen* Kirche trennt und so lange unerbittlich trennen wird, als nicht die eine oder die andere aufgehört haben wird, zu sein was sie ist. Wobei doch der nächste und bedrängendste Gegner und Gesprächspartner der evangelischen Kirche

---

25 **Versuch** 53.

26 Zuvor sprach Barth meist vom "modernen" oder "liberalen" Protestantismus, interessanterweise nur selten ohne auf dessen enge Nachbarschaft zum Katholizismus hinzuweisen. Vgl. dazu **UCR** 257, 261, 303, 307.

nicht der als solcher manifeste Katholizismus, sondern die in
ihrer eigenen Mitte aufgebrochene Häresie des Neuprotestantismus ist, der sich auch in dieser Angelegenheit in der
Hauptsache sehr schlicht als der verlängerte Arm der irren-
den Papstkirche erwiesen hat."[27]

In Schleiermacher wiederum sieht auch Barth den "Normaltheologe{n} des
Neuprotestantismus"[28], in seiner Lehre hingegen "den theologischen Herd
eines weder mit der Bibel noch mit dem Aspekt der wirklichen Welt verein-
baren Gegenwartschristentums"[29]. Die formalen Kennzeichen der "von
Schleiermacher klassisch repräsentierten neuprotestantischen Theologie"[30]
benennt Barth mit den Stichworten "religionistisch", "anthropozentrisch"
und "humanistisch"[31] Vom Inhalt her gesehen, ist *dies*

> "die grundsätzliche Verschiedenheit dieser Theologie von
> der Theologie des älteren Protestantismus: Man weiss jetzt
> irgendwoher, aus irgendeinem allgemeinen Wissen um Gott
> und Mensch vorweg, man weiss *a priori* , was Offenbarung
> sein muss, kann und darf. Innerhalb dieses Rahmens und
> messend mit diesem Massstab nimmt man dann, *a posterio-*
> *ri*, Stellung zu ihrer Wirklichkeit."[32]

Im Neuprotestantismus macht - nach Barth - also der Mensch von seiner
Freiheit Gebrauch auf Kosten der Freiheit Gottes. Darum hat sich in der
"Trauergeschichte der neueren protestantischen Theologie"[33] der Mensch
mit seinem Erleben, seinen frommen Gefühlen, seinen Gedanken *über* Gott

---

[27] **KD I/2** 607.

[28] AaO. 602.

[29] **KD II/1** 714.

[30] **CD** 125.

[31] **Menschlichkeit** 5.

[32] **KD I/2** 5.

[33] AaO. 315.

an die Stelle gesetzt, die eigentlich der Offenbarung *Gottes* selbst zukäme:

"Man kann es mit der grössten Bestimmtheit aussprechen:
jede Theologie - gleichviel ob sie sich im übrigen als liberal
oder als orthodox ausgebe und gebärde - ist in dem Masse
nicht Offenbarungstheologie, als sie offen oder heimlich auf
dieser Umkehrung beruht, als sie zuerst danach fragt, was in
Gottes Freiheit möglich ist, um sich dann und daraufhin
nach Gottes wirklicher Freiheit umzusehen."[34]

Bei aller Übereinstimmung im Groben, unterscheidet sich Barths Verständnis des Neuprotestantismus von dessen Selbstverständnis nicht unerheblich. Zum einen ist es die grundverschiedene Wertung, die er dem Phänomen Neuprotestantismus angedeihen lässt. Zum anderen sind es dessen
katholisierende Tendenzen, auf die Barth seinen Finger legt, während Troeltsch z.B. den Katholizismus als längst überwundene "Vorstufe" des Protestantismus nicht mehr ernstnehmen zu müssen glaubte. Schliesslich sehen
wir einen feinen, aber wesentlichen, Unterschied in der Beurteilung Schleiermachers. Für Troeltsch und Sapper ist Schleiermacher zwar der unbestrittene
Vorläufer, hat jedoch seine Zeit gehabt und muss durch die Biedermannsche
Komponente z.B. erst zur Vollständigkeit gebracht werden. Nicht so Barth.
Besser als viele seiner Zeitgenossen hat er die *fundamentale* Bedeutung
Schleiermachers erkannt: nicht nur eine "Reorganisation" der theologischen
Wissenschaft hatte sich bei ihm abgespielt, nicht nur eine geniale, neuzeitliche Neubegründung der Theologie stattgefunden, sondern hier war der vielfach unternommene Versuch, Gottes selbst Herr zu werden, zu einem krönenden und schulemachenden Entwurf geraten. In Schleiermachers
Theologie hatte eine kopernikanische Umkehrung stattgefunden! Was Gott
können und wollen durfte, bestimmte fortan der Mensch.

Es hat Barth einiges gekostet, diese veränderte Perspektive zu gewinnen, wie wir unten darstellen werden. Zunächst aber wollen wir uns den
eigentlichen Anfängen zuwenden, d.h. den ersten Atemzügen und selbständigen Schritten des jungen Barth im neuprotestantischen Klima dieser "Spätzeit der Schleiermacherschen Epoche"[35].

---

[34] AaO. 4.

[35] K. Barth in einem Brief an J. Rathje (1947), in: J. Rathje, **Die Welt des freien
Protestantismus** 462.

1.2   In der Schule Schleiermachers

Man hat oft darauf hingewiesen, dass Schleiermacher keine Schule gegründet hat.[36] Obwohl er sicherlich bedeutende Schüler gehabt hat, liegt seine Bedeutung "jenseits dieses Ansatzes zu einer Schulbildung"[37]. Aber wo? *A. Ritschl* konstatierte bereits 1874 eine "Geringschätzung Schleiermachers, als sei seine Theologie mit Recht überschritten"[38], und *H. Mulert* meint im Blick auf die Aufnahme der Glaubenslehre Schleiermachers: "bei aller Anerkennung für die Bedeutung des Buches und seines Verfassers hat die Ablehnung überwogen"[39]. Auch Barth lehnt Schleiermachers Titulierung als "Kirchenvater des 19. Jahrhunderts"[40] entschieden als "Literateneinfall" ab:

> "Schleiermacher hat gerade in seinen tiefsten Intentionen, wie er sie zuletzt - alle Täuschungen über seinen Zusammenhang mit der Reformation nun wirklich zerstörend - etwa in den Sendschreiben an Lücke verraten hat, unter den führenden Theologen des 19. Jahrhunderts *keinen* Nachfolger gefunden."[41]

Mit welchem Recht sprechen wir hier also von einer "Schule Schleiermachers"? Uns interessiert vor allem Barths eigene Antwort, wie er sie später sich selber gab. Sie besitzt zwei Aspekte: Barth behauptet nämlich, das 19. Jahrhundert brachte "belastet mit der Schleiermacherschen Geheimtradition,

---

[36]   So Barth wörtlich in **ProtTh** 379.

[37]   Ebd.

[38]   A. Ritschl, **Schleiermachers Reden über die Religion**. 20.

[39]   H. Mulert, "Die Aufnahme der Glaubenslehre Schleiermachers", **ZThK** (1908) 133.

[40]   Vgl. **KD I/2** 682. Dem steht allerdings Barths frühere Äusserung gegenüber: "Der Mann sprach historisch die Wahrheit, der 1907 eine Schrift herausgab unter dem Titel 'Schleiermacher, der Kirchenvater des 19. Jahrhunderts'". **ProtTh** 379.

[41]   **KD I/2** 682.

den Neuprotestantismus zur vollen Blüte"[42]. Das bedeutet aber *erstens* einen quasi unterirdischen Einfluss, das Fortwirken einer "esoterischen Geheimtradition in der evangelischen Kirche"[43] und *zweitens* einen schliesslich sichtbaren Erfolg. M.a.W.: Schleiermacher wirkte nicht durch seine aufgestellten Glaubenssätze, sondern durch seine Denkweise, seine Methode. Und es war diese seine Denkweise, die auf revolutionierende Art das 19. Jahrhundert erobert hatte und schliesslich neben Lagarde, "den man neben Schleiermacher als einen der wenigen reinen Neuprotestanten ansprechen darf"[44], und Troeltsch auch eine zünftige Schleiermacher-Renaissance hervorbrachte.[45] So sehr befand sich die Theologie des beginnenden 20. Jahrhunderts im Banne des Schleiermacherschen Denkens, dass Karl Barth seine erste Vorlesung über Schleiermacher (1923/24) mit folgenden Worten eröffnen konnte:

> "Aber Schleiermacher ist uns kein Toter, und seine theologische Arbeit ist für uns nicht überwunden. Wenn irgendeiner heute mitredet in der protestantischen Theologie, als ob er mitten unter uns stünde, so ist es Schleiermacher. Paulus und die Reformatoren *studiert* man, mit den Augen Schleiermachers aber *sieht* man, und in seinen Bahnen *denkt* man. Das gilt auch da, wo man den wichtigsten seiner Theologumena oder gar ihrer Gesamtheit kritisch oder ablehnend gegenübersteht. Schleiermachersche Methode, Schleiermachersche Voraussetzungen sind heute bewusst oder unbewusst, gewollt oder ungewollt das charakteristische Ferment so

---

[42] AaO. 683.

[43] AaO. 682.

[44] Ebd.

[45] Dazu T.N. Tice, **Schleiermacher Bibliography** (1966) 86: "Schleiermacher studies came to their first great flower in the calm years preceding the First World War." Für die Zeit zwischen 1900 und 1918 gibt Tice immerhin 354 Titel von Arbeiten über Schleiermacher!

[46] **ThSchl** 1. Diese "Spaltung" Schleiermachers - wie sie ähnlich übrigens auch Barth widerfahren sollte - in einen formalen und einen materialen, einen inhaltlichen und einen methodischen Theologen, geht bereits zurück bis in das Jahr

ziemlich aller theologischen Arbeit"[46]

Wir lassen es dahingestellt sein, inwiefern dieses Urteil Barths tatsächlich die theologische Szene seiner Tage wiedergibt. Auf alle Fälle zeigt es uns deutlich seinen damaligen Eindruck von der Situation und erklärt zugleich, in welchem Sinne wir hier von einer "Schule Schleiermachers" sprechen wollen.

1.2.1   Erste Begegnungen

Seine theologischen Studien hatte Barth ausser in Bern und Tübingen auch in den beiden Hochburgen moderner Theologie, Berlin und Marburg, absolviert. Dabei hatte er "die verschiedenen Kelche dieser Theologie bis auf den letzten Tropfen ausgetrunken"[47]. Besonders das nur einsemestrige Studium bei v.Harnack in Berlin (1906/07) hatte für ihn schicksalhafte Bedeutung, denn dort stiess er "nun eben auf Schleiermacher, der gerade von dem Berliner Semester an auf Jahre hinaus zum Leitstern seines Denkens wurde"[48]. In Berlin, der Stadt Schleiermachers, kaufte er sich nämlich Schleiermachers *Reden* in der Ausgabe von Rudolf Otto:

> "Heureka! Ich hatte offenbar 'Das Unmittelbare' gesucht und hatte es nun ... bei Schleiermacher gefunden ... . Ich war geneigt, ihm fide implicita auf der ganzen Linie Kredit zu geben."[49]

1829. Damals beklagte sich Schleiermacher in seinem 2. Sendschreiben an Lücke darüber, dass die Leser seiner Glaubenslehre meinten, in der "Einleitung" die Hauptsache gefunden zu haben:"Oder ist etwa nicht die Einleitung, mit der ich doch nichts anderes beabsichtigte als eine vorläufige Orientierung, die, genaugenommen, ganz ausserhalb unserer Disziplin selbst liegt, als die eigentliche Hauptsache, als der rechte Kern des Ganzen angesehen worden?" **Schleiermacher-Auswahl** 141.

47   **Menschlichkeit** 5.

48   **Lebenslauf** 52.

49   **Nachwort** 291.

Schon damals ahnte er die "durchgehende Linie in Schleiermachers Lebenswerk von den 'Reden' her bis zu der (sehr unschleiermacherisch so genannten) 'Glaubenslehre'"[50]. Nicht nur der genius loci, sondern auch die Persönlichkeit v.Harnacks, *"dem* Theologen der Zeit"[51], unterstrichen ihm die Grösse und Bedeutung Schleiermachers. Vieles spricht dafür, dass Barth gerade in v.Harnack nicht weniger als den Thronfolger (auf dem Stuhle Schleiermachers) und die Wiederverkörperung Schleiermachers zu sehen glaubte.[52]

Ebenfalls in Berlin erhielt Barth noch einen weiteren folgenreichen Anstoss. Er war vermittelt durch *Wilhelm Herrmann.*

> "Der Tage, in denen ich ... in Berlin zum erstenmal seine Ethik las, erinnere ich mich wie wenn es heute wäre. Hätte ich das Temperament von Klaus Harms, so könnte ich von Herrmann wohl ähnliches sagen, wie jener von Schleiermacher oder wie Stilling von Herder: 'ich empfing von diesem Buch den Stoss zu einer ewigen Bewegung'."[53]

Diese Lektüre verstärkte seine Sehnsucht nach Marburg. Als er schliesslich - gegen den Willen seines Vaters - im "liberalen" Marburg drei Semester lang vorwiegend Wilhelm Herrmann hören durfte, festigte sich das erste Urteil: "Herrmann war *der* theologische Lehrer meiner Studentenzeit."[54]

> "Herrmann war einerseits Kantianer und ... andrerseits ein Schüler des jüngeren Schleiermacher, nicht des älteren ... . Die vier ersten 'Reden' waren für W. Herrmann so wichtig, dass er uns im Seminar gesagt hat: ... das sei die wichtigste Schrift, die seit dem Abschluss des Kanons des Neuen

---

[50] Ebd.

[51] So Barth zit. in **Lebenslauf** 51.

[52] Wir werden unten gelegentlich auf diese These zu sprechen kommen.

[53] **ThuK** 240. So Barth im Jahre 1925.

[54] Ebd.

Testaments an der Öffentlichkeit erschienen sei."[55]

In den drei Marburger Semestern hatte Barth also "Herrmann mit allen Poren"[56] in sich aufgenommen, glaubte er doch, sich durch "eingehendes Studium von Kant und Schleiermacher endgültig theologisch zu fundamentieren"[57]. Wenn Barth, nach eigener Aussage, derart nachdrücklich von Herrmann geprägt worden ist, wird es für unsere weitere Untersuchung hilfreich und notwendig sein, Herrmanns Auffassung von Schleiermacher genauer kennenzulernen, allerdings nicht ohne einen gehörigen Seitenblick auf A. Ritschl, seinen theologischen "Vater".

1.2.2   Schleiermacher à la Ritschl-Herrmann

Albrecht Ritschl war ein Theologe gewesen, von dem es hiess, "er sei in der Geschichte der neueren Theologie seit Schleiermacher der Einzige gewesen, der im eigentlichen Sinne Epoche gemacht habe"[58]. Die illustre Reihe der Ritschlianer gibt dieser Ansicht recht. Troeltsch, ebenfalls einer seiner Schüler, beschreibt die Faszination, die von Ritschl ausging, die

"Autorität, Würde und Kraft, mit der dieser bedeutende, aber gänzlich unromantische, ja poesielose Mann uns duch seine geistige Schärfe, den grossen und strengen Wurf seiner Systematik, die Lauterkeit und Überlegenheit des Charakters

---

[55]   **Lebenslauf** 56.

[56]   "Fakultätsalbum Münster", **BwBu** 305.

[57]   Ebd.

[58]   **ProtTh** 598, zit. nach **RGG**[1] V, Sp.2334.

[59]   E. Troeltsch, zit. von Trutz Rendtorff, "Ernst Troeltsch", in: M. Greschat (Hrsg.), **Theologen des Protestantismus im 19. und 20. Jahrhundert II.** 273. Diese Schilderung Ritschls gibt (wenigstens ansatzweise) Antwort auf die Fragen, warum Ritschl "auf die sämtlichen bisherigen, zentral durch das Anliegen der Romantik bestimmten Versuche, die Aufklärung zu überwinden"(**ProtTh** 599) verzichtete, und warum sich "die von *A. Ritschl ausgehende theologische Bewegung, zurückkommend von der* ablehnenden Haltung ihres Mei-

anzog."[59]

Das gänzlich Unromantische an Ritschl[60] zeigt sich neben der Ablehnung Schleiermachers auch an seiner Vorliebe für Kant, den er allerdings als einen "antimetaphysischen Moralisten"(Barth)[61] interpretiert. Gemessen an der scharfsinnig-rationalen Elle Kants, wird Schleiermacher als zu kurz und zu leicht befunden. Zwar war Schleiermacher - laut Ritschl - "seit der Reformation der *Einzige* , welcher den wissenschaftlichen Beweis in der Theologie angewendet hat"[62], dies jedoch nur in der Absicht, denn mit der Leistung blieb er "nur zu oft hinter derselben zurück"(ebd.).

In den "Reden" Schleiermachers findet Ritschl "Verwirrung" und "Unklarheit"(ebd.), aber besonders in der "Glaubenslehre" sieht er "unzählige Beispiele einer fehlerhaften Ausführung der dialektischen Beurtheilung der verschiedenen Möglichkeiten der Wahrheit"(ebd.). Er kann es darum nicht verantworten, "einen jungen Mann zu der klippenreichen Fahrt durch die Glaubenslehre oder durch die Reden Schleiermachers einzuladen, ohne dass ich das Steuer führe"(19). Nichtsdestoweniger fühlt er sich von Schleiermachers "Gesammtansicht", wegen der vielen "musterhaften Argumentationen" aber "ebenso häufigen misslungenen Glieder seines Beweisverfahrens", zugleich "gefesselt" und "befremdet". Interessant[63] ist sein Fazit zu Schleiermacher:

---

sters, nach kurzem Zaudern fast auf der ganzen Linie mit neuer Wärme Schleiermacher, und zwar ausgerechnet dem Schleiermacher der Reden, die Ritschl 1874 besonders aufs Korn genommen hatte, zugewandt hat"(**ThSchl** 2).

60 Was Barth später dessen "ledernen Geheimratspositivismus" genannt hat!

61 **ProtTh** 599.

62 A. Ritschl, **Schleiermachers Reden über die Religion** 18. Seitenangaben im Text

63 Die folgenden Abschnitte zeigen eine enorme Verwandtschaft zur späteren Barthschen Schleiermacher-Kritik. Interessant ist gerade hier das Pendeln zwischen Ablehnung und Bewunderung.

"Also wenn der Werth einer wissenschaftlichen Grösse darin
erschöpft wäre, dass sie uns sympathisch sein müsse, - ein
Massstab, der von Theologen leider nur zu oft befolgt wird, -
so würde ich mich gar nicht mit Schleiermacher beschäftigen. Allein ich erprobe seinen wissenschaftlichen Werth
durch die kühle und geduldige Prüfung seiner Definitionen
und Beweise daran, dass man bei diesem Verfahren in sachlicher wie in methodischer Hinsicht etwas lernt. Und deshalb
steht mir fest, dass die Geringschätzung Schleiermachers, als
sei seine Theologie mit Recht überschritten, und die jetzt
grassirende Unfähigkeit, in der Theologie zu lernen, in der
schönsten Übereinstimmung mit einander stehen."(19f.)

Ritschl ist sich durchaus bewusst, mit seinem Urteil "den geltenden Ansichten über Schleiermachers geschichtliche Stellung widersprochen zu
haben"(107), aber er hält mit seiner Kritik nicht zurück. Von den zahlreichen
Einwänden gegen Schleiermacher erwähnen wir nur vier:

Erstens ist hier Schleiermachers Tendenz zu nennen, "seine Erkenntnisse der Sache in einer Schwebe der Ungenauigkeit zu lassen"(58), welche
dazu führt, dass z.b. das Gefühl schlechthiniger Abhängigkeit "keine deutliche, d.h. von notwendiger Anschauung begleiteter Erkenntniss, sondern ein
bleibendes Räthsel"(59) ist. Unmittelbare Resultate dieser Unklarheiten sieht
Ritschl in ihren Wirkungen auf die Theologie:

"Die Übelstände unserer Theologie, welche ich hiermit
bezeichne, sind also, wie ich nicht zweifle, auf das Vorbild
zurückzuführen, welches die 'Reden', und in verstärktem
Masse die 'Glaubenslehre' Schleiermachers darzubieten
scheinen."(65)

(Die folgenden Einwände richten sich somit nur zum Schein gegen Schleiermacher.)

Zweitens, die Prolegomena haben die eigentliche Dogmatik verdrängt.
"Neben der monographischen Behandlung jener allgemeinen Vorfragen
begegnet man so gut wie gar keiner monographischen Bearbeitung der
eigentlichen dogmatischen Themata."(63) Es ist eine "unrichtige Ansicht,
dass der directe Weg in die positive christliche Lehre durch die Prolegomena
führe, und dass kein anderer Weg erlaubt sei, wenn man wissenschaftlich
verfahren wolle"(64).

Drittens, als Grund für die Überbetonung der Prolegomena nennt Ritschl das apologetische Interesse, welches sich in "endlosen Erörterungen nicht bloss über die allgemeine psychologische Bestimmung der Religion, sondern auch über die Offenbarung und über Inspiration der heiligen Schrift, über Wunder und Weissagung"(ebd.) äussert. "Diese Probleme der Apologetik ziehen dann auch die eigentlich dogmatischen Aufgaben in den Strudel der vorläufigen Lösungen und Vertheidigung hinein"(ebd,).

Viertens, "man muss seine Dogmatik früher verstehen als man die Prolegomena zur Dogmatik aufstellt"(ebd.). Schleiermachers "Reden" gebieten die Folgerung, dass man "keinen allgemeinen Begriff von Religion und Offenbarung ohne die Mitwirkung einer speciellen Kenntniss und Beurteilung der einzelnen Religionen"(ebd.) erreichen kann.

"Dass heisst, man muss eine eigenthümliche, durch alle exegetischen und historischen Mittel unterstützte theoretische Erkenntniss des Christenthums beherrschen, um die Vorfragen zur Dogmatik lösen zu können"(ebd.).

Darum gibt Ritschl seinen "jüngeren Fachgenossen" einen Rat: statt durch die Prolegomena, sollen sie den Weg zur Dogmatik durch die christliche Sittenlehre suchen, "vorausgesetzt natürlich, dass das Studium des Neuen Testaments und der Dogmengeschichte, namentlich derjenigen seit der Reformation, damit Hand in Hand gehe"(65).

Vermutlich hat Ritschl mit seiner tiefgreifenden Kritik an Schleiermacher und seinen Epigonen das Interesse an diesem gerade erst entfacht. Jedenfalls konnte er es nicht verhindern, dass schon seine eigenen Schüler an ihm vorbei ihre Zuflucht wiederum bei Schleiermacher suchten und fanden. Ritschl wurde dabei zwar überholt, aber nicht vergessen. Seine Kritik an dem grossen Schleiermacher jedoch sollte viel später noch einmal Auferstehung feiern, bei einem seiner "Enkel", Karl Barth.

Wilhelm Herrmann war ein Ritschlianer sui generis. Insbesondere konnte er sich die ablehnende Haltung Ritschls gegenüber Schleiermacher nicht aneignen. Wie Troeltsch sah auch er in Schleiermacher einen "Reformator der evangelischen Theologie"[64], dessen Werk sich im deutschen Pro-

---

[64]   W. Herrmann, **Schriften zur Grundlegung der Theologie II** 17. Seitenangaben im Text

testantismus vermutlich nur darum so wenig durchgesetzt hat, weil "das
Neue so gewaltig war, dass es in dem bisherigen Betriebe der Theologie
nicht so schnell Platz fand"(ebd.). Dieses Neue ist für Herrmann die Art, wie
Schleiermacher vom christlichen Glauben in seiner "Glaubenslehre" redet:

> "Dieses Buch will nicht Gedanken darstellen, die ein
> Mensch sich aneignen soll, sondern Gedanken, die in einem
> Christen leben, weil er Glauben hat. ... Die Lehre also, die
> hier dargestellt wird, ist nicht oder wenigstens nicht in erster
> Linie Aufgabe oder Gesetz für den Glauben, sondern Aus-
> druck des Glaubens ... "(ebd.).

Aber gerade in diesem Punkt sieht Herrmann auch die entscheidende Differenz zu Ritschl:

> " *Ritschl* ... redet in der Sprache der Reformatoren vom
> Glauben und seiner selbständigen Gewissheit. Daneben
> konnte er sehr wohl die heilige Schrift als Quelle der in der
> Dogmatik behandelten Gedanken verwerten. Aber wenn er
> zugleich den Anspruch erhob, dass eine Dogmatik, die auf
> solche Art ihren Inhalt gewinnt, zu zeigen habe, was Inhalt
> des Glaubens sein müsse, so wird offenbar die hl. Schrift
> zum Lehrgesetz gemacht. Er kommt also auf die katholische
> Dogmatik in ihrer altprotestantischen Ausprägung
> zurück."(22)

Davon ist nun aber Herrmanns Nerv an seiner empfindlichsten Stelle berührt, denn: Offenbarung ist nicht Lehre! Der "Generalsturm gegen die *lehr-
gesetzliche* Auffassung der Offenbarung und des Glaubens"[65] ist der Gedanke, der, wie kaum ein anderer, "bei Herrmann so häufig und so
leidenschaftlich auftritt"[66]. Gegen diesen Feind des christlichen Glaubens ist
ihm keine Attacke zu scharf: "Unwahrhaftigkeit", "Sünde", "Verleitung zum
Bösen" und schliesslich "Römisches Christentum" müssen dabei als Etiket-
ten herhalten.[67] Um dieser Sache willen hat sich Herrmann von seinem "ver-

---

[65] ThuK 258.

[66] AaO. 253.

[67] Vgl. AaO. 253f.

ehrten Lehrer, dem 'grossen' Theologen *Ritschl*, ... schliesslich geschieden gewusst"[68]: "Die Vollendung also, zu der *Ritschl* die orthodoxe Dogmatik führt, lässt es als unmöglich erscheinen, dass sie sich in der Gegenwart noch in irgendeiner Form behaupte."(22)

> " *Ritschl* will dem Glauben den Charakter als einer herzlichen, also selbständigen Überzeugung gewahrt wissen. Die katholische Vorstellung, als könnte uns das Aneignenwollen der religiösen Gedanken anderer aus unseren Nöten helfen oder überhaupt gelingen, ist ihm in ihrer Sinnlosigkeit klargeworden. Aber er ist sie trotzdem nicht losgeworden. Denn er hält die Quelle der falschen Praxis offen, das ist der katholische Gedanke, dass aus der hl. Schrift die Lehren erhoben werden können, die für alle Christen verbindlich oder allgemeingültig sein sollen. Nach katholischer oder altprotestantischer Auffassung sind sie das als in der hl. Schrift offenbartes Gesetz Gottes. Nach *Ritschl* sollen sie es sein als der Ausdruck des in der hl. Schrift sich klarer als irgendwo sonst aussprechenden Glaubens."(23)

Wie anders dagegen *Schleiermacher!* Bei ihm liess das "Lehrgesetz, dessen Forderung die katholische Art begründet, sich kaum vernehmen"(22).

> "Seine epochemachende Leistung für die Dogmatik ist die Überwindung des gesetzlichen Charakters der religiösen Lehre, also die Erkenntnis, dass sie ihren richtigen Sinn nur behält, wenn sie als freier Ausdruck des Glaubens verstanden wird und nicht als eine Vergewaltigung des Menschen."(20)

Dennoch sind auch Schleiermacher - so Herrmann - zwei Fehler unterlaufen, zwei Unterlassungen, bei deren jedem "ein wesentliches Bedürfnis der christlichen Gemeinde unberücksichtigt blieb"(18).

Der *erste* betrifft den Glauben als den Quellpunkt dogmatischer Aussagen. Denn "die Darstellung des Glaubens wird nicht dadurch geleistet, dass er als ein einmal gegebener Gemütszustand behandelt wird und nur die Gedanken entwickelt werden, in denen er sich ausspricht"(ebd.). Der Glaube

---

[68]   AaO. 254.

drängt ja "fortwährend hinaus über das, was er selbst bisher geworden ist"(ebd.). Wo in einem Christen diese drängende Unruhe jedoch erlischt, da "geht sein Sinn aufs Irdische"(ebd.). Auf jeden Fall aber "ist der Glaube, der ein beständiges Suchen und Neuwerden bleibt, mit dem, was aus ihm entsteht, noch nicht dargestellt"(ebd.) Schleiermacher übergeht zudem die Frage, wie der Glaube entsteht, und das hängt damit zusammen, das in seiner Glaubenslehre "der Gedanke der Offenbarung nicht die ihm gebührende beherrschende Stellung hat"(ebd.).

Der *zweite* Fehler Schleiermachers ist nach Herrmann die Eigenproduktivität des Glaubens, die "Selbstaussage des Dogmatikers"(19). Aber: "die Dogmatik ist kein Selbstgespräch eines Christen, sondern eine Arbeit im Dienst der christlichen Gemeinde"(ebd.). Zwar lässt Schleiermacher die heilige Schrift "nachträglich zur Prüfung der entwickelten Gedanken"(ebd.) gelten, aber er übersieht dabei das Bedürfnis der Gemeinde, "gerade aus dem Lebenszeugnis der Anfangszeit das Bild des Glaubens zu empfangen"(ebd.) Wie sehr die lebendige Gemeinde jedoch zur "Unterordnung unter die hl. Schrift" drängt, hat das Schicksal der Schleiermacherschen Theologie bewiesen, hat doch diese Gemeinde gerade in der "Lehrweise der orthodoxen Theologie" wieder ihre Zuflucht gefunden, dort, wo "wenigstens laut genug gesagt wird, dass die öffentliche Verkündigung aus der hl. Schrift schöpfen müsse"(ebd.).

Ritschl hat diese Mängel bei Schleiermacher gesehen und mit neuer Betonung des reformatorischen sola scriptura zu korrigieren versucht. Dennoch muss sein Versuch - so Herrmann - als gescheitert angesehen werden:

"Er hat das nicht eingesehen, was *Schleiermacher* einmal gefunden, aber auch nicht fruchtbar gemacht hatte, dass es einen allgemeingültigen Ausdruck des Glaubens überhaupt nicht geben kann. Sobald man aber daran festhält, dass irgendeine Lehre diesen Anspruch erheben dürfe, kommt man doch wieder darauf zurück, aus dem Glauben eine Vergewaltigung des Menschen zu machen."(24)

Die Aufgabe der Dogmatik in der Zukunft muss also sein, "an der Forderung allgemeingültiger Erkenntnis zwar festhalten, aber zugleich auf eine allgemeingültige Formulierung der Erkenntnisse des Glaubens verzichten"(25).

Wir können den Vorschlägen Herrmanns zur Lösung dieser Aufgabe
hier nicht nachgehen.[69] Sicher ist jedoch, dass Herrmann die Dringlichkeit
einer gänzlich erneuerten, sich an Schleiermacher und Kant orientierenden,
Theologie eindrucksvoll zu vertreten gewusst hat. Mit seiner Ablehnung der
orthodoxen, altprotestantischen Dogmatik als einer katholisierenden Lehrge-
setzlichkeit steht er allerdings - bei aller Rivalität mit Troeltsch - ganz auf
dem Boden des Neuprotestantismus und weiss sich in dem, "was bei *Schleiermacher* gross und ursprünglich war, ... ganz als sein Nachfolger"(265). Der
Einfluss Herrmanns auf Barth darf nicht unterschätzt, aber auch nicht überschätzt werden. In bezug auf die Pointe der Herrmannschen Schleiermacher-
Kritik jedenfalls war Barth ein aufmerksamer Schüler gewesen. Was Herrmann gegen Schleiermachers Begriff der schlechthinigen Abhängigkeit ins
Feld führte, nämlich dessen Leblosigkeit, Gegenstandslosigkeit und Selbst-
genügsamkeit[70], das sollte später zu den Waffen gehören, mit denen Barth
selbst - wenn auch aus einer ganz anderen Richtung - Schleiermacher auf
den Leib rücken würde.

1.2.3   Eigene Schritte

Dass Barth ein selbständiger Denker war, das hat er schon frühzeitig unter
Beweis gestellt. Die Marburger Zeit mag darin wohl so etwas wie ein
Schlüsselerlebnis für ihn gewesen sein. Die Begegnung mit Herrmann hatte
Barth aus seinem dogmatischen Schlummer geweckt, und von da an meinte
er "mit selbständiger Aufmerksamkeit dabeigewesen zu sein in der Theolo-

---

[69]   Nur soviel sei angedeutet, dass Herrmann mit (dem jungen!) Schleiermacher
die Wahrheit der Religion nur in der Geschichtlichkeit des Einzelnen suchen
und finden möchte. "Einem Beweis für allgemeingültige Gedanken braucht die
Geschichte dann nicht zu dienen, denn nach diesem wird gar nicht gefragt.
Wohl aber könnten, wenn die Religion bei allen Einzelnen ein individuelles
Erleben bedeutete, geschichtliche Tatsachen, die ihnen tatsächlich als solche
feststehen, den Anlass der inneren Vorgänge ausmachen, in denen sich bei
ihnen das Leben der Religion vollzieht. Stellen wir uns auf diesen Standpunkt,
so wollen wir die Geschichte freilich verwerten, aber gewiss nicht als Beweis-
mittel für sogenannte religiöse Wahrheiten."(35)

[70]   So Barth in seiner Interpretation der Kritik Herrmanns an Schleiermachers
"erstem Fehler"(s.o.). **ThuK** 250.

gie"[71]. Daneben bedeutete es keine unwesentliche Stärkung seines Selbstbewusstseins, dass er eine Hilfsredaktorenstelle bei der "Christlichen Welt"
versah. Martin Rade hat ihn "in der ihm eigenen generösen Art schalten und
walten lassen", wobei sich Barth als "Untersteuermann nicht wenig wichtig
vorkam"[72]. Seine theologische Position "in der Mitte zwischen Kant und
dem jungen Schleiermacher"[73] wies ihn als treuen Schüler Herrmanns aus.
Aber Barth wollte "nicht bloss Schulbube"[74] gewesen sein, "den Weg der
'Flucht in die Praxis' nicht gehen"[75]. Er wollte eigene Wege gehen. Sein
Lehrer Herrmann schaffte die dazu notwendige Atmosphäre: "Es wehte
Freiheitsluft in seinem Auditorium. ... Unser ohnehin gegen alle Autoritäten
rebellischer Sinn kam da auf seine Rechnung."[76]

Diese Freiheit erwies sich jedoch als Scheinfreiheit, war sie doch Freiheit "innerhalb einer Problemstellung, die ich für unerschütterlich hielt"[77]
Das zeigte sich besonders in den ersten Publikationen Barths[78], die von
jugendlich-wissenschaftlichem Eifer strotzen. Dabei merkt man Barth an,
dass er gegen Mauern läuft, ungeachtet der Tatsache, dass er ein "entschlos-
sener Anhänger der modernen Theologie"[79] sein will. An einem seiner Aufsätze wollen wir diesen Tatbestand aufzeigen.

---

[71]   **ThuK** 240.

[72]   **Lebenslauf** 58.

[73]   Ebd.

[74]   AaO. 62.

[75]   Ebd.

[76]   AaO. 57.

[77]   AaO. 63.

[78]   "Moderne Theologie und Reichsgottesarbeit", **ZThK** 19(1909) 317-321 und
       "Der christliche Glaube und die Geschichte", **SThZ** 29(1912) 1-18, 49-72.

[79]   **Lebenslauf** 62.

Dieser Vortrag Barths aus dem Jahre 1913 ("Der Glaube an den persönlichen Gott") zeigt den knapp siebenundzwanzigjährigen Barth - seit zwei
Jahren bereits als Pfarrer im aargauischen Safenwil tätig - in einem mitunter
verbissenen Ringen um das rechte Verständnis der Persönlichkeit Gottes.[80]
Die Frage der Persönlichkeit Gottes, "die so sehr eine *crux theologorum* darstellt"(21), soll nicht in "nutzlose{r} Dialektik" erkämpft werden. Man ist
"Worten gegenüber gelassen geworden"(ebd.). Wie bereits Schleiermacher,
findet auch Barth "die Wahrheit der Religion in ihrem Erlebnisgehalt, in der
Erfahrung, in der Praxis"(ebd.). Aber schon Schleiermacher wollte das Wort
nicht der Willkür überlassen, trotz des "Minderwertes des Wortes gegenüber
dem Leben in der Religon"(22). "Sonst hätte nicht auch er in seiner Glaubenslehre 'Formeln geschmiedet', die nun schon so mancher Theologengeneration die gediegenste Anleitung zum religiösen Denken gewesen
sind."(Ebd.) Der nun folgende Protest richtet sich also nicht gegen Schleiermacher, sondern (ähnlich wie Ritschl) gegen den atmosphärischen Druck
einer pseudo-schleiermacherschen Erfahrungstheologie:

> "Wir bringen es nicht fertig, über die zentrale Angelegenheit
> unseres Lebens, über unser Verhältnis zu Gott, nicht zu den-
> ken und zu reden."(Ebd.)

Man ist hier unwillkürlich an die um Parrhesie ringenden Apostel aus Apg.
4,20 erinnert: auf der Suche nach seinem eigenen Standpunkt lässt sich Barth
nichts vorschreiben, gewiss nicht das Thema seiner Überlegungen. In dieser
Hinsicht erteilt er auch Schleiermacher eine Abfuhr, meinte dieser doch, "die
Religion hange nicht davon ab, ob die Metaphysik Gott das Prädikat der Persönlichkeit beilege oder nicht"(21) und: "'In der Religion steht die Idee vor
Gott überhaupt nicht so hoch als ihr meint'"(ebd.). Nein, Barth lässt sich
nicht schrecken. Das Thema ist keineswegs erledigt, denn da "könnten wir
uns ja die Mühe einer solchen Untersuchung ersparen"(21f.). Aber wiewohl
Barth sich Schleiermacher mit den Händen vom Leib hält, steht er doch mit
beiden Beinen fest auf dessen Grund und Boden:

> "Die Aufgabe der dogmatischen Erörterung eines solchen
> Einzelpunktes kann nur darin bestehen, das religiöse Erleben
> nach einer bestimmten Seite hin zusammenhängend und
> deutlich zu Worte kommen zu lassen. Das Erleben, die Pra-

---

80   "Der Glaube an den persönlichen Gott", **ZThuK** 24(1914) 21-32, 65-95. Sei-
      tenangaben im Text

xis, oder wie man esw nennen will, ist also die selbstverständliche Voraussetzung, die Quelle aller religiösen Aussagen."(22)

Dennoch bleiben die Einwände nicht aus. Es könnte ja sein, dass dogmatische Gedanken, aus der religiösen Praxis erwachsen, nun wiederum von der
Erfahrung unter Beschuss genommen werden, und dass so das "tumultuari-
sche Bild"(23) entsteht, dass die religiöse Erfahrung als zweite Quelle neben
-- sich selbst tritt"(ebd.). Es ist uns nicht ganz klar, was Barth hier hat sagen
wollen. Vermutlich sichert er hier bereits sein Ergebnis ab, das ja in einer
dialektischen Zusammenstellung des "Persönlichen" und des "Erhabenen" im
Gottesgedanken bestehen wird. Jedenfalls verweist er hier schon darauf, dass
wir ja immer "nachdenken über das, was ja an sich selber höher ist als alle
Vernunft"(ebd.), weswegen auch die "Wissenschaftlichkeit der Dogmatik ...
nicht in der Widerspruchslosigkeit eines möglichst harmonischen Systems
bestehen"(ebd.) kann, sondern in "möglichst genaue{n} Interpretationen der
religiösen Wirklichkeit ..., möglichst reinlich und vollständig zu Ende
gedacht"(23f.). "Darum ist die Institutio *Calvins* wissenschaftlicher als das
meiste, was seither über Dogmatik geschrieben worden ist."(24)

Die weiteren Ausführungen Barths sind sehr gelehrte Mäanderschleifen
zwischen Pantheismus und Deismus, denen ihre partiellen Rechte nicht aber-
kannt werden, die aber jeder für sich in eine Sackgasse führen müssen, wenn
sie konsequent zu Ende gedacht werden.

"Es wird hier deutlich offenbar, dass von dem Problem, wie
von jedem echten Problem, eine Art Zwang ausgeht, und
zwar hier der Zwang, beides, obwohl es sich gegenseitig
ausschliesst, doch und trotz allem von Gott auszusagen: die
Erhabenheit *und* die Persönlichkeit."(85)

Da sie "ernsthafte Durchführung beider ... uns auf den fundamentalen Widerspruch im Gottesgedanken"(ebd.) führt, bleibt nur das Eine übrig,

"auf Grund der religiösen Erfahrung auch die innere *Notwendigkeit* dieses festgestellten *Widerspruchs* zu untersuchen, die Notwendigkeit, *zusammenzustellen,* was wir doch
in Eins *zusammenzudenken* nicht vermögen"(ebd.).

In der Ausführung dieses Programms macht Barth zunächst eine kurze Verbeugung vor Feuerbach, um dann dessen "irreligiöse Theologie ... mit gutem Grund"(88) abzulehnen, denn Gottesgedanke und menschliche Persönlichkeit sind *zu* verschieden, als dass jener aus diesem herausprojiziert werden könnte.

> "Der wesentliche Unterschied zwischen Gott und Mensch ist doch der, dass wir in Gott das Erhabene als *nicht* beschränkt durch das Individuelle seiner Persönlichkeit denken, dass wir bei ihm beides unvermittelt nebeneinander stellen müssen, während es beim Menschen einen Kompromiss miteinander eingeht, einander beschränkt und relativ aufhebt. Gerade das bezeichnende Bild jenes Nebeneinander bietet uns die menschliche Persönlichkeit *nicht.* "(Ebd.)

Wie ist also der so ganz "andere" Gottesgedanke als immerhin menschlicher Gedanke möglich? Eine Projektion kann ja "die Wirklichkeit Gottes gar nicht erreichen, geschweige denn erschöpfend beschreiben"(89).

Die Antwort Barths ist - wie bei Herrmann auch - ein kurzes Aufbäumen gegen die Erlebnistheologie, das sich von ihr jedoch nicht lösen kann:

> "Nicht etwas aus uns hinaus Projiziertes kann der Gottesgedanke der Religion sein, sondern nur die Spiegelung einer Tatsache, die in uns hinein geschaffen ist. Diese Tatsache ist das *Leben aus Gott* , das uns geschenkt wird durch unseren *Zusammenhang mit der Geschichte*. Diese unsre innere Bedingtheit durch die Geschichte ist die *religiöse Erfahrung*. In ihr haben wir Gott und auf Grund ihrer können wir von Gott reden."(Ebd.)

Was nun folgt, ist wenig überraschend. Im Mittelpunkt dieser geschichtlichen, religiösen Erfahrung steht natürlich der "Jesus" der liberalen Theologie mit seiner Persönlichkeit und der Botschaft vom Reiche Gottes: "Zeitlich und räumlich beschränkt, sammelt er doch alle Brennstrahlen der Sonne Gottes wie in einem Brennspiegel in sich selber."(91) Dieser Jesus ist "rätselhaft", "durchsichtig", "einfach", "allem Kleinmenschlichen entrückt und doch mitten im Leben drinstehend", "Einer, der den Ausspruch wagen kann: Alle Dinge sind mir übergeben von meinem Vater! und dem man das abnimmt, weil man bezwungen ist von der Hoheit persönlichen Lebens, das man bei ihm sieht und das er einem mitteilt"(ebd.).

Barth hat diesen Jesus exakt nach dem Schleiermacherschen Urbild-
Jesus modelliert, und auch das Pathos kann seinen Ursprung nicht verleugnen: "Was für eine Intensität des Verkehrs mit den Seinigen, der durch seinen Tod nicht zerstört werden kann: Ich bleibe bei euch alle Tage! *Ecce
homo!*" (ebd.). Jesus ist jedoch nicht nur Urbild des Persönlichen, sondern
er verkündigt auch "das unpersönliche, d.h. von allen Gedanken an bestimmte menschliche Individuen freie *Reich Gottes*" (92). In diesem geht es allein
um "Gottes Ehre, Gottes Reich und Gottes Willen"(ebd.). "Mein Lebensin-
halt ist meine Funktion im Reiche Gottes. Ich werde gebraucht von
Gott."(Ebd.) Jesus selbst hat diese unpersönliche, streng sachliche
Lebensauffassung vorexerziert: "Es geht ein Hauch von eisigem militäri-
schem Gehorsam durch das Evangelium: Des Menschen Sohn *muss* !"(93)
Das unpersönliche Element gehört nun aber untrennbar mit dem persönlichen zusammen. "Beide Aussagen sind von der Erfahrung gefordert."(94)

> "In der innern Bewegung, in der nie ganz aufhörenden Unru-
> he, die durch diese Doppelheit erzeugt wird, besteht der
> Reichtum, die Fruchtbarkeit des Gottesgedankens. Aber die
> Einheit beider kann nur aufgestellt, nicht vollzogen wer-
> den."(Ebd.)

Wir haben Barth an dieser Stelle so ausführlich zu Wort kommen lassen, da wir glauben, dass wir in diesem Aufsatz so ziemlich alle Elemente
seiner späteren Theologie ansatzweise vorfinden:

- die Behandlung prinzipieller Fragen zur Wissenschaftlichkeit der Theologie in der Einleitung (Prolegomena),

- das unversöhnte aber notwendige Nebeneinander von logisch widersprüchlichen Aussagen (Dialektik),

- die streng auf Jesus und sein Evangelium bezogene Herleitung, bzw.
  Begründung theologischer Sätze (Christozentrik).

Andererseits lässt der Aufsatz auch sehr schön die Herkunft der Theologie
Barths aus ihren verschiedenen Elementen ablesen: das "Persönliche"
(v.Harnack), das "Unpersönliche" (Ritschl) und die konzentrierte Bezogenheit auf die Erfahrung und Jesus (Schleiermacher und Herrmann). Es ist, als
spürte man in diesem gewaltigen Aufmarsch die Unruhe eines drängenden
Geistes, der sich aber von seinen Fesseln nicht befreien kann. Diese impo-

nierende Demonstration von Wissenschaft, Sprachkunst und echter religiöser Ergriffenheit gleicht in seinem Pathos - und natürlich verglichen mit dem Barth von 1922 - den Kreaturen aus Ez. 37,8: atemberaubend in ihrer Bewegung, aber ohne Lebensodem. Aus den Darlegungen und Ableitungen Barths spricht immer noch einer, der sein Thema voll im Griff hat, der seinen Gott entgegen allen Beteuerungen fest an der Leine führt. Barth redet sicher und unerschüttert, gewandt, klug und selbstbewusst, ein Musterschüler seines Lehrers Schleiermacher.

1.3 Erschütterungen

Alle echte Gotteserfahrung wird aus der Erschütterung geboren, oder besser: wird in ihr geschenkt. Das biblische "Fürchte dich nicht!" ist göttlicher Zuspruch in den Erdbeben des Lebens und gerade so Hinweis auf die erschreckende und zugleich tröstende Gegenwart Gottes. Bei Karl Barth war es nicht anders. Von etlichen Erdstössen unterschiedlicher Stärke und Dauer wurde er aus seinen neuprotestantischen Träumen aufgeschreckt und mit der "realen" Dialektik des wirklichen Lebens und des wirklichen Menschen konfrontiert. Es waren diese Stösse, die u.E. in ihm jene hochexplosive Spannung bewirkten, die - einem Schlagwetter nicht unähnlich - nur auf den lösenden Funken wartet, um sich in einem gewaltigen Energiestoss zu entladen.

Was Barth während seiner Zeit als Pfarrer in Safenwil am stärksten bewegte und in Anspruch nahm, war u.E. der erschreckende Kontrast zwischen christlichem Anspruch und christlicher Wirklichkeit, sprich: "Christlicher Welt". Es spricht für seinen Wahrheitssinn dass er in diesem Zwiespalt jahrelang ausgehalten hat, ohne die üblichen Pfarrerkompromisse (soweit wir das beurteilen können) einzugehen. Um hier nun nicht in eine unglaubwürdige Heroisierung zu verfallen, sei ausdrücklich gesagt, dass der Einfluss einiger Weggenossen wie Kutter, Ragaz und allen voran Eduard Thurneysen, nicht hoch genug veranschlagt werden kann. Das schmälert jedoch nichts an seiner eigenen Ernsthaftigkeit, d.h. seiner Wahrheitsliebe, mit der er dem Leben gegenüberstand. Von zwei Erfahrungen vor allem liess sich Barth auf der Suche nach dem Echten, dem "Eigentlichen", in grösste Unzufriedenheit, ja an den Rand der Verzweiflung führen: vom Predigen und vom Erleben des 1. Weltkriegs.

1.3.1   Predigten

Die beiden Predigtbände von 1913 und 1914[81] weisen Barth als einen feurigen Prediger aus, dem das Wort Gottes zu einer persönlichen Anfrage
geworden ist. Wenn Barth "Gott" sagt, dann soll es das auch bedeuten. Aus
Barths Predigten spricht eine prophetische Ungeduld, eine kämpferische
Unzufriedenheit mit allem, was im Namen Gottes nur christlicher Zirkus zu
sein scheint. Besonders an einigen Amos-Predigten aus dem Jahre 1913
wird das sehr deutlich:[82]

> "Ein Prophet ist in allem so ziemlich genau das *Gegenteil*
> von dem, was die meisten Leute von einem *Pfarrer* erwarten
> .... Ein Pfarrer soll die Religion und das Leben und die Ver-
> hältnisse der Menschen anerkennen, so wie sie eben sind,
> und sie pflegen und streicheln und mit Bibelsprüchen ver-
> schönern. Der Prophet anerkennt sie nicht, er kämpft dage-
> gen und predigt und fordert neue Religion, neues Leben und
> neue Verhältnisse, nicht nach seinem Kopf, sondern nach
> dem Worte Gottes, das an ihn ergangen ist."(209)

> "Wir wollen heute den Amos kennen lernen, wie er als ein
> echter Prophet die Religion seines Volkes bekämpft, wie er
> dem Höchsten und Heiligsten, was die Israeliten hatten, ein
> rundes Nein entgegengesetzt hat im Namen Gottes."(210)

Barths Predigt über den *"Kampf Gottes gegen die Religion"* (ebd.) nimmt
bereits vorweg, was Jahre später noch kühner, noch schärfer, noch unüber-
hörbarer zu vernehmen war. Aber um keine Kriegs- und Krisentheologie
handelt es sich hier, sondern um die Erschütterung, die vom Wort der Bibel
selbst ausgeht. Das scheint Barth selbst aber nicht zu merken. Zu sehr ist er
der Erfahrungstheologie verhaftet.

> "Es lebt etwas unmittelbar Prophetisches in einem Jeden, das
> hält ihn heimlich, manchmal freilich nur *ganz* heimlich, in
> Unruhe. Wir sind wie ein Wanderer, der wohl weiss: ich

---

[81]   **Predigten 1914** erschienen in der GA 1974, **Predigten 1913** erschienen in der
GA 1976.

[82]   **Predigten 1913** Seitenangaben im Text

habe eigentlich noch drei Stunden zu marschieren, ich dürfte
noch nicht absitzen und es mir bequem machen, ich bin noch
weit, weit vom Ziel! Auf, auf und vorwärts! Es lässt uns
keine Ruhe, dass wir ganz genau wissen: Gott ist anders,
grösser und reicher als meine schönsten Gedanken, die ich
mir über ihn mache, was von mir verlangt wird, ist mehr,
unendlich mehr, als ich geleistet habe."(255)

"Wir sind dazu angelegt, Gott zu suchen, nie damit fertig zu
sein, sondern ihn immer wieder zu suchen. Aber was heisst
nun das, dieses 'Gott suchen', zu dem uns jene prophetische
Stimme auf alle Weise auffordert? ... Nur die Hauptsache
wollen wir suchen, uns klar zu machen: Wir müssen daran
denken, dass es ja im Grunde Gott ist, der *uns* sucht."(256)

"Aber diese Stimme ist die Stimme Gottes selbst. *Er* ist es,
der uns treibt, ihn zu suchen. ... Gottes Gnade ist das Erste,
was da ist, sie macht es, dass wir Gott suchen können."(257)

Barth war es ernst um dieses Suchen. Nur schien er es an der falschen
Stelle zu tun. Es scheint, als hätte er alles Wissen, aber keine Erkenntnis
gehabt. Er wusste, dass das "Evangelium im grössten, schneidigsten *Gegensatz* zu unsrer ganzen *Menschenart und Weltart* "(574) steht, und in ihm, in
der Botschaft Jesu, suchte er beständig nach Orientierung: "wir müssen uns
nach *Jesus* richten"(598). Aber dieser Jesus war letztlich kein anderer als der
Urbild-Christus Schleiermachers. Und darum verstand Barth den Christusglauben des Paulus so:

"Dem Paulus war Jesus nicht mehr ein äusserliches Vorbild,
er war ihm zu einer innern Kraft, zu einem Bestandteil seiner
Seele geworden. Sein Glaube glich der Kunst, die frei
schafft, das Bild Jesu stand lebendig vor seinem innern
Auge..."(560).

"Ihm war Christus eine gegenwärtige Kraft, die man sich
nicht dadurch aneignet, dass man längst Vergangenes wieder
hervorholt und sich ihm möglichst anpasst, sondern die man
auf sich wirken, von der man sich treiben lassen muss."(561)

Es ist der Geist, die Botschaft Christi, die "sein durch den Tod und die Ostertage abgeschlossenes Leben"(560) für uns wirksam werden lässt, "die ewige
Liebe Gottes, ... die seit diesem Leben wirksam war in der Welt, unter den
Menschen, in den Seelen und Gewissen"(561). Darum ist Christus der
"lebendige, gegenwärtige, wirksame Gottesgeist"(562), "das Gesetz des
Gewissens"(563). Die Reformation ist die "echte Fortsetzung des Geisteschristentums des Paulus"(563), und der "echte Protestantismus ist Pauluschristentum"(564). Protestantismus ist jedoch "etwas, was durch Nachdenken, durch ernste Gewissenszucht, durch Gebet erworben werden muss.
Denn der Protestantismus ist, recht verstanden, nichts Anderes als der lebendige, wirksame, gegenwärtige Christus. Ihn aufzunehmen, braucht es weit
offene Seelen."(570)

Wie Barth die Auferstehung Jesu allerdings verstanden wissen wollte,
zeigt seine Osterpredigt desselben Jahres. Sie ist eigentlich eine Karfreitagspredigt, denn "Ostern ist mit dem Karfreitag innigst verbunden"(147),
und Jesu "ganze Hoheit war ja erst in seinem Tode erschienen"(ebd.). Auferstehung und Tod Jesu sind somit eins, denn "in Jesu Untergang war sein Triumph schon enthalten"(ebd.):

> "Nur dass es einige Tage und Stunden brauchte, bis diese
> Botschaft von den Ohren in die Herzen der Seinigen gedrun
> gen war, bis sie verstanden, dass Christus sterben *musste* ,
> bis er gerade als der Gekreuzigte in seiner Herrlichkeit
> lebendig vor ihnen stand."(Ebd.)

Es hat tatsächlich den Anschein, als werde die gewaltige Unruhe, die sich in
den Predigten Barths von dem Ganz-anders-Sein Gottes mit prophetischer
Heftigkeit geltend macht, immer wieder gebremst und besänftigt durch den
friedlichen und letztlich doch triumphierenden Jesusgeist, der das christliche
Gesamtleben doch immer wieder sanktioniert. Ja, es scheint als würde die
vehemente theologia crucis ihre Bedrohlichkeit, ihre Angriffigkeit, immer
wieder verlieren durch den unterschwellig durchscheinenden Christus-
Fortschrittsoptimismus:

> "Nicht mit einem Schlag hat Jesus die Welt erobert ... . Aber
> wie die einzelnen Christen durch das Kreuz nach und nach
> in die Lebenswelt Gottes hineingezogen werden, so ist seit
> dem Tag von Golgatha die Sache Gottes in entschiedenem
> Fortschreiten begriffen."(148)

Das unbändige Rütteln des Wortes Gottes verkommt auf diese Weise bei Barth zu einer am Ende harmlosen Seelenarznei, d.h. die echte Erschütterung bleibt aus.

1.3.2   Der 1. Weltkrieg

Eine andere, bei weitem tiefergehende Wirkung hatte auf Barth der Ausbruch des Ersten Weltkrieges. Man spürt seinem Briefwechsel mit Thurneysen eine ohnmächtige Wut ab darüber, dass "die absoluten Gedanken des Evangeliums ... einfach bis auf weiteres suspendiert" werden und an ihrer Stelle "eine germanische Kampfreligion in Kraft gesetzt"[83] wird. Dies ist Beweis genug, dass die frommen Reden "bei diesem Christlichen-Welt-Christentum mehr Firnis als innerlicher Besitz waren. Traurig ist's doch. Marburg und die deutsche Kultur verliert in meinen Augen etwas, und zwar für immer, durch diesen Zusammenbruch."[84] Dennoch identifiziert sich Barth so stark mit der deutschen Situation, dass er nach einer "notwendige{n} neue{n} Orientierung"[85] Ausschau hält, für die Zeit, "wenn sie einmal erwachen werden aus diesem ganzen fürchterlichen Irrtum"[86].

"Wenn irgend einmal, so möchte man jetzt Gott bitten, Propheten aufstehen zu lassen. *Wir* sind es jedenfalls nicht mit unsern paar Sprüchen, wenn wir jetzt auch ein klein wenig weiter sehen als die draussen. Auch Kutter und Ragaz nicht."[87]

Diese starke innere Beteiligung blieb nicht ohne Konsequenzen:

---

[83]   **BwTh I** 10 (4.9.1914).

[84]   Ebd.

[85]   AaO. 12 (25.9.1914).

[86]   Ebd.

[87]   Ebd.

"Er {der Krieg} bedeutete für mich konkret ein doppeltes
Irrewerden: einmal an der Lehre meiner sämtlichen theologischen Meister in Deutschland, die mir durch das, was ich
als ihr Versagen gegenüber der Kriegsideologie empfand,
rettungslos kompromittiert erschien - sodann am Sozialismus, von dem ich gutgläubig genug noch mehr als von der
christlichen Kirche erwartet hatte, dass er sich jener Ideologie entziehen werde, und den ich nun zu meinem Entsetzen
in allen Ländern das Gegenteil tun sah."[88]

Einen besonderen Akzent setzte dabei das "schreckliche Manifest der 93
Intellektuellen", das sich hinter die deutsche Kriegspolitik stellte und von
einer Reihe besonders verehrter Lehrer Barths - insbesondere von v.Harnack
- unterzeichnet worden war.[89] Dadurch kam für ihn eine "ganze Welt von
theologischer Exegese, Dogmatik und Predigt ... bis auf die Grundlagen ins
Schwanken"[90].

"Ich habe eine Götterdämmerung erlebt, als ich studierte,
wie Harnack, Herrmann, Rade und Eucken etc. sich zu der
neuen Lage stellten, wie Religion und Wissenschaft restlos
sich in geistige 42 cm Kanonen verwandelten."[91]

Damit war Barths "Christliche Welt" endgültig zerbrochen. Zu einem Neubau aber brauchte es mehr als guten Willen und die Trümmer vergangener
Zeiten. Die protestantische Theologie hatte sich als das gezeigt, was sie war,
als ein "Ägypten", aus dem es keinen Ausweg gab als den konsequenten
"Exodus". Doch, wo war der Weg? Und wer hatte die Kraft ihn zu gehen?

---

[88]   Fakultätsalbum Münster, **BwBu** 306.

[89]   Vgl. hierzu W. Härle, **Aufruf.**

[90]   **Nachwort** 293.

[91]   **Lebenslauf** 93.

Kapitel 2

EXODUS

(1915 BIS 1921)

"Aber vielleicht haben uns die Eindrücke und Erfahrungen der letzten Jahre darüber aufgeklärt, dass wir bis
jetzt in einem Hause wohnten, das auf den Sand gebaut
war und dass die Theologie, wenn es überhaupt fernerhin dieses Wagnis 'Theologie' geben soll, zunächst
besser täte, mit zusammengebissenen Zähnen den Weg
in die Wüste anzutreten."

K. Barth, (1920)[1]

Bis heute scheint es nicht gelungen, den "Bruch" Barths mit seiner Herkunft
von der liberalen Theologie überzeugend darzustellen und zu begründen. An
Versuchen hat es nicht gefehlt, aber weder der politisch-ethische (von Barth

---

[1] **ThuK** 4.

[2] **EvTh19.Jh** 6.

[3] **Aufruf.**

[4] Vgl. z.B. **Barth-Studien** 74ff.

[5] **Theologie und Sozialismus.** Auch der kürzlich erschienene Aufsatz Marquardts
"Vom gepredigten zum gelehrten Christus", **EvTh** 46(1986) 315-325, bringt zu

selbst gegebene[2]), noch der psychologische (Härle[3]), theologiegeschichtliche (Jüngel[4]) oder der politische (Marquardt[5]) kann letztlich befriedigen. Man mag allen diesen Bemühungen ihr gutes Recht zubilligen, es bleibt immer ein Rest. Wir meinen jedoch, - ein Wort Barths aus einem durchaus hierher gehörenden Zusammenhang aufgreifend - dass der Vorgang "überhaupt nicht *erklärt* , sondern nur eben *gewürdigt,* nämlich (unter der Voraussetzung, dass auch jene Erklärungen möglich sind und als solche in ihrer Weise ihr Recht haben) *geistlich* gewürdigt werden kann"[6]. Damit liegt Barths "subita conversio"[7] theologisch auf einer Ebene mit aller Gottesgeschichte und entzieht sich damit wesentlich der historischen Exegese. Das wiederum soll nicht bedeuten, dass das geschichtlich Erkennbare uns hier ungetröstet zurücklassen muss. Im Gegenteil, die sorgfältige Beobachtung vermag auch hier zur "Sache" zu führen, jedenfalls zu einem nicht zu übersehenden Hinweis darauf.

2.1 Der brennende Busch

Heinrich Vogel berichtet, wie er einst Barth mit folgender These konfrontiert hat:

> "'die kerygmatischen Wurzeln deiner Theologie liegen nicht bei Kierkegaard, sondern bei den beiden Blumhardts'. Er hörte sich das an ohne zu widersprechen, allerdings auch ohne dem einfach zuzustimmen, wie ihm denn alle Interpretationsthesen in bezug auf seine Theologie sekundär waren gegenüber der Sache selbst, die zu verfechten ihm aufgetragen war."[8]

---

unserer Frage keine grundlegend neuen Einsichten.

[6] **KD IV/3** 194, hier im Zusammenhang von Blumhardts Kampf in Möttlingen.

[7] Vgl. **Menschlichkeit** 4.

[8] H. Vogel, **Freundschaft mit Karl Barth** 14.

In der Tat spricht vieles für diese These. Ja, wir meinen sogar noch weiter gehen zu dürfen als Vogel, indem wir behaupten: was der brennende Busch für Mose, das war Barth die Begegnung mit den beiden Blumhardt. In Bad Boll fand er nämlich den "Quellort dieser für Blumhardt selbst, für seine Zeit und weithin auch bis in die Gegenwart hinein neuen Sache"[9], den R. Bohren später den "Quellort für die Erneuerung der evangelischen Theologie"[10] zu nennen den Mut hatte.

2.1.1   Bad Boll und die beiden Blumhardt

Während seiner Studentenzeit hatte Barth "mehrfach, aber ohne gründliche Einsicht"[11] Bad Boll besucht. Erst im April 1915 kam es aber zu der so entscheidenden Begegnung mit Christoph Blumhardt. Auf Vermittlung durch Kutter statteten Barth und Thurneysen dem alten Herrn in Bad Boll[12] einen zweitägigen Besuch ab. Die Reise fiel - wie wir schon sahen, in eine Zeit des inneren Aufgewühltseins. Thurneysen bezeugt ein "sehnsüchtiges Vorwärtsdrängen nach einem Ziel, das ich noch nicht erreicht habe"[13], und Barths Predigten dieser Zeit werden als "aufgeregt-apokalyptisch" erlebt[14]. Dieses sicher nicht nur der Frühlings- und Osterzeit zuzuschreibende Stürmen und Drängen lässt eine Erwartungshaltung sichtbar werden, ein Suchen und Sehnen nach Lösung einer immensen inneren Spannung. Was sich in Bad Boll im einzelnen abspielte, ist (zum Glück) nicht bekannt. Man hörte Blumhardt predigen, und es kam zu mehreren intensiven persönlichen Aussprachen. Nun wäre es aber dem Geist von Bad Boll gänzlich zuwider gewesen, wenn dieser Besuch eine sofortige "spürbare" Wirkung gehabt hätte. Und dennoch war etwas dort geschehen, was für Thurneysen wie für Barth durchaus den

---

[9]   KD IV/3 195.

[10]   R. Bohren, **Prophetie und Seelsorge** 33.

[11]   Fakultätsalbum Münster, **BwBu** 305.

[12]   C. Blumhardt war 73 Jahre alt. Er starb 1919.

[13]   **BwTh I** 35 (9.3.1915).

[14]   AaO. 36 (22.3.1915), eine Aussage der Mutter Barths.

Charakter einer Lebenswende gehabt hat.[15] Zunächst jedoch scheint sich nach der Rückkehr von Bad Boll das bisherige Elend fortzusetzen:

> "Statt dessen rumort die Sehnsucht in einem herum, sich selbst und den anderen das Wesentliche zu zeigen, und lässt einem nicht einmal die Naivität, ein 'packendes' Predigtlein oder Vorträglein zu bauen. Nun, also nicht, sondern mit Geknorz Gegendampf als 'Unbefriedigter'!"[16]

Daneben meldet sich jedoch nun (im gleichen Absatz) eine zweite Stimme: "Ein Trost, dass man im Grunde den festesten Boden unter den Füssen hat und dass man nicht ganz allein ist."[17] Vier Wochen später tönt es ebenso zwiespältig: "Gewiss *haben* wir prinzipiell die Lösung, aber die ist so radikal, dass sie praktisch, im einzelnen Fall, doch hier wie dort unmöglich 'klappen' kann."[18] Die Lösung, oder das ganz Neue, das sich hier bei Barth und Thurneysen anmeldet, ist offensichtlich eine so grundlegende Neuorientierung, dass sie mit Worten kaum zum Ausdruck zu bringen ist. Auch Barths Safenwiler Predigtgemeinde spürt, dass die Trompete einen neuen Ton von sich gibt:

> "Der Kirchenpflegepräsident sagte mir heute noch nachträglich, er und die anderen empfänden eine *besondere* Schwierigkeit meiner Predigten seit meiner Deutschlandreise. Seit damals sei ich ihnen besonders '*vor* [-aus']', sodass sie Mühe hätten mitzukommen. Ist das nun 'Boll', das ich noch nicht ganz assimiliert hätte, oder was?"[19]

---

[15]   R. Bohren hat dies für Eduard Thurneysen sehr schön dargestellt in seinem Buch **Prophetie und Seelsorge**. Die Bedeutung, die Bad Boll für Thurneysen seiner Meinung nach gehabt hatte, nennt er überzeugt "Berufung" (AaO. 35).

[16]   **BwTh I** 39 (22.4.1915).

[17]   Ebd.

[18]   AaO. 44 (20.5.1915).

[19]   AaO. 62 (8.7.1915).

Die Sehnsucht, eine "universale Orientierung"[20] herauszuarbeiten, legt sich wie eine Klammer um Barths Denken, ist aber zugleich Hoffnung, die ihn beflügelt:

> "Woher kommts, dass mir unsere Sache gerade in der letzten Zeit immer grösser und wahrer vorkommt? Unendlich befreiend auf der einen Seite, aber auch schwer belastend auf der andern. Es ist mir manchmal, als rufe mir einer zu: Lass die Finger davon, du bist zu klein und zu profan dazu, du wirst es doch nicht durchführen! Aber ich kann doch nicht mehr davon lassen, es drängt sich einem zu stark als Wahrheit auf."[21]

Was ist nun dieses unerhört Neue, die Barthsche Unruhe zugleich Befriedende und Anstachelnde, dessen Ursprung offenbar doch in Bad Boll zu suchen sein dürfte? Mit dem üblichen Hinweis auf die Blumhardtsche "Reichgottes-Hoffnung"[22] ist wohl mehr verschwiegen als geklärt. Barth selbst spricht - rückblickend - von der "prinzipiell an der christlichen Hoffnung orientierte{n} Botschaft der beiden Blumhardt"[23], vom Gedanken des "Reiches Gottes in dem biblischen real-jenseitigen Sinn des Begriffs"[24]. *Was* er allerdings damit meinte, das hat er - noch später - zusammengefasst in dem Satz "Jesus ist Sieger!" Dieser Satz, der bei Blumhardt d. Älteren das Ende seines "Möttlinger Kampfes" anzeigt,[25] bezeichnet *die* Quelle, von der später auch Barth und Thurneysen getrunken haben:

> "die Früchte jenes Geschehens und insbesondere die Konsequenzen jenes Wortes liegen in der damals anhebenden *eigentlichen* 'Blumhardtgeschichte' zutage und sind eindeu-

---

20		AaO. 83 (19.9.1915).

21		Ebd.

22		G. Gloege, "Barth, Karl", **RGG**[3] 894.

23		Fakultätsalbum Münster, **BwBu** 307.

24		Ebd.

25		Vgl. dazu **KD IV**/3 192ff.

tig: eine neues unverzagtes Ausgehen von dem überlegenen
Leben des auferstandenen Jesus Christus - eine neue damit
natürlich gewordene Kraft und Freudigkeit zur Verkündigung der in ihm geschehenen und zu findenden Vergebung
der Sünden - ein neues selbstverständliches Ernstnehmen der
Realität des in ihm nahe herbeigekommenen Reiches, der in
ihm aufgerichteten Herrschaft Gottes - ein neues Bitten in
der nicht zu stillenden Erwartung und in der nicht zu zerbre-
chenden Hoffnung auf weitere Selbstkundgebungen dieser
Herrschaft, ja auf eine neue Ausgiessung des Heiligen Geistes auf alles Fleisch (die Blumhardt in jenem Ereignis und
auch in der Kundgabe jenes Wortes nur eben anheben sah) -
ein gewaltiger Appell: 'Sterbet, auf dass Christus lebe!' - ein
Dasein in der mutigen Zuversicht auf das Kommen, die
Offenbarung eines neuen Himmels und einer neuen Erde
und von daher ein tief beunruhigtes, aber noch tiefer getrö-
stetes Denken im Blick auf die Weltgeschichte, auf die Menschen, wie sie in ihrer Sünde und Not sind, und auf das,
wozu sie alle, ob sie es wissen oder nicht, gerufen sind"[26].

Die Themen, die Barth hier anspricht, sind durchweg diejenigen, die dann
seiner theologischen Neuorientierung auf Jahre hinaus das Gepräge gegeben
haben. Ihr Zentralthema: der auferstandene, lebendige, wirkende und wieder-
kommende Jesus Christus. Die Auferstehung und der Heilige Geist, sowie
eine zuversichtliche, heitere Eschatologie sind die Namen für das Erbe, das
Barth durch die Berührung mit der "Boller Gnade"[27] übernahm. Hier war die
"Sache", von der später so viel zu lesen und zu hören sein sollte, nämlich die
Wirklichkeit des lebendigen Gottes, der in der Person des auferstandenen
Jesus durch den Heiligen Geist seine Herrschaft unter den Menschen aufrich-
tete.[28] Das ernsthafte und konsequente Rechnen mit dieser Wirklichkeit hat

---

[26]   AaO. 194.

[27]   **BwTh II** 222 (5.2.1924).

[28]   Was in diesem Satz zusammengefasst ist, bietet ausreichenden Stoff für eine
        eigene Untersuchung, die hier allerdings unterbleiben muss. Hinzuweisen ist
        aber auf E. Thurneysens Blumhardtbuch aus dem Jahre 1928, **Christoph
        Blumhardt,** in dem sich keimartig alle Triebe der späteren Theologie Barths
        als Knospen der beiden Blumhardt vorfinden.

fortan Barths Leben bestimmt, welches in einem steten Wechsel von "warten und eilen"[29], immer darauf vertraute, dass Gott selbst spricht und zu seinem Wort steht.

Es versteht sich von selbst, dass die Begegnung Barths mit Blumhardts Gedanken- und Glaubensgut[30] nicht weniger als eine Totalrevision seiner Theologie notwendig machte. *Wenn* das stimmte, dass Jesus Christus nicht nur das geschichtlich vermittelte Urbild war, sondern tatsächliches, lebendiges, personales Gegenüber, dann konnte das nicht ohne Konsequenzen bleiben für das Gefüge seines Denkens.

"Unsere Dialektik ist auf einem toten Punkt angelangt, und wenn wir gesund und stark sein sollen, müssen wir von vorn anfangen und werden wie die Kinder. Da kann Blumhardt allem Volk grosse Dienste tun."[31]

Mit der Suche nach einem neuen Anfang ging einher ein zunehmender Groll gegen die bisherige Theologie und ihre "Verführungen":

"Ich empfand folgenden Tags bei meinem Besuch bei Wernle sehr stark, dass diese modernen Theologen *mir* wenigstens sozusagen *nichts* mehr zu bieten haben als den Widerspruch, der einen auf eigene Torheiten und Schwachheiten aufmerksam macht, und wofür ich ja sehr dankbar bin. Gerade in bezug auf Jesus haben uns diese Leute doch einfach *irregeführt* mit ihrer langweiligen Zeitgeschichte. ... Haben wir nicht alles, was uns an Jesus wichtig ist, anderswoher als von diesen modernen Theologen? Wir mussten ja offenbar durch diese Schule hindurch, und es fällt mir nicht ein, hinterdrein mit den Herren hadern zu wollen, dass sie uns nicht

---

29 Vgl. zu diesem Blumhardtschen Motto K. Barth, "Auf das Reich Gottes warten", **Suchet Gott, so werdet ihr leben** (2.Auflage) 177. Diese Rezension eines Andachtsbuches von Blumhardt wurde im September 1916 erstveröffentlicht.

30 Die Geschichte des älteren Blumhardt hatte Barth unmittelbar nach seiner Deutschlandreise durch die Biographie F. Zündels kennengelernt.

31 Ebd.

das geboten haben, was unsere Väter z.B. an J.T. Beck hatten"[32].

Durch das "Anfangen mit dem Anfang", nämlich mit dem Rechnen auf die lebendige Wirklichkeit Christi, waren Barth die historischen Fragen "schrecklich gleichgültig"[33] geworden, aber er fühlte sich durch deren Repräsentanten bedrängt und bedroht. Darum träumte er von einem "grossen Schlag gegen die Theologen" und einer "Generalabrechnung in der Zeit unserer Reife"[34]. Man darf wohl fragen, was Barth - abgesehen vom tatsächlich stattfindenden Weltkrieg - immer wieder zu solchen martialischen Termini hat greifen lassen. War es vielleicht die Ungeduld dessen, der vom Schlaf erwacht ist und sieht, dass das Haus in Flammen steht, der die Feuerglocke läutet, und niemand hört? Bei Blumhardt hatte Barth angefangen zu verstehen, was Gotteswirklichkeit, was Auferstehungswirklichkeit sein mochte: das Geschenk echten, befreiten Lebens.

"Ich lebe - und ihr sollt auch leben! ... Was ist da dahinter und was will da zum Vorschein kommen? Es ist nicht ganz ungefährlich, sich diese Frage zu stellen. Wir könnten es uns wohl überlegen, ob wir nicht besser täten, diesem brennenden Busch nicht zu nahe zu kommen. Denn wir verraten dabei, was - hinter *uns* steckt!"[35]

Aber niemand kann auf Dauer von den Erlebnissen und Erkenntnissen anderer Leute leben. Barth kam sich dabei vor "wie einer, der aus seinen Zinsen lebt, das ist nichts"[36].

"Das Sammelgebiet für die innere Konzentration und Kräftigung, aus der heraus ich so gern reden und wirken *möchte,* muss ausgeweitet und vertieft werden, sonst bleibts beim

---

32   **BwTh I** 103f. (21.11.1915).

33   AaO. 121 (1.1.1916).

34   Ebd.

35   **WGuTh** 20 (Februar 1917. Irrtümliche Angabe:1916).

36   **BwTh I** 145 (26.6.1916).

Wünschen, sonst droht ein toter Punkt."[37]

Nur wenige Tage später hatte Barth das Gesuchte bereits gefunden: Der Römerbrief des Paulus und damit die Bibel insgesamt wurde von nun an sein brennender Busch, die Quelle aller Gotteswirklichkeit, nämlich das Reden Gottes selber. Damit aber hatte er tatsächlich mit dem Anfang angefangen, mit dem Wort Gottes. (Joh. 1,1)

2.1.2   Berufung und Sendung

Es sind von Bad Boll noch weitere Impulse ausgegangen, die für den weiteren Verlauf unserer Untersuchung von Belang sind. Der erste betrifft das Verständnis der Reformation, der zweite das Wesen der Kirche. Blumhardt d. Ältere hatte "auf Grund der Schrift vor allem eine neue *Ausgiessung* des *Heiligen Geistes* "[38] erwartet. "Er kann nicht begreifen, wie man sagen kann: der Heilige Geist ist da, ohne dass man doch zu sagen weiss, wo."(Ebd.) Schliesslich redet die Schrift von wiederholten Geistesausgiessungen, "nicht von einem ein für allemal gegebenen Vorrat"(ebd.). "Eine solche Geistesausgiessung meinte Blumhardt in der Reformation zu erkennen."(Ebd.) Darum mahnt er, in dieser geistesleeren Zeit den Herrn zu bitten, "er möchte das Angefangene aufnehmen und fortsetzen"(ebd.).

"'Soll das durch die Reformation Angebahnte, später wieder ins Stocken Geratene wieder in Fluss kommen - und das muss es ja, wenn anders die Zukunft des Herrn nicht soll gar zu einem Nichts werden - so kann es nicht anders geschehen, als dass der Strom von oben aufs neue sich ergiesst und mit dem in der Reformationszeit Gekommenen gleichsam zusammenfliesst und so auch dieses wieder in Fluss bringt. Ja, das wünsche ich und werde davon zeugen, solange ich lebe, und mein letzter Atemzug soll die Bitte enthalten: Herr, gib deinen Strom des Geistes und der Gnade, dass die ganze Welt davon erregt wird.'"(Ebd.)

---

[37]   AaO. 144f.

[38]   **ProtTh** 596. Seitenangaben im Text

Dieses recht ungewöhnliche Verständnis der Reformation[39] implizierte auch ein neues Verstehen der Reformatoren und ihrer Schriften. Wir werden weiter unten sehen, in welcher Weise Barth diesen Impuls aufgegriffen und verarbeitet hat.

Der zweite Impuls, den die Blumhardt an Barth weitergaben, hängt eng mit dem ersten zusammen. Der ältere Blumhardt hat "den Zustand der Kirche einmal verglichen mit einem Eisenbahnzug, bei dem die Kupplung gerissen, und die Lokomotive allein weitergefahren sei, während der angehängte Zug stehen blieb"[40]. Die Kirche war also von ihrer Kraftquelle, die sie allein in Bewegung halten kann, getrennt. Die "Ruhe, die Sicherheit, die allzugrosse Getrostheit und Zuversicht der Kirche" galten ihm vielmehr nur als "Zeichen ihre Steckengebliebenseins"(ebd.). Auch der jüngere Blumhardt sah in den christlichen Kirchen weitgehend nur "Religion", die "Sucht des Menschen, sich selber an die Stelle Gottes zu setzen, den titanischen Versuch, auch Gott nur dazu zu brauchen, um die eigene Welt, die eigene, menschliche Seelen-, Geistes- und Kulturgerechtigkeit aufzurichten"(67). Er sah die Kirchen "Babelstürme bauen"(68). Hilfe konnten die Kirchen nur durch erneuten Anschluss an die Quelle, den Ursprung ihrer Existenz, bekommen. Dazu haben sie sich jedoch in ihrem Stolz nicht herabgelassen. Daraus aber ergibt sich gerade die eminente Bedeutung Blumhardts:

"So hat es sich hier wieder einmal ereignet, dass die Sache
der Kirche in Wahrheit aufgehoben war in den Händen
Eines, der gegen die Kirche seiner Tage protestieren musste,
und die ihn deswegen seines Amtes entsetzte!"(AaO. 86)

Was Blumhardt "als Einzelner und Einziger in solenner Einsamkeit"(Ebd.) lebte, entsprach ganz dem "ihm sehr wichtigen Gedanken der *kleinen Herde,* des erwählten Gottesvolkes, das ... sich um Christus schart"[41]:

---

[39]   Wir meinen hier in Beantwortung der obigen Frage Ebelings den Ort zu sehen, von dem Barth später die biblische Botschaft gegen Neuprotestantismus und Katholizismus zur Geltung brachte.

[40]   E. Thurneysen, **Christoph Blumhardt** 58. Seitenangaben im Text

[41]   K. Barth, "Auf das Reich Gottes warten", **Suchet Gott, so werdet ihr leben!** 186.

"'Es gibt eine himmlische Verbindung mit der Erde, allerdings nur mit wenigen Menschen, aber die sind wichtiger als
alles andere' ... . 'Wenn ich nur wüsste, wo die Tochter
Zion ist; die hat sich arg versteckt' ... . Vielleicht in der Kirche? Aber, 'da ist es nicht recht lebendig, in den Gemeinschaften und Sekten auch nicht. Das ist alles nicht das Volk
Gottes. Das muss erhaben sein, voller Geist und Kraft, und
da braucht es eine Auferweckung' ... . Über 5. Mose 14,1:
'Warum sind die jetzt Kinder? Nicht, weil sie besonders
brav gewesen sind ... Aber Gott hat sie nun einmal erwählt'
... . 'Gott will ein Gott des Heils sein und will Lob haben
unter den Menschen. Dazu ist zuerst sein Volk berufen, und
dann soll es die ganze Erde umfassen und die Menschheit
neu bilden'"[42].

---

[42] AaO. 187.

[43] Im Jahre 1930 erinnert Thurneysen Barth an die verstorbene Fräulein Haffter:
Sie hatte "aufgerüttelt durch Blumhardt, die Fleischtöpfe Ägyptens ..., auch des
neuen Ägyptens der salomonischen Zeit, wieder gänzlich verlassen und war
zum Wüstenvolk zurückgekehrt, das nur die wandernde Stiftshütte kannte, die
Stiftshütte, die gebrechlich im Vergleich zum Steinbau des Tempels, dafür
beweglich und darin vielleicht doch unendlich verheissungsvoller war, entspre-
chender jedenfalls diesen Zeiten, in denen sie mit so aufgeschlossenem Herzen
lebte, wo es wirklich nicht Königszeit, sondern eben Wüstenzeit, Wanderzeit
ist."
Im Nachdenken über das Leben der Frl. Haffter sah Thurneysen "den langen
Wanderzug des Wüstenvolkes, aber irgendwie auch das *lebendige* Zeichen der
Rauch- und Feuersäule ..., dem sie auf alle Fälle, seitdem ihr der jüngere Blumhardt die Augen geöffnet hatte, ein Leben lang mit einer letzten Treue zu folgen
sich gemüht hatte". Thurneysen fährt fort: "Hoffentlich, denke ich, begnügen
auch wir uns ein weiteres Leben lang wie damals in der Aargauerzeit durchaus
mit dem Wanderzelt der Stiftshütte, so oft wir von der Kirche reden. ... Darin
soll Blumhardts Erbe nicht untergehen, sondern bewahrt werden. Und möge
auch vor unseren Augen die Rauchsäule des Tages und die Feuersäule des
Nachts nicht ganz, auf alle Fälle nicht ganz verborgen bleiben, so dass wir *nur*
in der Wüste sässen! Aber das steht, wie du wahrhaftig eben wieder in der Lehre vom Heiligen Geist gezeigt hast, eben so ganz und gar nicht in unseren Hän-

Das wahre Gottesvolk, die wahre Kirche, ist immer die Kirche der *Wüste,*
das wandernde Israel, und soll es, muss es immer bleiben.[43]

Diese Gedanken Blumhardts haben Barth und Thurneysen ausserordentlich geprägt. In ihnen darf man die Quelle der späteren theologia viatorum Barths sehen, aber auch den Hintergrund seines eigentümlichen Sen-
dungsbewusstseins. Es hiesse die Sachverhalte wohl über Gebühr
vereinfachen, wollte man dies Bewusstsein nur an die Begegnungen mit
Christoph Blumhardt und dem Werk seines Vaters knüpfen. Dennoch können wir den Gedanken nicht abschütteln, dass gerade in Bad Boll das ausgelöst wurde, was man mit aller Vorsicht Berufung nennen könnte. Die Worte
R. Bohrens über Thurneysen bringen sehr schön zum Ausdruck, was wir hier
meinen:

> "Ich sage 'Berufung' und benenne ein Verborgenes, nicht
> einfach Auszumachendes, vielmehr ein zu Erschliessendes,
> ein Geschehen, dem die Legende angemessen wäre, nicht
> nur aus dem Grunde, weil ich im einzelnen - etwa über die
> Zahl der Besuche in Bad Boll und ihre Dauer - zu wenig
> weiss, sondern auch weil das Geschehen der Berufung zwi-
> schen den Zeilen des Überlieferten sein Wesen hat. Ihr
> eignet eine Scham, die sich gegen ein Beobachtetwerden
> wehrt."[44]

Bad Boll hatte etwas in Bewegung gebracht, das sich nicht mehr aufhalten
liess. Unmittelbare Auswirkung fand die neue Identität im Briefwechsel der
Freunde, und zwar in einem immer stärker anzutreffenden Ausmalen der
"Wüstenexistenz". Barth z.B. lebt sich "sehr in Johannes den Täufer hinein"[45] und grüsst Thurneysen als "Mit-prediger in der Wüste"(112.). Thurneysen erwidert:

> "Das gelobte Land werden wir nicht mehr sehen, es sei denn
> in höchster Altersreife wie Mose von ferne ... . Was du erle-
> ben musstest, ist freilich 'Bitterwasser' ... und 'goldenes

---

den. Veni (nicht veni *t!*) creator spiritus!" **BwTh II** 712f. (3.2.1930).

[44]   R. Bohren, **Prophetie und Seelsorge** 35.

[45]   **BwTh I** 111 (3.12.1915). Seitenangaben im Text

Kalb' ..., aber wer weiss, vielleicht kommt auch dir einmal
Wasser aus dem Felsen ... und Sieg über Amalek ... zu.
Ich grüsse dich von Herzen als dein Mitpilger in der
Wüste"(124, 14.1.1916).

Aus gegebenem Anlass verdrängte dabei die Gestalt des Mose zeitweise völlig die des Täufers Johannes, des "Rufers in der Wüste".[46] Dabei scheint es vor allem Thurneysen zu sein, der Barth die Rolle des Mose immer wieder nahelegt, bzw. vor Augen führt:

> "Deine 'Wartepredigt' ist nach aller Mühe, die du damit hattest, grossartig geraten. Ich musste in diesen Tagen an die Mosegeschichten denken: zuerst das Losschlagen gegen das Unrecht, dann die Wüste, dann die Befreiungstat, zu der Gott Mose sendet."(183, 20.3.1917).

Beiden, Thurneysen wie Barth, war bewusst, dass diese Zeit Wartezeit war, dass der eigentliche Auszug aus "Ägypten" noch bevorstünde. Wartezeit aber ist Vorbereitungszeit, darauf, dass Gott selbst das Wort der Befreiung spricht, das dann in die eigentliche Wüste führt. Noch 1918 sieht Barth dieses Ereignis allerdings in weiter Ferne. In einem Brief zu Thurneysens 30. Geburtstag (er selbst ist 32) schreibt er: "uns aber wird es wohl wie Mose ziemen, bis zum 40. zu warten, ehe wir losbrechen, und vielleicht werden uns *dann* noch weitere 40 Wüstenjahre diktiert"(284, 11.7.1918).[47]

Wartezeit ist aber auch einsame Zeit, gekennzeichnet von Isolation, Missverständnissen und einem nicht zu leugnenden "Heimweh nach den Fleischtöpfen Ägyptens"(315, 3.2.1919). Aber sie ist eben auch aufregende Zeit, spannend und voller Entdeckungen, Hoffnung und Sehnsucht. Eine Zeit des Aufbruchs und getragen durch "jene verborgene Strömung in 'ein Land, das ich dir zeigen will'"(323, 10.4.1919). Indem wir uns diesem Aufbruch

---

[46] Anlass dazu waren zahlreiche Auseinandersetzungen Barths mit dem Safenwiler Fabrikanten Hochuli, den Barth auf seine soziale Verantwortung gegenüber seinen Arbeitern hinwies. Barth selbst berichtet: "Nun bedroht sie der Fabrikant alle mit Kündigung! Daraufhin bin ich heute Nachmittag bei ihm in der Villa gewesen wie Mose bei Pharao, um ihn zu *bitten* , das Volk in die Wüste ziehen zu lassen." AaO. 229 (9.9.1917).

[47] Wie recht Barth mit seiner Ahnung haben sollte!

nun im Einzelnen zuwenden, wird auch Schleiermacher wieder in den Blick kommen.

2.2   Aufbruch

"Die glücklichen Sklaven sind die erbittertsten Feinde der Freiheit." Diesen Satz Marie von Ebner-Eschenbachs mussten Barth und Thurneysen in all seiner bitteren Wahrheit durchleben. Je weiter sie sich von ihrem Aushangspunkt, d.h. aber von ihrer eigenen Vergangenheit, entfernten, desto feindseliger wurden die Mienen derer, die sich als die Hüter der wahren, der wissenschaftlichen Theologie ansahen. Durch ihre "Bekehrung zur Bibel"[48] waren die Freunde in der Welt des Neuprotestantismus (aber auch des Pietismus) zu Pilgern und Fremdlingen geworden. In ihren Predigten lebte der "echte *biblische Realismus, das* heisst die gewaltige Selbstverständlichkeit, mit der in Bad Boll das Bibelwort als lebendiges, zu uns Heutigen redendes Wort Gottes selber verstanden und gebraucht wurde"[49]. Er lebte aber in merkwürdiger Koexistenz mit dem typischen neuprotestantischen Jargon.[50] Wohl gab es hier und da bereits tüchtige Salven gegen Schleiermacher,[51] aber auf Jahre war er eigentlich kein Thema, über das ernsthaft nachzudenken sich gelohnt hätte. Dafür gibt es u.e. einen einfachen Grund: die Hinwendung zur Bibel war bereits als ausreichende Abwendung von Schleiermacher verstanden worden.

---

[48]   "Hätten wir uns doch früher zur Bibel bekehrt, damit wir jetzt festen Grund unter den Füssen hätten!" **BwTh I** 300 (11.11.1918).

[49]   E. Thurneysen, **Christoph Blumhardt** 25.

[50]   Am deutlichsten wird dies wohl in Barths erstem magnum opus, dem Römerbriefkommentar von 1919.

[51]   Vgl. **WGuTh** 28 (1917): "Unsre Grossväter hatten doch recht, wenn sie sich so hitzig dafür wehrten, Offenbarung sei in der Bibel und nicht nur Religion und wenn sie sich sogar von einem so frommen und scharfsinnigen Mann wie Schleiermacher die Sache nicht auf den Kopf stellen liessen."

"Thurneysen war es, der mir einmal unter vier Augen das Stichwort halblaut zuflüsterte: Was wir für Predigt, Unterricht und Seelsorge brauchten, sei eine 'ganz andere' theologische Grundlegung. Von Schleiermacher aus ging es offenbar nicht weiter. Ich sehe noch jetzt die geringschätzige Gebärde, mit der Thurneysen in Safenwil auf meine Schleiermacherbücher hinwies. ... Am Morgen nach dem Tag, an dem Thurneysen mir jenes allgemein gehaltene Flüsterwort gesagt hatte, begann ich mich, immerhin mit allem mir damals zugänglichen Rüstzeug, unter einem Apfelbaum dem Römerbrief zuzuwenden."[52]

Offensichtlich meinte man das Schleiermachersche Kraut bereits mitsamt der Wurzel ausgerauft zu haben. Aber erst nachdem aus dem Aufbruch in die Weite auch ein Aufbrechen in die Tiefe geworden war, wurden die Freunde des undurchdringlichen Wurzelgeflechts gewahr, dem auch sie mitsamt Sprache und Denken verhaftet waren. Schleiermacher war nicht etwa ein moderner Theologe von vielen, er war *die* moderne Theologie schlechthin. In den Jahren 1916 bis 1921 wurde er das Symbol, das Wappenzeichen "Ägyptens", die Gallionsfigur der neuprotestantischen Galeere, von der es kein Entrinnen gab als die kopflose Flucht. Wir verfolgen diesen Exodus auf seinen drei Stationen.

2.2.1 Der Römerbrief (1. Auflage)

Mehr als zwei Jahre lang arbeitete Barth in höchster Konzentration an dieser ersten Auslegung des Römerbriefs. Als Kommentar fiel sie völlig aus dem Rahmen. Exegese, die sich zum Ziel gesetzt hatte, nicht über die Sache, sondern aus ihr heraus zu reden, Exegese als Anrede, das war etwas neues. Barth wusste um das Risiko, sein "Lamm" unter die Wölfe zu schicken. Die zahlreichen Entwürfe für das Vorwort[53] zeugen davon, wie sehr er die Veröffentlichung letztlich scheute. Allerdings war sein Buch ja kein Unschulds-

---

[52] Nachwort 294.

[53] Vgl. Der Römerbrief (Erste Fassung), GA 581-602. Hier werden sechs Entwürfe für das Vorwort zusammengestellt, den siebten, schliesslich veröffentlichten, nicht gerechnet!

lamm, sondern hatte Zähne und Klauen und eine ätzende Stimme.[54] Dass darum viele seiner Leser, insbesondere in den polemischen Passagen, die Stimme des Paulus nicht mehr zu hören meinten, verwundert heute kaum mehr. Barth selbst bekannte ja bereits damals, "dass mein Fleisch da öfters mit mir durchgegangen ist"[55]. Aber trotz seiner Angriffigkeit war mit Barths "Römerbrief" eine Stimme laut geworden, die man so in der Theologie nicht zu hören gewohnt war. Nach Barths eigener Aussage war das "Novum" die "Anwendung der Blumhardtschen Erkenntnisse auf die Exegese"[56]. Es war dessen biblischer Realismus, der Barth zu einem Prediger in der Wüste hatte werden lassen. Auf der Grundlage dieses Realismus hatte Barth Paulus ganz neu verstanden und musste sich nun "redend neben Paulus stellen"[57]. Um aber gehört zu werden, bedurfte es dieser markanten, unmissverständlichen Sprache, bedurfte es der polemischen Abgrenzungen.

Der "Grimm" gegen die "Theologie der 90er Jahre"[58] war jedoch nur eine Hülle des "Römerbriefs", er war nicht dessen Botschaft. Barths Streitbarkeit war das Ringen um die innere Freiheit, das Erkämpfen des persönlichen Freiraums, die Überwindung der eigenen Einsprüche und Hindernisse, kurz: die *Botschaft* des "Römerbriefs" war ein *pro,* kein *contra!*[59] Insofern haben Barths Anklagen prophetischen Charakter. Sie verweisen auf die "Sache":

"Wo ist heute die 'Kraft Gottes' seines Evangeliums (1,16)
hingekommen? ... Ich meine keine bestimmte Konfession
oder Richtung, ich meine das Ganze des protestantischen
Christentums, wenn ich sage: Was heute als 'Evangelium'

---

54 P. Wernle schrieb in einer Rezension: "... weshalb das beständige Hauen, Stechen, Gifteln, Verhöhnen nach allen Seiten hin?" **Röm**[1] 645 Anm.13.

55 Brief an P. Wernle, ebd.

56 AaO. 640.

57 AaO. 597.

58 Brief an Wernle, AaO. 639.

59 Dies gilt mutatis mutandis auch für Barths spätere Schleiermacherkritik, deren "Nein" ja auch nur von dem "Ja", woher sie kommt, zu verstehen ist.

gepredigt und geglaubt wird, steht in ... Kontrast zu der Gotteserkenntnis des Römerbriefs."[60]

Damit werden aber die Vertreter der modernen Theologie zu Gegnern des Paulus, denn einen "Autor verstehen, heisst für mich vor Allem *zu ihm zu stehen,* ihn in jedem Wort ernst nehmen, solange er nicht den Beweis geliefert hat, dass er dieses Zutrauen nicht verdient, um ihn dann von innen nach aussen zu erklären"[61].

> "Die heutige Theologie steht nicht zu den Propheten und Aposteln, sie macht nicht gemeinsame Sache mit ihnen, sondern mit dem modernen Leser und seinen Vorurteilen, sie nimmt sie nicht ernst, sondern stellt sich mitleidig lächelnd überlegen neben sie, sie nimmt einen affektierten Abstand zu ihnen und betrachtet sie historisch-psychologisch von aussen. Das ists, was ich gegen sie habe.[62]

Barths "Versuch, anders in der Bibel zu lesen, als wir es auf Universitäten unter der Herrschaft der Theologie der neunziger Jahre im Ganzen gelehrt worden sind"[63], darf allerdings nicht als hermeneutische "Methode" missverstanden werden. Besser würde man von "Offenheit" reden, von "Aufmerksamkeit", darauf gerichtet, "durch das Historische *hindurch* zu sehen in den Geiste der Bibel, der der ewige Geist ist"[64]. Entscheidende Voraussetzung zur Erklärung eines Textes ist darum "die Beteiligung an seiner *Sache* "[65], das echte Inter-esse!

---

[60] "Vorwort III", **Röm**[1] 595.

[61] "Vorwort Ia", AaO. 587.

[62] Ebd.

[63] "Vorwort I", AaO. 581f.

[64] "Vorwort, AaO. 3.

[65] "Vorwort II", AaO. 591.

Nun kann und will sich Barth daran nicht genügen lassen. Er meint das Verstehen auf Grund dieser Voraussetzungen und im Geiste der Reformatoren geradezu erzwingen zu können: "Ich klopfte an jeder Schale so lange herum, bis ich meinte, sie öffne sich."[66]

> "... ich wollte verstehen und um keinen Preis *nicht* verstehen. Ich ging an den Text heran mit der festen Voraussetzung: es muss alles einen Sinn haben, was ich da lese. Die Gedanklen eines Paulus sind nicht ein Conglomerat von 'zeitgeschichtlichen' Brocken und Blöcken, sondern, in zeitgeschichtlicher Form natürlich, Vernunft, in der sich alle Vernunft wiedererkennen muss. Er weiss, was er will und sagt, und er kann verstanden werden. Es fragt sich natürlich, ob das gelingt, aber ich muss mir doch alle Mühe geben, zu verstehen. Das ist der Gegensatz meiner Exegese zu der, die man uns auf der Universität gelehrt hat und die wir mit Recht, wenn auch mit Unverstand als gänzlich langweilig und wertlos empfanden."[67]

In diesem Verständnis weiss Barth sich in einer Linie mit den Reformatoren, denn die "Reformatoren haben Paulus verstanden, der Pietismus und sein moderner liberaler Anhang nicht mehr"[68]. Auf keinen Fall aber will er "über Luther und Calvin hinaus, sondern in sie hinein"[69], nämlich in ihr Verständnis der "Eschatologie" mit dem "reinen, jenseitigen, überpsychologischen Charakter ihrer Heilserkenntnis"[70], selbst wenn es ihm dabei nicht gelingen sollte, "dass Paulus wieder gehört werden *muss,* wie es den Reformatoren für ihre Zeit gelungen ist"[71].

---

66   Brief an Wernle, AaO. 644.

67   AaO. 643.

68   AaO. 641.

69   Ebd.

70   Ebd.

71   "Vorwort III", AaO. 597.

Was lässt Barth hier so zuversichtlich sein, was gibt ihm das Vertrauen, die Sicherheit zu solchen - an Überheblichkeit grenzenden - Aussagen? Wer gilt ihm denn als der Garant dieses rechten Verstehens? Wir meinen, Barth vertraue hier auf "die Transzendenz des Geistes"[72]. Die Gewissheit des heiligen Geistes erlaubt ihm "durch das Historische *hindurch* zu sehen in den Geist der Bibel, der der ewige Geist ist"[73]. Im "Römerbrief" kommt nun dieses Geistverständnis Barths voll zum Tragen. Der Geist ist nämlich das, was eine gewisse Elite ("Auswahl") mit Gott verbindet, bzw. verbunden hat:

"Auswahl sind heute viele Heiden und jene kleine Minderheit in Israel, jener 'Rest', zwischen dem und Gott die Dinge heute noch so stehen wie in den Anfängen des Ganzen, diejenigen 'Erben' der Reformation und der Erweckung, die es geblieben oder wieder geworden sind trotz der Verwirrung und Armseligkeit der Zeiten. ... Aber die Auswahl ist nicht das Ganze, hat auf dessen geschichtlichen Gang keinen Einfluss. Sie steht wohl da als Zeugnis und Verheissung einer bessern Zukunft ..."(436).

"'Die Übrigen wurden verstockt', sie stehen durch ihren Widerspruch gegen das eigentlich Göttliche auf dem *toten Punkt*" (ebd.).

Der Kirche (Israel) steht also der kleine Rest "Auserwählter" gegenüber, und es gibt kaum einen Zweifel, wo Barth selbst sich zugehörig zu wissen scheint:

"Das ist nun eben die böse Zwischenzeit der Not und Schuld und - Strafe der Kirche, über die wir, fussfassend in ihren Ur-sprüngen und hinblickend auf das Ende der Wege Gottes, beruhigt durch den Gedanken an die unterirdische, nie ganz abbrechende Tradition so gerne hinwegsehen würden und in der wir doch teilnehmend, ja solidarisch verbunden und ver-flochten jetzt mitten drinstehen als in der bitteren Gegenwart."(435)

---

[72]   Brief an Wernle, AaO. 643.

[73]   "Vorwort", AaO.3. Seitenangaben aus dem **Röm**[1] werden von hier ab im Text zitiert.

Das "Wir" Barths ist hier also beileibe kein inklusives, sondern ein exklusives, eine Tatsache, auf die wir unten noch zu sprechen kommen werden. Ist damit die Kirche völlig ohne Geist? Keineswegs!

> "Indem Gott der Kirche *seinen* Geist wieder nehmen musste, hat derselbe Gott ihr einen *andern* Geist gegeben, wie einst Saul nach seiner Verwerfung nicht geistlos wurde, sondern einen andern, einen bösen Geist empfing von Jahwe ... . So fehlt es jetzt auch der Kirche durchaus nicht an Geist, aber es ist ein 'Geist des Tiefschlafs' ... ein Geist der Betäubung und der Unbeweglichkeit und der Sicherheit, ... ein Geist der falschen Pietät und der falschen Rücksichtslosigkeit aus lauter Gewohnheit ..., auch ein Geist böser aufgeregter Träume, ... ein Geist 'des Haschens nach Popularität und Aktualität"(436f.).

So also sieht Barth "die Epoche, in der wir, von Gott aus betrachtet, stehen"(437). Sie ist "Zwischenzeit", "böse Zwischenzeit"[74](ebd.):

> "zwischen Anfang und Ende, zwischen unserer *ersten* Erwählung, die wir verspielt haben, und einer *neuen,* die noch nicht eingetreten ist, zwischen der *ersten* Ausgiessung des heiligen Geistes und ihrer *Fortsetzung,* deren das durstige Land so sehnlichst harrt, zwischen *der* Reformation, die wir feiern, und der *andern,* die wir für uns selber so bitter nötig hätten"(ebd.).

Das Blumhardtsche dieser Anschauung ist unübersehbar. Sehr un-Blumhardtisch ist allerdings Barths Weise, den Geistbesitz des Christen im Gesamten des dogmatischen Gefüges darzustellen.[75] Hierin folgt Barth auch

---

[74] So wäre also Barth noch vor Gogarten der Initiator des "Zwischen den Zeiten"?

[75] Wir meinen hier die Beziehungen z.B. zur Rechtfertigungslehre, zur Christologie und zur Lehre vom Reich Gottes.

[76] Vgl. dazu T. Stadtland, **Eschatologie und Geschichte in der Theologie des jungen Karl Barth** 45ff. Stadtland hält "den Einfluss Becks auf RI {= **Röm**[1] } für entschieden stärker als etwa den Blumhardts"(AaO. 46). Dieser Meinung können wir uns nicht anschliessen.

nachweislich einem anderen, nämlich J.T. Beck.[76] Insbesondere die biologisch-organischen Analogien und Veranschaulichungen verdankt er diesem:

> "Die kommende Welt kommt nicht mechanisch, sondern organisch. Und das schöpferische Organ, das dazu in Wirksamkeit treten muss, ist eine Vorausnahme des Zieles, das erreicht werden soll: die freie Vereinigung des Menschen mit Gott, wie sie im Christus vollzogen war und wie sie in den vom Christus Berufenen möglich und wirklich wird."(21).

> "Gott hat einen Keim in uns gepflanzt, der wachsen muss."(147)

Was Barth mit diesem Keim gemeint hat, wird später klar: die "Tatsache des Geistes"(312), deren Gesamtcharakter durch die Worte "Vorläufigkeit, Zielklarheit und Bewegung"(ebd.) beschrieben werden kann:

> *"Vorläufigkeit*, weil der uns verliehene Geist die kommende, gänzlich neu organisierte Gerechtigkeitswelt erst zellkernartig in sich enthält."(Ebd.)

> *"Zielklarheit*, weil der Geist in uns sowohl über die Tatsache der nahenden Vollendung als über die Richtung, in der sie erfolgen muss, keine Zweifel übrig lässt, weil unser Tun sowohl wie unser Hoffen durch ihn in ganz bestimmter Weise determiniert wird: 'Der Geist ist das die ganze neue Organisation der Zukunft bestimmende Prinzip in kosmischer Ausdehnung. Den Mittelpunkt für diese Weltbetrachtung, welche die leidensvolle Gegenwart und die herrliche Zukunft kombiniert, bilden die Geisteschristen, die Gotteskinder. So ist der Geist Christi, d.h. der göttliche Sohnesgeist nicht nur neues menschliches Individual- und Sozialprinzip, sondern auch neues Weltprinzip der Zukunft, und das Resultat ist eine von der freien Herrschaft der Gottessohnschaft durchdrungenen Welt, eine Geisteswelt mit Geisteskörpern'(Beck)".(Ebd.)

> *"Bewegung,* weil der Geist des Christus in uns nichts
> Anderes ist als die schöpferische Kraft Gottes selber, die
> Umbau der Organe und Atome der alten Welt in solche der
> neuen in Angriff genommen hat und die dieses Werk nicht
> wieder einstellen wird, die besonders uns, den zunächst von
> ihr Heimgesuchten und Ergriffenen, keine Ruhe mehr lassen
> wird, die in den Gotteskindern treibt, mit ihnen redet, sie zu
> immer neuem Rufen und Hoffen veranlasst und durch sie,
> oft auch ohne sie und gegen sie, die von Gott im Messias
> proklamierte Erneuerung, der das Gesamtsein aller Wesen
> entgegen sieht, zur Vollziehung bringt."(312f.)

Geist ist hier recht eindeutig als "treibende Kraft" verstanden, die den
Menschen erfasst und erneuert. Dadurch ist er in "den Lebensprozess des
Christus ... hineingezogen"(313), wird selbst zum Organ oder "Agenten der
Kraft Gottes"(ebd.). Durch die Auferstehung ist die Kraft Gottes verfügbar,
ja "im Christus ist Gottes Sache unsere eigene Sache geworden"(ebd.). Der
Geist macht die Kinder Gottes "zu siegreichen Kämpfern der neuen Welt",
deren "Reichtum" schon "unentfaltet" in ihnen liegt. Dieses Reich Gottes
verspricht mit seinem Kommen auch die Befreiung der "unerlösten Provin-
zen unserer Leiblichkeit"(314). "Das Zentrum aber, von dem die Erlösung
ausgehen muss, ist der Mensch im Christus, der dem Hervorbrechen des
Sohnesgeistes, sich selber und dem Kosmos zur Befreiung, entgegen-
harrt."(Ebd.)

Wir wiesen oben bereits hin auf das Barthsche "Wir". Die Exklusivität,
mit der er es (fast ausschliesslich) für die Schar der Auserwählten gebraucht,
scheint doch sehr deutlich zu machen, dass er keine Anthropologie oder
Ontologie im Sinne hat.[77] Wenn eine "kleine Herde" als Leib Christi, zur
"Keimzelle der kommenden Welt"(523) erklärt wird, dann ist das eben keine
allgemein anthropologische Aussage, sondern streng theologische Qualifika-
tion. Barths "Wir" missverstehen heisst den "Römerbrief" missverstehen.

---

[77]   Vgl. dagegen **Stadtland** 41f.: "Wenn der Heilige Geist 'Wesensgrund' des
Menschen wird, ..., dann wird Theologie mit Macht zur *Anthropologie.* " Auch
den Ausdruck "Gnadenmonismus"(AaO. 26) lehnen wir aus demselben Grunde
ab.

Ein halbes Jahrhundert später hat Barth offen bekannt, wie sehr diese erste Auflage des "Römerbriefs" noch "auffallend seinen theologischen Ahnen verhaftet"[78] gewesen war. Das ist sicher zutreffend im Blick auf Beck und Blumhardt, gilt aber nicht für Schleiermacher. Obwohl die Sprache des "Römerbriefs" noch stark mit "Schleiermacherianismen" gefärbt ist,[79] obwohl Schleiermachers "Geist" auch durch den Mund Becks oder Blumhardts spricht,[80] darf man es Barth getrost glauben, wenn er - ebenfalls fünfzig Jahre später - behauptet, "dass seine {Schleiermachers} Brille nicht auf meiner Nase sass, als ich den Römerbrief auslegte".[81] Nein, was Barth über den heiligen Geist, über Christus, die Auferstehung, die Persönlichkeit Gottes, über Sündenvergebung und Erlösung sagt, das ist wahrlich nicht mehr Schleiermacher. Eine stark am Formalen orientierte Denkweise würde allerdings noch zahlreiche Schleiermacher-Reste finden, wie z.b. die organische Anschauung, die Kontinuität der Geschichte (106), den Gott im Bewusstsein(89). Aber dabei handelt es sich doch nur noch um sprachliche bzw. begriffliche Bausteine aus der Burgruine Schleiermachers. Und dennoch war auch dieses Frühwerk Barths noch sehr deutlich eine Emanation jener alten Mentalität, die seit Schleiermacher die theologische Bühne bevölkerte. Geschmückt mit (fast) allen namhaften Vertretern des musischen, literarischen und religiösen Pantheon, war auch der "Römerbrief" kaum etwas anderes als ein - vielleicht besonders aufrüttelndes - Produkt "weltklugen Christentums". Und der "Gott" des "Römerbriefs", war er nicht nach wie vor

---

[78] Vgl. den Brief an T. Stadtland, **Briefe** 374 (18.1.1967).

[79] Barth schreibt z.B.: "Und wir verweigern seiner ewigen Gottheit den *Dank,* der ihr gebührt, das Bewusstsein unsrer schlechthinigen Abhängigkeit"(30). "Darum lieber mit der Weltkirche in der Hölle als mit den Pietisten niederer oder höherer Ordnung ... im Himmel."(363) Daneben spricht er auch, nicht ohne Ironie, von der "Virtuosität der Frömmigkeit"(397) und vom "heiligen Zirkel der 'Verschworenen einer besseren Zukunft'(Schleiermacher)"(362).

[80] Wir werden weiter unten sehen (Kap. III), dass Barth mit seiner Kritik an Schleiermacher gerade dort ansetzt, wo er hier noch Beck stehen sieht: beim Gedanken einer romantisch-organischen Welt-Gott Einheit. In seiner "Geschichte der protestantischen Theologie" schliesslich sieht er sowohl Beck als auch den "Chiliasten" J. Chr. Blumhardt an den Fleischtöpfen Schleiermachers sitzen. (**ProtTh** 569 und 597).

[81] **Nachwort** 296.

im Griff eines schlauen Theologen, der ihn, garniert mit - durchaus echtem - "Furcht und Zittern", dem Publikum zur Ansicht darbot? Wohl war Gott die *Sache* dieses Buches, aber doch viel zu offensichtlich die *Nebensache*. Alles drehte sich - wie ehedem - um des *Menschen* Wohl und Wehe. Die Eschatologie war zu einem dramatischen Schauspiel geraten, einem ernsten zwar, aber eben einem Spiel, dem der echte Ernst echter Eschatologie, d.h. aber wahre Gottesfurcht und Gotteserkenntnis, abging. Ja, man spürt es diesem Buch ab, dass es "mit Entdeckerfreude geschrieben ist"(4). Kein Wunder, dass die eigentliche "Sache", hinter den Texten, nicht zu ihrem Recht kommen konnte.

2.2.2 "Offene Opposition gegen Schleiermacher"

Wie sehr bereits die erste Auflage des "Römerbrief" innerlich von Schleiermacher entfernt war, haben etliche verwandte Geister unter den Leser unmissverständlich wahrgenommen. Aber Emil Brunner hat diese Tendenz ans Licht und - das war seine Stärke - auf den Begriff gebracht:

> "Das ganze moderne religiöse Denken ist ... mehr oder weniger 'pietistisch'. Es stellt auf die Erfahrung, das 'persönliche Erleben' ab. Der Schutzheilige der modernen Theologie und Repräsentant der modernen Frömmigkeit ist Schleiermacher, der den Inhalt des Glaubens aus dem Erlebnis der Gläubigen rekonstruieren wollte. ...
> Für Paulus ist 'Glaube' das Ergreifen von etwas Objektivem, wobei die Art des Ergreifens gar nicht in Betracht fällt. ...
> Ich rechne es zu den höchsten Verdiensten Barths, dass er es gewagt - und gekonnt! - hat, dieses zeitlose, überpsychologische, 'schlechthinige' Wesen des Glaubens wieder ins Licht zu rücken, und dass er allen Versuchungen zum Psychologismus, die für jeden modernen Menschen so gross sind, mannhaft widerstand."[82]

---

[82]   E. Brunner, "'Der Römerbrief' von Karl Barth", **Anfänge I** 84f.

[83]   **BwTh I** 326 (11.5.1919).

Barth will diese "Brunneriana" ohne Belehrung gelesen haben. Es kam ihm "alles so dran vorbeigeredet vor"[83]. Dies ist nun aber sicher eine Übertreibung, denn Barth hat gerade aus Brunners Rezension manches entlehnt.[84] Brunner blieb jedoch trotz vieler Beteuerungen auch in der Rolle eines theologischen Beobachters stecken. Zudem hatte er seiner Neigung nachgegeben, "alles unter *eine* Wölbung zu bringen"[85] und Barths "Römerbrief in einem "Zentralgedanken" zusammenzufassen: "Die Erkenntnis der überweltlichen Reichsgottesbewegung, die in Jesus aus dem Verborgenen ins Sichtbare tritt und in ihm ihr Ziel enthüllt: Immanuel."[86] Damit war jedoch aus der Sicht Barths gerade das Entscheidende verfehlt. Auf keinen Fall "wieder eine neue Theologie"[87] wollte er produziert haben, "kein ausgeklügeltes, fertiges System"[88]. Eine "Botschaft von *Gott*" wollte er ausrichten:

"Die Mitteilung einer schöpferischen, fruchtbaren Einsicht in das Wesen der Dinge, die nicht nur gehört, sondern *gehört* sein will, die nicht nur auf Notiznahme, sondern auf Teilnahme, nicht nur auf Verstand, sondern auf Verständnis, nicht nur auf Mitgefühl, sondern auf Mitarbeit rechnet."[89]

Nicht Interesse, sondern Betroffenheit wollte Barth offenbar ausgelöst haben. Er bekennt darum später,

---

[84] Man vgl. z.B. die Metapher der sich schneidenden Ebenen bei Brunner: "Die Erfahrungswelt ist gleichsam eine Horizontalebene, die der vertikale Lichtstrom göttlicher Geschichte schneidet." (AaO. 84). Barth benutzt das Bild in Röm[2] 5: "In diesem Namen {Jesus Christus} begegnen und trennen sich zwei Welten, schneiden sich zwei Ebenen, eine bekannte und eine unbekannte."

[85] **BwTh I** 305 (1.12.1918).

[86] E. Brunner, AaO. 87.

[87] **BwTh I** 265 (11.2.1918): "Ob der liebe Gott dieses Geschreibe eigentlich will? Es ist ja doch nur wieder eine neue Theologie."

[88] **Röm[1]** 12.

[89] Ebd. Hier spricht Barth selbst durch den Mund des Paulus.

"dass mir gerade die günstigsten Besprechungen ... zur
Selbstkritik dienlicher waren, als die anderen, indem ich vor
einigen Lobsprüchen so erschrocken bin, dass ich der Notwendigkeit, die Sache anders zu sagen und einen energi-
schen Stellungswechsel vorzunehmen, alsbald nicht mehr
ausweichen konnte"[90].

Inwiefern jedoch dieser Stellungswechsel ausgerechnet "in jetzt erst klarge-
wordener und ausgesprochener Opposition zu Schleiermacher"[91] bestehen
sollte, das bedarf eingehender Klärung. Bislang war Schleiermacher ja niemals eigentlich thematisiert worden, und selbst seit Barth sich "etwa um
1916 herum von den Folgen ... {seines} akademischen Studiums und überhaupt von den Einflüssen der positiv-liberalen Vorkriegstheologie zu erholen
begann"[92], schien es ihm sicher, dass er es bei allem, was er "ungefähr seit
jenem Jahr dachte, sagte und schrieb, schlicht ohne ihn machte"[93]: "Er war
für mich nicht mehr 'Kirchenvater'."[94] Schleiermacher war links liegenge-
lassen worden. Wie kam es dazu, dass er sich dann doch so vehement und
prinzipiell aufdrängte?

Wir meinen die Antwort in zwei Richtungen suchen zu müssen.
Erstens war Barth schon seit seiner Marburger Sudienzeit auf der Suche
nach neuen Grundlagen in der Theologie.[95] *Zweitens* hatte er sich von der

---

90   **Röm**[2] VIII.

91   Fakultätsalbum Münster, **BwBu** 308.

92   K. Barth, "Nein!", **Fürst** 211.

93   **Nachwort** 296.

94   Ebd.

95   Vgl. den Brief Thurneysens an Barth: "Wir hatten seinerzeit schon als Studen-
     ten in [Marburg] kein höheres Ziel für unser Arbeiten als das eine: Grundle-
     gung! Und dem möchte ich wieder aufs neue treu werden und mich nicht dazu
     verleiten lassen, zu früh zu bauen, und wenn darüber das halbe oder das ganze
     Leben verstriche. Das ist der grosse Einwand gegen alles, auch das religiös-
     soziale, 'Bauen'. Es fehlt noch an den Grundlagen." **BwTh I** 150 (29.8.1916).

Blumhardtschen Sehnsucht nach der "Realität des Göttlichen"[96] anstecken lassen und wollte davon keinen Schritt weichen. Der erste "Römerbrief" war schliesslich der Versuch, beide Strömungen zu vereinigen, die Theologie auf die Wirklichkeit des Auferstandenen Jesus Christus zu begründen. Bald nach dem Erscheinen des Buches jedoch merkte Barth selbst, dass damit keines der beiden Anliegen zu seinem vollen Recht kam: die Wirklichkeit Gottes war im Jubel auferstandener und auferstehender Menschlichkeit zu einem funkelnden Reichsgottesoptimismus verkommen, und die Theologie hatte sich im Gefolge in enthusiastisches Predigen aufgelöst. Niemand wusste um diese fatale Zwangssituation besser als Barth selbst. Wie sollte sich Theologie jemals auf etwas gründen lassen, das mit Worten nicht zu sagen, gleichwohl aber unumgänglich einzubeziehen war? Und wie sollte die Wirklichkeit Gottes Eingang finden in die Theologie, ohne dass sie aufhörte Wirklichkeit zu sein oder aber die Wirklichkeit *Gottes* zu sein? Die "Bekehrung zur Bibel" war wohl die Hinwendung zu Gottes Wirklichkeit, aber sie hatte zunächst nicht weiter geführt als zu der Feststellung, dass Gott den Menschen *wirklich* rettet, erlöst, stärkt, erwählt, verwirft, erfüllt, etc. Die Krise des Menschen war dabei nur eine vorübergehende, eine vom Winde des Geistes nur allzu rasch verwehte. Sie war gefährlich, aber nicht lebensgefährlich. Theologia resurrectionis, theologia gloriae, das hiess immer noch, hier wird bei aller Schelte der Mensch verherrlicht.

> "Der Christ ist der *Christus*. Der Christ ist das in uns, was nicht wir sind, sondern Christus in uns. Dieser 'Christus in uns' in seiner ganzen paulinischen Tiefe verstanden: es bedeutet keine psychische Gegebenheit, kein Ergriffensein, Überwältigtsein oder dergleichen, sondern eine Voraussetzung. 'Über uns', 'hinter uns', jenseits uns' ist gemeint mit dem 'in uns'."[97]

Man spürt förmlich das Unbehagen, mit dem Barth eine Wirklichkeit behauptet, die nicht mit einer psychisch-religiösen Wirklichkeit verwechselt werden soll. Diese Wirklichkeit aber hiess: Auferstehung. Paulus, Johannes und die Synoptiker "spirant resurrectionem"(42).

---

[96] Vgl. E. Thurneysen, **Christoph Blumhardt** 30ff.

[97] So Barth im "Tambacher Vortrag" (1919): "Der Christ in der Gesellschaft", **WGuTh** 34. Seitenangaben im Text.

"Die *Auferstehung Jesu Christi von den Toten ist darum* die
weltbewegende Kraft, die auch uns bewegt, weil sie die
Erscheinung einer totaliter aliter ... geordneten Leiblichkeit
in unserer Leiblichkeit ist."(66)

Damit wird die Eschatologie doch wieder anthropologisch gezähmt, denn
"wie sollte uns die Ewigkeit nicht ins Herz gegeben sein, wenn wir in Gott
gegründet werden?"(69)

Was Barth hier im September 1919 sagt, - nicht ohne Seitenhieb gegen
Schleiermacher[98] - wird sich acht Monate später ganz anders anhören. Wohl
finden sich in diesem "Tambacher Vortrag" schon Ansätze zu einem Ausweg, aber die eigentliche Wende kommt - so Barth - erst im April des nächsten Jahres: "Das erste Dokument dieser Wendung {gegen Schleiermacher}
ist der Aargauer Konferenzvortrag 'Biblische Fragen, Einsichten und Ausblicke' von 1920."[99] Tatsächlich atmet dieser Vortrag in einer anderen Sphäre. Wohl ist auch in ihm die Auferstehung die zentrale Botschaft, aber es ist
die Auferstehung der *Toten:*

> "Die einzige Quelle unmittelbarer realer Offenbarung liegt
> im *Tode. Christus* hat sie erschlossen. Er hat aus dem *Tode*
> das *Leben* ans Licht gebracht.
> Aus dem Tode! Wir können uns das nicht ruhig und ein-
> dringlich genug sagen. Die Bedeutung, die Kraft Gottes
> leuchtet den biblischen Menschen auf an den Grenzen der
> Humanität, dort 'wo Sinnen und Gedanken mir ausgehn wie
> ein Licht, das hin und her muss wanken, weil ihm die Flamm
> gebricht'. Das menschliche Korrelat zu der göttlichen
> Lebendigkeit heisst weder Tugend, noch Begeisterung, noch
> Liebe, sondern *Furcht* des Herrn, und zwar Todesfurcht,
> letzte, absolute, schlechthinige Furcht."[100]

---

[98]   AaO. 42: "Das katholische Mittelalter und die Reformation haben das {spirant
resurrectionem} noch einigermassen verstanden. Dem Pietismus, Schleiermacher
und dem neuzeitlichen Christentum blieb es vorbehalten, das neuzeitliche
Kerygma mit Bewusstsein rückwärts zu lesen."

[99]   Fakultätsalbum Münster, **BwBu** 308.

[100] **WGuTh** 86. Seitenangaben im Text.

Dass Barth diese "Todesweisheit" Overbeck und Kierkegaard (und natürlich Paulus!) verdankt, hat er auch in diesem Vortrag nicht verschwiegen.[101] Inwiefern aber der Vortrag ein Dokument seiner *Opposition gegen Schleiermacher* sein soll, bedarf eingehender Klärung. Schleiermacher wird nämlich nicht ein einziges Mal überhaupt erwähnt! Erliegt Barth also einer perspektivischen Täuschung, oder liegt schlicht eine Verwechslung vor? Wir meinen, Nein: die Schleiermacher-Opposition ist vielmehr implizit vorhanden, als Religionskritik und als direkter Affront gegen - v.Harnack!

Erstens, die Religionskritik. "Die biblische Religionsgeschichte hat die Eigentümlichkeit, dass sie in ihrem Kern, in ihrer tiefsten Tendenz weder Religion noch Geschichte sein will, - nicht Religion, sondern Wirklichkeit, nicht Geschichte, sondern Wahrheit"(80). In der Religion hat der Mensch "das Göttliche in Besitz genommen, in Betrieb gesetzt"(81).

> "Denn *mit dem Moment, wo Religion bewusst Religion, wo sie eine psychologisch- historisch fassbare Grösse in der Welt wird, ist sie von ihrer tiefsten Tendenz, von ihrer Wahrheit abgefallen zu den Götzen.* "(Ebd.)

Die biblische Frömmigkeit ist aber nicht Religion, sie ist vielmehr "in ihrem Wesen Demut, Furcht des Herrn."(Ebd.) "Sie lebt ganz und gar von ihrem Gegenstand und für ihren Gegenstand. Am biblischen *Erlebnis* ist nichts unwichtiger als das Erleben als solches."(82) Das Gotteserlebnis ist "tiefstes Erschrecken"(86). Wer dem "bunten Jahrmarkt der Religionsgeschichte" den Rücken gekehrt hat, erlebt "etwas von der erdrückenden, nur Ehrfurcht und nichts weiter einflössenden Stille und Einsamkeit der Wüste, die in der Bibel nicht umsonst eine so wichtige Stätte ist."(Ebd.) Das mysterium tremendum drängt die biblischen Menschen "an den Rand des Erlebbaren, Denkbaren und Tunlichen, an den Rand der Zeit und der Geschichte"(ebd.). Dementsprechend ist die biblische Kirche "bezeichnenderweise die Stiftshütte, das Wanderzelt; von dem Moment an, wo sie zum Tempel wird, existiert sie wesentlich nur noch als Angriffsobjekt"(83). Gotteserlebnisse sind also Grenzerlebnisse, denn das "wirkliche Erlebnis fängt dort an, wo unsere vermeintlichen Erlebnisse aufhören, in der Krisis unserer Erlebnisse, in der Furcht Gottes."(97)

---

[101] Es ist ausserordentlich ergiebig, diesem Einfluss in einzelnen nachzugehen, muss hier jedoch unterbleiben.

Diese Ausführungen scheinen zunächst gar nicht speziell gegen Schleiermacher gerichtet zu sein, und wir wollen auch nicht zuviel hineinlesen.
Natürlich richtet sich Barth spottend gegen Schleiermacher, wenn er sagt:
"'Gott in uns' - ich in dir, du in mir - warum nicht auch das? Der religiöse
Übermut erlaubt sich einfach alles."(81) Aber das trifft nicht den Kern. Sondern: Gott ist hier völlig aus dem Erlebenshorizont des Menschen verschwunden. Er wird nur noch - und höchstens - als das *Tremendum*[102], als
Grenze, als Krise, als Gericht, als Nein "erlebt". Erledigt ist der Gott in unserer Geschichte, im Gefühl und in der Seele. Erledigt auch der pausbäckige,
wohlgemute Fortschrittsoptimismus. Ja, es gibt einen "Fortschritt": "aus dem
Leben in den Tod - aus dem Tode in das Leben"(92). Aber Gott, der lebendige Gott steht nicht mehr zur Verfügung. *"Hinter dem menschlich Letzten
steht das göttlich Erste."(93)* Solche Worte treffen Schleiermacher allerdings
tödlich. Die theologia crucis ist - recht verstanden - Gift und Feind aller
Herrlichkeitstheologien. Wer dem Menschen Schleiermachers seinen Gott
nimmt, entzieht ihm den Lebensodem.

Der *zweite* Grund weshalb Barth seinen Aargauer Vortrag später als
"offene Opposition gegen Schleiermacher" angesehen haben mochte, liegt
weniger deutlich zutage: sein Korreferent *Adolf v. Harnack.* Wir erwähnten
oben bereits unsere Vermutung, dass v.Harnack für Barth durchaus so etwas
wie ein zweiter Schleiermacher gewesen sein mochte, und dass Barth hier in
v.Harnack eigentlich Schleiermacher "in persona" bekämpft. Manches
spricht für diese These, insbesondere die Frontstellung, mit der Barth seinen
eigenen Vortrag (nach dem v.Harnacks) einleitet: "Was uns die Bibel an
Erkenntnis zur Deutung des Weltgeschehens zu bieten hat fragen
wir."(70)[103] Damit stellt er die "Bibel" gegen v.Harnacks "Historie", die
Wirklichkeit Gottes gegen die Wissenschaft! In v.Harnack und Barth begegnen sich zwei theologische Welten, nicht nur verschiedene Generationen.
Das persönliche Gegenüber dieser beiden Männer entfachte den bislang

---

[102] Der Einfluss, den R. Ottos "Das Heilige", welches Barth "mit ziemlicher Freude"
gelesen hatte (**BwTh I** 330, 3.3.1919), auf diese Wende gegen Schleiermacher
gehabt hat, darf sicher nicht zu gering eingeschätzt werden. Immerhin sah
Barth in diesem Buch bereits die "Anbahnung einer grundsätzlichen Überwindung des Ritschlianismus"(ebd.).

[103] Der Titel des Vortrags v.Harnacks lautete: "Was hat die Historie an fester
Erkenntnis zur Deutung des Weltgeschehens zu bieten?" Der Text ist abgedruckt in: A. v.Harnack, **Reden und Aufsätze** 181-204.

schwelenden Konflikt zu heller Flamme. Es spricht für Barths Augenmass,
dass er hinter v.Harnack nicht etwa nur Ritschl, sondern keinen Geringeren
als Schleiermacher stehen sah, und zwar als Gegner! Es wäre nun unfair,
v.Harnacks unbeschwerte Bonmot-Theologie, die offenbar unbetroffen und
unbelehrt durch den Krieg ihren Weg fortsetzte "als wäre nichts geschehen",
wenn man diese etwa Schleiermacher anlasten wollte. Dem hat Barth später
mit Recht einen Riegel vorgeschoben.[104] Und dennoch trat in v.Harnack
noch einmal der Geist des 19. Jahrhunderts mit seinem "Menschgott" auf die
Bühne.[105] Aber es war eine Abschiedsvorstellung:

> "Es ist offenbar, dass der Götze wackelt. Harnack machte
> den Eindruck eines im Grunde gebrochenen Mannes, er wus-
> ste wirklich erstaunlich wenig ausser seinen erhabenen Witz-
> lein, die ihm auch noch einmal ausgehen werden."[106]

---

[104] Über das von v.Harnack verfasste "schreckliche Manifest der 93 deutschen Intellektuellen", schreibt Barth im Jahre 1968: "Nach dem, was ich etwa aus seinen
{Schleiermachers} Briefen in der Zeit nach 1815 weiss, bin ich noch jetzt der
Überzeugung: nein, er würde das {sc. unterschreiben des Manifests} nicht
getan haben. Immerhin: entscheidend durch ihn war nun einmal die ganze
Theologie, die sich in jenem Manifest und in allem, was ihm ... folgte, demas-
kierte, begründet, bestimmt und beeinflusst!" **Nachwort** 293f.

[105] v.Harnack sagte unter anderem: "Er {Augustin} hat aber niemals gezweifelt, dass
diese andere höhere Liebe die *Gottesliebe* sei, die der Schöpfer tief in die Men-
schenbrust eingesenkt habe ... . Soweit kann die Geschichtserkenntnis ... nicht
gelangen; aber sie kommt schliesslich doch dieser Erkenntnis sehr nahe; denn
nach dem Ausgeführten konstatiert sie die paradoxe Tatsache, dass alles wert-
volle Geschehen in der Geschichte von dem mächtigen Drang zu einem höheren Aufstieg über das Naturhafte - bis zur freudigen Preisgabe des eigenen
empirischen Lebens - und von der Wertschätzung eines rätselvollen 'Ganzen'
und 'Einen' bestimmt ist, das mit leidenschaftlichem Wollen erfasst wird. Es ist
kein Zweifel - die Menschheit arbeitet in der Geschichte, 'als ob Gott existiere'
als ob sie, von einem höheren Ursprung herstammend, diesen in zielstrebendem
Wirken wieder erreichen müsste, dabei alle ihre Glieder zusammenschliessend.
Die Religion ist es, die dieses Streben als Gottes- und Nächstenliebe deutet. An
dem Empirischen gemessen ist dieses Streben vollkommen irrational, ein
begeisterter hoher Drang zu etwas, was man nicht sieht und hört und sich als
mächtiges und beglückendes *Lebensgefühl* geltend macht." **Harnack** 200f.

Wir kommen noch einmal auf die Frage zurück: was führte dazu, dass
Schleiermacher im Jahre 1920 zum erklärten Gegner wurde? Unsere erste,
oben gegebene, Antwort scheint sich jetzt bestätigt zu haben, es war das
Ausschauhalten nach einer Begründung der Theologie, die Gottes *eigener*
Wirklichkeit gerecht wurde. Da konnte die Antwort des ersten "Römerbriefes" - Jesus Christus, der Auferstandene - nicht genügen. Dieser Weg musste
ausgesprochen unausgesprochen wieder in die Strasse der Menschenver-
götterung münden. Erst das Ernstnehmen des Gerichtes Gottes, die Wahr-
nehmung der Ungöttlichkeit allen Seins und Tuns und das Erschrecken darüber, brachte die Wende. Christus, ja! "Aber ... Christus den Gekreuzigten,
müssen wir sofort hinzufügen". Damit war aber - vorerst - jede Theologie
unmöglich geworden. Die Sturmfluten des Lebens und des Wortes Gottes
hatten die Fundamente des neuprotestantischen Tempels freigelegt und
unterspült. Es war eben unübersehbar deutlich geworden, "dass wir bis jetzt
in einem Hause wohnten, das auf den Sand gebaut war und dass die Theologie, wenn es überhaupt fernerhin dieses Wagnis 'Theologie' geben soll,
zunächst besser täte, mit zusammengebissenen Zähnen den Weg in die
Wüste anzutreten"[107].

2.2.3   Der Römerbrief (2. Auflage)

Noch im selben Jahre - 1920 - begann Barth mit der Neufassung des
"Römerbriefs". Den Anstoss dazu erhielt er durch die Begegnung mit Friedrich Gogarten. Dessen Besuch in Safenwil war für Barth "hocherfreulich",
hatte aber eine schmerzliche und folgenreiche Konsequenz:

> "Als Gogarten ... fort war, fing plötzlich der Römerbrief an
> sich zu häuten, dass er so wie er jetzt ist, unmöglich einfach
> abgedruckt werden darf, sondern an Haupt und Gliedern
> reformiert werden muss. ...
> Vor dem Frühling kann nun freilich die 2. Auflage nicht
> erscheinen. Ich habe bereits ein diesbezügliches Halt! nach
> München gekabelt - aber besser diese Verzögerung, als dass
> die 1. Fassung, die ich auf einmal, wo ich hingucke,

---

[106] **BwTh I** 380 (20.4.1920), drei Tage nach Barths Vortrag.

[107] "Unerledigte Anfragen an die heutige Theologie" (1920), **ThuK** 4.

schloddrig, überladen, schwammig etc. finde, fortgesetzt zu Missverständnissen und Irrungen Anlass gibt."[108]

Wir vermuten, dass Barth von Gogarten auf Luther aufmerksam gemacht worden war und vielleicht auch auf das Osiandrische in seinem "Römerbrief", denn bereits fünf Wochen später klagt er Thurneysen gegenüber:

> "Die Wendung von Osiander zu Luther macht sich gegenüber der ersten Auflage geltend wie eine Katastrophe, und ich frage mich oft, wie ich damals so blind sein konnte, 'es' nicht zu sehen. Wenn nur der Spektakel über die literarische Situation dieser retractatio die Aufmerksamkeit auf die *Sache* nicht übertäuben wird."[109]

In der Tat macht sich die Neufassung aus wie ein gewaltiger Bildersturm. Nicht nur die Osiandrische Rechtfertigungslehre[110], nicht nur das "pantheistische Schillern"[111], auch das "Modern-Verflossene ist weg"[112] und ebenso die tausend kleinen Götzenbilder Schillers, Goethes, etc. Thurneysen verfolgt die tabula rasa Stück für Stück und ermutigt Barth darin:

> "Mir scheint, du schreibst diesmal nicht so sehr mit 'Entdeckerfreude' als mit einem gewissen Ingrimm und nicht ohne eigenes Entsetzen. Daran tust du gut, auch wenn alles rätselhafter und verhaltener werden sollte. Ich finde die Probe glänzend, weil die ganze Paradoxie der Auferstehung einen gleich von Anfang an anschaut und die ganze Problematik unverhüllt da ist."[113]

---

[108] BwTh I 435f. (27.10.1920).

[109] AaO. 448 (3.12.1920).

[110] Vgl. dazu **Stadtland** 28ff und **Ebeling** 439f.

[111] BwTh I 438 (4.11.1920).

[112] Thurneysen in **BwTh I** 436 (28.10.1920).

[113] AaO. 437.

Auferstehung ist also die Botschaft auch dieser Neuauflage, aber nicht mehr nur die Auferstehung der Toten, sondern noch voller: die *Auferstehung* der *Toten*. "Die Auferstehung ist die *Offenbarung*, die Entdeckung Jesu als des Christus, die Erscheinung Gottes und die Erkenntnis Gottes in ihm"[114]. Das ist unverkennbar die Stimme Blumhardts, nach der Jesus "nur als der Sieger"(5) zu verstehen ist.[115] Sieger ist er aber allein durch seinen Tod, für den kein "Tod*erlebnis* Ersatz sein kann (308). Im Kreuz Christi leuchtet die "unendliche Negation"(ebd.) und gerade in diesem Nein wird Gottes Ja am deutlichsten.

Hat schon der erste "Römerbrief" keine neue Theologie sein wollen, so dieser zweite noch weniger. War schon der erste ein Ausbruchsversuch, so der zweite noch viel mehr. Hier wird jedem Beobachter das blosse Zusehen unmöglich gemacht. Ein unterirdisches Beben bringt jedes Gedankengebäude sofort zum Einsturz. Hier ist nichts zu sehen, es sei denn, man hätte schon gesehen, nichts zu verstehen, man hätte denn schon verstanden. Dieser "Römerbrief" grollt wie ein nahendes Gewitter, wie ein Vulkan vor dem Ausbruch. Man erschrickt und wendet sich zur Flucht. Über Schleiermacher ergeht unbarmherziges Gericht: Dem "religiösen" Leben ist "in seiner romantischen Unglaubwürdigkeit durch keine Reden an seine Verächter zu helfen"(ebd.). *Keine* Religion ist die Heilsbotschaft von Christus, sondern "Beunruhigung, Erschütterung, der alles in Frage stellende Angriff schlechthin"(207). Der Versuch, aus ihr eine menschliche Möglichkeit oder Notwendigkeit zu machen, "bewusster als je zuvor unternommen von der protestantischen Theologie seit Schleiermacher, ist der Verrat an Christus"(ebd.). "Der Sinn der Religion ist der Tod."(235) Sie ist "alles andre als Harmonie mit sich selbst oder gar noch mit dem Unendlichen"(ebd.). Sie ist vielmehr "der *gefährlichste* Gegner, den der Mensch diesseits des Todes (abgesehen von Gott) hat"(250). Darum gilt - was Barth später von Feuerbach sagte - auch für Schleiermacher: er ist ein "'Nichtkenner des Todes' und ein 'Verkenner' des Bösen'"[116].

---

[114] **Röm²** 6. Seitenangaben im Text.

[115] Fast scheint es als hätte Barth die Theologie der beiden Blumhardt als theologia gloriae missverstanden. Dass damit den Blumhardt gründlich Unrecht geschehen wäre, weist E. Thurneysen später sehr deutlich nach. (Vgl. **Thurneysen** 33ff.).

[116] **ThuK** 237.

"In der Tat: wer das *wüsste*, dass wir Menschen *böse* sind
vom Schopf bis zur Sohle, und wer das bedächte, dass wir
sterben müssen, der würde *das* als die illusionärste von allen
Illusionen erkennen, dass das Wesen Gottes das Wesen des
Menschen sei"[117].

Darum kann es Barth kaum glauben, dass "Schleiermacher am Tage, da er
seine Reden über die Religion vollendet 'in einer Anwandlung von Vater-
freude und Furcht vor dem Tode' finden kann, 'dass es doch schade wäre,
wenn ich diese Nacht stürbe'!?"

"Als ob Sterben nicht etwas *sehr* Naheliegendes wäre, nachdem man so eindringlich und schön - über die Religion geredet hat! Sollte man es glauben, dass man im Stande sein
kann, den arglosen, im Grunde doch von Herzen nach Ruhe
verlangenden Menschen Religion zu empfehlen: als etwas
nicht nur Erträgliches, sondern Begrüssenswertes, Interes-
santes, Bereicherndes! ... Religion triumphierend in Beziehung zu setzen zu Wissenschaft, Kunst, Moral, Sozialismus,
Jugend, Volkstum, Staat, als ob es nicht aus tausend Erfahrungen gewiss wäre, dass wo immer das verhängnisvolle
'Religion *und* ernsthafte Gestalt gewinnt, *kein* Gras mehr
wächst!"(249f.)

Ja, hier hat Barth in der Tat Schleiermacher "ein kleines Denkmal"[118]
gesetzt, nachdem er in dessen "Reden" und der "Glaubenslehre" "lauter sehr
zu Missbilligendes in diesen von mir einst hochgeschätzten Büchern"[119]
gefunden hatte. Aber neben diesem Denkmal in Röm 7,14ff. steht ein zweites: Barth selber! Schon hier wetteifert er nämlich mit Schleiermacher - im
Ernstnehmen der Religion! Gerade darin sieht er dessen Fehler: in der *Verharmlosung* der Religion. Denn: "Der Sinn der Religion ist der Erweis der
Macht, mit der die Sünde diesen Menschen in dieser Welt beherrscht"(240).

---

[117] Ebd.)

[118] **BW Th I** 489 (18.5.1921).

[119] Ebd.

> "Mag romantische Psychologie es immer wieder versuchen,
> sich diesen Tatbestand zu verbergen, Religion zu feiern als
> die Fähigkeit, 'alle Begebenheiten in der Welt als Handlun-
> gen eines Gottes vorzustellen', sie 'wie eine heilige Musik
> alles Tun des Menschen begleiten' zu lassen (Schleierma-
> cher), Religion selbst, aktive, kombattante, scharf geladene,
> nicht-ästhetische, nicht-rhetorische, nicht-fromme Religion,
> die Religion des 39. Psalms, Hiobs, Luthers und Kierke-
> gaards, die Religion des Paulus wird sich gegen diese Ver-
> harmlosung ihres Ernstes mit nicht minderer Zähigkeit
> immer wieder zur Wehr setzen"(ebd.).

Mit anderen Worten: Schleiermacher hat das Gesetz ausser Acht gelassen
und damit auch das Evangelium verloren. Barths zweiter "Römerbrief" ist
wie ein Marsch durch eine Erdbebensphäre, wo es keine Hoffnung, keine
Rettung, kein Ziel zu geben scheint. Muss man darum diesen zweiten Versuch, Gotteswirklichkeit und Theologiebegründung zusammenzudenken, als
gescheitert ansehen? Die Antwort ist u.E.: Nein. Es leuchtet nämlich in diesem Buch ein feines, gegen Ende zu immer stärker werdendes Licht, das wie
der Nordstern eine Orientierung und einen Ausweg zu ermöglichen scheint:
Freiheit Gottes!

> "Jenseits aller hier aufgetauchten und wieder verschwun-
> denen Worte, Begriffe, Fragen und Einsichten, jenseits des
> ganzen seltsamen Auf- und Abwogens eines menschlichen
> Redeversuchs meinen wir offenbar Alle einen Punkt zu
> ahnen, zu merken, vielleicht zu sehen, wo man stehen, von
> wo aus man *leben* kann. Als die *Freiheit Gottes* haben wir
> diesen immer nahen, immer fernen Blickpunkt unseres
> Gesprächs des öfteren bezeichnet und umschrieben."(487)

> "Paulinisch leben heisst *frei* leben: von allen Seiten von Gott
> berängt und in jeder Hinsicht bei Gott aufgehoben; beständig
> an den Tod erinnert und immer auf das Leben verwie-
> sen"(ebd.)

"Freiheit in der Gefangenschaft Gottes"(489), das ist das " *Wesen des Protestantismus* "(487f.). Als der " *freie* Lebensversuch" ist er die Grundform
christlicher Existenz, wo der Mensch "gefesselt ist an Gott und gerade
dadurch ruhig und unabhängig gemacht gegenüber allen Fragen, Anforde-

rungen, Geboten, die nicht direkt von Gott selbst, von Gott allein an uns
gerichtet sein können"(487).

In diesen Worten ist wie in einer Knospe bereits die ganze spätere
Theologie Barths enthalten. Freiheit Gottes, Freiheit in der Bindung an Gott,
diese Überschrift steht künftig über seinem Denken und Schaffen. Und mit
diesem Motto besiegelt sich auch sein Exodus aus dem neuprotestantischen
"Ägypten". Nicht zufällig fällt dieser zeitlich zusammen mit seiner Berufung
in eine theologische Professur in Göttingen. Nicht zufällig auch, dass mit
dem Moment der Berufung ins akademische Feld auch Schleiermacher als -
akademischer - Gegner auf den Plan tritt,[120] so als seien Schleiermacher und
Universitätstheologie Synonyme. Barth hatte gewählt. Er hatte die Einsamkeit und Bedrohung in der Wüste einer Nicht-Theologie den Fleischtöpfen
einer jubelnden Wissenschaftlichkeit vorgezogen. Dieser zweite "Römerbrief" ist das Dokument seines Exodus, ist das endgültige Abschütteln des
Staubes von seinen Füssen. Er hatte sich tatsächlich gemerkt, was er einst bei
Overbeck gelernt hatte: "Anders als *mit Verwegenheit* ist Theologie nicht
wieder zu gründen" und *"Nur ein heroisches, jeder Zeit gegenüber sich auf
sich selbst stellendes Christentum kann dem Schicksal der Jesuitierung ent-
gehen."*[121]. Und er wusste auch dieses: "Jenseits der schlechthinigen Frage
muss eine Antwort, jenseits der Nichtigkeit ein neuer Anfang, jenseits der
Wüste, in die wir gewiesen werden, ein gelobtes Land sein."[122] Wen wundert darum das Motto, das er diesem "Römerbrief" voranstellte:

οὐδὲ ἀνῆλθον εἰς Ἱεροσόλυμα
... ἀλλὰ ἀπῆλθον εἰς Ἀραβίαν
Gal. 1,17.

---

[120] "Gestern fiel in Göttingen die Entscheidung .... Ich grüble an - Überschriften für
zu haltende Vorlesungen ... und denke an 'Die Hauptbegriffe der paulinischen
Theologie' 2-3-stündig und 'Übungen über Schleiermachers Darstellung des
theologischen Studiums', um auch den *Angriff* gleich zu eröffnen." **BwTh I**
486 (13.5.1921).
"... und wahrscheinlich werde ich mein Lehramt gleich mit einer Kriegserklä-
rung an diesen Kirchenvater und religiösen Virtuosen eröffnen müssen." AaO.
489 (18.5.1921).

[121] **ThuK** 23.

[122] AaO. 22.

Kapitel 3

WÜSTENWANDERUNG

(1922 BIS 1932)

> "In diesem Stadium erreichte mich ein Ruf zum
> Honorarprofessor für reformierte Theologie in Göttin-
> gen, durch dessen Annahme ich von selbst an ein
> erneuertes noch gründlicheres Studium der Reformato-
> ren herangeführt und zu einer prinzipiellen Auseinan-
> dersetzung mit Schleiermacher und der ganzen direkt
> und indirekt durch ihn bestimmten, neueren Theologie
> geführt wurde. Ich bin daher in Göttingen, Münster und
> Bonn manchen komplizierten Weg gegangen ... ."

K. Barth, (1946)[1]

3.1 Homo viator

Der Wechsel ins akademische Amt wurde für Barth in mehrfacher Hinsicht
zu einem Weg durch die Wüste. Er wusste, was er hinter sich gelassen hatte,
und dass es keine "Rückkehr zu den Fleischtöpfen Ägyptens" geben dürfe.
Aber er sah noch kein Ziel, suchte sich seinen Weg wie ein "armes Maultier

---

[1] Autobiographische Skizze, Bonn 1946, **BwBu** 312.

[2] **BwTh II** 134 (23.1.1923).

da im Nebel"[2], fühlte sich wie in einem Auto, "das auf schnurgerader Strasse weiss der Himmel wohin mit uns fährt?"[3], scheute sich vor der Einfahrt in den "Tunnel der Dogmatik"[4] und gestand, es sei "schrecklich, *wie* sehr wir uns überall in den Anfängen befinden, *wie* man oft mit dem Misstrauen ringen muss, ob nicht alles ein hoffnungsloses Stolpern und Tasten im Dunkeln sei"[5].

Er selbst hatte seinerzeit, als er noch dazu aufgefordert hatte, "nun einmal die Wüstenwanderung wirklich anzutreten"[6], auch vor der Eilfertigkeit gewarnt, zu meinen "das gelobte Land werde morgen oder gar heute schon erreicht sein"[7]. Nach den ersten Monaten in der Wüste wird es aber klar, "dass wir, und wenn wir Luther und Calvin wären, und welchen Weg wir auch einschlagen mögen, so wenig ans Ziel kommen werden, wie Moses in das gelobte Land gekommen ist"[8].

Über ein ganzes Jahrzehnt sollte für Barth und Thurneysen dieses Lebensgefühl des Tastens und Suchens das Bestimmende bleiben, und wir werden weiter unten (Kap.V) die Frage aufwerfen, ob Barth das gelobte Land tatsächlich je erreicht hat.

Zunächst jedoch blieb die "zeitweilige Verdrossenheit unserer Wanderung in der Mittagshitze"[9]. Der stürmische Eifer des Aufbruchs machte zunehmend einer gedämpften, besonneren, aber darin auch zielstrebigeren Konzentriertheit Platz.[10] Und so zeigt das von uns betrachtete Jahrzehnt der

---

[3]   AaO. 224 (5.2.1924).

[4]   AaO. 303 (15.2.1925).

[5]   AaO. 397 (17.1.1926).

[6]   ThuK 24.

[7]   Ebd.

[8]   WGuTh 177.

[9]   BwTh II 489 (7.4.1927).

[10]   Vgl. die hübsche "Retractatio" Barths zu einer Fremdenbucheintragung aus

Theologie Barths eine strenge innere Konsequenz, zwar häufig unter dem
Vorbehalt eines ratlosen "Wo steh-mer aigetlig?"[11], aber nie ohne die *Sache*
im Blick zu behalten, nämlich, "dass das Ziel unserer Wege das ist, dass Gott

dem Jahre 1916, wo er geschrieben hatte:

> Wir wollen, pilgernd unter Andern,
> in unsrer Art beharrlich sein,
> Vermutlich stellt sich dann im Wandern
> des längern Atems Vorzug ein.

Retractatio 1926:

> Wir wollten pilgernd unter Andern,
> in unsrer Art beharrlich sein.
> Da stellten allsgemach beim Wandern
> auch uns sich Atemnöte ein.

> Wir wandern nun in Mittagshitze.
> Es wird nicht mehr so viel gelacht.
> Und stumpf ist manches Homes Spitze,
> von dem wir einst Gebrauch gemacht.

> Der liebe Gott *lässt* uns zu Zeiten
> "in unsrer Art beharrlich sein".
> Dann zeigen sich die Schattenseiten,
> dann tritt die nötige Dämpfung ein.

> Doch soll die Dämpfung uns nicht mindern
> die *bessre* Wanderzuversicht:
> Es scheint den Sündern, scheint den Kindern
> Beharrlich *neu* das *alte* Licht.

BwTh II 411f. (5.5.1926).

11 Diese Redewendung findet sich oft, z.B. **BwTh II** 168, 305, 328, 603, 648,
    701. Dass die Wendung durchaus nicht nur Hilflosigkeit signalisiert, zeigt
    Barth in seinem "Nein an Brunner", **TEH** 14 (1934) 11:"Wo stehen wir eigent-
    lich?"

selber rede"[12].

So war die Wüstenzeit nicht nur von einer äusseren, sondern besonders von einer inneren Notwendigkeit geprägt: Wüste als Durchgangsstadium, bzw. sogar der rechtmässige Ort der Kirche. Die communio electorum et vocatorum ist "'die Kirche der Wüste' von Hause aus"[13]. Und der homo viator ist gerade *die* Existenzbeschreibung des Christen![14] Angesichts der Notwendigkeit solcher Wüstenexistenz ist das Gebet "Veni creator spiritus" verständlich als Notruf und als hoffnungsvoller Aufblick.

Aber auch äusserlich fand sich Barth während der ersten Dekade seiner Lehrtätigkeit oft genug "auf dem Trockenen". Zwar war er seit Ende 1921 Honorarprofessor für reformierte Theologie in Göttingen, bekannte aber später, dass er "damals die reformierten Bekenntnisschriften nicht einmal besass, geschweige denn gelesen hatte, um von allerhand anderen ungeheuerlichen Lücken meines Wissens nicht zu reden"[15]. Dazu kam die "Trockenheit" des akademischen Betriebs: "Bei diesem Schleimfädenziehen ohne Ende müsste ja ein Erzengel banal werden"[16]. Dem kampfesfreudigen Barth widerstrebte zutiefst die "auf Universitäten nun einmal erwünschte{n} scheinheilige{n} Gerechtigkeit"[17], die er insbesondere dem ihm so unliebsam gewordenen Schleiermacher angedeihen lassen musste.

Darüber hinaus hatte sich Barth durch den offenen Bruch mit der neuprotestantischen Theologie derart ins theologische Abseits begeben, dass er unter den Zunftkollegen auf einsamem Posten stand und seine öffentlichen Vorträge noch geraume Zeit den Charakter von "Gefechten"[18] besassen.

---

[12]   **WGuTh** 177.

[13]   **ThuK** 97.

[14]   "Das 'homo viator' als Charakter des Menschen ist christlich verstanden eine *Existenzbestimmung*, nicht bloss eine Denkbestimmung." **UCR** 92.

[15]   Fakultätsalbum Münster, **BwBu** 306.

[16]   **BwTh II** 91 (7.7.1922).

[17]   **BwBu** 18 (9.10.1923).

Obwohl es mit den Jahren stiller wurde auf dem "Kriegsschauplatz"[19], blieb Barth dennoch in der Position des einsam kämpfenden, weithin unverstandenen Schreibtischsoldaten.[20] Wohl hatte sich anfangs eine Schar von wackeren Mitstreitern eingefunden, die sich zu ihm in die Wüste stellten, um mit ihm "zwischen den Zeiten"[21] zu leben, aber auch in diesen Bundesgenossen meinte Barth nur allzu bald das "trojanische Pferd" zu erblicken, das zur "grossen Wiederbringung" all jener bereits überwunden geglaubten Dinge führen müsste, "die da vor 100 Jahren in allen Lagern der Theologie ... unternommen und vollbracht worden sind"[22].

Und so blieb Barth, trotz oder gerade auch angesichts des beständig zunehmenden Beifalls heranwachsender "Barthianer", ein einsamer Rufer in der Wüste, ein Theologe der Verweigerung, ein Mensch des Widerspruchs, ein homo viator.

3.2 Auseinandersetzung mit Schleiermacher

Die "prinzipielle Auseinandersetzung mit Schleiermacher"[23], die sich wie ein roter Faden durch die Wüstenzeit der Barthschen Professorenlaufbahn hindurchzog, war kein Akzidenz. Sie war ein Teil jener Strategie, mit der Barth und Thurneysen die Mauern des akademischen Jericho zu Fall zu bringen suchten.

---

18 Vgl. **BwTh II** 102 (7.10.1922).

19 AaO. 100.

20 Vgl. dazu Paul Schempp, "Randglossen zum Barthianismus", **ZZ** (1928) 529.

21 So der Titel der in den Jahren 1922-1933 von Barth, Thurneysen, Gogarten und Merz herausgegebenen Zeitschrift, in der auch Bultmann publizierte.

22 **BwBu** 102 (5.2.1930).

23 Siehe das Motto dieses Kapitels.

Das erste Scharmützel liess auch nicht lange auf sich warten. Es war Adolf v.Harnack, der Barth endlich einmal aus seiner entlegenen "dialektischen Ecke" heraus- und in den Ring eines akademischen Schlagabtausches hineinziehen wollte. Unverblümt stellte er sich von Beginn auf die Seite Schleiermachers mit seinen "Fünfzehn Fragen an die Verächter der wissenschaftlichen Theologie unter den Theologen"[24]. Barth nimmt die Herausforderung an. Im Verlauf des Duells wird klar, worum es geht: um das Verhältnis von Gotteswirklichkeit und Theologie, von Prophetie und Wissenschaft. Harnacks Stellung ist hier eindeutig:

> " *Paulus* und *Luther* sind mir allerdings in erster Linie nicht
> Subjekte, sondern Objekte der wissenschaftlichen Theologie
> und ebenso Herr Kollege BARTH und alle diejenigen, wel-
> che wie Prediger ihr Christentum als Propheten und Zeugen
> zum Ausdruck bringen, mögen sie dies nun in biblischen
> Kommentaren oder in Dogmatiken usw. tun. Im Leben sind
> zwar wissenschaftliche Theologie und Zeugenschaft oft
> genug vermengt; aber weder die eine noch die andere kann
> gesund bleiben, wenn die Forderung, sie getrennt zu halten,
> ausser Kraft gesetzt wird. 'Sachlich' sind beide - nicht nur
> die Zeugenschaft, wie es nach Professor BARTHS Ausfüh-
> rungen erscheinen kann -, aber die Art der Sachlichkeit ist
> hier wie dort eine ganz verschiedene."[25]

Eine Einigung zwischen Barth und v.Harnack war nicht zu erwarten gewesen. Nicht deshalb, weil man sich etwa missverstand, - man verstand sich sehr gut! - sondern darum, weil Barth seinen eigenen Grund noch nicht gefunden hatte. Auch er sah ja Verkündigung und Theologie, Prophetie und Wissenschaft (leider) auf getrennten Geleisen fahren und oft genug in entgegengesetzter Richtung. Aber Barth sah darin gerade keinen Idealzustand wie v.Harnack, sondern er suchte beide zu verbinden, zurückzuführen auf ihre *natürliche* , wesentliche Einheit.

Der Auseinandersetzung mit v.Harnack kommt das Verdienst zu, diese Frage unmissverständlich zur Debatte gestellt zu haben. Sie hatte jedenfalls den unmittelbaren Erfolg, dass sich Barth, noch vor der Ausarbeitung einer

---

[24]   Vgl. **BwHarnack.**

[25]   AaO. 30f.

eigenen Dogmatik. doch zuerst Schleiermacher zuwandte, um mit ihm "abzurechnen"[26].

Diese "Generalabrechnung"[27] fand dann auch tatsächlich im Winter 1923/24 statt.

Seit 1916 hatte Barth Schleiermacher immer wieder aufs Korn genommen. Aber nach dem mühsamen Bewusstwerdungs- und Ablösungsprozess, der sich - wie wir sahen - auf dem Weg von der ersten zur zweiten Auflage des "Römerbriefs" vollzog, wird Schleiermacher verstärkt zur Zielscheibe von Barths Spott und Hohn. In den frühen Schriften aus der Göttinger Zeit spielt Schleiermacher so etwas wie die Rolle einer "Schiessbudenfigur", die mit laut schallenden Ohrfeigen bedacht wird, ohne dass recht einsichtig wird, was Barth zu diesen Verrissen geführt hat.[28] Auch Barth muss das Manko

---

26   Im Januar 1923 waren die ersten Beiträge Harnacks und Barths geschrieben worden. Am 28.2.1923 schreibt Barth: "Wer weiss, ob ich nicht im Winter statt Dogmatik I doch erst Schleiermacher treibe." **BwTh II** 153. So kam es auch.

27   Vgl. D. Ritschl, "Vorwort", **ThSchl** X.

28   "'Nicht Lehre, Leben ...'. Man kennt ja die ganze Melodie schon an den Initialen!?" **WGuTh** 151.
"Wo einst ein Schleiermacher, ein Rothe, ein Troeltsch sich fast nicht zu helfen wussten vor dem Reichtum der mannigfaltigsten Lebensinhalte, ... da können wir im Europäer der Neuzeit nicht mehr den reichen Mann, sondern nur noch den armen Lazarus sehen ...". AaO. 133.
"Auf diesem Hintergrund war gut Ethik treiben. Handelte es sich doch im Grunde nicht darum, zu fragen, *was* zu tun sei, ... sondern darum, mehr auf philosophischen oder mehr auf theologischen, mehr auf kantischen oder mehr auf schleiermacherischen Wegen nachträglich die einleuchtende Formel dafür zu finden, dass als das Gute gerade das zu tun sei, was nun eben auf dem Boden kenes gewiss unendlich verbesserungsbedürftigen, aber auch unendlich verbesserungsfähigen Kulturganzen selbstverständlich zu tun war ...". AaO. 131.
"Um ganz deutlich zu sein, möchte ich ausdrücklich darauf hinweisen, dass in der hier empfohlenen Ahnenreihe {Kierkegaard, Luther, Calvin, Paulus, Jeremia} der Name *Schleiermacher* fehlt. Ich halte Schleiermacher bei allem schuldigen Respekt vor der Genialität seines Lebenswerkes darum vorläufig für *keinen* guten theologischen Lehrer, weil bei ihm ... unklar bleibt, dass sich der Mensch in *Not* und zwar in rettungsloser Not befindet ... unklar darum auch,

dieses rhetorisch-ressentimenthaften Vorgehens gespürt haben. Nach langem Anlauf[29] kündigt er endlich - durch v.Harnack dazu angestossen - für das Haupt-Kolleg des Wintersemesters 1923 die längst fällige Beschäftigung mit Schleiermacher an.

Barths Vorlesung über "Die Theologie Schleiermachers"[30] wurde zur Grundlage aller weiteren Auseinandersetzungen und Gefechte mit diesem "Erzfeind". Von den in diesem Semester gefällten Urteilen ist Barth u.E. bis an sein Lebensende nicht gewichen. Zwar wurde manches im Verlaufe der Zeit nuancierter und reicher an Obertönen, aber in ihrem Grundmuster blieb diese Lehrveranstaltung massgebend. Man darf fragen, warum Barth das Manuskript niemals hat veröffentlichen lassen. Möglich, dass es seinen Anforderungen an Qualität nicht genügte, möglich auch, dass ein anderer mit

---

dass von Gott reden etwas *Anderes* heisst als in etwas erhöhtem Ton vom Menschen reden. ... Denn was mit den Namen Kierkegaard, Luther, Calvin, Paulus und Jeremia bezeichnet ist, das ist unzweideutige, gänzlich unschleiermacherische Klarheit darüber, dass Menschendienst *Gottesdienst* sein muss und nicht umgekehrt." AaO. 164f.

"Die grosse Misere des modernen Protestantismus setzte ein: Erstarrung der von ihrem Ursprung gelösten Doktrin in der *Orthodoxie,* Flucht in die ebenso irrtümlich mit diesem Ursprung verwechselte Erfahrung im *Pietismus,* Reduktion der nicht mehr verständlichen Doktrin auf moralisch-sentimentale Maximen in der *Aufklärung,* endlich Reduktion auch der christlichen erfahrung auf die Gegebenheit einer höchsten Erscheinung des allgemeinen religiösen Instinktes bei *Schleiermacher* und seinen Nachfolgern links und rechts. Das sind die vier Ecksteine des Gefängnisses, in dem wir alle ... stecken ...". AaO. 197.

"Welch unendlich langweiligen, wahrhaft Schleiermacher'schen Friedenshimmel stellt er {Tillich} uns mit solchem Verbot in Aussicht?" **Anfänge I** 178.

"... dass überall, überall Gericht und Gnade waltet, Alles, einfach Alles einbezogen 'ist' in den Streit und Frieden des 'positiven Paradoxes', das so gehandhabt, bei aller 'Unanschaulichkeit' doch wirklich kein *Paradox* mehr ist, das mit dem Gotte *Luthers* und *Kierkegaards keine,* dafür aber mit dem Gotte *Schleiermachers* und *Hegels* eine ganz auffallende Ähnlichkeit hat." AaO. 183.

29 Zunächst hatte Barth im Haupt-Kolleg je ein Semster lang den Heidelberger Katechismus, Calvin, Zwingli und die reformierten Bekenntnisschriften behandelt.

30 In der GA nach Manuskripten herausgegeben im Jahre 1978.

seinem "Schleiermacherbuch" ihm zuvorkam. Wahrscheinlicher ist es jedoch, dass Barth viel zu stark mit einer konstruktiven Überwindung Schleiermachers beschäftigt war, als dass er durch "spitze Einzelkritik"[31] eine breite Öffentlichkeit zum Widerspruch reizen wollte.[32]

Auch in den folgenden Jahren trieb es Barth immer wieder zu intensiver Lektüre Schleiermachers in Vorlesungen, Seminaren und Sozietäten.[33] Aber auch von diesen Beschäftigungen konnte die Öffentlichkeit nur durch zwei relativ kleine Veröffentlichungen Kenntnis nehmen: "Die Weihnachtsfeier (1924)"[34] und "Schleiermacher (1926)"[35] Daneben gibt es zwar eine Unzahl von Hinweisen, Bemerkungen und Beobachtungen zu Schleiermachers Werk und Person, aber alle diese konnten den Eindruck nicht verwischen, es handle sich bei Barths Attacken um Gelegenheitsscharmützel, jedenfalls um Parerga. In der Öffentlichkeit sprach und schrieb Barth - bei aller Ironie - kaum je respektlos über den Berliner Theologen, ja oft mit überraschender Hochachtung und nie ohne das dialektische Tänzeln, welches sich eines letzten Urteils enthält. Der Schein täuscht! Die Sprache der nicht zur Veröffentlichung gedachten Zeugnisse von Barths Ringen mit Schleiermacher ist da ganz anders: vorbehaltlos und un-dialektisch! "So nicht!" Man

---

31   ThSchl 463.

32   Tatsächlich begann unmittelbar nach dieser Schleiermacher-Vorlesung mit dem ersten Versuch zu einer eigenen vollständigen Dogmatik.

33   Im Sommer 1926: Vorlesung über Geschichte der Protestantischen Theologie seit Schleiermacher.
Winter 1926/27: Seminar über Schleiermachers "Glaubenslehre".
Winter 1929/30: Neubearbeitete Vorlesung über Geschichte der Protestantischen Theologie im 19. Jahrhundert. Das Kapitel über Schleiermacher ist völlig neu geschrieben.
Sommer 1931: Seminar über Schleiermachers "Glaubenslehre", die Sozietät behandelt Schleiermachers "Kurze Darstellung".
Sommer 1933: Fortsetzung der Vorlesung vom Vorsemester "Die protestantische Theologie im 19. Jahrhundert", einsetzend mit Schleiermacher.

34   Als "Weihnachtsfeier" in ZZ (1925) 38-61, und als "Schleiermachers 'Weihnachtsfeier'" in ThuK 106-135.

35   ZZ (1927) 422-464 und ThuK 136-189.

spürt in ihnen etwas von den emotionalen Kräften, die in Barth am Werke
waren, als er den vormals so hochgeschätzten "Kirchenvater" des 19. Jahrhunderts Stück für Stück aus dem Dämmerlicht der Romantik in das gleis-
sende Licht seiner Offenbarungstheologie überführte. Wir müssen es wohl
als Ausdruck der Ent-Täuschung deuten, dass Barth sich etwa zu folgenden
Äusserungen hat hinreissen lassen:

> "Diesen Winter lese ich über Schleiermacher. Der Teufel
> soll ihn holen, ich mag ihn wirklich nicht ... ."[36]

> "Was Schleiermacher betrifft, so bin ich nun, ... seit vier
> Stunden an der Glaubenslehre. Huh, welch ein Tintenfisch!
> ... Das Zeug ist wirklich mürbe, wo man es anrührt, ein ein-
> ziger Riesenschwindel, möchte man oft zornig schreien."[37]

> "Mein Seminar lässt sich wieder sehr schön an. 32 Jünglinge
> und Jungfrauen, alle über Schleiermachers Glaubenslehre
> gebeugt, um das Geheimnis der Bosheit ... in diesen wirklich
> denk-würdigen Runen zu ermitteln."[38]

> "Die Glaubenslehre entpuppt sich mir im Seminar doch aufs
> Neue als ein ganz verruchter Alkoran, und ich müsste mich
> wieder ganz neu hinsetzen, um ihn, wie es sich gehört, histo-
> rice et systematice ... in jener gewissen Ruhe zu sehen und
> darzustellen wie im Sommer."[39]

Diese Aggresivität des Urteils, besonders wenn Barth - wie hier - ganz ungeschützt redet, ist vielleicht Hinweis auf seine eigenste tiefempfundene

---

[36]   **BwBu** 18 (9.10.1923).

[37]   **BwTh II** 223 (Rundbrief 5.2.1924).

[38]   AaO. 448 (8.1.1926).

[39]   AaO. 448 (29.11.1926).

[40]   **ThSchl** 446.

[41]   AaO. 425: "... die greuliche Irrlehre des § 11,2, der für sich allein genügen

Betroffenheit. Wenn er von der "religiöse{n} Walze"[40] Schleiermachers und
dessen "greuliche{r} Irrlehre"[41] spricht und dann auch zu Schlägen unter die
Gürtellinie ausholen kann, indem er ihm "eine ganz eigenartige Perversion
des Geschlechtsbewusstseins"[42] zu unterstellen bereit ist, dann stellt sich
sehr dringlich die Frage nach der psychologischen Dimension des Verhältnisses Barth-Schleiermacher, die hier allerdings nicht aufgegriffen werden
soll. Dass Barth neben all dem Schimpfen auch mit Lob nicht spart und auf-
richtige Bewunderung zum Ausdruck bringen kann, das gehört mit zu diesem Verhältnis, das mit dem Wort "Hass-Liebe" vielleicht nicht unzutreffend
charakterisiert ist.[43]

Aufgrund dieser einleitenden Bemerkungen stellt sich das weitere Vorgehen so dar: Zunächst soll hier Barths explizite Auseinandersetzung mit
der Theologie Schleiermachers dargestellt werden. Dabei wollen wir vorwiegend von der oben erwähnten Vorlesung Gebrauch machen. Die Darstellung
wird klären, welches Barths Haupteinwände gegen Schleiermacher sind.[44] In
einem weiteren Durchgang durch die späteren Schriften der hier behandelten
Periode wollen wir untersuchen, ob und inwiefern sich Barths Einstellung
im Verlauf der Jahre verändert hat. Der dritte Abschnitt wird sich mit der
Frage beschäftigen, in welchem Sinne Barths Theologie als "positive"

---

würde, die ganze Schleiermachersche Glaubenslehre schlechterdings unannehmbar zu machen."

[42]   **Ethik I** 313f.: "Gegenüber *Schleiermachers* Definition der Religion als 'Gefühl
schlechthinniger Abhängigkeit' könnte, von allem anderen abgesehen, die Frage aufgeworfen werden, ob sich darin nicht eine ganz eigenartige Perversion
des Geschlechtsbewusstseins verrate, wozu der Ausspruch Schleiermachers in
einem seiner Briefe, er habe sich schon oft gewünscht, eine Frau sein zu dürfen,
merkwürdig stimmen würde."

[43]   "... denn das kann man ihm {Schleiermacher} wirklich nicht abstreiten; er ist
fast bei allem, was er unternimmt, ein *Könner*, vor dem man das Hütlein lüften
muss, auch wenn man ihm am liebsten an die Gurgel spränge!" **BwTh II** 207
(Rundbrief am 20.12.1923).

[44]   Der Darstellung und Diskussion von **ThSchl** werden wir hier ungewöhnlich
viel Platz einräumen. Die Ausführlichkeit an dieser Stelle kommt aber späteren
Besprechungen zugute. Dennoch soll hier nicht diskutiert werden, ob Barths
Einwände zu Recht bestehen (vgl. oben S. 7).

Gegenleistung anzusehen sein mag.

3.2.1   Die "Theologie Schleiermachers" (1923/24)

Über Schleiermacher zu lesen[45] blieb durchaus im Rahmen des Lehrauftrags
Barths, war doch auch Schleiermacher reformierter Theologe gewesen. Diese Vorlesung, die wie die meisten von einer intensiven parallelen Auseinandersetzung mit der Materie begleitet war, wurde trotz aller vorhergehenden
gefühlsmässigen Attacken zu einem unliebsamen Erwachen: "Es steht, nach
der bisherigen Forschung wenigstens, leider noch *schlimmer*, {mit Schleier-
macher}, als ich vermutet hatte"[46], schrieb er in der Mitte des Semesters.
Und am Semesterende vermerkt er:

> "Es ist mit Schleiermacher nicht besser, sondern schlimmer
> geworden. Die Tatsache, dass es mit dem Häuptling des 19.
> Jahrhunderts *so* steht, ist mir ein ernstes Problem a) in Bezug
> auf den Glauben an die göttliche *Vorsehung,* b) in Bezug auf
> den an die Wahrheit und Sendung des *Protestantismus"*[47]

> "Aber wenn dies so ist - ..., welche Aufgabe dann, mit dem
> Protestantismus (mit dem es das erste Mal so schief heraus-
> kam!!) noch einmal von *vorne* anzufangen!"[48]

Die Vorlesung hat zwei Hauptteile und behandelt den Prediger und den Wissenschaftler Schleiermacher. Dadurch begeht Barth einen wohl unüblichen,
aber durchaus sachlichen und zudem "Barthschen" Weg: die Beurteilung
einer Theologie von ihrer Predigt her. Er begründet ihn wie folgt: "Schleiermacher ist 1. Pfarrer gewesen, 2. Theologieprofessor, 3. Philosoph. Danach
hätten wir 1. von Schleiermachers *Predigten* zu reden."(10) Barth untersucht
also zunächst "Die Sonntagspredigt der letzten Jahre", behandelt dann "Die

---

[45]   Vgl. zum folgenden **ThSchl.** Seitenangaben daraus im Text.

[46]   **BwTh II** 207 (Rundbrief 20.12.1923).

[47]   AaO. 235 (Rundbrief 4.3.1924).

[48]   Ebd.

christologische Festpredigt" (Weihnacht, Karfreitag, Ostern) und danach
"Die Hausstandspredigten von 1818". Im zweiten Hauptteil lässt Barth den
Wissenschaftler Schleiermacher zu Worte kommen, indem er "Die Enzyklopädie", "Die Hermeneutik", "Der christliche Glaube" und "Die Reden über
die Religion" analysiert.

3.2.1.1 Schleiermacher als Prediger

In einer "kleinen Vorrede" steckt Barth den Rahmen seiner Vorlesung ab: 1.
betont er die Wichtigkeit des Gegenstandes und "das gute Recht, ihm ein
ganzes Semester zu widmen"(1). "Wenn irgendeiner heute mitredet in der
protestantische Theologie, als ob er mitten unter uns stünde, so ist es Schleiermacher."(Ebd.) 2. verhehlt Barth nicht, dass er Schleiermacher "mit per-
sönlichem Misstrauen"(6) gegenüberstehe, und er kann nicht versprechen,
"dass die Sache im Verlauf der Vorlesung ein anderes Gesicht bekommen
wird"(ebd.) Dennoch sei der Zweck der Vorlesung nicht, "Sie gegen den all-
verehrten Schleiermacher scharf zu machen", sondern zu lernen, "bescheiden
mit ihm 'anzufangen'"(ebd.). 3. erläutert Barth sein Abweichen von der üblichen "genetischen Methode". Diese setze ja "ein *historisches Werturteil* über
die betreffende Erscheinung"(8) voraus. Da nun aber "Liebe, wo man lieben
kann, sicher auch in der Geschichte a priori der verhältnismässig sicherere
Weg zur Erkenntnis ist als Fremdheit oder Abneigung"(9), und da er, Barth,
"Schleiermacher gegenüber leider *nicht* in dieser glücklichen Lage "sei wie
seinerzeit Calvin gegenüber, so sei der einzige Weg "ihm gerecht zu werden"
der, Schleiermacher " *für sich selber* reden zu lassen und anhören, und zwar
so, wie er *sich selber gegeben hat* oder vielmehr geben *wollte,* also *ausge-
hend* von seinen *reifsten und entscheidendsten* Äusserungen"(9).

"Die Sonntagspredigt der letzten Jahre" (13-94): Seinem Programm folgend beginnt Barth mit den gewöhnlichen Sonntags- (Haupt- und
Früh-)predigten der Jahre 1831-34, "den wenn auch vielleicht nicht lebendig-
sten, so doch reifsten Produkten seiner Kanzeltätigkeit"(14). Zwar behandelt
er nicht ganz alle Sonntagspredigten Schleiermachers aus dieser Zeit, aber er
glaubt nicht, "dass in dem entworfenen Bild ein wichtiger Punkt in der Verkündigung des Mannes uns fehlt"(92). Seine Beobachtungen fasst Barth
"absichtlich nicht streng systematisch"(92) in zehn Gesichtspunkte zusammen:

1. Schleiermacher predigt den *Frieden* Gottes als das zentrale Heilsgut.
    (26ff) "...'Je grösser also unsere Teilnahme an dem {über Freude und
    Schmerz erhabenen} *göttlichen* Wesen, ... um desto mehr sollten auch
    wir ... uns immer mehr nähern einem solchen stillen Frieden, einer sol-
    chen gänzlichen *Ruhe der Seele in Gott* ...'" (27). "Und nun ist und soll
    sein jedes einzelne gläubige Gemüt 'eine Offenbarung, eine sichtbare,
    unverkennbare Darstellung von dem Frieden, der durch die Gemein-
    schaft mit dem Erlöser der Welt in die menschliche Seele kommt'"(28).
    Friede heisst für Schleiermacher Aufhebung von Kontrasten in einem
    höheren Dritten, "Gewinnung eines *Indifferenzpunktes* zwischen den
    beiden Armen der grossen Lebenswaage."(29)

2. Schleiermacher predigt aber nicht nur den Frieden, sondern *Christus,*
    denn:

    > "'Christus ist [aber] unser Friede; er ist es, der aus
    > allem, was getrennt war, Eins macht, aus den Men-
    > schen, die voneinander getrennt waren, aus dem
    > Geschöpf und dem Schöpfer, die voneinander getrennt
    > waren; *er* bringt den Frieden hervor.'"(32)

    Dennoch hat die Figur des schleiermacherschen "Erlösers", dieses
    "Paradigmas des wahren Gottesverhältnisses"(33) für Barth "gelegent-
    lich etwas Formelhaftes, Abstraktes, allzu Selbstverständliches"(33).
    Die Frage legt sich nahe, "ob nicht ganz dasselbe, was der Prediger
    sagen will, eventuell auch ohne Zuhilfenahme dieses Paradigmas, die-
    ser urbildlichen Figur gesagt werden könnte"(33f.). Wo das Christus-
    bild aber konkret und farbig wird, da trägt es "in der Regel die Züge
    des mit Gott im Frieden lebenden christlichen Normalmenschen"(34):

    > "Es wäre ein Leichtes, einen vollständigen Tugendspie-
    > gel des Schleiermacherschen *Menschen* zusammenzu-
    > stellen aus den Eigenschaften, die der Prediger an sei-
    > nem *Christus* findet, um sie dann, neu bestärkt durch
    > diesen Anblick in seinen eigensten Idealen, aufs neue
    > dem in seinem Sinne christlichen *Menschen ans Herz*
    > *zu legen."(35)*

3. Allerdings bringt diese dezidierte Christozentrik einige nicht unerhebli-
    che Schwierigkeiten, denn sie wird zu einem *Ringen mit der Bibel.* Der
    Schleiermachersche Christus lässt sich nämlich nicht mühelos aus der

Bibel, "wie sie nun einmal ist"(35) ableiten. Insbesondere muss Schleiermacher dazu den "Felsblock" des Alten Testamentes mit Verachtung strafen: "Wir müssen die Zuhörer als Christen aufnehmen und nicht als solche, die es erst werden sollen und durch die Ängstlichkeit des Gesetzes hindurchgeführt werden müssen."(36)[49] Aber im Hinblick auf Schleiermachers Verhältnis zu den Predigttexten bewundert Barth doch dessen *Ernst*, "den Text wirklich zu Worte kommen zu lassen"(36), die *exegetische Gründlichkeit* scharfsinniger historischer Explikationen (37) und die *dialektische Kunst*, "die durch die Exegese geschaffene glückliche Situation für seine Belehrungen und Ermahnungen auszunutzen"(37). All das hindert Barth jedoch nicht zu behaupten, dass Schleiermacher manchen Text "umexegesiert"(38), "verbessert"(ebd.), oder wenigstens mildert (39):

"Soviel über die biblische Schwierigkeit im allgemeinen und die Art, wie Schleiermacher ihrer durch energische *Deutung* des für ihn misslichen Wortlautes, die man ja wohl da und dort als *Umdeutung* wird bezeichnen müssen, Herr zu werden suchte."(Ebd.)

4. Eine weitere Schwierigkeit bezeichnet Schleiermachers *Kampf mit dem Wunder* (39-47). Rationalisierung oder Mythisierung des Wunders kennt er nicht (40). Er anerkennt die "unerhörte{n} Wirkung des Geistes auf die Natur"(ebd.), das "mittelbare" Wunder, und dort, wo keine Mittelbarkeit vorliegt, lässt er auch Wunder stehen, legt aber Nachdruck darauf, "dass die Offenbarung Jesu sich nicht etwa in dem Wunder als solchem vollzogen habe, sondern irgendwie in seiner dabei an den Tag gelegten Gemütsverfassung, und dass eben darauf und wiederum nicht etwa auf das Wunder als solches auch unser Glaube sich stützen müsse"(41). Die Zeit der biblischen Wunder ist für Schleiermacher erledigt, vorbei: "Gott tut ... jedenfalls heute nichts, 'so dass er selbst hervortrete'"(46). "'Das Wunderbare, das Übernatürliche ist nun verschwunden' ... mit der Entfernung des Erlösers von der Erde musste es *'nach der Gnade Gottes in das Gebiet der Natur einkehren'*" (ebd.). Dies aber geschieht beim Menschen im Verstand, in der Welt als Naturgesetz:"*'...Und sehet da, alles, was der menschliche Verstand geleitet vom Geist fortschreitend vollbringen wird, ist die Fortsetzung der Wunder des Herrn'...*" (45). Oder: "*'...' jenes grosse Wunder Gottes*,

---

[49] So wird Barth selbst später zu hören sein!

*dass wir alles Andere begreifen sollen als in dem grossen Gesetz der
Natur geordnet und in der Führung Gottes begründet.'"*(46f.) Barth
paraphrasiert Schleiermachers Verständnis des Wunders wie folgt:
"M.e.W.: Die biblischen Wunder {sind} eine frohe Weissagung auf die
in unendlichem Fortschritt der Natur immer mehr erkennende und über-
windende *Kultur* "(45) und stellt abschliessend die Frage: "wenn das
wirkliche Wunder Gottes in der *Gegenwart* die *Kultur* ist, wer ist und
was ist dann *Christus,* der in jener *Vergangenheit* als das wirkliche
Wunder Gottes bezeichnet wird?"(47)

5.   Die dritte Schwierigkeit, die prinzipiellste, "von der die Schleierma-
     chersche Christologie bedrückt ist"(47) ist das Problem der *Absolutheit*
     des Christentums: warum gerade Christus? Offensichtlich hat Schleier-
     macher mit dieser Frage heftig gerungen. Allzu oft spielt er mit den
     Einwänden gegen die Absolutheit Christi. Wenn er diese Einwände
     auch "Wahn" oder "Fabel"(49) nennt und sich immer wieder überredet,
     Christus absoluten Rang einzuräumen, es bleibt Barth ein Unbehagen:

     "Aber ob man die Gründe, die er seinem zweifelnden
     Zeitalter und doch wohl auch sich selbst in dieser
     Sache entgegenhielt, durchschlagend nennen will, ob
     unter den Gegenargumenten, die er vorbrachte, eines
     ist, das dem ultimativen Charakter dieser Angelegen-
     heit durch ebenso ultimativen Ernst gewachsen ist, ob
     seine Ablehnung des Zweifels an der Absolutheit des
     Christentums nicht nur Gewicht, sondern *spezifisches*
     Gewicht besitzt, *diese* Frage muss auch - wenigstens
     angemeldet und für unsere späteren Untersuchungen
     notiert werden."(51)

6.   Nach diesen drei sich aus der Christologie Schleiermachers ergebenden
     Schwierigkeiten richtet Barth seine Aufmerksamkeit nun auf den Emp-
     fänger des Heilsgutes, den Christen. Für Schleiermacher ist jeder Christ
     ein kleiner, ein potentieller Christus unter der Verheissung des "immer
     mehr": "Immer mehr soll das göttliche Leben sich in uns verherrlichen,
     immer mehr sollen wir uns hineinleben in seine Gemeinschaft, immer
     deutlicher, immer herrlicher, immer höher usf."(52). Das Vorhanden-
     sein eines "'in der Seele schlafenden Christus'"(52), eines "wachstums-
     fähigen Quantums christusartigen Wesens im Menschen"(53) ist nun
     aber keineswegs das Resultat göttlicher Gabe, göttlicher Offenbarung,

sondern vielmehr "das Ergebnis eines *Zusammenwirkens* zwischen einem Göttlichen ausser ihm und einem Göttlichen in ihm"(ebd.):

> "'Mit einer göttlichen Kraft wirkte der Erlöser, aber nur
> nach dem natürlichen Gesetz der menschlichen Dinge,
> nach dem Mass, in welchem jeder fähig war, seine Mit-
> teilung aufzunehmen, nach dem Mass der *Bereitwillig-
> keit,* die jeder ihm entgegenbrachte, nach dem Mass der
> *Vorbereitung* und *Vorarbeit,* die schon mit dem Boden
> einer jeden menschlichen Seele vorgegangen
> war.'"(54)

Da es für Schleiermacher keinen wirklich verlorenen Menschen gibt, keinen impius, gibt es für ihn auch keine iustificatio impii "als freie, in sich selbst begründete Gottestat"(ebd.).

7. Was ist nun Zweck und *Ziel* des Heilsbesitzes? Schleiermacher antwortet: die Hingabe an das Ganze (55). Der einzelne Mensch als solcher ist
   nichtig (57).

> "'Wie verschwindet der Einzelne, wie muss er ver-
> schwinden, wenn der Blick des Herrn auf das ganze
> menschliche Geschlecht gerichtet ist ... Und wenn sie
> {die Worte des ewigen Lebens} Geist und Leben
> geworden sind, dann soll auch jeder gern hingehen, das
> Zeitliche verlassen und wissen, auch *sein Leben ist
> dazu gewesen,* damit die Worte des ewigen Lebens
> Geist und Leben wirken und immer mehr in dem men-
> schlichen Geschlecht den verherrlichen, der das Leben
> wiedergebracht hat.'"(57)

Barth reagiert hier mit Unbehagen: "Was ist der Mensch, wenn seine Menschlichkeit geradezu in ihrem prinzipiellsten Sinn, nämlich als *Ein-zelheit,* keine andere als diese *funktionelle* Bedeutung haben soll? ... was ist das 'Leben', was ist 'der Geist', der seine Diener und Werkzeu-ge zunichte macht, verschwinden lässt, nachdem er sie als Mittel für seine eigenen Zwecke gebraucht hat?"(57) Sieht Schleiermacher den Menschen vielleicht als "Partikelchen des Naturganzen"(58), und meint er mit dem Wort Geist vielleicht ebenso "dieses Naturganze resp. sei-nen ewigen Gehalt"(58)? "Oder sollte die Indifferenzierung der Einzelheit des *Menschen* einen Schluss zulassen auf eine hier noch nicht, aber vielleicht anderweitig vollzogene Differenzierung auch der Einzelnheit *Gottes?* "(58)

8. Was nun die *Gemeinde,* die Kirche Schleiermachers betrifft, so ist sie, "im ganzen eine *ecclesia possidens* "(60): "In der Gemeinde 'erkennen wir *die volle Offenbarung des höchsten Wesens in dieser Welt'* "(60). Aber: "Die Frage nach einem ursprünglichen *Werden* der Gemeinde, nach einem *Empfangen* ihres Besitzes im strengen Sinn, sie ist *in* der Gemeinde und *für* die Gemeinde *keine* Frage."(61) Ihr Vorhandensein wird als "gegeben vorausgesetzt"(61), als historisches von Geschlecht zu Geschlecht sich übertragendes und fortsetzendes Christentum .(60) Die "Abgrenzung der Christen von den Nichtchristen 'ist eine fliessende"(62), im Blick auf das "Geheimnis des *menschlichen* Herzens"(62), welches erfüllt ist von einer " *unbewussten* und doch wirklichen Liebe des Menschen zu Gott"(62). Der Geist, der den Christen zum Christen macht, kommt bei Schleiermacher nur als "subjektive Erregung"(62) in den Blick, als "Lebensstrom"(63):

> "Das Primäre, was den Christen zum Christen macht, was die Kirche begründet, ist eben nicht und soll nicht sein eine ursprüngliche Begegnung Gottes mit dem Menschen, sondern die Mittelbarkeit einer angeblich christlichen Geschichte, das Kontinuum der diese Geschichte durchflutenden religiösen Erregung, der der Mensch (und darin hat Schleiermacher nur *zu* recht!) ohne prinzipielle Gefahr *mehr oder weniger* beteiligt gegenüberstehen kann."(63)

9. Der nächste Gesichtspunkt trifft den "eigentlichen Nerv der Schleiermacherschen Verkündigung"(64), seine Lehre vom "christlichen Leben". Das *"christliche Lebensideal* Schleiermachers in nuce"(64) entdeckt Barth in dessen Verständnis vom Gebet als einer Bewegung von der "Sammlung zur Tätigkeit"(65).

> "'Das *Gebet* ist Sache unseres geistigen Lebens, die Unterhaltung unserer Gemeinschaft mit Gott, das lebendige, sichere Gefühl, dass, wie weit das menschliche Leben auch noch in Beziehung auf den allmählichen Emporstieg des Menschen zur Herrschaft über die

Erde durch Arbeit zurück sein möge, doch schon jetzt
das grosse Wunder Gottes an allen in Erfüllung gehen
kann.'"(65)

"Schleiermachers Grundrichtung ist die *ethische* "(65). "Das Leben
Christi, welches nun in uns ist, soll heraustreten aus der Wüste in die
Welt, 'und es soll dann keinen Unterschied mehr geben zwischen der
Wüste und *Jerusalem'* "(67). In dieser Bewegung sieht Barth die unauf-
lösliche und vollständige "Amalgamierung zwischen christlichem und
kulturellem Leben"(68). Der Schleiermachersche Christ wird der
"ideale Kulturmensch"(69). In vier Begriffen fasst Barth die derart dargestellte Kultur zusammen: Fortschritt, Beruf, Ordnung, sozialer Ausgleich. Besonders im Hinblick auf den letzten dieser Begriffe kann
Barth nicht umhin festzustellen,

> "dass Schleiermacher hier *trotz* oder *mit* oder *wegen*
> seiner Kulturtheologie mit Offenheit des Blicks und
> kräftigem Wort ein Wächteramt versehen hat, das sonst
> und nachher sehr verhängnisvoller Weise in der evan-
> gelischen Kirche solange vernachlässigt wurde, bis es
> zu spät war."(77)

10. Im letzten Punkt vereinigt Barth eine Sammlung aller Positionen, *gegen*
    welche sich Schleiermacher gerichtet hat. Die Reihe dieser "Negatio-
    nen"(79) teilt er in drei Gruppen: die *auffallendste,* die *bezeichnendste,*
    die "eigentlich entscheidende"(79).
    Auffallend erscheint Barth Schleiermachers Vermeidung "aller scharfen
    Gegensätze und Trennungen"(79). Christen sollten die "'grossartige
    Milde des Erlösers'"(79) beherzigen und sich "'... von allem der Art,
    was noch die Spur solch ausschliessenden Wesens an sich trägt, gänz-
    lich frei machen'"(80).

> "'Wenn die Zwietracht in der christlichen Kirche selbst
> entbrennet, wenn das, was ein gemeinschaftliches
> Suchen und Forschen nach der Wahrheit sein sollte, in
> einen Streit ausartet, der, wenn er auch nicht mehr blu-
> tig sein darf, doch alle Zeichen einer leidenschaftlichen
> Gemütsbewegung an sich trägt, in welcher Liebe und
> Wohlwollen nicht mehr zu spüren sind, das ist ... nicht
> die Wirkung von der Predigt des Friedens und hat auch
> seinen Grund nicht in derselben.'"(82)

Bezeichnender, weil charakteristischer, ist eine "zweite Linie der Schleiermacherschen Kanzelpolemik"(82): die Ablehnung heftiger Emotionalität im christlichen Leben. Er wehrt sich gegen alle Leidenschaftlichkeit in der Religion (83), warnt dringend vor allem Enthusiasmus (84) und verwahrt sich "gegen eine allzu strenge, düstere und radikale Auffassung von *Busse* und *Bekehrung* "(84).

> "In diesem seinem Kampf gegen die religiöse Aufregung, gegen alles Entweder-Oder geht Schleiermacher endlich zu einer Bestreitung aller wirklichen *Spannungen,* aller *Krisis* über. Wer von Christo zeugt (4.Advent 1833, III 729), der redet nicht in der Wüste, wo ihn niemand vernimmt."(85)

Barth wendet dagegen ein, ob nicht "wenn nicht durch das bedeutungsschwere Wort *Kreuz* , so doch vielleicht durch das Wort *Sünde* dem, was hier als eitel religiöse Aufgeregtheit perhorresziert wird, ein gewisses Recht vindiziert sein sollte"(87).
Als *eigentlich entscheidend* empfindet Barth nun die dritte Gruppe der Schleiermacherschen Negationen: die Bestreitung der Meinung, "als ob es *im Gottesverhältnis wahre Worte* [gäbe]"(88). Und so hört Barth Schleiermacher reden: "Es gibt für und in Bezug auf Gott keine wahren Worte. Die Wahrheit ist nicht in den Worten"(88). Ebenso ist Schleiermacher ein Gegner des "tötenden Buchstabens": "Wir nähern uns Christus ... 'je mehr wir eine solche Gewalt des toten Buchstabens aufheben'."(90)

> "'Auf das Reich Gottes, auf das Verhältnis der Menschen zu diesem Reich Gottes, auf die *rechte Richtung des ganzen Lebens* und Wesens, auf die Gemeinschaft mit Gott lasset uns sehen, aber nicht auf die einzelnen Worte, nicht auf die einzelnen Vorschriften, nicht auf die einzelnen Tatsachen in ihrer Erklärung und Deutung.'"(90f.)

In der Schleiermacherschen Kirche sollen weder Satzungen, Bekenntnisse, noch Gebräuche gelten, nur die Liebe (91).

> "'Und wenn man euch entgegnet, auf diese Weise würde ja die christliche Kirche etwas sein, was man bei

nichts anfassen, bei nichts halten könne, man würde
nicht wissen, wo sie wäre, wo sie anfinge, wo sie auf-
höre, so entgegnet: Also ist jeder, der aus dem Geist
geboren ist; ihr wisset nicht, von wannen er kommt,
noch wohin er fährt, aber ihr höret sein Sausen.'"(91).

Hier bricht Barth seine Betrachtungen über Schleiermachers letzte Predigttä-
tigkeit ab. Neben einer kurzen Zusammenfassung gibt er seiner Verwunde-
rung Ausdruck, "dass die Predigten Schleiermachers zum Verständnis seiner
Theologie noch nicht mehr in ähnlicher Weise nutzbar gemacht worden
sind"(92).[50]

---

[50] Wir wollen bereits an dieser Stelle, quasi "unter dem Strich", einige unserer
Beobachtungen einflechten:

• Der gemeinsame Nenner der Barthschen Analyse scheint uns mit dem
Wort "Kontinuität" zutreffend bezeichnet. Es beschreibt das Symptom
und den (unausgesprochenen) Einwand Barths gegen Schleiermachers
Theologie: Kontinuität zwischen Christus und Gott, zwischen Christus
und dem Christen, zwischen Christus und der Gemeinde, zwischen der
Gemeinde und der Welt; zwischen allen Teilen eines Ganzen. Die Kontinuität wahren heisst den göttlichen Frieden stiften. Das Universum
erscheint in einer ewigen kontinuierlichen Bewegung begriffen, vom
Geist des Lebens erregt und bewegt auf das Ziel hin: den Fortschritt der
Menschheit zum Einssein mit Gott. Es sei hier schon angemerkt, dass -
wie Barth hervorhebt - die Absolutheit Christi nicht so recht in das
gezeichnete Bild der Kontinuität passen will.

• Barths Interpretation zieht nur selten den zeitgeschichtlichen Hintergrund, die Predigtsituation, zu Rate. Dadurch wird oft der Eindruck
erweckt, als ob Schleiermacher auf der Kanzel dogmatisiert habe.

• Nur wer Barth schon anderweitig hat reden hören, weiss, dass die
"scheinheilige Gerechtigkeit", mit der er hier vorträgt, das sachliche Strö-
men der Argumente, nur die Stille ist vor dem Sturm. Barth scheint gelassen, aber die zahlreichen Hervorhebungen im Schleiermacherschen (!)
Text reden eine deutlichere Sprache: Barth sammelt Steine für die
Schleuder, die diesen Goliath in die Stirn treffen sollen. Nicht umsonst
sagt er z.B. "Notieren wir uns auch diesen Fall für spätere Aufklärung"(58).

"Die christologische Festpredigt" (95-196): Mit dem vorliegenden Para-
graphen unternimmt Barth eine "Spezialuntersuchung" der Christologie
Schleiermachers. Dabei vergleicht er (u.W. hier zum ersten Mal) die gesamte
Theologie Schleiermachers mit einer Ellipse[51], in deren einem Brennpunkt
Christus, in deren anderem der Mensch steht. "Die Gerade, die die beiden
Brennpunkte verbindet, ist der Begriff der *Gemeinde"* (95), "die Möglichkeit
einer immer grösseren Annäherung zwischen Christus und Mensch, mit dem
Ausblick auf ein völliges Zusammenfallen und Einswerden Beider, womit
dann in der Tat aus der Ellipse ein Kreis würde"(95). Folgerichtig wendet
sich Barth also zunächst dem einen Brennpunkt, Christus, zu, um sich
danach mit dem zweiten, dem Menschen, zu befassen. Das Untersuchungs-
material für den ersten Fall bieten die christologischen Festpredigten Schleiermachers zu Weihnachten, Karfreitag, Ostern (und Himmelfahrt), selbstverständlich in Auswahl, aber aus der ganzen "Lebenstätigkeit Schleiermachers
als Prediger"(96) herangezogen, dabei jedoch immer "auf der Suche nach
dem Einen, in dem wir in früherer oder späterer Zeit den ganzen Mann zu
sehen haben"(96).

1. **Weihnacht** (96-144).
Das "zerstreute{s} und lückenhafte{s} Material"(97) ergänzt Barth durch
eine exkursartige Betrachtung der kleinen Schrift "Die Weihnachtsfeier" von
1806. Aus den neun Predigten und Entwürfen der Jahre 1790 bis 1810 filtert
Barth drei Hauptgesichtspunkte, die das Christusverständnis Schleiermachers im Hinblick auf Weihnachten darlegen sollen: den geschichtsphilosophischen, den psychologischen und den ethischen.

Unter dem *geschichtsphilosophischen* Aspekt erscheint die Geburt
Christi als "geschichtliche Notwendigkeit"(98), eine Anwendung des allgemeinen Gesetzes, "dass alles Gute uns nach einer Notwendigkeit, einer Ordnung, nach dem Plan der göttlichen Vorhersehung widerfährt"(98): "Die

---

51		Die Metapher der "Ellipse" findet sich bereits bei Schleiermacher und Ritschl.
		Barth hat dieses Theologiemodell später immer wieder aufgegriffen und ihm
		sogar ein prinzipielles Recht eingeräumt:"Trinitarisches Denken nötigt die
		Theologie - auch wohl eine Theologie, die mit dem Begriff der Trinität direkt
		vielleicht nicht viel anfangen kann - mit dem Gottesgedanken mindestens an
		zwei Stellen ganzen ernst zu machen: einmal da, wo es um das *Tun Gottes dem
		Menschen* gegenüber, sodann da, wo es um das *Tun des Menschen Gott gege-
		nüber* geht." **ProtTh** 410. Diese Bemerkung bestärkt unsere Vermutung, dass
		die Theologie Barths in ihrer Struktur eigentlich "binitarisch" ist.

Wohltaten Gottes stellen sich ein, wenn die Zeit erfüllt ist"(99). Oder, wie Schleiermacher selbst sagt: *"'Die Geburt Christi ist Symbol für alle göttlichen Wohltaten und Fügungen.'"* (99)

Daneben tritt der *psychologische* Aspekt, der der rechten Aufnahme der Weihnachtsbotschaft durch den Menschen: neben die Hirten mit ihrem unvollkommenen Glauben, neben die Leugner, Zweifler, Gleichgültigen, "die sich verwunderten"(Lk.2,18), tritt endlich Maria mit der idealen Gesinnung, das "'Erwägen im Herz'"(102). Die Weihnachtsbotschaft als solche tritt "nur am Rande"(103) auf. Ja, Geschichtsphilosophie und christliche Psychologie dominieren als Themen derart, dass "die *Leerheit* der Mitte, auf die sich doch alle Beziehungen beziehen, fast nicht zu übersehen ist"(103).

Der *ethische* Aspekt schliesslich ist - über die (leergebliebene) Mitte - mit den anderen Aspekten verwandt: "Ist sie {die Mitte} für die geschichtsphilosophische Betrachtung das *Ereignis* und für die psychologische der *Gegenstand,* so ist sie für die ethische die *Norm."* (106) "'Das Bestreben der *Nachahmung* muss immer der Schlussstein aller christlichen Empfindungen sein'"(105). Dem "Urbild" Christus stehen wir offenbar als Abbilder gegenüber, "wie die platonischen Ideen der höchsten Idee des Guten"(103). Dieses Gegenüberstehen ist aber kein prinzipielles, keine Andersartigkeit oder Unerreichbarkeit, sondern "Kontinuität und nur quantitativer Unterschied"(103f.), mit der Möglichkeit realer Annäherung. "Die Realisierung dieser *Annäherung,* das Sichtbarwerden dieser *Verwandtschaft,* ist das eigentliche Problem des Christentums."(104) Schleiermacher begegnet diesem Problem mit der Antwort: "Wir sollen werden wie Christus war"(104). Damit glaubt Barth jetzt die "vollständige Schleiermachersche Lehre von Christi Werk in nuce"(105) vor sich zu haben:

> "Christus, sein Erbteil eine bestimmte Gesinnung, sie muss erhalten und belebt werden, sie ist seine Gabe an die Menschheit, endlich der Imperativ: so lasst uns in solcher Gesinnung handeln."(105)

Aus der recht ausführlichen Besprechung der "Weihnachtsfeier"(108-134) wählen wir nur zwei Gesichtspunkte, von denen Barth "etwas scharf zugespitzt"(131) zu sagen wagt: "sie sind vielmehr die eigentliche theologische Substanz des kleinen Meisterwerkes"(131), nämlich die "Musik und das Ewig-Weibliche"(131). Beide Themen stehen in enger Beziehung zum Zentrum des Weihnachtsfestes, da es beiden gegeben ist, die Barriere des sprachlich Fassbaren, des rational Annehmbaren, zu überschreiten, das

eigentlich Unsagbare zum Ausdruck zu bringen, denn: " *Sprachlos* ist der
eigentliche Gegenstand wie die eigentliche Freude"(111).

Das *Weibliche* : "Die Frauen mit ihren Erzählungen, ... sind es, nicht
die männlichen Christologen, die das in Schleiermachers Sinn eigentlich
Substantielle über die Weihnacht sagen."(132)

> "Wie der Ton jenseits der logischen, so ist die Frau jenseits
> der ethischen Dialektik. Wieder ist die Frau der menschen-
> mögliche *Ausdruck* für die menschenmögliche *Sache, in der
> Schleiermacher letztlich das Weihnachtswunder zu erkennen
> meint."(133)

Zudem ist die Frau dem Ewigen auch von Natur näher: "' *Die Mutterliebe ist
das Ewige in uns,* der Grundakkord unseres Wesens'"(113), und darum *"'ist
wieder jede Mutter eine Maria. Jede hat ein ewiges göttliches Kind und
sucht andächtig darin die Bewegungen des höheren Geistes'"(114).*

> "Also die Frauen *sind* es und *haben* es, das, was wir feiern,
> sofern wir ja eben feiern die 'unmittelbare *Vereinigung* des
> Göttlichen mit dem Kindlichen, *bei welcher es also keines
> Umkehrens weiter bedarf* "(133).

Die *Musik:* Zu ihr führt "Die Weihnachtsfeier" hin. In ihr findet die
theologische Diskussion der Männer, wenn nicht ihre Auflösung, so doch
ihre Überwindung. Das *Wort* vermag dem eigentlichen Schleiermacherschen
Weihnachtswunder, der erhöhten Menschlichkeit, nicht gerecht zu werden,
weil es "den Menschen vielmehr ... vor Rätsel stellt, in Widersprüche mit
sich selbst verwickelt, ihn zu dialektischen Künsten veranlasst, in denen er
sich selbst nicht recht glaubwürdig vorkommt"(132). "Der Ton in seiner
begrifflichen Qualitätslosigkeit ist der wahre Träger der Weihnachtsbotschaft, weil er der menschenmögliche Ausdruck für eine menschenmögliche
Sache ist."(132) Barths weitere Behandlung der Weihnachtspredigten Schleiermachers von 1818 bis 1833 fügt dem schon oben Gesagten keine wichtigen Gesichtspunkte hinzu.[52]

---

[52]   Auch zu diesem Abschnitt zwei kurze Randbemerkungen:

•   Es fällt auf, dass Barth Schleiermacher gelegentlich für Dinge beim Kra-
    gen packt, die dieser nicht, oder nicht deutlich genug gesagt hat. Das

2. Karfreitag (144-166)

Zunächst bespricht Barth vier Karfreitagspredigten des jungen Schleiermacher (1794, 1799, 1810, 1811), übereinstimmend mit dem "Gepräge, das wir schon von den Weihnachtspredigten dieser Jahre kennen"(145). So begegnen ihm da die "ethisch-psychologische Selbstbetrachtung des Menschen, unter dem Gesichtspunkt des Kreuzes Christi natürlich, aber des *Menschen*" (145), und ebenso die "Schleiermachersche Ellipse mit den beiden Brennpunkten: Wie *Christus* - so auch *wir*" (145). Dabei empfiehlt er, man müsse "die Erinnerung an das *Grünewald*sche Kreuzigungsbild gänzlich in sich auslöschen"(146), um nicht von Zorn oder sogar Ekel erfüllt zu werden angesichts der

> "Harmlosigkeit oder Schon-nicht-mehr-Harmlosigkeit, mit
> der hier aus dem Kreuz ein erhabenes Friedensbild für das
> deutsche Haus und aus unserem Verhältnis dazu eine Sache
> begeisterten religiösen Aufschwungs gemacht, das Ganze ins
> Idealistisch-Biedermeierische übersetzt wird"(146).

In einer zweiten Gruppe von Predigten über die letzten Worte Jesu am Kreuz sieht Barth bessere Möglichkeiten "in die Frage, was Schleiermacher in der Passionszeit und am Karfreitag eigentlich wollte, Licht zu bringen"(153). Er fasst seine Eindrücke summarisch so:
"*' Vater, vergib ihnen ...'(153):*

> "*der Tod Christi bedeutet für uns Christen, dass wir als sol*
> *che eine unbedingte Vergebung weder zu erwarten noch*
> *anderen zukommen zu lassen haben.* Wie beschränkt muss
> doch Luther gewesen sein, dass er das noch [nicht] gemerkt
> hatte!"(154)

"*' Wahrlich, ich sage dir ... '"(154):*

---

erinnert dann peinlich an eine Art Kreuzverhör mit einem Taubstummen. (Vgl. 125).

- Weib und Gesang, das Irrationale (nach Barth!) im natürlichen und im künstlerischen Bereich, scheinen bei Barth einige Saiten zum Schwingen zu bringen, die er irgendwie als bedrohlich empfindet (?), die er jedenfalls mit einem Anflug von männlich-ironischem Selbstbewusstsein meint zum Erstummen bringen zu müssen.

"der Schächer ist gar kein wirklicher Schächer, sondern ein
heimlicher Gläubiger; das Paradies ist gar kein Paradies,
sondern die Aufnahme in das Selbstbewusstsein Christi, und
die Verheissung: du wirst! ist gar keine Verheissung, son-
dern die Bezeichnung eines Zustandes, der sofort Gegen-
wart, und zwar zeitliche Gegenwart, zu werden beginnt"
(155).

"'Mein Gott, mein Gott, warum ...'" (155):

"Das Wort von der derelictio verliert alle Anstössigkeit, ver-
wandelt sich vielmehr in die Aussage seines Gegenteils,
sobald man den übrigen leider von Jesus nicht zitierten
Psalm 1. an die Stelle gerade dieses Wortes setzt und
2.seinerseits möglichst friedlich interpretiert." (157).

"'Mich dürstet'" (157):

"Das Wort vom Dürsten beweist die reine Geistigkeit seines
versöhnenden und also unvermeidlichen Leidens, gibt ein
Beispiel einer die Bergpredigt noch überbietenden passiven
Feindesliebe und zeigt Jesu Glauben an die ursprüngliche
Gutmütigkeit der Menschennatur." (158)

"'Es ist vollbracht'" (158):

"'Vollbracht' hat Christus und vollbracht haben wir, wenn
'der letzte Blick auf das Leben' (so ist die Predigt betitelt)
getan werden kann in dem Bewusstsein, dass die uns zuge-
wiesene Funktion im Zusammenhang des Ganzen der Pläne
und Fügungen Gottes und insofern in und an uns der Sinn
dieses Ganzen erfüllt ist." (160)

"'Vater, in deine Hände ...'" (160):

"Das letzte Wort Jesus (wie alle übrigen!) ein Ausdruck sei-
ner schlechthinigen Überlegenheit gegenüber den Gegen-
sätzen der Welt vermöge seiner restlosen Verbundenheit mit
Gott selber und dies Ganze das Vorbild dessen, was auch bei
uns (nicht etwa nur geschehen möchte, sollte, könnte, son-

dern, man beachte die Indikative!) *jeden Augenblick tatsächlich geschieht."* (161)

Barth hat hier das Empfinden "es mit einem in sich abgerundeten, unheimlich konsequent durchdachten Ganzen zu tun" zu haben (161): "Einzeleinwände hier zu erheben, ist nutzlos."(161)

Mit einer kurzen Betrachtung über Schleiermachers Predigten des letzten Jahrzehnts erwartet Barth nun "so nahe als möglich an das Zentrum der
Schleiermacherschen Karfreitagsgedanken herangeführt zu werden"(162).
Der zentrale Begriff ist für Schleiermacher hier der vollkommene Gehorsam
Christi (163). Es ist der Wille Gottes, seinen Sohn in den Tod hinzugeben,
und "der Sohn gehorcht, weil es der Wille des Vaters ist"(163). Darin war
der Gehorsam vollkommen, dass er "zugunsten der Gesamtheit der *Sünder*
vollbracht wurde von einem selber Sündlosen"(163). Auf die Frage: "Was
bedeutet nun dieser Gehorsam für uns?"(163), findet Barth folgende Antwort
vor: "der Gehorsam Christi bedeutet für uns Gerechtigkeit"(164). Gerechtigkeit wiederum ist das Mass, an dem wir uns alle messen sollen.

"Vor Christus gab es nur eine unvollkommene, menschlich
beschränkte Gerechtigkeit. Deswegen musste er durch den
Gehorsam bis zum Tode vollendet werden, damit das Eben-
bild des göttlichen Wesens in menschlicher Gestalt, durch
keine Endlichkeit, Besonderheit, durch keine Zeit und keinen Raum beschränkt, unter uns gestellt werde als das Mass,
zu welchem wir alle hinaufstreben müssen."(164)

Auf die entscheidende Frage schliesslich, wie uns der Gehorsamstod Christi
zugute komme, findet Barth diese Antwort: Wir müssen an ihn glauben.
"Aber was heisst Glauben, wenn nicht: ihn *anerkennen,* und also *nichts
Anderes wollen als sein Leben?"(164)* Oder in *Schleiermachers* letzter Karfreitagspredigt: "'Wir werden gerecht durch des einen Gehorsam, insofern
als *dasselbige Leben ist das seinige und das unsrige.'* " (165) Und: "'Dieses
Aufnehmen des sich von Christo aus mitteilenden geistigen Lebens ist eben
der lebendige Glaube.'"(165) Damit aber erschöpft sich der Sinn des Todes
Christi darin, "dass er der Gipfel ist dessen, was der Mensch in Beziehung
auf Gott vollbringen kann, in dem Aufgehen seines menschlichen Willens in
dem göttlichen"(166). Gerade darin aber sieht Barth Schleiermacher nun in
den Fussstapfen des Osiander und seiner iustitia essentialis eilen, die wohl
von Lutheranern und Reformierten der Reformationszeit als Irrlehre ausge-

schieden war, nun aber vom "Kirchenvater des 19. Jahrhunderts ... in optima
forma wieder zu Ehren gebracht"(166) worden war.[53]

3. Ostern (167-196):

Das Barth hier zur Verfügung stehende Material ist "noch lückenhafter als
bei den Karfreitagspredigten"(167). Dennoch versucht er aus den vorhandenen sechs Predigten eine Linie herauszulesen. Die erste Predigt von 1791
fällt durch ihre "ausserordentliche Positivität"(167) gänzlich aus dem Rahmen. Mit Paulus (1.Kor. 15) betont Schleiermacher die völlige Unverzicht-
barkeit auf die leibliche Auferstehung, in der "Christus in einem verklärten
Leib den Seinigen erschien"(168). Sie ist *Voraussetzung* der menschlichen
Unsterblichkeit ... und zugleich ihr *Urbild*" (169). In einer zweiten Osterpredigt aus den Jahren 1794-96 erscheint hingegen die Osterverkündigung als
"erheblich dünner und gedämpfter"(172). Insbesondere im Hinblick auf Aussagen über die jenseitige Welt wird die Argumentation der ersten Predigt
"aus den Angeln gehoben"(171):

> "'Darum lasst uns doch fest dabei bleiben, was *der gesunde
> Menschenverstand* uns lehrt. Unsere gegenwärtigen Sinne
> sind für diese Welt, und die Dinge dieser Welt sind wieder-

---

[53]   Einige Glossen mögen auch diesen Abschnitt beenden:

- Abgesehen von seiner ironisierenden Darstellung tut Barth seinem Gegner eigentlich nicht Unrecht. Dennoch fällt auf, dass er ihn nicht allzu oft
  in optimam partem (aus der Sicht Barths!) interpretiert.

- Barths Exposition der Schleiermacherschen Predigten ist immer noch
  keine Kritik, er bezieht kaum jemals Stellung zu dem Vorgetragenen: "
  Einzeleinwände hier zu erheben, ist nutzlos. Man kann nur ... das Ganze
  auf sich wirken lassen, um dann von Herzensgrund zum Ganzen Ja oder
  Nein zu sagen"(161). Dennoch bleibt Barth alles andere als neutral: er
  schlägt Schleiermacher *en passant*.

- Das Resultat biographischer Längsschnitte fasst Barth selbst so zusammen: "Aber es kann doch hier wie bei den Weihnachtspredigten kein
  Zweifel sein, dass Schleiermacher sich selbst durchaus treu geblieben ...
  ist."(166) Damit kommt hier zum ersten Mal das entscheidende Motiv der
  Einheit des Schleiermacherschen Werkes zur Sprache und zum Zuge.

um für unsere gegenwärtigen Sinne gemacht."(170).

Auch die Jünger "erkannten zwar mit ihren *Sinnen* das unbegreifliche Faktum, aber sie hörten nicht auf, mit dem gesunden Menschenverstand vor der dem menschlichen Denken gezogenen Grenze stillzustehen"(171). In diesen Gedanken erkennt Barth unzweifelhaft die Nachwirkungen von Kants "Kritik der reinen Vernunft", "die der Prediger inzwischen unverkennbar zur Kenntnis genommen hatte"(171), und speziell die Beziehung Schleiermachers auf ein Fortleben nach dem Tode hat "durch die Bekanntschaft mit der kritischen Philosophie zunächst einen unheilbaren Stoss bekommen"(171).[54]

Vermutlich liessen sich auch die beiden anderen Beobachtungen Barths an späteren Predigten auf diesen "Bruch" in der Entwicklung Schleiermachers zurückführen: Erstens, die immer stärker und konsequenter gehandhabte Ausführung des Analogiegedankens, das "Aufsuchen und Darlegen von Analogien der Auferstehung in unserem eigenen *neuen, inneren, geistigen* öfters auch *kirchlichen* und gelegentlich auch *allgemeinen* Leben. *Wie Christus ... - so auch wir.*"(175) Zweitens, das Fehlen jeder *"selbständigen Behandlung* des Festgegenstandes"(176), für welches Schleiermacher andernorts (Glaubenslehre § 99) eine Begründung gibt:

> "Schleiermacher hat die Lehre von der Auferstehung mit der von der Himmelfahrt und von der Wiederkunft zum Gericht nicht zum eigentlichen wesentlichen Bestand der Lehre von Christi Person, nicht zu den ursprünglichen Elementen des Glaubens gerechnet. 'Vielmehr werden sie nur angenommen, weil sie geschrieben stehen'."(176)

Damit gibt sich Barth jedoch nicht zufrieden, sondern richtet seine "ganze Aufmerksamkeit auf das mehr beiläufig tatsächlich Gesagte"(177), um Antwort zu finden auf folgende Fragen:

---

[54] Dilthey teilt dazu aus dieser Zeit eine handschriftliche Notiz Schleiermachers mit, er "'nage noch immer an der räucherigen Scharte der Kantschen Philosophie'". **Leben Schleiermachers** I/1 88. Weiterhin schreibt er: "Dagegen sehen wir mit Erstaunen Schleiermacher die grundlegende Untersuchung Kants vom Vermögen der menschlichen Erkenntnis und der in ihr gegebenen Welt als Erscheinung unbesehen annehmen." AaO. 92.

"Wie denkt er schliesslich über das im Mittelpunkt der
Osterbotschaft behauptete *Faktum?*
Welche prinzipielle *Bedeutung* misst er ihm zu?
Welche *Wirkung auf die Menschen,* auf uns, schreibt er ihm
zu?"(177)

Barth wendet sich zunächst zur letzten Frage, "um die Spannung nicht abzu-
schwächen"(177).

Bei den Jüngern bewirkte die Auferstehung "nicht Erweckung, sondern
Bestärkung ihres schon vorhandenen Glaubens"(178). An uns Heutigen aber
bewirkt sie "'nicht nur eine frohe Ahnung der Unvergänglichkeit, ... sondern
das unmittelbare Gefühl derselben ..., kraft dessen wir ihn {den Erlöser}
unmittelbar in unsere Seele aufnehmen und volle Genüge haben an dieser
inneren, geistigen Wirksamkeit des Herrn.'"(179). Die Wirkung der Auferstehung bleibt "relativ", ein "Übergang zwischen zwei qualitativ *gleicharti-
gen* Bewusstseinszuständen, von einem angefochten zu einem selbstgewis-
sen Glauben, vom Kampf zum Triumph, von der Ahnung zum Gefühl"(179).
Keinesfalls aber bedeutet sie eine "Krisis vom Leben zum Tode"(179).

Die mittlere Frage nach der prinzipiellen Bedeutung der Auferstehung
führt Barth zu dem "geheimnisvollen, unerfindlichen, in undurchdringliches
Dunkel gehüllten Anfang"(179), "'das Urbild unseres neuen geistigen
Lebens'"(179). Doch ist dieser Anfang kein absoluter, sondern "'das erste
Glied einer grossen, langen Reihe von ähnlichen Erweisungen der göttlichen
Gnade und Milde'"(180). Christliche Kirchengeschichte, auch Kulturge-
schichte der christlichen Völker stehen als "Erweisungen der göttlichen Gnade in einer Reihe *neben* (!) der Auferstehung"(180f.). Somit ist das Schleiermachersche Geheimnis "nur *relatives* Geheimnis"(181). Aber auch in seiner
Relativität bleibt das Ereignis der Auferstehung letztlich unnötig. Allein die
Jünger "hatten die Auferstehung *nötig,* 'wenn auch *nur dazu,* um wiederum
in zuversichtlichem Mute Zeugnis von ihm zu geben'"(181). "'So gewiss sie
im ganzen Sinn des Wortes *gläubig* an ihn gewesen waren, so gewiss *würden sie auch seine Jünger geblieben sein, auch wenn er nicht auferstanden
wäre.'"(178)

Zuletzt wendet sich Barth "gefassten Mutes" der "Kardinalfrage nach
dem im Mittelpunkt der Osterbotschaft stehenden *Faktum* "(183) zu. Sie ist
schlicht die "historische Frage". Mit kriminalistischem Scharfsinn und zahlreichen Rückschlüssen belegt Barth, dass Schleiermacher ein Vertreter der

als " *Scheintodhypothese* bekannte{n} Auferstehungstheorie"(187) war. Im Sinne des Neuen Testamentes darf man darum Schleiermachers Verständnis der Auferstehung durchaus als "Auferstehungs*leugnung*" (187) bezeichnen, nicht eigentlich wegen des Griffs nach der Scheintodhypothese, sondern wegen des ganzen Ansatzes seiner Christologie, die "von allem Entweder-Oder, von einem Gegensatz von Himmel und Erde, Gott und Mensch, von einer Krisis vom wirklichen Tode zum wirklichen Leben *nichts* weiss, nichts weiss davon, dass die Überwindung dieser Gegensätze nicht Natur, sondern Wunder ist"(187).

"Das stimmt zu dem Übrigen, was wir von Schleiermacher bereits wissen, dass es für ihn weder ein servum arbitrium gab im Sinn der Reformatoren, noch eine Sünde, die ein wirkliches und effektives Verlorensein bedeuten würde, noch ein Wort der Wahrheit, das mehr wäre als einer von vielen möglichen Ausdrücken subjektiven Erlebens, noch eine Rechtfertigung, die nicht zugleich katholisch-osiandrisch als Gerechtigkeitseingiessung gedacht wäre, noch als Busse, die eine prinzipielle Umkehr bedeutete, noch eine Kirche, die nicht heimlich identisch wäre mit der durch-kultivierten Gesellschaft überhaupt, noch letzte Dinge, die etwa gar nicht in unserer Seele wären, sondern deren wir buchstäblich zu *warten* hätten."(187)

Ja das "Schleiermachersche *Ganze* ist misslich"(188), und auch eine eingehende Betrachtung von Schleiermachers *Himmelfahrtspredigten* - die Barth nicht mehr durchführt - "würde das bisherige Bild noch abrunden, aber nicht mehr verändern können"(188).

Die nun folgende "Schlussbemerkung" zur Christologie Schleiermachers (189-196) ist in ihrer Art ein einmaliges Gewebe Barthscher Sprachkunst, von dem man keinen Faden missen möchte. Es enthält das für Barths Schleiermacherdeutung so typische "Nein! - Aber". Zwar ist auch das *Nein* Barths in eine endlose Kette von Konditionalsätzen verpackt, aber es besteht kein Zweifel, wo Barth selber steht. Es geht - natürlich - um die Zentralfrage: "Ist dieser Christus *Christus, Gottes* Offenbarung?"(189)

"Wenn es aber sein sollte, dass Gott etwa durchaus nicht
jenes Geistleben oder jener Lebensgeist sein sollte, vorsichtiger ausgedrückt: wenn es sich etwa durchaus nicht lohnen
sollte, jenes Doppelwesen Gott zu nennen, wenn andererseits
Begriffe wie Schöpfer, Erlöser, Geist, Glaube, Tod, und
dann doch auch Auferstehung, etwa, scharf gefasst als das,
was sie besagen, auf eine Synthese hinweisen sollten, in der
die bei Schleiermacher zur Symbiose vereinigten Grössen
Geist und Natur selber nur die *eine* Seite eines ganz anderen
Gegensatzes gilden würden, dessen Überwindung dann
wirklich ein letztes, *aller* letztes Wort wäre, und wenn nun
etwa die Bibel und das klassische christliche Dogma recht
haben sollten, wenn für sie Christus dieses *letzte* Wort ist,
dann dürfte allerdings gesagt werden, dass wir es in der
Schleiermacherschen Christologie mit ihrem grossen, mit
soviel Geist und Frömmigkeit durchgeführten Quidproquo
mit einer *Irrlehre* von geradezu gigantischen Ausmassen zu
[tun] haben. Aber dann hätte ja das 19. Jahrhundert, das auf
diese Christologie *ganz* oder, was fast noch schlimmer ist,
ohne die Konsequenzen zu bemerken, *teilweise* hereingefal-
len ist, ein theologisches Dilettantentum bewiesen, an das
man fast nicht glauben kann."(190f.)

Demgegenüber ist nun aber Barths "Aber ..." umso gnädiger. Das "Was" dieser Christologie mag bedenklich sein, fraglich, Irrlehre, aber das "Dass" ihrer
Existenz steht unverrückbar wie ein erratischer Block in der Mitte der
Schleiermacherschen Theologie. "... es *ist* eine Christologie, die steht *da* ,
und zwar an zentralster Stelle, und wird unermüdlich in immer neuen Wendungen immer wieder vorgetragen."(195). Schleiermacher hätte diesen
"Stein des Anstosses"(191) auch umgehen können, sehr zur Zufriedenheit
vieler seiner Zeitgenossen, aber er hat den "garstigen Graben" Lessings zwischen Glaube und Geschichte *nicht* geschlossen (192), ja, er "denkt gar nicht
daran, das Seil, das ihn mit Christus verbindet, zu zerschneiden und eine
Freiballonfahrt ins Absolute anzutreten"(194).

Warum ist Schleiermacher allen Schwierigkeiten zum Trotz "christozentrischer Theologe geworden und geblieben"(195)? Nicht in der "Rücksicht auf die *kirchliche Tradition*" (193), nicht in Schleiermachers unbestrit-
tener *Frömmigkeit* (194) will Barth den tiefsten Grund dafür sehen, sondern
in dem "Zwang des Problems", "wie es nun einmal in der christlichen Kirche
gestellt ist und dem hier wieder einmal ein Starker, obwohl er es gerne

anders gewollt hätte, zum Raube gefallen ist"(195). "Diesem Zwang der
Sache, dem ein mit dem Neuen Testament ernstlich sich einlassender Denker
und Lehrer offenbar nicht ausweichen kann, ist auch Schleiermacher erlegen."(195f.)

> "Seine Christologie ist die unheilbare Wunde an seinem
> System, einfach durch ihr Dasein, der Punkt, wo es sich,
> ohne es zu wollen, selbst aufhebt. Wenn wir es von dieser
> Seite ansehen, werden wir, eingedenk der eigenen Gebrech-
> lichkeit, auch an diesem Punkt nicht ganz unversöhnt von
> Schleiermacher scheiden."(196)[55]

"Die Hausstandspredigten von 1818" (197-243): Diese Serie von neun
Predigten, die schon 1825 eine zweite Auflage erlebte, behandelt die Ehe,
die Kindererziehung, das Hausgesinde, die Gastfreundschaft, die Wohltätig-
keit. Von diesen behandelt Barth nur die ersten beiden über die Ehe ausführlich, noch dazu ergänzt durch einen Exkurs über Schleiermachers Lucindebriefe (216-228!). Dass Barth den Ansichten Schleiermachers zur Ehe solch
Gewicht beimisst, hat seinen guten Grund, wie wir unten noch sehen werden.
Mit allen diesen Predigten möchte Barth als "Gegenstück zum vorhergehen-

---

[55] Vielleicht ist gerade an diesem Ort der Versöhnung ein Kommentar nicht unan-
gebracht:

- Die Ausführlichkeit, mit der sich Barth gerade der Christologie Schleiermachers widmet, belegt unsere obige These, dass wir es hier (schon!) mit
  seinem Zentralanliegen zu tun haben.

- Innerhalb der Christologie interessiert Barth vor allem das wunderbare,
  göttliche Anderssein Jesu (das auch Schleiermacher nicht leugnet), seine
  tatsächliche "historische(?)" Auffassung von der Auferstehung, also die
  Differenz der Jesusgeschichte von der unseren.

- Als Kriterium der Christologie gilt nach wie vor allein das Neue Testament.

- Barths grosszügige Versöhnungsgeste am Schluss erscheint uns nicht
  geprahlt. Schliesslich hatte er ja noch zehn Jahre zuvor selbst wie Schleiermacher gepredigt und war dann - wenn auch in ganz anderer Weise -
  "dem Zwang der Sache" verfallen.

den Paragraphen"(197), d.h. zur Dogmatik, ein "ebenso zentral gewähltes Beispiel aus seiner {Schl.s} Ethik"(197) vorstellen. Er befasst sich also - wie geplant, - mit dem zweiten Brennpunkt der Schleiermacherschen Ellipse, dem Menschen und seinem Leben in der Welt. Dieses Leben in der Welt besteht nun nach Schleiermachers erster Predigt in nichts anderem "als in den vom Herrn selbst begründeten Verhältnissen, weil es (das Leben!) "sein heiliger Leib ist, der von seiner Lebenskraft durchdrungen sein soll'"(197).

Insgesamt zeigt sich in den Familienpredigten "Schleiermachers stärkste Seite"(197), wenn auch seine politischen Predigten "materiell interessanter"(198) sind. Wo es aber um die christliche Familie geht, befindet sich Schleiermacher auf "seinem eigensten, sichersten Boden"(199). Mit Barth wollen wir unser Augenmerk überwiegend auf das Zentrum der Familie richten: die Ehe.

Die Ehe ist die "erste Stiftung Gottes"(199), aus der sich alle anderen menschlichen Verhältnisse entwickeln: das christliche Hauswesen und wiederum die christlichen Gemeinden. "Auf der Ehe beruht die Fortpflanzung des menschlichen Geschlechts und mithin (hört! hört!) auch die Fortpflanzung des göttlichen Wortes von einem Geschlecht auf das andere."(199) Aus Eph.5,22-31 entnimmt Schleiermacher die "entscheidenden Gleichungen zwischen Natur- und Gnadenordnung"(200), insbesondere den Gedanken des Einsseins und der damit verbundenen Gleichheit von Mann und Frau. Die wahre Liebe ist eine "wahrhaft eins machende Liebe"(200). Da wo zwei noch nicht ein Fleisch geworden sind, nimmt die Ehe je ihre "grässliche", "ängstliche" oder "widrige" Gestalt an (200). Die Vollendung der Ehe ist erreicht, "'wenn beide Teile unseren Herrn und Meister in ihr Herz aufgenommen haben und er der dritte ist in dem durch die Liebe zu ihm geheiligten Bunde'"(204). Solche Verbindung ist dann "innigste Vereinigung nicht nur der beiden Gatten, sondern des Irdischen und Himmlischen in der Ehe"(204), und man darf sagen, "solche Ehen sind dann im Himmel geschlossen"(201). Aus - oder besser:mit - dem Einssein folgt eine zunehmende Angleichung der Beiden, "und so stehen sie immer beide 'gleich vor Gott und in ihrem eigenen Bewusstsein da'", und auch im Irdischen gilt: die Frau wird "immer mehr dem Manne gleich werden, weil sie ihn in all seinem Tun und Sein versteht und durchdringt, *wie ja schon die tägliche Erfahrung aufs erfreulichste lehrt*" (203). Somit verschwindet also nach Schleiermacher "jeder Schein der Ungleichheit in dem schöneren und höheren Gefühl einer vollkommenen Gemeinsamkeit des Lebens"(203f.).

Hier nun überrascht die plötzliche Vehemenz, mit der Barth Schleiermacher in die Speichen greift und den Wagen mit einem Ruck zum Stehen bringt. Für ihn ist es auf den ersten Blick klar,

"dass es sich in diesem Schleiermacherischen Ideal einer fugenlosen Ehe um eine Anwendung seiner Lehre vom Frieden, von der Neutralisierung, ja Indifferenzierung, ja Aufhebung aller Kontraste handelt, wie wir ihr auf den sämtlichen Gipfeln seiner Welt- und Lebensanschauung zu begegnen nun schon gewohnt sind"(200f.).

Schleiermacher ist "ein Musterbeispiel dafür, dass man ein grosser Psychologe sein und von der realen Dialektik des Lebens, auch der der Ehe, die dann auch die der Bibel und gerade des Abschnittes Eph. 5,22ff. ist, keine Ahnung haben kann"(204f.). Der einzig mögliche Einwand gegen Schleiermacher wäre, "dass das alles so schön, *viel zu* schön ist"(204).

"Wo hat der kluge Mann seine Augen gehabt, dass er nicht gesehen zu haben scheint, dass in der Ehe, auch in der christlichen Ehe, doch Einer vor Allem des Anderen Fragezeichen, wenn nicht Prüfung, wenn nicht Purgatorium, wenn nicht Kreuz ist, und dass allein auf diesem Umwege und wahrlich nicht mit diesem direkten Zugriff der Mann mit Christus, die Frau mit der Gemeinde verglichen werden, die Vereinigung des Himmlischen und Irdischen ausgerechnet in der Ehe, in diesem Übungs- und Kampfplatz sondergleichen, behauptet werden dürfte?"(205)

Im Hinblick auf die behauptete Gleichheit von Mann und Frau aber scheint es Barth, "dass bei der Sache mindestens exegetisch etwas nicht in Ordnung sein kann"(203). An diese Deutung des Verhältnisses von Christus und Gemeinde (in Eph. 5) dürfte Paulus "schwerlich gedacht haben"(203), und gerade das vermisst Barth an Schleiermacher, dass er eben dieses Verhältnis nicht so darstellt, "dass Christus Alles ist und wir nichts, und also auch das Weib in ihrer Verbindung mit dem Manne immer nur der passive, abhängige Teil sein könne"(203). Ausserdem fragt es sich, "ob Himmlische bei Paulus auch nur zur Illustration des Irdischen dient oder umgekehrt ... das Irdische zur Illustration des Himmlischen"(204).[56]

---

[56]   Hier findet sich bereits ein erster Ansatz zu Barths späterer Lehre von der ana-

Die Ehescheidung ist das Thema der zweiten Predigt. Im Hinblick auf gerade diese Predigt konstatiert Barth "dass wir es hier mit einem der wenigen Punkte in diesem sonst fast völlig harmonischen Leben zu tun haben, wo ein gewisser Bruch, ein deutliches Vorher und Nachher erkennbar ist"(206). Er bezieht sich aus Schleiermachers rigoroses Ehescheidungsverbot in dieser Predigt, das doch in merkwürdigem Kontrast steht zu der Tatsache, dass es "13 Jahre früher, 1805, drauf und dran gewesen war, dass die Frau eines Berliner Predigers, Eleonore Grunow, sich um seinetwillen von ihrem übrigens unerfreulichen Manne hätte scheiden lassen, um Schleiermachers Gattin zu werden"(206). Allerdings kann man den "fast altchristlichen Rigorismus"(209) Schleiermachers aus dem Jahre 1818 verstehen auf dem Hintergrunde seines Ehe-Ideals, was er an anderer Stelle "'absolute Einzigkeit'" oder das "'Ideal der romantischen Liebe'"(210) genannt hat. Nun kann Barth jedoch nicht umhin, dieses so christlich auf Jesu direkte Weisung gestützte Ideal der Monogamie kritisch zu hinterfragen:
1. Wenn das christliche Scheidungsverbot dem Schleiermacher von 1805 "offenbar noch nicht so am Herzen gelegen {war} wie dem inzwischen weiter durchgebildeten Schleiermacher von 1818"(212), dann erhebt sich die Frage, mit welcher Autorität "heute diese, morgen jene Forderung aufgestellt und auf übermorgen eine weitere wenigstens in Aussicht"(212) genommen wird. Als Gebot Gottes ist das Scheidungsverbot Matth.19 ein "kategorischer Imperativ"(211), in Form einer materialen Forderung: "Es ist ein erstes und letztes Wort in dieser Sache."(212) "Das Schleiermachersche Verbot dagegen ist unzweideutig ein auf ein *materiales* Prinzip begründeter, also *kein* kategorischer Imperativ"(212), denn es setzt noch etwas Anderes voraus als Gott selber, "nämlich den höchsten Lebenswert, das Gut der Ehe"(212). Darum gelingt es Schleiermacher nicht, "seine {des Verbotes} Allgemeingültigkeit auch nur zu behaupten"(212).
2. Wenn das Scheidungsverbot Matth.19 zweifellos als lückenlos geltende Regel aufgestellt ist, wenn aber Schleiermacher offenbar meint: "es gibt Ausnahmen, und es wird noch einige Zeit Ausnahmen geben"(213), "mit welchem Recht wagt es dann die Kirche, das Publikum mit solchen Forderungen zu behelligen, ... [über] deren Recht und Wahrheit sie nur sicher, aber nicht *ganz* sicher ist"(214)?

---

logia fidei. Auch die Anwendung auf die Ehelehre wird später ihre grosse Entfaltung erfahren.
Es soll hier nicht darüber spekuliert werden, ob Barth seine düstere Anschauung von der Ehe eigener Erfahrung verdankt.

3. Wenn es das Charakteristikum der christlichen Kirche ist, diejenige Gemeinschaft zu sein, "in der man das, was Christus nach dem Zeugnis der Apostel gesagt hat, *gesagt sein lässt"* (214), wenn aber Schleiermacher unmöglich dafür eintreten konnte, dieses Verbot "unbedingt, rücksichtslos und mit allen Mitteln ausgesprochen, von Christus ausgesprochen sein zu lassen und dem entsprechend geltend zu machen"(214), dann geht daraus nichts anderes hervor, "als dass die katholische Kirche in diesem Punkt christliche Kirche *ist,* die evangelische aber rebus sic stantibus *nicht* ist"(214). Wäre die Kirche hier ihrer Sache sicher, dann müsste sie das "Scheidungsverbot verkündigen als einen unveräusserlichen Bestandteil der Offenbarung, und zwar ... nicht nur durch Worte, ... sondern mit der d.h. mit der *Verweigerung* der Trauung Geschiedener, wie sie in der katholischen Kirche mit vollem Recht die Regel ist"(215f.). Oder sollte die Schleiermachersche Kirche "in aller Stille" wissen, "dass ihr Scheidungsverbot, das im Sinne Schleiermachers gemeinte und mit dem romantischen Liebesideal begründete Scheidungsverbot gar nicht christliche Wahrheit, überhaupt gar nicht Wahrheit ist"(216)?[57]

Dem eben erwähnten "romantischen Liebesideal" Schleiermachers widmet Barth den nun folgenden Exkurs über die "Vertraute{n} Briefe über Friedrich Schlegels Lucinde" aus dem Jahre 1800. Er sucht in ihnen das sanctissimum des Schleiermacherschen Eheverständnisses zu klären: die "Lehre von der Liebe"(220).

Die Lucindebriefe sind eine Schutzschrift für den Roman seines besten Freundes Friedrich Schlegel, "Lucinde". Dieser Roman, nach Barth eine "Verherrlichung des Eros Pantokrator, wenn nicht der Venus multivaga"(217), war seinerzeit vom Publikum mit fast allgemeinem Protest begrüsst worden. Schleiermacher jedoch erklärt sich in seiner Schrift, "so

---

[57] Auch an dieser Stelle drängt sich uns der Eindruck auf, Barth betreibe hier sehr "existentielle" Theologie. Dennoch zeigt gerade diese überdeutliche Distanzierung Barths von Schleiermacher in dieser Frage (!), warum er sich von dem friedlich-verständnisvollen Schleiermacher zugleich so angezogen fühlte: es war Schleiermachers überragende Menschlichkeit, die Barth selbst - so scheint es jedenfalls- sich im Laufe seines langen Lebens erst nach langen Umwegen - und eingehender Betrachtung der biblischen Christologie! - zueigen machen konnte.

stark es nur geschehen konnte, mit Schlegel *solidarisch"* (218). In Barths Augen ist es nun aber weder die "selbstlose *Ritterlichkeit"* (218) Schleiermachers, noch die "Lebensproblematik seines gerade damals akuten Verhältnisses zu *Eleonore Grunow,* die ihn zu einer Aussprache über diesen Gegenstand veranlassen mochte"(218). Vielmehr ist es die geistige Verwandtschaft der beiden, die diese Solidarität hervorruft. Immerhin war es ja so,

> "dass Schleiermachers 1799 erschienene 'Reden über die Religion' und der Schlegelsche Roman von den beiden Verfassern, trotz allerlei Bedenklichkeiten von beiden Seiten, gegenseitig als eine Art Zwillingserzeugnisse betrachtet und besprochen wurden, dass der Eine in dem Werk des Anderen, und zwar Schleiermacher in dem Schlegels noch mehr als umgekehrt, mit Begeisterung seinen eigenen Genius wiedererkannte, nur dass eben der Eine von den Mysterien der Religion, der Andere von denen der Liebe kündete."(219)

Wenn aber diese beiden Produkte "Äpfel von *einem* Baum"(220) sind, dann wirft das auf Schleiermachers Lehre von der Religion wie auf seine Lehre von der Liebe ein bezeichnendes Licht, erscheinen doch beide nur als die zwei Seiten einer Münze. Der deutlichste Hinweis darauf ist "die *religiöse* Verklärung, von der nach ihm {Schleiermacher} die in der Ehe stattfindende Vereinigung von Mann und Weib einerseits, Natur und Geist andererseits umgeben ist"(225). In den Lucindebriefen klingt das so:

> "'ich fühle in mir selbst die Allgewalt der Liebe, *die Gottheit des Menschen* und die Schönheit des Lebens.'... 'Dem Rhythmus der Geselligkeit und Freundschaft folgen und keine Harmonie der Liebe stören', gibt es eine höhere Weisheit und *eine tiefere Religion?'"(226)

Oder (nach Barth):

> "'Heiligkeit der Natur und Sinnlichkeit': 'die alte Lust und Freude und die Vermischung der Körper und des Lebens' soll eins werden 'mit dem tiefsten und heiligsten Gefühl, mit der Verschmelzung und Vereinigung der Hälfte der Menschheit (sc. mit der anderen) zu einem mystischen Ganzen. Wer nicht so *in das Innere der Gottheit und der Menschheit* hineinschauen und die Mysterien dieser Religion nicht fassen

kann, der ist nicht würdig, Bürger einer neuen Welt zu sein.'"(226)

In diesem Ansatz einer "Art sexueller Eschatologie"(220) sieht Barth eine deutliche "Paraphrasierung der Identitätslehre"(226). Liebe ist Religion, Religion ist Liebe, Menschheit und Gottheit verschmelzen und es kommt zur *"'heiligsten Anbetung der Menschheit und des Universums in der Geliebten'"* (226). Nicht verwunderlich, dass dabei Schlegel die Würde eines "'Priesters und Liturgen dieser Religion'"(226) zugesprochen bekommt.

Natürlich erkennt und anerkennt Barth den jugendlich-romantisierenden Überschwang dieser literarischen Ergüsse, aber er meint denselben Schleiermacher auch in den Predigten von 1818 zu hören, wenn auch *"bestimmter"* und "christlich-*kirchlicher* "(220). Von einem Anders-werden Schleiermachers ist aber nicht zu reden:

> "Wer nicht versteht, dass der alte *und* der junge Schleierma-
> cher als Christ *Romantiker* sein will und als Romantiker
> Christ, der versteht ihn gar nicht."(220)

Einen Einwand gegen Schleiermachers Lehre von Liebe und Ehe gibt es nicht - solange man "sich mit ihm auf denselben Boden gestellt hat"(228). Wer diesen Boden nicht verlässt, den Boden des "heimlichen Quidproquos, dass wir Menschen Götter seien, das Gute eine in uns wirkende Naturkraft und das denkbar Höchste im Diesseits der Anbruch des Jenseits im Diesseits"(228), "wer hier nicht *ganz* klar etwas Anderes weiss"(228), der wird Schleiermacher nicht widersprechen können, weder in den Predigten noch in den Lucindebriefen, - "und die Lehre beider ist *eine* Lehre"(228).

Wir schenken uns die Besprechung der restlichen Hausstandspredigten, von Barth knapp behandelt und wohlwollend kommentiert. Das Wichtigste war gesagt, und so schliesst er den Abschnitt (und übrigens auch das Vorlesungsjahr 1923) mit einem salomonischen Spruch: Wenn das Christentum "eine vorhandene wirksame, und zwar nicht pneumatisch, sondern geschichtlich-natürlich vorhandene Kraft"(242) ist, dann muss man sich der Schleiermacherschen Bearbeitung des ethischen Problems freuen und "wirklich vor ihr *Respekt* haben"(243). Aber: "Abgesehen von jener Voraussetzung besteht *das* Problem und bestehen *die* Probleme der Ethik."(243)

"Predigten über den christlichen Hausstand müssten in der
Tat das letzte (aber eben das *letzte*, ein etwas gewichtigeres
erstes voraussetzende) Wort der christlichen Theologie
sein."(243)

3.2.1.2   Zwischenbemerkungen

1. Barths Interpretation Schleiermachers ist *Kritik*, selbst da, wo sich Schleiermacher - nach Aussage von Barth - von seiner besten Seite gezeigt hat (242). Barths Kritik richtet sich gegen:

- die *Voraussetzungen* der Schleiermacherschen Theologie, das geschichtlich-natürliche Kausalitätsdenken, in dem das Göttliche seinen Platz hat (71) und auch einnimmt; Gott tritt in Erscheinung als erfahrbar und verfügbar, besonders im Raum der menschlichen Empfindungen innerhalb der göttlichen Gemeinschaft, der Kirche;

- die *Durchführung* seiner Theologie im Hinblick auf ihre biblische Begründung; offenbar liegt bei Schleiermacher ein Mangel an hermeneutischer Integrität in bezug auf die biblischen Texte vor, da er sonst schwerlich zu solchen Ergebnissen hätte kommen können;

- das *Ergebnis* seiner Theologie, den "Schleiermacherschen Friedenshimmel"(55 Anm.1), die Aufhebung aller Unterschiede durch den "Indifferenzpunkt"(29) in einem "qualitätslosen Dritten"(247f.), gegen das "unheimlich konsequent durchdachte{n} Ganze{n}"(161), "wie eine Walze, alles einebnend, alles harmonisierend, alle Bedenken triumphierend erledigend"(161), gegen das fugenlose Monument, das kein Entweder-Oder kennt, sondern überall Kontinuität (71, 125), Fortschritt, fliessende Übergänge; diese Theologie ist aus einem Guss, und wer Einwände erhebt, mag erleben, dass er von Schleiermachers "Logik geschlagen ist, bevor er den Mund aufgetan hat"(228). Aber:Im Namen Gottes muss Einspruch erhoben werden gegen diese Vereinnahmung Gottes, und darum muss Barth das *Ganze* der Schleiermacherschen Theologie ablehnen (161).

2. Barth betrachtet Schleiermacher als eine *einheitliche Grösse,* biographische Entwicklungen andeutend, aber letztlich nivellierend und dann ignorierend (sogar im Hinblick auf den erwähnten Bruch zwischen 1805 und 1818 (225]. Indem er auf der Suche ist "nach dem Einen, in dem wir in früherer oder späterer Zeit den ganzen Mann zu sehen haben"(96), scheint er Gefahr zu laufen, den späteren Schleiermacher doch immer wieder aus der Perspek-

---

58   Was z.B. bei Barth selbst zu den grössten Verwirrungen führen würde, wollte man auch ihn so monolithisch behandeln.

tive seiner "Jugendsünden" ansehen zu wollen.[58]

3. Die *Christologie* Schleiermachers ist für Barth ein erratischer Felsen, ein Meteorit in seiner Theologie, der Einbruch des göttlich Kontingenten (191), der "Zwang der Sache". Gleichwohl ist sie eine Verdrehung der neutestamentlichen Botschaft, ja eine Irrlehre. Sie ist Auferstehungsleugnung und darum letztlich ohnmächtig im Blick auf das Wirken Christi. Die Vermittlung des Heils geschieht bei Schleiermacher nur durch die geschichtliche "Ansteckung", bzw. "Fortpflanzung"(199), in strenger Mittelbarkeit, wenn durch den "Geist", dann nur durch den natürlichen Lebensgeist innerhalb der christlichen Kirche. Die Christologie Schleiermachers ist streng diesseitig, "evolutionistisch mit idealistischem Vorzeichen"(190), mit Ausnahme dieser einen "Störung", die Christus selbst ist, und zwar im Hinblick auf seine letztliche - wenn auch nur quantitative - Überlegenheit als der sündlose, der Anfänger, das "Ur-Bild".

4. Als *Ethiker* ist Schleiermacher für Barth ein "grosser Psychologe"(204) und ausgezeichneter Menschenkenner. Seine Theologie steht mit beiden Beinen fest auf der Erde und mitten im "christlichen Leben", dem "Nerv der Schleiermacherschen Verkündigung"(64). Hier wird seine Christologie funktional, indem das Urbild zum Vorbild wird. Das Christentum ist eine teleologische Grösse, gerichtet auf die Einheit und Vollkommenheit der ganzen Menschheit. Es ist also schon gerechtfertigt zu sagen: "Schleiermachers Grundrichtung ist die ethische"(65). Damit ist auch die "Schleiermachersche Ellipse" in Bewegung begriffen, indem der eine Brennpunkt, Christus, sich immer mehr dem anderen, dem ethischen Menschen, nähert, "mit dem Ausblick auf ein völliges Zusammenfallen und Einswerden beider"(95). Am Ende wäre dann die gerühmte Christozentrik doch nur Anthropozentrik unter einer christologischen Kutte? Barth lässt diese Frage (noch) offen.

5. Heftige Kritik übt Barth an der "analogischen oder parabolischen Methode"(176) Schleiermachers. In ihrem "Wie *Christus* - so auch *wir*" (145), oder "wie Christus und die Gemeinde, so auch Mann und Frau"(vgl. 203f.), ist sie Aufruf zum Handeln nach dem Vorbild Christi, aber auch Ausdruck der seinsmässigen Verbundenheit zwischen Christus und Mensch, zwischen Mensch und Gott.(103) Zwar besteht in der Christologie die eindeutige Richtung von Christus zum Christen, vom Urbild, der "Quelle"(175) zum Abbild, aber diese Richtung lässt sich "offenbar auch umkehren"(129), so dass der Christ wieder zur Quelle wird und "'dass auch in ihm der ewige Sohn Gottes erscheint'"(129). Noch deutlicher wird die verbotene Vermischung des Irdi-

schen und des Himmlischen in der Ehe (204), und die analogische bzw. parabolische Methode hat hier geradezu die Funktion, "das Himmlische ... zur Illustration des Irdischen"(204) dienen zu lassen, was ja bedeutet, dass das Himmlische jetzt das Abbild geworden ist.

Somit ist Schleiermachers Analogiedenken für Barth Ausdruck und Beweis dafür, dass dort "Kontinuität und nur quantitativer Unterschied"(103f.) besteht, und dass darum eine Umkehrung der Richtung der Analogie keineswegs prinzipiell unmöglich ist, besonders dort, wo das Himmlische, unanschaulich Göttliche der Erhellung bedarf.

6. Die Hauptanfrage scheint Barth an Schleiermacher dort zu stellen, wo er dessen selbstgewähltes metaphysisches Gefängnis (vgl. 71) diskutiert. Kants kritische Philosophie hat Schleiermacher "einen unheilbaren Stoss"(171) versetzt, und seine Theologie ist innerhalb der damals aufgerichteten Grenzen geblieben; sie ist philosophisch, wie Barth sagt, "ein agnostizistisch umrandeter Positivismus geworden"(293). Dem entsprechend gibt es keine wahren Worte (88), keine Offenbarungsworte jedenfalls, und "das *bestimmte*, mit dem Anspruch der *Wahrheit* auftretende Wort"(89) ist nach Schleiermacher ohnehin "'dem Gesetz der Zeit unterworfen'"(89). Damit ist auch die a priori-Gültigkeit ethischer Regeln hinfällig und das Gebot dem Zeitgeist unterstellt: das Gottesgebot ist als kategorischer Imperativ erledigt (211f.).

In alledem sieht Barth Schleiermacher aber gerade nicht als den rechtmässigen theologischen "Geschäftsträger und Testamentvollstrecker"(218) Kants, im Gegenteil: Schleiermacher hat aus Kants Kritizismus die falschen Konsequenzen gezogen. Die Grenze der Erkenntnis ist ja nach Kant nicht leer und stumm, sondern beredter Hinweis auf das Absolute jenseits der Erfahrung, ohne das Offenbarung und Ethik nicht sein können.

Mit zwei Anfragen an Barths Schleiermacher-Interpretation wollen wir das bisherige Fazit beschliessen. Ist die Predigt tatsächlich der rechte Ort, um die dogmatische Brechstange anzusetzen? Ist nicht das Predigen die eigentliche ungeschützte Stelle jedes Theologen, die die "undogmatische" Aussage oftmals geradezu herausfordert? Und zweitens, darf man in aller Fairness von der Lücke her interpretieren, d.h. von dem, was jemand *nicht* gesagt hat? (Deutlichstes Beispiel S. 89!). Sollte hier nicht besser gelten: e silentio pro reo?

3.2.1.3   Schleiermacher als wissenschaftlicher Theologe

Neben Schleiermachers immensen Leistungen auf den Gebieten der Philolo-
gie und der Philosophie, lassen ihn insbesondere seine Beiträge zur wissenschaftlichen Theologie zu den "grössten Namen der christlichen Theologie"(246) zählen. Neidlos bekennt Barth: Nach ihm ist keiner gekommen
und wird so bald keiner kommen, der ihm darin zur Seite zu stellen
wäre."(246). Die "unheimliche Fülle"(246) seiner Werke verbietet Barth
mehr als nur einen "Querschnitt", aber auch darin wird sich zeigen: "Schleiermacher der Theologe ist kein Anderer als Schleiermacher der Prediger, den
wir im Bisherigen einigermassen kennen gelernt haben."(246). Wissenschaft
ist für Schleiermacher *"System ..., ein in sich zusammenhängendes, vollstän-
diges* und im einzelnen streng *formuliertes* Wissen"(246).

Die Betrachtung des Schleiermacherschen Systems beginnt Barth mit
dem Werk, über dessen Gegenstand Schleiermacher "in seinem *ersten akademischen Semester* (Halle, Wintersemester 1804/05)"(248) gelesen hat, ein
Beweis für "seinen Drang, in der Theologie sofort auf das Grundsätzliche
und Ganze zu gehen"(248).

"Die Enzyklopädie"(248-317): Barth folgt in seiner Betrachtung Schleiermachers eigener Disposition: "Allgemeine Einleitung, 1. philosophische, 2.
historische, 3. praktische Theologie"(250).

Die *Einleitung* erörtert die Wissenschaftlichkeit der Theologie. Nach
Schleiermacher ist sie eine " *positive* Wissenschaft, d.h.ein Inbegriff von
wissenschaftlichen Elementen, die nicht sowohl vermöge der Idee der Wissenschaft *selbst* als zur Lösung einer *praktischen* Aufgabe zu einem Ganzen
vereinigt sind"(250). Diese Aufgabe ist die "Kirchenleitung" oder das "Kirchenregiment"(250). Insbesondere die Bezogenheit auf die Leitung der Kirche macht den Wissenschaftler zum Theologen:

> " *Ohne* Beziehung auf diese Tätigkeit erworben und beses-
> sen, sind dieselben Kenntnisse *nicht* theologische Kenntnis-
> se, sondern fallen jede der Wissenschaft anheim, der sie
> ihrem Inhalt nach angehören, der Sprach- und Geschichts-
> kunde, der Psychologie und Ethik und Religionsphiloso-
> phie"(252).

In idealer Weise vereinigen sich Kirchlichkeit und Wissenschaftlichkeit in der Person des "'Kirchenfürsten'"(252), und diesen "selbsterfundenen Würdentitel"(247) kann man Schleiermacher schwerlich aberkennen. In der Realität überwiegt jedoch meist die kirchliche oder die wissenschaftliche Ausrichtung und so entsteht der Typus des Klerikers oder des Theologen. Wie es später heisst, sind die Theologen Teil der "freien Geistesmacht"(302) im Kirchenregiment (neben den kirchlichen Schriftstellern), und ihr Problem ist es, "wie der wissenschaftliche Geist in der theologischen Jugend 'zu beleben sei, ohne das religiöse Interesse zu schwächen' ... wie [sie] zu individueller Forschung zu ermutigen sei, unter gleichzeitiger Aufforderung zu treuer Bewahrung durch die bisherige theologische Arbeit in der Kirche niedergelegten Guten"(302). Darin also ist die Theologie eine auf die Kirche bezogene, eine "positive Wissenschaft". In seiner 1808 erschienenen Schrift "Gelegentliche Gedanken über Universitäten in deutschem Sinn" hat Schleiermacher die Positivität der Theologie noch präzisiert: "'Die *positiven* Fakultäten sind einzeln entstanden durch das Bedürfnis, eine unentbehrliche Praxis durch Theorie durch Tradition von Kenntnissen sicher zu fundieren.'"(254) Darum gehört die Theologie in den Chor der positiven Fakultäten, neben die juristische und die medizinische. Wenngleich auch die Theologie nicht wie diese einem Bedürfnis des Staates entsprang, sondern "'um der *weiteren Fortbildung der Lehre und der Kirche* eine geschichtliche Basis, eine sichere, bestimmte Richtung und einen gemeinsamen Geist zu geben'"(254), so musste doch der Staat, als er sich näher mit der Kirche verband, "'auch diese Anstalten sanktionieren und unter seine Obhut nehmen'"(255).

Dennoch hat die Theologie indirekt "*Anschluss* an die reine, eigentliche Wissenschaft"(256). Sie ist weder Geisteswissenschaft, noch Naturwissenschaft, sondern lebt parasitär von einer spekulativen Geisteswissenschaft, der Ethik, von der sie Begriffe und Methoden "zu *Lehen*" (256) hat. Für Barth steht die Theologie damit jedoch "in der Luft"(256), ihr fehlt die "Begründung"(257). Ganz bewusst will sie, nach Schleiermacher, spekulative Wissenschaft nicht sein (256), kann aber ohne spekulative Anleihen nicht auskommen.

Nach Schleiermacher teilt sich die Theologie wie ein Baum in Wurzel, Körper, und Krone, bzw. in philosophische, historische und praktische Theologie. Mit der Wurzel, der philosophischen Theologie also, wird der Standort bestimmt, werden die Elemente aufgenommen, denen der Baum sein Leben verdankt. In ihr erfolgt somit der Nachweis des

"*Zusammenhangs* der Theologie als solcher, der Theologie
als *positiver* Wissenschaft vom Christentum, mit der *reinen*
Wissenschaft, d.h. mit *der* Wissenschaft, die vermöge ihrer
spekulativen seite an der *Idee* des Wissens *direkten eigenen*
Anteil hat"(259).

Die *philosophische Theologie* fungiert als Platzanweiserin. Sie will das
Wesen des Christentums "nicht *rein wissenschaftlich, d.h.* spekulativ konstruieren, aber auch nicht bloss *empirisch* auffassen"(265). Sie will kritisch
sein, nämlich "alles geschichtlich Gegebene{n} im Christentum an der durch
die Ethik bestimmten ... Idee von Religion und Kirche"(265) messen. Darum
kann sie "' *ihren Ausgangspunkt nur über dem Christentum* in dem logischen
Sinne des Wortes nehmen, d.h. in dem allgemeinen Begriff der frommen
oder Glaubensgemeinschaft'"(266). Für Barth ist "das entscheidende Wort
damit gesprochen":

> "Was das Wesen des Christentums ist, darüber hat nach
> Schleiermacher nicht das Christentum selbst zu befinden,
> sondern eine ihm und ähnlichen Gebilden neutral gegenüber-
> stehende Instanz, die abgesehen vom Christentum weiss,
> was in Sachen von Religion und Kirche Rechtens ist."(266)

Ebenso ist von dieser methodisch überlegenen Stelle aus darüber zu entscheiden, "was in seiner {des Christentums} Entwicklung als reiner Ausdruck seiner Idee, was dagegen als Abweichung davon, als Krankheitszu-
stand zu beurteilen sei"(267).

Die Hauptdisziplinen der philosophischen Theologie, Apologetik und
Polemik, sollen, den Blick überwiegend nach aussen bzw. nach innen gerichtet, feststellen, zu welchen Abweichungen vom Wesen des Christentums es
ausserhalb bzw. innerhalb desselben gekommen ist oder möglicherweise
kommen wird. Dabei verlangt Schleiermacher speziell von der protestantischen Apologetik, "dass sie darauf verzichte, etwa nur sich selbst als christlich anzuerkennen, die anderen aber als unchristlich darzustellen"(269f.),
und von der speziellen protestantischen Polemik, "dass nicht als häretisch
oder schismatisch bezeichnet werden dürfe, was nur dem eigentümlichen
Wesen einer bestimmten partiellen Gemeinschaft widerspreche"(270).

Barth verzichtet auch hier auf Einwände, doch kann er auch hier nicht
umhin, Schleiermacher einige kräftige Fragezeichen vorzulegen: "Darf sich

Christentum als Ganzes als die *allein-wahre* Religion betrachten?"(270) "Mit welchem Recht darf aber etwa das Christentum als Ganzes auf andere Glaubensweisen den Begriff *Irrtum* anwenden?"(271) "Sollte nicht ... ein Verschwinden der Gegensätze zwischen den christlichen und *anderen* frommen Gemeinschaften vorzusehen sein?"(271)

> "Ist, von der Ethik als deskriptiver Wissenschaft der tatsächlichen Prinzipien der Geschichte aus betrachtet, nicht eine fromme Gemeinschaft, ob christlich oder nicht christlich, so *gesund,* in ihrer Individualität so *berechtigt* wie die *andere?* Summa summarum: Hat das Christentum Recht oder Unrecht, wenn es behauptet, die Wahrheit zu sein?"(271).

Barth vermisst hier eine Antwort, ja er meint, Schleiermachers Theologie scheine die Frage gar nicht zu kennen.

Die *historische Theologie* ist, auch quantitativ, "der eigentliche Körper der Theologie überhaupt"(271). Sie umfasst "1. die Exegese des Neuen Testaments als Geschichte des Urchristentums, 2. die Kirchen- und Dogmengeschichte, 3. die Dogmatik und Statistik als kirchliche Gegenwartskunde"(271). Mit der Einordnung dieser "lebenswichtigsten Disziplinen der Theologie"(273) unter dem Begriff der Historie ist der "Primat der Historiker in der Theologie, der theologische Historismus, offenbar fest und solid und endgültig begründet"(273). Aber damit wird "die Theologie heimlich, wenn auch unter Wahrung ihres besonderen Gebietes, an die Methoden der empirischen Geisteswissenschaften verraten und verkauft"(274). Warum? Weil für Schleiermacher "das *Objekt* der Theologie ein *Phänomen,* wenn auch natürlich ein *geistiges* Phänomen, eine psychische Gegebenheit ist wie eine andere, nämlich die sogenannte Frömmigkeit"(275). Im Hinblick auf die prinzipielle Gleichartigkeit alles Historischen ist darum nicht einzusehen, warum dem Urchristentum z.B. eine besondere Bedeutung zukommt (277), oder warum die Schriften des Urchristentums "einen eigentümlichen Wert vor den Schriften *anderer* Zeiten haben sollen"(277). Auch die Schleiermacherschen Kriterien der Auslegung dieser Schriften: "'eigenes Interesse am Christentum' ... und 'philologischer Geist und Kunst'"(283) lassen doch das "Dritte und überwiegend viel Wichtigere jenseits dieser subjektiven Bedingungen"(283) vermissen: "eben das, was die altprotestantische Theologie als das 'testimonium spiritus sancti internum' beschrieben hat"(283). Verglichen mit der alten Kirche, die Reformatoren inbegriffen, klafft hier bei Schleiermacher eine Lücke, "und diese Lücke ist durch die Theologie des 19. Jahrhunderts *nicht* ausgefüllt worden, so eifrig man auf der einen Seite nach christlicher Erfahrung und auf der anderen nach geschichtlicher Kritik gerufen hat"(283). Ebenso steht es auch mit der Dogmatik in bezug auf die Wahrheitsfrage - nur umgekehrt: jetzt wird tatsächlich das eigene unmittelbare fromme Selbstbewusstsein zum Wahrheitszeugen - "dies ist ja das Schleiermachersche Wahrheitskriterium"(288) - aber die Wahrheit bleibt subjektiv, relativ. Die Bezugnahme auf die allenfalls letzte Wahrheit der Philosophie (292) unterbleibt ebenso wie die "Begründung der Dogmatik auf eine *Offenbarung*, deren Wahrheit etwa prinzipiell anderer Art wäre als die der kommenden und gehenden Emanationen des frommen Selbstbewusstseins"(292). So bleibt auch hier eine Lücke: die Wahrheitsfrage in bezug auf die Aussagen der Dogmatik bleibt ungestellt. Schleiermachers Dogmatik will eben nicht mehr und nicht weniger sein "als ein getreues Abbild der *Wirklichkeit,* nämlich auch der Wirklichkeit der beim jetzigen Stand der Dinge möglichen, erlaubten und notwendigen Aussagen des religiösen Gemütes"(292). Sie urteilt nicht, sie beschreibt. Sie kennt keine Voraussetzungen, die "beherrschend, zwingend *über* dem religiösen Naturprozess stünden"(293). Ein genetisches Prinzip "im transzendentalen Sinn"(293) kennt Schleiermacher nicht. "Aus dem kantischen Kritizismus ist bei ihm ein agnostizistisch umrandeter Positivismus geworden."(293) Wo es echte Jenseitigkeit und Würde der Wahrheit bei ihm gibt, da hat das Christentum als Gegenstand dieser o.g. positiven Wissenschaft keinen Anteil daran (294).

Die *praktische Theologie* Schleiermachers besteht in der Aufgabe der "'Seelenleitung'"(299), mit dem Ziel der "'Einwirkung auf die Kirche, um das Christentum in derselben reiner darzustellen'"(299). Damit aber sind Mittel und Zweck identisch, nämlich Seelenleitung. So wird auch Schleiermachers Methode der Kirchenleitung verständlich als eine "'Methode des *Umlaufs,* vermöge deren die (als zunehmend vorausgesetzte) religiöse Kraft der Hervorragenden die Masse anregt, und wiederum die Masse jene (Kraft) herausfordert'"(299). (Die Assoziation eines perpetuum mobile liegt hier nahe!) So aber verkommt die praktische Theologie zu einer blossen Technik, für Barth nicht überraschend:

"Wer seine *philosophische* Theologie auf eine Ethik begründet, die selber nur Beschreibung der in der Geschichte tatsächlich waltenden Prinzipien ist, wer abgesehen von dieser Leihwissenschaft zunächst nur noch eine *historische* Theologie kennt und als solche nur eine von dem, was man sonst Erklärung der Heiligen Schrift, bis zu dem, was man sonst

Dogmatik nennt, sich erstreckende, wenn auch nicht ohne
'Interesse' aufgenommene Bestandesaufnahme vergangener
und gegenwärtiger Tatsachen, dessen *praktische* Theologie
kann, wenn er nun endlich den Boden einer höheren Naturwissenschaft verlassen möchte, nichts anderes sein als (§
25!) eine *Technik.* "(304).

Es verwundert darum nicht, dass der "geistige Naturalismus Schleiermachers"(305) in den hundert Jahren nach ihm zu einem solchen "Triumph
theologischer Geschichtsphilosophie"(306) geführt hat, vielleicht gerade
wegen seiner pragmatisch-metaphysischen Art, "mit geistigen Grössen zu
hantieren wie mit Bauklötzen"(306).

Abschliessend fasst Barth seine Beobachtungen an der "Enzyklopädie"
in acht Punkten zusammen, in denen er zeigt - ein Diktum Schleiermachers
aufnehmend- "wie auch bei ihm {Schleiermacher} der *Irrtum,* oder was uns
als Irrtum anschaut, nur an der *Wahrheit* ist"(306).
1. Mit seiner Leidenschaft für das *System* vertritt Schleiermacher ein unver-
äusserliches Anliegen der "Wissenschaft, die vom Logos im gehaltreichsten
Sinn des Begriffs Kunde zu haben und zu geben beansprucht"(306) und sich
darum der "Gültigkeit der irdisch-geistigen Gesetze nicht entziehen
darf"(306). *Aber:* "um *Geistes* gesetze wird es sich handeln müssen"(306),
während Schleiermachers Systembau offenkundig eine "Art von Naturwe-
sen"(307) ist, "ein Stück Kosmos"(307), der "selber Leben sein"(307) will.
Schleiermachers Theologie will eben mehr sein als eine Theologie des heiligen Geistes, nämlich ein "Stück kosmischen Ineinanders von Geist und
Natur"(307), "als ob gerade Theologie *mehr* als das sein könnte und dürfte"(307).

2. Auch mit der Kennzeichnung der Theologie als einer *positiven,* nämlich
dem "Anliegen der christlichen Kirche nachgehend auf die historische Faktizität der christlichen Offenbarung gerichteten Wissenschaft"(307f.), vertritt
Schleiermacher ein "Lebensinteresse" der Theologie. Die Kontingenz, ja die
"hohe Willkür", ist zweifellos der Schlüssel des Christentums. *Aber:* er hat
die "vom Idealismus mit heilsamer Unerbittlichkeit aufgeworfene Wahrheitsfrage"(308) nicht aufgegriffen. Auch die Offenbarung in Christus ist nur
ein Gegebenes, "ein Faktum und *nichts* als eine Faktum, Wirklichkeit und
nur das"(308). Damit aber ist Schleiermacher, "der Skylla des Apriorismus
entrinnend, der Charybdis eines durch Vergeistigung maskierten Empirismus
in die Arme gelaufen, angesichts dessen man nach dem biederen Wahrheits-
fanatismus der Aufklärung ein wahres Heimweh empfindet"(308).

3. Auch die *Begründung der Theologie auf die Ethik* hat etwas zugegeben Sachgemässes, indem die "Theologie im System der Wissenschaften *keine* eigene Heimstätte hat"(309). *Aber:* der Standort der Theologie sollte "nicht ein Raum innerhalb, sondern genau ausserhalb der glatten Mauern des Bezirks"(309) der Ethik sein, da doch die Grenze der Ethik, die glatte " Aussen*mauer*"(309), das "streng kritisch gestellte *Problem* der Offenbarung ist"(309), vorausgesetzt natürlich, "dass die Theologie die Wissenschaft von der Offenbarung ist"(309).

4. Selbst die *Relativierung des Wahrheitsanspruches* der Konfessionen und der Religionen wäre mit Schleiermacher zu bejahen, "wenn sie bedeuten würde die notwendige Relativierung alles christlichen Lehrens, Lebens und Seins gegenüber seinem göttlichen Ursprung, Subjekt und Objekt"(310). *Aber:* Schleiermachers Gleichmacherei hat nicht nur "die Überheblichkeit des homo religiosus exstirpiert, sondern mit ihm auch ... Wahrheitsernst und Wahrheitseifer"(311). Darum ist es nur konsequent, wenn er die *Union*[59] gefordert und gefördert hat, "und man kann sich nur wundern, dass nicht schon von Schleiermacher auch die Möglichkeit eines religiösen Menschheitsbundes ins Auge gefasst worden ist"(311).

5. Der *historische Charakter* des überwiegenden Teiles der Theologie, des "Körpers, hat sein unbestreitbares, unaufgebbares Recht. *Aber:* ebenso unaufgebbar muss daran festgehalten werden, "dass *diese* Elemente der Geschichte zugleich Zeugnisse von der *Offenbarung* ... sind"(312). Leider ist der Körper der Theologie Schleiermachers "schlechterdings ein geschichtlicher Körper"(312), und es ist eine "optische Täuschung zu meinen, als ob es sich auch etwa nur an *einem* Punkt um ewige Dinge handeln würde"(312). Ohne die kritische Negation durch das Ewige wird daraus jedoch ein "hölzernes Eisen", und damit sind "Exegese und Dogmatik als theologische Disziplinen erledigt"(312).

6. Der Begriff des *Ursprünglichen* dient Schleichermacher zur Ableitung des normativen Charakters des Neuen Testamentes. Damit ist ein Ansatz gegeben für eine "wirkliche Theologie"(313), die Einheit und Totalität in der Geschichte sprengen könnte. Wie schon in der Christologie, so auch hier "dasselbe störende Phänomen"(313) in dieser wenigstens "relativen Isolierung des Urchristentums und seiner Schriften"(313), ein nicht ungefährlich anmutender Sprengsatz. *Aber:* "leider ist es mit dieser Störung hier wie dort

---

59   Den Bund zwischen Reformierten und Lutheranern.

nicht eben gefährlich bestellt"(313), "die Sonne hat es gerade durch Schleiermachers kongenialste Freunde in der Neuzeit (Troeltsch) an den Tag gebracht, dass Schleiermacher selbst schon das Operieren mit der Silbe 'Ur-' besser unterlassen hätte"(313). Sein Umgehen mit dem Kanon als einem "Objekt der historisch-kritischen Forschung"(314) und die Tatsache, dass er "mit dem Begriff der *Inspiration* nicht nur wenig, sondern nichts anzufangen weiss"(314), sind Hinweis genug, dass die reformatorische Stellung zur Bibel "in dieser 'Wissenschaft vom Urchristentum' tatsächlich in der Wurzel erledigt"(314) war.

7. Gegen *Dogmatik als Teil kirchlicher Gegenwartskunde,* wie gegen Historismus an sich lässt sich nichts einwenden. *Aber:* wenn in der Dogmatik die Kirche zu sich selbst spricht, müsste doch die Frage erlaubt sein, "ob denn wirklich die Kirche als solche etwas Ernsthaftes zu sagen *habe* und ob umgekehrt *über* sie selbst etwas Ernsthaftes zu sagen sei"(315). Eine Dogmatik, die ihrem Gegenüber nichts "Neues, Anderes, Überlegenes zu sagen hat"(316) ist entbehrlich. "Theologie als Monologie ist eine Unbeträchtlichkeit."(316)[60] Anders der theologische Dogmatiker, der das Amt des Propheten wahrnimmt, "nicht des Offenbarungs*trägers,* aber des Offenbarungs*künders"* (316): "Verkündigung eines Neuen, noch nicht Dagewesenen, Kommenden, immer im Gegensatz zu allem schon Seienden, Gegebenen, Wirklichen"(316). "Theologie als Prophetie wäre *keine* unerhebliche Angelegenheit."(316)[61]

8. Dass die *praktische Theologie eine Technik* sei, dem ist unschwer zuzustimmen. *Aber:* eine Technik, die Selbstzweck ist, die die Frage *"was* soll geschehen?"(317) nicht kennt, die Christus zu einer Identität verschmilzt, die "die Autorität und Freiheit des *Geistes* als des nie und nirgends Gegebenen, sondern immer und überall Gott allein Möglichen in Abrede"(317) stellt, während doch ihr Grundprinzip das Bedenken dieser Möglichkeit sein müsste, eine solche Technik macht doch eigentlich auch die von ihr handelnde Disziplin gegenstandslos. Oder?

---

60 An dieser Stelle erinnern wir an die sehr ähnliche Kritik W. Herrmanns. S.o.S.33.

61 Weiter unten werden wir diesen Gedanken Barths weiterverfolgen. (S. unten "Prophetie und Wissenschaft").

Somit beschliesst Barth diesen Teil der Vorlesung über die "Enzyklopädie" Schleiermachers mit der tatsächlichen oder wenigstens in Aussicht
gestellten "Erledigung" aller Glieder dieser Schleiermacherschen "Eiche",
von der Krone bis zur Wurzel. Wir wenden uns - vorerst kommentarlos -
dem nächsten Abschnitt über die "Hermeneutik" zu.

"Die Hermeneutik" (318-327): Barth hat diesen "Ort ..., wo sich *Alles* entscheidet"(318), merkwürdig eilig verlassen. Nur eine einzige Vorlesung hat
er ihm gewidmet, und zwei der drei Hauptpunkte blieben dabei sogar
"vacant"(327). Vermutlich drängte es ihn zum Hauptwerk Schleiermachers,
zur Glaubenslehre. Daneben schien auch in der gebotenen Kürze das
Wesentliche deutlich geworden zu sein. Darum werden wir hier seinem Beispiel folgen und nur das Nötigste mitteilen.

Als Quelle benutzt Barth zwei 1829 gehaltene Vorträge über den
Begriff der Hermeneutik und die posthum von Lücke (1838) herausgegebenen Vorlesungen Schleiermachers über Hermeneutik und Kritik mit besonderer Beziehung auf das Neue Testament. In einem ersten (und letzten)
Abschnitt erklärt Barth Schleiermachers "allgemeine Auslegungsgrundsätze"(319). Behutsam führt er ein in die *"Kunst des Verstehens"* (319), wie
Schleiermacher die Hermeneutik ansatzweise definierte. Dabei lassen sich
zwei Dimensionen des Verstehens unterscheiden, je nachdem man mehr dem
Urheber der "schriftlich fixierten Lebensäusserung" oder seinem Produkt
sich zuwendet. In jedem Falle muss das Verstehen innerhalb zweier Pole
sich abspielen: im ersten durch Betrachtung der grammatischen und psychologischen Seite eines Textes, im zweiten durch die komparative und die divinatorische Interpretation. Somit findet Verstehen statt im Koordinatensystem
eines zweidimensionalen Fadenkreuzes:

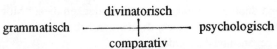

"Genau an der Stelle, wo die beiden Gegensätze (die auf den Urgegensatz
von Denken und Sein zurückgehen) sich schneiden, findet idealiter das von
der Hermeneutik gesuchte Verstehen statt."(325) Neben dieser "in ihrer
Vierfaltigkeit *einfachen* Erklärungsmethode"(325) lässt Schleiermacher keine andere gelten, weder die "Hermeneutik des Buchstabens, des *Sinnes* und
des *Geistes*" (325) von Ast, noch die allegorische, noch eine " *dogmatische*
Auslegung"(326), die ja fragt, "'ob die heiligen Bücher des heiligen Geistes
wegen anders müssten behandelt werden'"(326). In bezug auf diese letzte

Frage stellt Schleiermacher selbst Gegenfragen: "Konnte selbst der heilige Geist *anders* durch sie reden, als wie sie ohne ihn selbst würden geredet haben? Ist die Wirksamkeit des heiligen Geistes in ihnen eine andere als die des 'innerlichen Impulses'?"(326) Grammatikalisch-psychologisch ist "Alles rein menschlich zu behandeln"(326), und dem entsprechend gibt es auch keine spezielle Hermeneutik des Neuen Testamentes.

Erledigt ist damit also auch die altkirchliche Inspirationslehre, die Schleiermacher "anders als in der gröbsten Form von den biblischen Schriftstellern als Griffeln des heiligen Geistes überhaupt nicht gekannt, nicht durchdacht und jedenfalls nicht verstanden zu haben"(326) scheint. Auch die Möglichkeit, dass in diesen Texten Gott selbst reden könnte, ein Anlass, "diese Rede als Träger *dieses* Inhalts, als Hinweis auf *diesen* Gegenstand spezifisch ernster zu nehmen als andere Reden"(327), scheint Schleiermacher nicht erwogen zu haben.

"Wenn die spezielle neutestamentliche Hermeneutik nun unter dankbarer Benützung der Schleiermacherschen oder einer anderen allgemeinen Methode einfach in diesem spezifischen Ernstnehmen dieser Texte bestehen sollte? Warum sollte Gott nicht zwingend notwendig verständlich zu Menschen geredet haben? Und warum sollte menschliches Reden von Gott nicht zwingend notwendig verständlich sein? Wenn Gott Gott ist? Aber hier stehen wir vor der Schranke, über die wir bei Schleiermacher und in Schleiermachers Bahnen *nicht* hinwegkommen."(327)

Damit wenden wir uns nun - voller Ungeduld - zum Schauplatz der nächsten Verhandlung, die dem theologischen "Hauptwerk"(328) Schleiermachers gilt, "dem Buch, auf dem sich wohlverdienter Massen *vor* allen übrigen Leistungen seines reichen Geistes sein Ruhm und sein entscheidender Einfluss auf Theologie und Kirche des 19. Jahrhunderts begründet hat"(328):

"Der Christliche Glaube" (328-434): Wir wollen auch hier den Weg mitgehen, den Barth eingeschlagen hat: zuerst gibt er einige einführende Bemerkungen, dann eine Übersicht über das Werk, zuletzt eine ausführliche Behandlung der "Einleitung" zur Glaubenslehre.

Einführende Bemerkungen. Zunächst gibt uns Barth einen Schlüssel in die
Hand, der "unentbehrlich zum Verständnis"(329) des Schleiermacherschen
"Meisterstück{es}"(328) sein dürfte, obschon dies nach den Versicherungen
des Meisters "durch sich selbst verständlich"(328) sein will: "'Dr. Schleiermachers Sendschreiben über seine Glaubenslehre an Dr. Lücke'"(329). Diese
"eingehende Auseinandersetzung mit einer stattlichen Schar von Rezensen-
ten und anderen literarischen Freunden und Gegnern der ersten Auflage"(329) zeigt Schleiermacher als den Mann, der sich bewusst ist, "in der
Hauptsache recht und wenn nicht die Gegenwart, so doch die Zukunft für
sich zu haben"(330). Der "Ton des Triumphes und der Sicherheit"(330)
scheinen darauf hinzuweisen, dass "eine überlegene, kraftvolle Kritik, die
ihm ernstlich zu denken gegeben hätte"(330), Schleiermacher sichtlich nicht
entgegengetreten ist. Mit den Sendschreiben will Schleiermacher Missverständnisse abwehren und seine eigentliche Absicht erklären und unterstreichen: die Glaubenslehre will und soll nicht spekulativ sein, sondern "'*ganz
einfach und ehrlich nur empirisch*'" (334), nur eine "Analyse des frommen
Selbstbewusstseins"(334). Sätze sind "'nur das *Abgeleitete*'", "'*und der innere Gemütszustand* das Ursprüngliche'"(334). Inhalt und Form der Dogmatik
sind "'ganz und gar bedingt durch die Voraussetzung, dass der in ihr zu ent-
wickelnde Gottesgedanke *nicht ursprünglich* (= apriorisch) ..., sondern nur
geworden (sei) in der *Reflexion* über jenes höhere Selbstbewusstsein'"(334).
Schleiermacher will auch nichts beweisen:

> "'Für die christliche Glaubenslehre ist die Darstellung
> zugleich die Begründung; denn Alles in derselben lässt sich
> nur dadurch begründen, dass es als richtige Aussage des
> christlichen Selbstbewusstseins dargestellt wird. Wer aber
> dasselbe in seinem Selbstbewusstsein nicht findet, für den ist
> auch keine Begründung möglich.'"(334f.)

In diesem Sinne ist "'der *Spruch Joh. 1,14* der Grundtext der ganzen Dogmatik'"(334).

Im folgenden unternimmt Barth - gut "komparativ" und "divinatorisch"
nach Schleiermacher - eine erste Interpretation der Glaubenslehre von ihrem
vollständigen Titel her: "'Der christliche Glaube nach den Grundsätzen der
evangelischen Kirche im Zusammenhang dargestellt'"(332). Nicht Dogmatik, sondern Glaubenslehre bietet Schleiermacher. "Nicht die Offenbarung
spiegelt sich im Dogma und ist in dieser Brechung Gegenstand der Dogmatik. Sondern der *christliche Glaube* ... spiegelt sich in den *Grundsätzen* einer
bestimmten christlichen Kirche"(333).

"Das ist die grosse, die kopernikanische Umkehrung, mit der Schleiermacher aus der Geschichte der protestantischen Theologie seit der Reformation das zweifellos richtige und unvermeidliche Fazit gezogen und mit der er trotz alles Wider-den-Stachel-Löckens der sogenannten Positiven bis auf diesen Tag Schule gemacht hat und noch macht. Solange und sofern diese Umkehrung nicht grundsätzlich als Irrtum durchschaut und grundsätzlich rückgängig gemacht wird, solange die Meinung ungebrochen besteht, damit eben habe Schleiermacher 1. das wahre Erbe *Luthers* in der Theologie zu Ehren gebracht, 2. der Theologie auf dem Boden der Kantischen kritischen Philosophie ihr Heimatrecht gegeben (einer Philosophie, von der Schleiermacher zeitlebens nur mit souveräner *Verachtung* geredet hat!), solange wir den Titel des Schleiermacherschen Buches immer noch auf den ersten Blick als richtig und nicht als unrichtig empfinden (und wem ginge es zunächst anders?), solange *ist* Schleiermacher tatsächlich der Meister, mit nicht weniger Autorität, als es für das 16. und 17. Jahrhundert *Melanchthon* und *Calvin* gewesen sind."(333)

Des weiteren unterzieht Barth auch ein zweites Wort des Titels "einer exegetischen Behandlung"(336): die "evangelische Kirche". Nach dem Vorwort der zweiten Auflage meint Schleiermacher damit "nicht mehr die lutherische oder reformierte, sondern *unierte* Kirche"(336). Barth paraphrasiert Schleiermachers diesbezügliche Begründung wie folgt:

"Nachdem der Streit zwischen Lutheranern und Reformierten infolge von Gegenstandslosigkeit obsolet geworden und eingeschlafen ist, ist es meine Aufgabe, die Gegenstandslosigkeit beider nun mühelos zu einer einzigen vereinigten Kirchenlehren zum feststehenden Grundsatz zu erheben und in diesem Grundsatz der Indifferenz aller Dogmatik, so weit gehend, dass nicht einmal ein Ausgleich vonnöten ist, den Frieden der neuen, der evangelischen Kirche bestätigend einzusegnen."(337)

Ein wahrhaft "frühlingshafter Ausblick"(337), den Barth hier eröffnet. Da die nun folgende gründliche Untersuchung vermutlich kaum zu neuen Ergebnissen wird führen können, wollen wir uns in ihrer Besprechung noch kürzer fassen als bisher.

Übersicht. Kein Werk der älteren und neueren Dogmatik kann sich mit
Schleiermacher messen, was die Systematik der Glaubenslehre und ihre
Geschmeidigkeit angelangt. Ein "Ei des Kolumbus"(338). In "fast *verdächtig*
glänzender Weise"(338) ist hier der Stoff bezwungen. Zufälliges, Unverdau-
liches, Fremdartiges ist fortgeräumt: "Auf der mit erratischen Blöcken besä-
ten Wiese hat sich, aus denselben, aber nun behauenen und geordneten Stei-
nen errichtet, ein wohnlich-geräumiges Haus im Biedermeierstil
erhoben."(338) Nun vermutet Barth allerdings, dass der Preis dieses Neubaus
in den "mannigfaltigsten Umdeutungen, Verkürzungen, Verbiegungen und
Eskamotierungen"(338) bestehe, ja dass die spröden biblischen Sätze der
Alten vielleicht, "ohne dass ihr Wortlaut allzusehr tangiert ist, in der Substanz eine Veränderung durchgemacht haben, durch die sie tatsächlich etwas
ganz Anderes geworden sind, als sie waren"(338). Ob diese Vermutung
stichhaltig ist, muss das Biedermeierhaus selbst zeigen. Barth erläutert
zunächst den Bauplan:

Die 31 Paragraphen der *Einleitung* erklären Begriff und Methode der
Dogmatik. Die beiden *Hauptteile* entfalten sich zweidimensional: im Hinblick auf das fromme Selbstbewusstsein, sofern es "'in jeder christlich frommen Gemütserregung immer schon vorausgesetzt wird, aber auch immer mit
enthalten ist'"(339f. Anm.11)(1. Hauptteil), und sofern es durch den christlichen Gegensatz von Sünde und Gnade bestimmt ist (2. Hauptteil); im Hinblick auf die drei Möglichkeiten dogmatischer Sätze, " *entweder* als
Beschreibungen von Lebenszuständen des *Menschen* oder als Begriffe von
Eigenschaften und Handlungsweisen *Gottes* oder als Aussagen von Beschaffenheiten der *Welt*" (340). Aus dem Gesamtplan[62], der sich daraus ergibt,
verweist Barth auf "drei Merkwürdigkeiten", "deren nähere Würdigung wir
uns freilich auf später vorbehalten müssen"(342):

> "1. die Stellung der Lehre von der *Schöpfung* und Erhaltung
> unter dem Titel: 'Beschreibung unseres frommen Selbstbe-
> wusstseins', 2. die Koordinierung der *Christologie* und Sote-
> riologie unter dem Titel: 'Von dem Zustande des Christen,
> sofern er sich der göttlichen Gnade bewusst ist', 3. die
> Unterbringung der *Eschatologie* unter dem Titel: 'Von der
> Beschaffenheit der *Welt* in bezug auf die Erlösung' und im
> Besonderen als Annex der Lehre von der *Kirche*. "(342)

---

62   Vgl. den skizzierten Aufriss S.341.

Neben diesen speziellen wirft die Übersicht aber noch eine Reihe von allgemeinen Problemen auf:
a) **Das Verhältnis der Einleitung zum Ganzen.** Wie soll man erklären, dass gerade das Portal in die Glaubenslehre die Aufmerksamkeit nachfolgender Generationen gefesselt hat, während das, was nach § 31 kommt, oft nur pflichtmässig, "von den Meisten aber überhaupt nicht gelesen worden"(343) ist? Ist es nicht so, dass gerade die Einleitung eine Antwort verhiess auf die Verlegenheitsfrage: "wie kann man ein moderner Mensch und doch Christ sein?"(343) In der Einleitung nämlich fand und findet man

> "eine Begründung des Christentums mit einem Wort, eine philosophische Ableitung seiner Wahrheit aus der allgemeingültig-wissenschaftlichen Wahrheit, eine Demonstration a priori, auf deren sicherem Grund es sich nachher gemächlich a posteriori dogmatisieren lasse, kurz: einen Ersatz für die verlorengegangenen Gottesbeweise und anderen Beweise für die Möglichkeit und Richtigkeit der biblischen und kirchlichen Sätze."(343)

Wohl hat sich schon Schleiermacher ärgerlich dagegen verwahrt, etwa mit der Einleitung die "'Hauptsache'"(344) zeigen zu wollen. Auch ist es ihm ferne gelegen, "mit diesen einleitenden Untersuchungen über Religion, Religionen und christliche Religion eine Begründung der letzteren geben zu wollen oder gar eine Demonstration a priori"(344). Und doch scheint es so, dass bereits hinter der Szene das Wesentliche, "noch bevor die eigentliche Dogmatik anfängt, ausdrücklich unter Berufung auf eine *anderweitig* feststehende Wahrheit, schon *erledigt* ist"(346). Begriffe wie "unmittelbar, schlechthin abhängig, Beziehung mit Gott, wesentliches Element der menschlichen Natur, höchste Religionsstufe"(346) schmecken nun einmal merkwürdig nach "Wahrheit, nach fast oder ganz absoluten Dingen"(346). Kein Zweifel, dass Schleiermacher "noch eine *andere* Begründung seines Gebäudes kennt ausser der Darstellung selbst"(346). "Ethik und Religionsphilosophie hin und her: *hier* wird offenbar die Katze in den Sack gesteckt, die wir nachher kaufen sollen"(347).

b) **Der sogenannte 'Gegensatz' des zweiten Hauptteils.** In den Schleiermacherschen Ausführungen über den Gegensatz von Sünde und Gnade wittert Barth ein "Attentat auf den neutestamentlichen Erlösungsbegriff"(348): "Der 'Gegensatz' seines zweiten Hauptteils ist ein psychologischer und damit ein relativer und damit ein den *christlichen* Gegensatz jedenfalls im

Sinn des Neuen Testaments und der Reformation *nicht* erreichender Gegensatz."(350) "Ein *gefühlter* Gegensatz kann kein absoluter Gegensatz sein. Nur von einem *geglaubten* und *erkannten* Gegensatz könnte das gelten."(350)

c) **Das Verhältnis der beiden Hauptteile zueinander.** Hinter dieser Thematik verbirgt sich eine ernsthafte Anfrage an Schleiermacher: welche Bedeutung hat das fromme Selbstbewusstsein des ersten Teiles, "wie es in jeder christlich frommen Gemütserregung *immer schon vorausgesetzt* wird, aber auch *immer mit enthalten* ist"(352), ausserhalb des Gegensatzes von Gnade und Sünde? Durch die Formulierung dieses Satzes in der ersten Auflage misstrauisch gemacht, will Barth gerade diesen Punkt ganz genau wissen. Dort stand nämlich: "'Entwicklung des frommen Selbstbewusstseins als eines *der menschlichen Natur einwohnenden, dessen entgegengesetzte Verhältnisse zum sinnlichen Selbstbewusstsein .. sich erst entwickeln sollen.'"* (352) Also doch ein A priori, eine natürliche Theologie? Nein, zu sehr hat Schleiermacher gegen diese Unterstellung protestiert (356). Allerdings legt Schleiermachers Begrifflichkeit selbst dieses Missverständnis nahe: "das *Gottesbewusstsein 'muss irgendwie im Selbstbewusstsein gegeben sein'"* (354). Oder:

> "'Die *Anerkennung,* dass dieses schlechthinige Abhängigkeitsgefühl ... nicht etwas Zufälliges ist noch auch etwas persönlich Verschiedenes, sondern *ein allgemeines Lebenselement, ersetzt* für die Glaubenslehre *vollständig alle sogenannten Beweise für das Dasein Gottes.'"* (357)

Nach dieser Erklärung aber "würde die Einleitung eine natürliche Theologie mindestens *ersetzen,* ... und der erste Teil wäre in der Tat die hin und her zu begehende Brücke zwischen dieser ersatz-natürlichen Theologie und der eigentlichen Dogmatik aufzufassen"(358).

Also doch! Nun, Belege für seine Behauptung findet Barth im zweiten Sendschreiben an Lücke. Dort begründet Schleiermacher seine Weigerung gegen eine Umstellung der beiden Hauptteile. Erstens führt eine Umstellung zu einer Antiklimax, zweitens ist der erste Teil eine notwendige Vorarbeit (363) für den folgenden, der darum umso ausführlicher und insbesondere unangreifbarer durch die Naturwissenschaft wird. Damit löst er die durch die Reformation gestellte Aufgabe "'*jedes Dogma,* welches wirklich ein Element unseres christlichen Bewusstseins repräsentiert', *so zu fassen, 'dass es uns unverwickelt lässt mit der Wissenschaft'"* (362). Im Hinblick auf den *'"ewigen Vertrag* ... zwischen dem lebendigen Glauben und der nach allen Seiten freigelassenen, unabhängig für sich arbeitenden wissenschaftlichen Forschung'"(361) glaubt Schleiermacher alle Meriten für sich beanspruchen zu können:

> "Er hofft, nicht nur das Wunder überhaupt, sondern vor
> Allem das 'Wunder aller Wunder', die "Erscheinung des
> Erlösers', "ohne Nachteil des Glaubens' so dargestellt zu
> haben, 'dass die Wissenschaft uns nicht den Krieg zu erklä-
> ren braucht', entlastet von den Beziehungen zum Alten
> Testament und anderem 'Nebenwerk' und so, dass innerhalb
> des Tatsächlichen keine Grenze gezogen wird 'zwischen
> Natürlichem und absolut Übernatürlichem'. Er meint, die
> Naturwissenschaftler müssten angesichts seiner Christologie
> zugeben, es gebe eine Erscheinung im Gebiet geistigen
> Lebens, die wir nur als neue Schöpfung, als reinen Anfang
> einer höheren geistigen Lebensentwicklung erklären können,
> ebensogut wie ja auch jetzt Materie sich ballt und im unend-
> lichen Raum zu rotieren beginnt."(363)

Drittens führt Schleiermacher gegen eine Umstellung der Hauptteile seine Unfähigkeit an, "'die sogenannten Rationalisten, wenn auch freundlich und mit guter Art, aus unserer Kirchengemeinschaft herauszunötigen'"(363). Dazu ist es aber wichtig, darzutun, "dass häretisch und heterodox nicht dasselbe sei", ja "wieviel freundliche Zusammenstimmung innerhalb des gemeinsam von Orthodoxen und Heterodoxen bewohnten Raumes möglich sei "(363). Einer Umstellung ist darum jedenfalls abzuraten, weil sie "die eigentliche Darstellung gleich mit dem Zentralpunkt beginnen und jenen Raum des Gottesfriedens zwischen Rationalisten und Orthodoxen solange unausgefüllt liesse"(363).

Ergo: "Der erste Teil der Glaubenslehre ist in der Tat eine *Brücke, auf der sich nicht nur Rationalisten und Orthodoxe, sondern* auch Wissenschaft und Glaube und diese sogar zu 'ewigem Vertrag' zusammenfinden können."(364) Die Leidtragenden dieses grossartigen Friedensvertrages sind jedoch "die Bibel und die Reformation, sofern ihr Ziel etwa ein anderes gewesen sein sollte als das ihenen von Schleiermacher zugewiesene"(365).

d) Die drei Formen dogmatischer Sätze. Während die Glaubenslehre in
ihrem Längsschnitt "das schon für Augustin gültige Normalschema"(365)
zeigt, weist der dreistöckige Querschnitt das Typische der Schleiermacherschen Dogmatik auf, die drei Formen dogmatischer Sätze: "'Beschreibungen
menschlicher Lebenszustände ... Begriffe von göttlichen Eigenschaften und
Handlungsweisen ... Aussagen von Beschaffenheiten der Welt'"(365). Nur
die erste Form beschreibt "wahrhaft dogmatische Sätze"(369). Als Beschreibung menschlicher Zustände ist sie die *"'dogmatische Grundform'"* (369),
weil sich in Sätzen, die "'nur aus dem Gebiet der inneren Erfahrung herge-
nommen werden'"(369), "'nichts Fremdes in die christliche Glaubenslehre
einschleichen'"(369) kann. Dementsprechend bezeichnen z.b. auch die göttlichen Attribute *"'nicht etwas Besonderes in Gott ...,* sondern nur etwas
Besonderes in der Art, das schlechthinige Abhängigkeitsgefühl auf ihn zu
beziehen'"(370). Damit ist jedoch letzten Endes diese Dogmatik *"eigentlich*
nur eine Rede des Gefühls über sich selbst"(374), unfähig, sich der Wahrheitsfrage zu stellen. Denn obwohl sie weiss, "dass die Wahrheit im Gefühl
ist und bleibt"(374), geht diese Wahrheit dennoch "nicht in die Rede
über"(374), wird sie doch nicht "Wort".

Die Schleiermachersche Glaubenslehre weiss nichts davon, "dass das
Wort, die Aussage, der Satz etwa als solcher Träger, Bringer, Verkünder der
Wahrheit sein, dass es etwa ein Wort Gottes geben könnte"(373). Es ist
"Schleiermachers mystischer Agnostizismus"(374), der sich in dieser offensichtlichen Geringschätzung des Wortes (vgl. "Die Weihnachtsfeier") nieder-
schlägt. Wenn es der Kardinalsatz der Schleiermacherschen Theologie sein
sollte, dass des Menschen Verhältnis zu Gott im Gefühl besteht und aufgeht,
dann kommt der Lehre von den drei Formen allerdings eine Schlüsselstellung in der Glaubenslehre zu (375).

Barth beschliesst die Übersicht über die Glaubenslehre mit einem klä-
renden Rückblick:

> "Wir verstehen von hier aus das früher Gesagte: der Charak-
> ter der Einleitung als des Ortes, wo nicht der Wahrheitsbe-
> weis für das Christentum, wohl aber der für das Gefühl
> angetreten wird, der Charakter des zweiten Teils mit seinem
> Relativismus von Sünde und Gnade, der Charakter des
> ersten Teils, wo die Einheit des spezifisch christlichen
> Gefühls mit dem in der Einleitung als wahr oder doch als
> wirklich erwiesenen Gefühl überhaupt nachgewiesen wird.

Mit der von Barth solcher Art aufgerichteten Heeresordnung wird auch der "Einleitung" nichts übrigbleiben als die frühest mögliche Kapitulation.

Die Einleitung (375-434): Dass die "Einleitung" nach Schleiermachers Beteuerungen "nur als eine Art Haustrepper zu betrachten {sei}, die mit dem Inhalt der Dogmatik selbst noch gar nichts zu tun habe"(375), will Barth unmöglich glauben.

> "Im Gegenteil: hier handelt es sich, das hat das ganze 19. Jahrhundert sehr richtig empfunden, um den eigentlichen *Inhalt* dieser Dogmatik, zu dem sich Alles, was nachher kommt, nur noch als Analyse, man könnte auch sagen: als vaticinatio post eventum verhält, die nur dem etwas wirklich Neues sagen kann, der hier nicht aufgemerkt oder nicht verstanden hat."(375)

Was die "Enzyklopädie" nur erst ausgesprochen hatte, "das kommt hier zur Auswirkung"(376): Lehnsätze aus Ethik, Religionsphilosophie, Apologetik geben Aufklärung über die *Kirche, die Verschiedenheiten der frommen Gemeinschaften überhaupt, das eigentümliche Wesen des Christentums.* Barth betrachtet die verschiedenen Überschriften als "irreführend"(377), denn mit "einer Untersuchung über *Religion, Religionen* und *christliche Religion* haben wir es tatsächlich zu tun"(377):

a) §§ 3-6 Die Religion. Nicht eigentlich von der Kirche handelt das "Sanctissimum der Schleiermacherschen Theologie"(377), sondern von der die Kirche konstituierenden Frömmigkeit (gut deutsch für Religion!). Weder ein Wissen, noch ein Tun, ist die Frömmigkeit *"'eine Bestimmheit des Gefühls oder des unmittelbaren* Selbstbewusstseins'"* (378). Diese Bestimmheit wiederum, das, was Frömmigkeit von anderen Gefühlen unterscheidet, *"'ist dieses, dass wir uns unserer selbst als schlechthin abhängig, oder, was dasselbe sagen will, als in Beziehung mit Gott bewusst sind'"* (381).

Eingehend seziert Barth den Begriff der "schlechthinigen Abhängigkeit", mit dem Ergebnis, dass er zwei dicke Fragezeichen hinter ihn setzen muss: erstens hinsichtlich seiner Entstehung und zweitens hinsichtlich seiner Herkunft. Der "evolutionistische Psychologismus"(389) Schleiermachers, demzufolge das schlechthinige Abhängigkeitsgefühl sich (aus nichts) entwickelt, ist mehr als fraglich:

"Wie kommt das schlechthinige Abhängigkeitsgefühl dazu,
sich zu entwickeln? Was heisst schlechthinig? Was wird aus
seiner definitionsmässigen Passivität, wenn es das
kann?"(391)

Was die Herkunft betrifft, hat Schleiermacher dem "Woher der schlechthinigen Abhängigkeit" den Namen "Gott" gegeben (385). Daneben gilt: *"'Gott
sei uns gegeben im Gefühl auf eine ursprüngliche Weise'"* (386). Zugleich ist
dieser Gott aber gewollt "gegenstandslos"(383), ein "Neutrum"(386), eben
nichts als ein "ungeheures Faktum"(387):

"Ein Neutrum {aber}, das 'gesetzt' und 'gegeben' ist, ist
offenbar nicht Geist, nicht Gott, sondern, wie abstrakt immer
gedacht, eine *Sache.*"(386)

Es liegt darum nahe zu fragen, ob das "angeblich objektive Korrelat des
Selbstbewusstseins also bloss dessen eigenes ins Absolute projiziertes Spiegelbild"(387) ist.

Gleicht damit das schlechthinige Abhängigkeitsgefühl in all seiner
Gegenstandslosigkeit eher einem "Gewächs"(391) als dem "lebendigen Menschen in seinem Verhältnis zum lebendigen Gott"(391), so dürfte die Kirche
wohl eher ein Treibhaus sein als eine Stiftung und Schöpfung Gottes. Tatsächlich legt sich diese Vermutung aus Schleiermachers eigener Definition
des Begriffes der Kirche nahe:

"'Jede solche relativ abgeschlossene fromme Gemeinschaft',
in der das fromme Selbstbewusstsein in bestimmter Weise
seinen Umlauf(!) hat, in der die frommen Erregungen in
geordneter und gegliederter Weise fortgepflanzt(!) werden,
beides so charakteristisch, dass Angehörige und Nichtange-
hörige irgendwie unterschieden werden können, 'bezeichnen
wir durch den Ausdruck *Kirche.*'" (398)

Ganz im Sinne dieser Definition nennt Schleiermacher die *Familie* und die
"massenweise durch gemeinsame Sprache und Sitte untereinander verbundene"(398) Sippe {Barth: Horde!}, als die ursprünglichsten Beispiele frommer Gemeinschaften. Barth beschliesst: "Ich denke wir sind belehrt".(399)

b) §§ 7-10 Die Religionen. Die hier betrachteten Paragraphen handeln "von den Verschiedenheiten der frommen Gemeinschaften überhaupt". Damit wendet Schleiermacher seinen Blick "vom psychologischen auf das *historische* Feld"(400). Es geht ihm dabei um ein Zweifaches: Erstens, zu zeigen, wie die Religionen {Schleiermacher: fromme Gemeinschaften!} bei aller Verschiedenheit eine Gemeinsamkeit haben, zweitens, darzustellen, wie diese Verschiedenheiten innerhalb des Gemeinsamen zu begründen sind - beides aber mit dem Ziel, nicht in Widerspruch zu geraten mit der christlichen "'Überzeugung von der *ausschliessenden Vortrefflichkeit des Christentums*'" (401).

Zum Ersten ergibt sich die Gemeinsamkeit natürlich per definitionem aus dem Begriff der frommen Gemeinschaft: die Frömmigkeit: Die allen Religionen zugrunde liegenden frommen Gemütszustände sind aber zugleich, und das ist zum Zweiten, der Ackerboden der vielfältigen Gestaltung der frommen Gemeinschaften, "'je nachdem sie sich' in ihrem Verhältnis zum sinnlichen Selbstbewusstsein 'zur Klarheit herausarbeiten'"(400). Somit ergeben sich die Verschiedenheiten der Religionen lediglich aus den unterschiedlichen Entwicklungsstufen des schlechthinigen Abhängigkeitsgefühls. Vor unseren Augen entwickelt Schleiermacher somit in einer "Art geistiger Naturwissenschaft"(401) einen Stammbaum der Religionen, gegliedert nach Arten, Gattungen, Entwicklungsstufen. Fetischismus, Polytheismus, Monotheismus, heissen die Stufen der Entwicklungsleiter, die übrigens den Stufen der Genesis des schlechthinigen Abhängigkeitsgefühls im Individuum frappierend ähneln.[63]

Daneben unterscheidet Schleiermacher auch "Arten": die *teleologische,* und die *aesthetische,* je nachdem die im schlechthinigen Abhängigkeitsgefühl gesetzte Passivität der Welt gegenüber zum "totalen Impuls für das Handeln" oder zum Bewusstsein des Menschen "in seinem Erleiden *und* Handeln"(407) wird. Dass das Christentum mit seinem " *eminenten* Monotheismus"(406) in der Krone des Stammbaumes zu finden ist, überrascht Barth weniger als die Tatsache, dass es nach Schleiermacher den teleologischen Zweig krönt. Es verwundert nämlich, aus den "Evolutionen dieses schlechthiniges Abhängigkeitsgefühl genanntes Chamäleons"(403), aus der absoluten Passivität, allmählich und unerklärlich das "Wesen des *modernen Protestantismus*" (409) entstehen zu sehen:

---

63   Übrigens eine erstaunlich frühe Vorwegnahme von Haeckels biogenetischem Grundgesetz auf dem Gebiet der Religion!

"Mystischer Quietismus im Grunde, möchte er zugleich Kulturreligion, Hebel, Ferment und Ziel aller menschlichen
Tätigkeit, aller Freude und alles Schmerzes sein."(410)

Barth schreibt es wiederum der "historischen Gewissenhaftigkeit"(409)
Schleiermachers und seiner bewussten, gewollten Christlichkeit zu, dass er
sich der Kontingenz des Christentums, die sich erneut gemeldet hat, nicht
entzogen hat:

"Wir haben es hier wie in seiner Christologie mit einem der
Fälle zu tun, wo die kontingente Wirklichkeit des Christentums wie ein Kieselstein spröde und unverdaut im Magen
der Riesenschlange liegen bleibt."(409)

Indem nun aber das Christentum in seiner "ausschliessenden Vortreffl-
keit" zum gekrönten Haupt aller Religionen erhoben ist, allein aufgrund von
Lehnsätzen aus der Religionsphilosophie, d.h. in reinster Allgemeinheit,
erhebt sich von selbst die Frage: "Und das soll nun ... keine Konstruktion
des Christentums a priori sein?, was Schleiermacher ja mit allen Gebärden
des Entsetzens von sich gewiesen hat."(404) Obwohl "das Christentum selbst
mit keiner Silbe zu Worte gekommen"(404) ist, steht nicht nur seine Vortrefflichkeit fest, sondern auch das " Verbot, sich selbst als die Wahrheit den
falschen Religionen gegenüberzustellen"(404). Dabei stört Barth das A prio-
rische als solches nicht, vielmehr die Tatsache, "dass diese Konstruktionen
dem Charakter des Schleiermacherschen Denkens keine transzendentale,
sondern eine geschichtsphilosophisch-naturalistische ist"(405).

Die Erläuterungen des § 10 finden Barths spezielles Interesse, geht es
doch hier um den Begriff der Offenbarung im Hinblick auf den Ursprung
einer frommen Gemeinschaft. Barth nimmt seine Vermutung vorweg: im
Schutze einer "selbst bei Schleiermacher auffallenden *Dunkelheit*" (414) will
der Meister "versteckt im Dickicht seiner Dialektik"(414) etwas sehr Einfa-
ches sagen: "dass *das Christentum eine historisch bedingte Religion*
ist"(414). Schleiermacher bedient sich dazu der Begriffe "positiv" und "geoffenbart"(415). Diese aber besagen nicht mehr als die Beziehung jeder tatsächlichen Religion auf die ihr zu Grunde liegende "'Urtatsache'"(417).
Doch wiewohl in diesem "Ursprünglichen eine göttliche Kausalität" (§ 10,
Zusatz) angenommen wird, wiewohl Schleiermacher "Offenbarung eine *göttliche Mitteilung* und Kundmachung nennt"(418), wiewohl das "Auftreten
und Wirken dieser Tatsache ... ein *existentielles*" (419) sein soll, Barth

warnt, "sich durch den Unfug, den Schleiermacher mit der Silbe *Ur-* treibt, nicht etwa täuschen zu lassen"(418):

> "Diese Schleiermacherschen Ur's sind alle aus Gips, nicht
> aus Granit. Den Begriff des Anfangs durch *Schöpfung* , den
> zu denken die Silbe Ur- einladet, *kennt* Schleiermacher
> nicht."(418)

Auch die existentielle Einwirkung dieser Urtatsache ("hoffnungsvolle Bestimmung!"(419] meint keineswegs eine "Begegnung zwischen Gott und Mensch, sondern ... die zwischen lehrenden und belehrten Menschen ..., bei der es sich eben nach seiner Theorie nur um die unmittelbare (persönliche!) Einwirkung, nicht aber um die Mitteilung von Gedanken und Worten"(419) handeln kann. Ist damit aber nicht - in geradliniger Verlängerung der Schleiermacherschen Gedanken - "richtig verstanden, *Alles* Offenbarung und, wieder richtig verstanden, *gar nichts*" (420)? Ja, ist nicht damit "Offenbarung im eigentlichen Sinn so ganz im Vorbeigehen, noch bevor er {der christliche Glaube} sich äussern konnte, *geleugnet* worden"(421)?

c) §§ 11-14 Die christliche Religion. Nachdem in dem letzten Abschnitt dem Christentum rein formell ein Platz - und ein hervorragender dazu - zugewiesen worden ist, steht nun auch seine inhaltliche Bestimmung zur Debatte. Insbesondere ist zu erhellen, ob sich in dem Begriff "christlich" das Wesen des Christentums zu erkennen gibt, und in welchem Sinne. Schleiermacher verweist dazu auf die Begriffe "Erlösung" und "Erlöser". Es stimmt zwar, "der Erlösergedanke findet sich in allen Religionen"(422), aber bezeichnend für das Christentum ist (im Sinne eines Kriteriums)

> "1. die Beziehung aller frommen Erregungen auf den durch
> den Erlösungsgedanken bezeichneten Gegensatz, 2. die Auf-
> fassung der Erlösung als Werk Jesu von Nazareth und 3. die
> unauflösliche Beziehung zwischen jenem ersten, dem christ-
> lichen Inhalt, und diesem zweiten, der christlichen Grundtat-
> sache."(422)

In der prinzipiellen Andersartigkeit des Erlösers, der "selbst *in keiner Weise als erlösungsbedürftig* gedacht wird"(423), und der Ursprünglichkeit seiner erlösenden Wirkung, demgegenüber in anderen monotheistischen Stifterreligionen "die Erlösung sich erst durch die Gemeinschaft vollzieht"(423), erweist sich die schlechthinige Überlegenheit des Christentums gerade von seinem inneren Wesen her. M.e.W.: Jesus ist tatsächlich "christlich".

Hier nun kann Barth seinen Unwillen nicht länger zurückhalten: "Wie kommt die Einleitung ... dazu, ein *Kriterium* über Christlichkeit oder Unchristlichkeit, stärkere oder schwächere Christlichkeit eines religiösen Satzes aufzustellen, bevor die christliche Aussage überhaupt stattgefunden hat?"(424) Um nichts anderes geht es Schleiermacher hier, als um den "Nachweis der Eingliederung *dieses* Glaubens bzw. seiner Lehre in das System der Kultur"(424), und "die Glaubenslehre selbst wird das *Nachträgliche*, die Auswickelung des hier furtim und raptim Eingewickelten"(425). Ein Blick auf den Erlösungsbegriff belegt das Gefährliche der Schleiermacherschen Methode. Erlösung soll ja demzufolge nicht als "'Umschaffung im eigentlichen Sinn', sondern als ein zunehmendes Einswerden des sinnlichen Selbstbewusstseins mit dem Gottesbewusstsein gedacht werden"(422). Die ganze "naturhafte, quantitätsfähige, dingliche Zweideutigkeit"(425) des als systematischer Grundbegriff vorausgesetzten schlechthinigen Abhängigkeitsgefühls bedingt,

> "dass es zu einem streng dialektischen *Gegensatz* von Sünde und Gnade innerhalb des Erlösungsbegriffs *nicht* kommt, sondern nur zu jener *Amphibolie* einer mehr oder weniger vorhandenen Leichtigkeit, das Gottesbewusstsein im sinnlichen Selbstbewusstsein hervortreten, dominieren zu lassen"(425).

Das Ergebnis ist eben diese "greuliche Irrlehre des § 11,2, der für sich allein genügen würde, die ganze Schleiermachersche Glaubenslehre schlechterdings unannehmbar zu machen"(425).

Die Betrachtung der folgenden Paragraphen birgt nichts Neues, "es entwickelt sich nun Alles mit unheimlicher Logik"(429), und man kann sich höchstens wundern, "*wie* offen Schleiermacher hier eigentlich Alles heraussagt, wenn man sich nicht noch mehr über das 19. Jahrhundert wundern will, das trotz dieser Offenherzigkeiten an diesen Mann geglaubt hat"(431). Aus Zeitgründen (eine Woche vor Semesterende!) bricht Barth hier die Besprechung der Glaubenslehre ab. Ihn tröstet die Zuversicht, "in diesen zwölf Paragraphen das Ganze dieser Glaubenslehre einigermassen kennen gelernt [zu] haben"(434). Wir verlassen seine Vorlesung mit just dem Eindruck, den Barth selbst eben noch von Schleiermacher meinte haben zu müssen: "Der Paragraph zeichnet sich ... aus durch eine ausserordentliche Eilfertigkeit und Oberflächlichkeit."(427)

"Die Reden über die Religion" (435-464): In den verbleibenden drei Vor-lesungsstunden unternimmt Barth den Versuch, "den Gehalt dieses ersten und grundlegenden wissenschaftlich-theologischen Votums Schleierma-chers"(435) darzustellen, indem er "einige Diagonalen durch das gan-ze"(435) zieht. Er hält sich dazu an die erste (1799) der von Schleiermacher selbst besorgten vier Originalausgaben[64].

Noch einmal erleben wir Schleiermacher, aber so, wie man sich im Herbst des Frühlings erinnert: Bäume mit sehr zartem Grün, mit Knospen statt mit Früchten, und doch schon in der Anlage vollkommen und unschwer als Anfang und Ursprung auszumachen. So erkennt auch Barth in dem "jugendlichen" Redner über die Religion, der mit der "weissen Fahne in der Hand"(438) Parlamentärverhandlungen führt mit den Gebildeten unter ihren Verächtern, den Verfasser der Glaubenslehre wieder, deren Inhalt und Schwergewicht genau diesem Anliegen entspricht, "das für Schleiermachers theologische Arbeit charakteristisch und bestimmend, nur *zu* bestimmend gewesen ist"(438).

Zunächst stellt Barth den Redner vor, als ein "Wesen, das redet, ein Gemisch von Virtuos, Prophet, Mittler, Priester und Heros"(441), das darum nur *Reden* über die Religion halten kann, die aber als solche

"nicht Wahrheitsmitteilung, sicher nicht erkenntnisbegrün-dende Rede, sicher nicht Logos, sondern, wie auch immer im einzelnen zu bestimmen, nur Ausdruck eines *nicht* Aus-zudrückenden, Symbol eines Eigentlichen, das *nicht* erscheint, inadäquates Echo einer Stimme, die selbst tonlos ist, Schall und Rauch gegenüber dem Gefühl, von dem sie hier redet"(441).

Das Was?, "von dem hier *so* geredet werden soll"(441), ist offenbar ein ganz bestimmtes "von den Verächtern übersehenes *Etwas im Wesen des Men-schen*" (441): "'Mysterien der *Menschheit*'" (441), "Religion als zugehörig zur *menschlichen Natur*" (442), ein "*Kontinuum* ... im menschlichen Gemüt"(442), die religiöse Anlage (442), die darin besteht, dass "'die Gott-heit den *Teil der Seele,* in welchem sie vorzüglich wohnt ..., auch als ihr Allerheiligstes ganz eigen erbaut und abgesondert von Allem'"(442), als ihre "'eigene *Provinz im Gemüte*'"(422). Dieses Was? nun erhält kräftigere Far-

---

64 Die Ausgaben von 1799, 1806, 1821, 1831:

be und Kontur durch Schleiermachers Verweise auf die (deutsche!) Nation, die Familie, die Vermählung. In ihnen wird je etwas deutlich von dem "Geheimnis der Religion"(443). Es ist klar, was der Redner will: die Religion aufweisen als eine menschliche Möglichkeit, ja Wirklichkeit: "Die als Religion bezeichnete Grösse tritt bei Schleiermacher *überhaupt nicht erst auf,* weil sie nach ihrer eigenen Aussage immer und überall schon da, als gegebene Grösse *da* ist"(447). M.a.W.: Religion ist unentrinnbare Wirklichkeit im Leben jedes Menschen, der *"'Sinn* und *Geschmack* fürs Unendliche'"(447) hat. Sinn aber bedeutet *Welt*anschauung, *Selbst*anschauung, *Kunst*anschauung, und in dieser dreiblättrigen Blüte erkennt Barth die Grösse, "die Schleiermacher später das unmittelbare Selbstbewusstsein genannt hat"(448). Gibt uns diese Blüte den Ort, die Provinz, das "Organ der Religion"(448), so finden wir in ihr (gleichsam als Pollensack und Stempel) ihr inneres Lebenselement: "Anschauung und Gefühl"(449). Was in der Blüte noch getrennt ist als ein "mehr objektives und ein mehr subjektives Element"(448f.), wird uns später in der fertigen Frucht als das schlechthinige Abhängigkeitsgefühl erscheinen. Der junge Schleiermacher zwar hat diese Trennung seinerzeit bedauert, doch lässt er in der Überbrückung des frühlingshaften Gegensatzes bereits den Herbst ahnen:

> "'Anschauung ohne Gefühl ist nichts und kann weder den
> rechten Ursprung noch die rechte Kraft haben; Gefühl ohne
> Anschauung ist auch nichts: beide sind nur dann und deswe-
> gen etwas, wenn und weil sie ursprünglich eins und unge-
> trennt sind'."(451)

Was meint Schleiermacher mit Anschauung und Gefühl? " *Anschauung* ist das Aufnehmen, Zusammenfassen und Begreifen des Einflusses, den die Totalität der Dinge auf uns ausübt."(449) Dem steht auf der subjektiven Seite gegenüber das *Gefühl:* "die durch die Anschauungen in unserem inneren Bewusstsein hervorgebrachten Veränderungen, das durch die *Handlungen* des Universums geschaffene neuer *Verhältnis* desselben zu unserem Gemüt und Zustand"(450). Wo Anschauung und Gefühl eins sind, da sind wir im Allerheiligsten der Religion, Zeugen des "'erste{n} geheimnisvolle{n} Augenblick{s}'"(451):

> "'Könnte und dürfte ich ihn doch aussprechen, andeuten
> wenigstens, ohne ihn zu entheiligen! Flüchtig ist er und
> durchsichtig wie der erste Duft, womit der Tau die erwach-
> ten Blumen anhaucht, schamhaft und zart wie ein jungfräuli-

cher Kuss, heilig und fruchtbar wie eine bräutliche Umarmung; ja nicht *wie* dies, sondern er *ist* alles dieses *selbst*. Schnell und zauberisch entwickelt sich eine Erscheinung, eine Begebenheit zu einem Bilde des Universums.'"(451)

Zu diesem Punkt ruft Barth den gewiss unverdächtigen *Rudolf Otto* in den Zeugenstand, der an dieser Stelle folgendes angemerkt hat:

> "'Dieser Satz ist der Schlüssel zu Schleiermachers Gedanken vom *Erleben des Ewigen*. Er meint damit zwar keine ekstatischen Entzückungen, kein visionäres Schauen, sondern das Innewerden des Unendlichen in und am Endlichen, d.h. des ewigen Wesens, Gehaltes, Grundes vor allem Sein und Geschehen um uns her, das dem anschaulichen Gemüte in unmittelbarem Erleben und Gefühl - in individuell unendlich verschiedener Weise - gewaltig und ergreifend aufgehen soll. *Doch aber setzt er damit ganz offenbar eine genuin mystische Veranlagung der menschlichen Seele voraus:* nämlich aus sich heraus das Ewige, das Göttliche, in den zeitlichen Dingen zu spüren, *und so ihr eigener Prophet zu sein,* selber 'eigene Wunder', 'eigene Offenbarungen' zu erleben.'"(451)

"Eben gerade das meine ich auch"(451) fügt Barth hinzu und meint nun die Akten schliessen zu können, denn "tiefer als so werden wir nun in die Brunnenstube der Schleiermacherschen Theologie nicht mehr eindringen können"(452). Da das Urteil schon lange gesprochen ist, kann es sich auch bei den noch folgenden Begriffserläuterungen nur mehr um Teile der Urteilsbegründung handeln:

Das **Universum:** es ist nichts anderes als " - genau so wie das Woher? des schlechthinigen Abhängigkeitsgefühls - die übermächtige *Kausalität"* (452).

Die **positive Religion:** sie ist da, "wo in Beziehung auf eine *Zentralanschauung* alles gesehen und gefühlt wird, wo und wie sie sich auch bilde und welches auch immer diese vorgezogene Anschauung sei"(455). Demgegenüber ist die sogenannte natürliche Religion etwas "zu Unkräftiges, von Moral oder Sentimentalität zu wenig sich Unterscheidendes"(454), und ihre gerühmte Freiheit "ist nur die Freiheit, *ungebildet* zu bleiben, frei von der Nötigung, 'etwas Bestimmtes zu sein, zu sehen und zu empfinden"(454).

Die **Kirche**: "'Ist die Religion einmal, so muss sie notwendig auch *gesellig* sein: es liegt in der Natur des Menschen nicht nur, sondern auch ganz vorzüglich in der ihrigen.'"(456) Die wahre Kirche ist ecclesia possidentium, "die Gemeinschaft derer, die schon Religion *haben*" (456).

Die **Theologie**: ihre Dogmen und Lehrsätze sind nur die *"Schatten unserer Anschauungen und Gefühle"*(457). Sie ist unvermeidlich, aber "nicht der Inhalt der Religion"(457).

Die **Offenbarung**: "jede ursprüngliche und neue Anschauung des Universums ist eine, und jeder muss doch wohl am besten wissen, was *ihm* ursprünglich und neu ist, und wenn etwas von dem, was in *ihm* ursprünglich war, für euch noch neu ist, so ist seine Offenbarung auch für euch eine, und ich will euch raten, sie wohl zu erwägen'"(458).

Die **Heilige Schrift**: "'Jede heilige Schrift ist nur ein Mausoleum der Religion ... . Nicht der hat Religion, der an eine heilige Schrift glaubt, sondern der, welcher keiner bedarf und wohl selbst eine machen könnte.'"(459)

Das **Wunder**: "Wunder ist nur der religiöse Ausdrück für *Begebenheit.*" "'Wer nicht eigene Wunder sieht auf seinem Standpunkt zur Betrachtung der Welt ..., der hat keine Religion.'"(459) **Gott**: "'Für mich (kann) die Gottheit nichts Anderes sein ... als eine einzelne religiöse *Anschauungsart.*'" (459) Es ist durchaus möglich, "' *dass eine Religion ohne Gott besser sein kann, als eine andere mit Gott'*"(459). "'*Gott ist nicht Alles in der Religion, sondern Eins, und das Universum ist mehr.*'"(460)

Die **Unsterblichkeit**: "'Die Unsterblichkeit darf kein Wunsch sein, wenn sie nicht erst eine Aufgabe gewesen ist, die ihr *gelöst* habt. Mitten in der Endlichkeit Eins werden mit dem Unendlichen und ewig sein in einem Augenblick, das ist die Unsterblichkeit der Religion.'"(460f.)

Hier schliesst die Verhandlung. Erschöpft und erschüttert zieht Barth das Fazit. Er war auf schlimme Dinge gefasst gewesen, aber nicht darauf, "dass die *Entartung der protestantischen Theologie* ... so tiefgehend, so ausgedehnt, so mit Händen zu greifen sei"(461). Schleiermachers Leistung als des grössten Theologen seit der Reformation verdient Respekt und Bewunderung. "Keiner war und ist, der ihm das Wasser reichte. ... Dieser aber hat uns, hat das Ganze in diese *Sackgasse* geführt!"(461) Falls nun aber Schlei-

ermachers Theologie tatsächlich nur "der normale und legitime Fortgang der
Reformation"(462) gewesen sein sollte, *dann* zieht Barth vor, "wieder katholisch zu werden"(462). Falls jedoch das Gegenteil der Fall sein sollte, und
man in Schleiermacher keineswegs den rechtmässigen Erben und Testa-
mentsvollstrecker der Reformatoren sehen wollte und in der "fraglosen Herrschaft seiner Richtung nicht eine gnädige, sondern eine ungnädige Führung
Gottes, ein Zorngericht über den Protestantismus, das zur Busse und zur
Umkehr und nicht zum Weitermachen einladet"(462), dann bleibt nur

> "die Möglichkeit der *theologischen Revolution,* das grund-
> sätzliche Nein! zu der ganzen Schleiermacherschen
> Religions- und Christentumslehre und der Versuch eines
> Neubaus gerade an *der* Stelle, an der wir ihn immer wieder
> mit erstaunlicher Beharrlichkeit, Kunst und Kühnheit haben
> vorbeieilen sehen."(462)

Mit Worten ist leicht Nein! gesagt, "wie schwer dagegen mit der Tat, nämlich mit der positiven Gegenleistung"(462f.). "Zum triumphierenden Besser-
wissen ist an diesem Grabe kein Anlss, wohl aber zu Furcht und Zittern vor
dem Ernst des Augenblicks und angesichts der eigenen Unzulänglich-
keit."(463)

3.2.1.4   Zusammenfassung

Barth selbst hat es unterlassen, das Gesamtergebnis seiner Schleiermachervorlesung in konziser Form darzustellen. Wir wollen darum den Versuch wagen, seine damalige Sicht Schleiermachers an Hand von vier kritischen Prinzipien sichtbar zu machen: dem "Schleier-Prinzip", dem "Friedens-Prinzip", dem "Natur-Prinzip" und dem "Ur-Prinzip".

Das "Schleier-Prinzip": Mit diesem Schlagwort soll die Spitze der Barthschen Kritik bezeichnet sein, die sich gegen Schleiermachers permanente Vermeidung der Wahrheitsfrage richtet. "Schleiermacher streitet nämlich ...gegen die Meinung, als ob es *im Gottesverhältnis wahre Worte [gäbe]."* (88) Darum ist Schleiermacher auch kaum zu widerlegen, und Barthj enthält sich bewusst jeder "spitzen Einzelkritik"(161). Folgende Begriffe beschreiben nach Barths Ansicht das "Schleier"macherische dieser Theologie.

Da ist zunächst die *Musik* mit ihrer "begrifflichen Qualitätslosigkeit"(132), die von Schleiermacher eindeutig als dem Worte überlegen angesehen und darum vorgezogen wird. Und wenn Schleiermacher gar die "Musik seiner Religion" anstimmt, sieht der skeptische Barth darin

> "nicht Wahrheitsmitteilung, sicher nicht erkenntnisbegründende Rede, sicher nicht Logos, sondern, wie auch immer im einzelnen zu bestimmen, nur Ausdruck eines *nicht* Auszudrückenden, Symbol eines Eigentlichen, das *nicht* erscheint, inadäquates Echo einer Stimme, die selbst tonlos ist, Schall und Rauch gegenüber dem Gefühl, von dem sie redet."(441)

Weiterhin sind es die *Frauen,* deren heiliger Ernst und liebliches Spiel"(133), im Gegensatz zu den männlichen Christologen, das "eigentlich Substantielle"(132) der weihnachtlichen Christusbotschaft zur Sprache bringen, oder besser: verkörpern. Das gefühlvoll Irrationale des "Ewig-Weiblichen"(131) in Schleiermachers Theologie hat für Barth "hochtheologische Bedeutung"(131), sieht er doch darin den tiefsten Grund für Schleiermachers bewusste Geringschätzung des klaren Wortes, des bibli-

---

65   Hier hätte Barth zu denken geben können, was er selbst zehn Jahre vorher einwandte, dass nämlich Schleiermacher selbst in seiner Glaubenslehre "Formeln geschmiedet hat", "die nun schon so mancher Theologengeneration die

schen Wortes insbesondere.[65]

Schleiermachers durchgängige Betonung des *Gefühls* weist in die gleiche Richtung. Als schlechthiniges Abhängigkeitsgefühl ist es rein passiv, "ganz und gar *Empfänglichkeit*" (379), weder Wissen noch Tun,[66] jedoch gekennzeichnet durch eine merkwürdige *"Gegenstandslosigkeit"* (387). Im Gefühl ereignet sich - so Barth - nach Schleiermacher das Entscheidende: die Vereinigung des Menschen mit Gott (410). Dies aber erscheint Barth eindeutig als *Mystik,* deren Schaden insbesondere darin besteht, dass die menschliche Seele, nachdem sie aus dem "Taumelkelch der Mystik"(411) getrunken, "ihr eigener Prophet wird"(452). Damit spricht aber nicht mehr Gott selbst, sondern der Mensch. "Nichts ist übriggeblieben ... davon, dass das Wort, die Aussage, der Satz etwa als solcher Träger, Bringer, Verkünder der Wahrheit sein, dass es etwa ein Wort Gottes geben könnte. ... Die Wahrheit kommt nicht in dem geredeten Wort, sie bleibt im redenden *Gefühl."* (373)

> Und wenn nun das Gefühl redet, und sogar lehrt, so ist doch
> sein Gegenstand kein anderer als - es selbst, seine Bestimmt-
> heiten und sein Woher, Gott als seine und seiner Bestimmt-
> heiten causa."(373).

Neben diesen drei genannten "Verschleierungen" des Wortes: Musik, Frau, Gefühl, meint Barth bei Schleiermacher eine deutliche Tendenz zur Umdeutung biblischer Begriffe (39) und dogmatischer Sätze bemerkt zu haben, die zwar im Wortlaut bestehen bleiben, aber "in der Substanz eine Veränderung durchgemacht haben"(338). Barth redet in diesem Zusammenhang von "Umdeutungen, Verkürzungen, Verbiegungen und Eskamotierungen"(338), von einem "Attentat auf den neutestamentlichen Erlösungsbegriff"(348), ja von einer "Travestie"(433) des reformatorischen sola fide! Gelegentlich ist es ihm unmöglich, "Schleiermachers Beteuerungen ... Glauben zu schenken"(375) - d.h. er meint ihn besser zu verstehen, als dieser sich selbst -, oder er wünscht sich, dass "Schleiermacher {sich} auf eine nähere Bestimmung dieser Adjektive 'ursprünglich' und 'unabhängig' eingelassen oder anderweitig deutlich gemacht hätte, dass sie ernst gemeint seien!"(452f.) M.a.W., Barth möchte nur allzu gerne den alles umfassenden, alles verhüllenden, zugleich höchst modisch kleidenden Schleier über

---

gediegenste Anleitung zum religiösen Denken gewesen sind". S.o.S. 36.

66   Sollte dies etwa Barths Verständnis von "Frau" gewesen sein?

Schleiermachers Theologie lüften und dem Sonnenlicht des Evangeliums, und das heisst, der *Offenbarung,* aussetzen. Nicht ohne Grund zitiert er darum zur Einführung in die Glaubenslehre die bekannten Verse August Wilhelm Schlegels unter dem Titel "Bedeutsamer Name":

"Der nackten Wahrheit Schleier machen,
ist kluger Theologen Amt,
und Schleiermacher sind bei so bewandten Sachen
die Meister der Dogmatik insgesamt."(332)

Das "Friedensprinzip": Mit diesem Wort wollen wir diejenige Seite der Theologie Schleiermachers benennen, die wohl ihre charakteristischste ist, die auch Barths schärfsten Widerspruch herausgefordert hat.

Der Schleiermachersche "Friede" richtet sich "gegen alles Entweder-Oder"(85) unter "Bestreitung aller wirklichen *Spannungen,* aller *Krisis."* (85). Wo immer Gegensätze sich auch auftun mögen, über allem wölbt sich "früher oder später sofort dieser Regenbogen des Friedens und des ursprünglichen Einsseins"(451). Kontraste sind stets virtuell, vorläufig. Problemlos gelingt Schleiermacher die "Überwindung dieses Kontrastes in einem *qualitätslosen Dritten"* (247), einem (wenn auch nicht Schellingschen) "Indifferenzpunkt"(29). Diese coincidentia oppositorum wird jeweils ermöglicht, indem Schleiermacher einen erhöhten Standpunkt einnimmt, wenn nötig, sogar *"über dem Christentum"* (266), ja man könnte fragen, ob seine Leistung nicht gerade darin besteht, zu immer höheren Standpunkten vorzudringen, von denen ein universaler Überblick möglich sein könnte. Aus der fernen Höhe verliert er allerdings Entscheidendes aus dem Blick: die "reale{n} Dialektik des Lebens"(204), und die "spezifisch *theologische* Behandlungsweise"(274). Kurz gesagt, aus seinem Adlerhorst wird Schleiermacher weder dem Menschen noch Gott gerecht. Das zeigt sich deutlich in den Konsequenzen seiner Friedenspolitik und dem Preis, den er dafür bezahlen muss.

Schleiermachers *Mensch* ist friedlich, im Kerne gutmütig, ohne "besondere Feindschaft gegen das göttliche Wort"(87). Sünde und Gnade leben im Menschen in friedlicher Koexistenz als geringere oder stärkere Leichtigkeit des Gottesbewusstseins. "Sünde ... ist nicht die Sünde gegen *Gott,* und Gnade ... ist nicht die Gnade *Gottes."* (350). Der sogenannte Gegensatz zwischen Sünde und Gnade "ist ein psychologischer und damit ein relativer und damit ein den *christlichen* Gegensatz jedenfalls im Sinne des Neuen Testaments und der Reformation *nicht* erreichender Gegensatz"(350). Damit ist aber bei Schleiermacher das Kreuz Christi total entschärft, brauchbar als "erhabenes Friedensbild für das deutsche Haus"(146).

Friedlich ist auch das Schleiermachersche *Eheideal*. Stille der Frau und Rücksicht des Mannes allein schaffen die "wahrhaft eins machende Liebe"(200). Solche "fugenlose Ehe" ist nur die "Anwendung seiner Lehre vom Frieden, von der Neutralisierung, ja Indifferenzierung, ja Aufhebung aller Kontraste"(200), der aber die "reale Dialektik des Lebens"(204) ins Gesicht schlägt.

Frieden sucht auch die *Kirche* Schleiermachers. Aus dem Streit zwischen Lutheranern und Reformierten herausgewachsen, sucht sie auf dem Fundament der "Indifferenz aller Dogmatik"(337) der unierten Kirche einen neuen Tempel zu errichten, und, da "nicht einmal ein Ausgleich vonnöten ist, den Frieden der neuen, evangelischen Kirche bestätigend einzusegnen"(337). Damit soll dieser Tempel gastfreie Herberge bieten, soll beweisen, "wieviel freundliche Zusammenstimmung innerhalb des gemeinsam von Orthodoxen und Heterodoxen bewohnten Raumes möglich sei"(363). In diesem "Raum des Gottesfriedens"(363) ist Platz für alle. *"Kein* Krieg wird erklärt, und niemand wird ausgeschlossen."(365) Auch die "Verächter der Religion" sollen nicht abseits stehen, sondern durch "Parlamentärverhandlungen"(438) gewonnen werden das Christentum "als notwendig und begrüssenswert"(438) anzuerkennen.

Selbst die *Theologie* hat die weisse Fahne gehisst. Apologetisch schüchtern bietet sie der "wahren Wissenschaft" die Hand zum *""ewigen Vertrag'"* (361) und lässt es sich genügen, zum Dank dafür im Hause der Ethik zur Untermiete zu wohnen. Nachdem sie die Waffen gestreckt hat, "wie 1866 die Hannoversche Armee bei Langensalza"(310), und nachdem sie sich vergewissert hat, "'dass die Wissenschaft uns nicht den Krieg zu erklären braucht'"(362),

> " wird ihr gütig eine kleine Unterkunft *innerhalb* des wissenschaftlichen Ganzen bereitet, nachdem sie ihrerseits des Anspruchs, Wissenschaft von der *Offenbarung* sein zu wollen, auf Wunsch der eigentlichen Herren des Hauses gehorsam sich begeben ..."(309f.).

Der "Pferdefuss"(274) dieser Unterwerfung ist jedoch, dass "die Theologie heimlich, wenn auch unter Wahrung ihres besonderen Gebietes, an die Methoden der empirischen Geisteswissenschaften verraten und verkauft ist"(274). Das friedevolle Domizil entpuppt sich als Gefängnis!

Der Preis für diesen "Frieden" ist in der Tat hoch: neben dem Verlust ihrer Selbständigkeit bzw. Freiheit muss die Theologie auch gleich noch das Alte Testament dem System opfern (92 und 279), und mit der Preisgabe der Wahrheitsfrage auch den Absolutheitsanspruch des Christentums (310f.). Zusammengefasst: " ... zwei Leidtragende bleiben ... auf dem Platze: die Bibel und die Reformation, sofern ihr Ziel etwa ein anderes gewesen sein sollte, als das ihnen von Schleiermacher zugewiesene"(365). Sowohl die Bibel als auch die Reformatoren kannten den absoluten Gegensatz, den Schleiermacher nicht kennt oder nicht kennen will. Diese Absolutheit jedoch,

> "die Exklusivität des Gegensatzes von *Tod* und *Leben*, wie ihn das Neue Testament zwischen Sünde und Gnade setzt, kann nur der *Wahrheit* eigen sein, nicht der Wirklichkeit, nur dem Geist, nicht der Natur, auch nicht der psychischen Natur, nur *Gott*, nicht dem menschlichen Bewusstsein von Gott. Ein *gefühlter* Gegensatz kann kein *absoluter* Gegensatz sein. Nur von einem *geglaubten* und *erkannten* Gegensatz könnte das gelten"(350).

Das "Naturprinzip": Unter diesem Titel konkretisiert sich - nach Barth - der Schleiermachersche Friede im Bereiche seiner Dogmatik. Als "ausgesprochener Feind aller *Aufregung,* alles Jähen, Plötzlichen, Unvermittelten im christlichen Leben"(82) ist er wie von selbst ein Freund der Stetigkeit in der Natur, denn natura non facit saltus. In einem gewaltigen, fast kosmologisch zu nennenden, Entwurf wird alles Leben und Denken in seinen Zusammenhängen durchschaubar. Geschichte ist alles, und Geschichte hat alles: "Den Begriff eines Anfangs durch *Schöpfung ... kennt* Schleiermacher nicht."(418) Auch das Christentum kann ebensowohl "als das *'Entstehen eines neuen, noch nicht Dagewesenen',* wie auch "als die *'Ausbildung eines schon irgendwie Vorhandenen'* angesehen werden"(275). Gleiches gilt für die Religionen überhaupt, die ja nur Arten und Gattungen des im Fortschritt begriffenen frommen Selbstbewusstseins sind. Gleiches gilt für die Erlösung, den Glauben, die Kirche, die Bibel, die Offenbarung. Immer wieder bestärkt Schleiermacher den Eindruck, alle Phänomene seien quantifizierbare Grössen in einer "Art geistiger Naturwissenschaft"(401), die untereinander in den Relationen des "kleiner" oder "grösser" stehen.

"Das, diese quantitative Schätzung und Verwendung qualita-
tiver Begriffe ..., diese bei aller *begrifflichen* Dialektik sachlich undialektische, dinghaften Grössen angemessene Art,
sie gegeneinander auszuspielen, ist der geistige Naturalismus
Schleiermachers"(305).

Auch Gott findet irgendwie seinen Platz in dieser universalen Genealogie,
diesem "Evolutionismus mit idealistischem Vorzeichen"(190, Scholz). "Mitgesetzt" im schlechthinigen Abhängigkeitsgefühl als dessen eigenes Woher?
ist Gott "die übermächtige causa"(399), die der Mensch "anthropomorph, die
Sache vom Wort unterscheidend, das Wort nur als inadäquaten Ausdruck
verwendend: *Gott* {nennt}"(399).

"Durch die Kategorien Ursache, Wirkung, Wechselwirkung,
also durch typisch naturwissenschaftliche Kategorien soll
die Frömmigkeit, soll das Verhältnis des Menschen zu Gott
bestimmt werden."(381f.)

Unter solchen Voraussetzungen wird natürlich auch das "Christentum eine
vorhandene wirksame, und zwar nicht pneumatisch, sondern geschichtlich-
natürlich vorhandene Kraft"(242), die in der Kirche "in vollem
Umlauf"(304) ist, vergleichbar einem gewaltigen Blutkreislauf "eines unge-
heuerlich durch die Geschichte und in die Gegenwart hineinwachsenden
Körpers"(304). "Ein *Übernatürliches* gibt es im Grunde überhaupt nicht: Tat
der Natur, letzte Entwicklung ihrer geistigen Kraft ist auch Christus."(431)
Das Universum ein kosmisches Treibhaus! Aber:

"Die Frage erhebt sich, was denn eigentlich die Gültigkeit
der christlichen Wahrheit, der Wahrheit überhaupt mit solchen Wachstumsprozessen zu tun haben möchten?"(212)

Oder ist "Gott etwa auch 'das Leben'? Oder vielmehr eine Verobjektivierung
und Personifizierung des Lebens?"(391)

Das "Ur-prinzip": Unter dieser Rubrik versammeln wir alle die Ansätze,
in denen Schleiermacher - nach der Ansicht Barths - den hoffnungsfrohen
Versuch unternommen hat, den christlichen Glauben "christlich" zu begründen. Es sind dies all jene Begriffe, die auf Orginalität, Neuanfang hinweisen:
Urbild, Urgeschichte, Ursprüngliches, Urchristentum, Urschriften. Doch fallen diese Schleiermacherschen "Urs's" völlig unmotiviert aus einem myste-

riösen Woher? vom Himmel. Obwohl Barth "Schleiermachers Auffassung der Theologie als einer *positiven,* d.h. nicht-spekulativen, sondern dem Anliegen der christlichen Kirche nachgehend auf die historische Faktizität der christlichen Offenbarung gerichteten Wissenschaft"(307f.) nachdrücklich unterstreicht, glaubt er nicht, dass sie in echter "Jenseitigkeit"(294) begründet ist. Seine Theologie, wie auch die Offenbarung in Christus, ist "ein geistig-natürlicher Organismus, ein Gegebenes, ein Faktum, und *nichts als ein Faktum,* Wirklichkeit und *nur* das"(308). Kein göttlicher Ursprung also von Christus, Kirche, Bibel. Keine echten "Ur's" also, die etwa Neusetzung, Schöpfung wären. "Diese Schleiermacherschen Ur's sind alle aus Gips, nicht aus Granit."(418) Es stimmt schon, dass "Schleiermacher Christus irgenwie absolut setzen *möchte"* (143), als echtes Urbild, unableitbares Original, aber die Silbe "Ur- hat bei ihm die ganz harmlose Bedeutung des Werdenden in seiner ersten erkennbaren Gestalt"(277). Und doch kommt es hier zu keiner Auflösung: Schleiermacher will bewusst christlicher Theologe sein. Er steht unter dem "Zwang der *Sache"*(195), und darum bleiben seine "Ur's", besonders in der Christologie, das "störende Phänomen"(313), "die unheilbare Wunde an seinem System"(196). Sie sind für Barth das "Charaktervollste an seiner ganzen Theologie"(313), weil sie mit aller wünschenswerten Zähigkeit Christi Bedeutung "wenigstens als erstes Glied in der christlichen Geschichte, wenigstens als Anfänger des die Kirche konstituierenden frommen Selbstbewusstseins"(313) festhalten.

Ein Pendant zu den erratischen Blöcken der Christologie, aber nichtsdestoweniger ein Kieselstein, der "spröde und unverdaut im Magen der Riesenschlange liegen bleibt"(409), ist die "'Umbiegung' des schlechthinigen Abhängigkeitsgefühls zugunsten der teleologischen Richtung"(410). Unerwartet wird aus der reinen Passivität eine ansehnliche, das Christentum aus allen Religionen heraushebende Kulturtätigkeit. Wohl gereicht dieses Manöver "seiner {Schleiermachers} historischen Gewissenhaftigkeit ... durchaus zur Ehre"(409), aber Barth wird daran nicht froh:

"Schleiermachers Theologie ... will, von der Aufgabe einer
christlichen Theologie *noch* weiter entfernt als Kierkegaard,
unter dem Vorwand christlicher Theologie ein *Triumphlied*
des Menschen anstimmen, *seine* mystische Vereinigung mit
Gott und *seine* Kulturtätigkeit *gleichzeitig* zu feiern, und daran scheitert sie und muss sie scheitern."(410)

Wir stehen am Ende dieser ausführlichen Besprechung von Barths Schleiermacher-Vorlesung. Es scheint, dass sie uns neben der Vorstellung der Theologie Schleiermachers mindestens ebenso viel Anlass gegeben hat, die theologischen Ansätze Barths kennenzulernen, die Grundlinien der Schützengräben, aus denen er das Feuer auf Schleiermacher eröffnet hat. In einem später Kapitel unten werden wir dann dem Neubau seiner eigenen Stellungen zuschauen, immer mit der Frage im Hintergrund, worin sie sich denn wohl von denen Schleiermachers bewusst oder unbewusst unterscheiden. Dazu wird es dann gut sein, hier noch einmal in komprimierter Form zu hören, worin denn die "kopernikanische Umkehrung"(333) der Theologie Schleiermachers in Barths Augen besteht: Es sind die zwei Irrtümer, Schleiermacher habe "1. das wahre Erbe *Luthers* in der Theologie zu Ehren gebracht, 2. der Theologie auf dem Boden der Kantischen kritischen Philosophie ihr Heimatrecht gegeben"(333). Damit scheint schon jetzt deutlich zu werden, dass die beiden Architekten des Barthschen Neubaus Luther und Kant heissen. Wir werden sehen.

3.2.2   "Brunners Schleiermacherbuch" (1924)

Schon vor Beginn seiner Schleiermacher-Vorlesung hatte Barth Emil Brunners Schleiermacher-Attacke[67] erhalten und sie "im Manuskript wenigstens teilweise zur Kenntnis nehmen können"[68]. Nach der ersten Durchsicht erschien sie ihm "doch ganz gut" und "sehr dienlich"[69]. Sein erster Eindruck, dass er "mit der Brunnerschen Kritik, einig gehe"[70], bleibt auch während der gesamten Vorlesung erhalten, in der er, wenn auch nur sparsam, aber immer zustimmend von dem Brunnerschen Werk Gebrauch macht. Doch meldet sich ein Vorbehalt schon recht frühzeitig an: "Ich werde mich *wohl* hüten,

---

[67]   **"Die Mystik und das Wort"** (1924).

[68]   **ThSchl** 7.

[69]   **BwTh II** 193 (13.10.1924).

[70]   **ThSchl** 7.

[71]   **BwTh II** 196 (31.10.1923).

eine solche Attacke zu reiten wie der {Emil Brunner}!"[71] Bei grundsätzlicher Übereinstimmung mit Brunners Buch, das wirken wird "wie Wurmpulver"[72], nimmt das Unbehagen an dessen Haltung mit der Zeit zu: "Sein Schleiermacher-Unternehmen hat er sich nun richtig zur Hälfte selber ruiniert durch die saloppe Form und den hohen Ton."[73] Höhepunkt dieser durchaus zwiespältigen Ablehnung ist die Besprechung von "Brunners Schleiermacherbuch"[74] in "Zwischen den Zeiten". In dieser Rezension packt Barth seinen "Freund" ziemlich unsanft schulmeisterlich bei den Ohren, und uns, die wir herkommen von seiner Schleiermacher-Vorlesung, will nicht recht wohl werden bei der Art wie nun Barth seinerseits mit Brunner verfährt.

Zunächst referiert Barth kurz den Inhalt des Buches, in dem er einen *"Angriff* auf die Schleiermachersche Glaubenslehre und Theologie überhaupt von der *Eschatologie* her"[75] sieht.

"Der Nerv dieser ganzen Kritik, das was für die Begründung aller dieser (z.T. ja schon von Früheren erhobenen) Einsprüchen gegen die Schleiermachersche Lehre im Zusammenhang von Brunners Denken charakteristisch ist, das, was alle diese einzeln befestigten Stellungen zu einer geschlossenen Kampffront verbindet, ist doch wohl die Eschatologie, das Bedenken des 'Letzten', der Grenze, von der her der Mensch gerichtet und begnadigt wird, des Futurums Gottes, in dem ihm *alles* verheissen ist, aus dem er aber eben darum kein Präsens zu machen versuchen soll, bei Strafe ebensosicher *alles* zu verlieren."(50f.)

Dieser Versuch, "sich um jenes Bedenken zu drücken"(51), eine Theologie der Wirklichkeit *"diesseits* der Todesgrenze" möglich zu machen, das ist's, "was Brunner Schleiermacher zürnt", und diesen Versuch will Brunner " durch Konfrontierung mit dem so ganz anderen 'biblisch-reformatorischen'

---

[72]   **BwTh II** 217 (30.1.1923).

[73]   **BwTh II** 255 (28.5.1924).

[74]   **ZZ** (1924) Heft 8, 49-64.

[75]   Ebd. 49. Seitenangaben im Text.

Denken brandmarken und überwinden". "Um der neuem Theologie im Spiegel ihres Meisters dieses heillose weil prinzipiellste Manko nachzuweisen, hat er, wenn ich ihn recht verstehe, sein Buch geschrieben."(51) Darum ist es gut, "dass dieses Buch da ist"(52). Es ist "nötig" und "nützlich", seine These "sitzt" und ist "gründlich belegt und klar formuliert"(53). Trotz dieser grundsätzlichen Zustimmung kann Barth sein Bedenken nicht verhehlen. Es betrifft die Form der Kritik, Brunners eigene Position und das Fehlen einer Gegenleistung.

An der *Form* bemängelt Barth, dass Brunner "dem armen Schleiermacher"(54) den Prozess gemacht hat: in der Art eines "scharfsinnigen, alles genau wissenden und alles bestimmt sagen könnenden *Staatsanwalts*" (54). Das Bild Schleiermachers wäre reicher, komplexer, differenzierter ausgefallen, "wenn Brunner gemessener, gelassener, vornehm-kaltblütiger mit seinem Mann umgegangen wäre"(56). Brunner hätte es dann unterlassen müssen Schleiermachers ganze Theologie auf die Formel "Mystik" zu bringen. Er hätte dann auch seine apologetischen Motive "(was hat dieses Unternehmen mit Mystik zu tun?)"(56) würdigen müssen und insbesondere das "nicht an sich aus 'Mystik' abzuleitende{s} Hauptproblem der Theologie Schleiermachers ..., {die} 'Kulturreligion' "(56).

Weiterhin, bemängelt Barth, "würde ich an Brunners Stelle unterlassen haben"(58), die *"eigene historische Position* zu entwickeln und zu begründen, und zwar en passant, im laufenden Gefecht mit Schleiermacher, das ihm wahrhaftig alle Hände voll zu tun geben musste"(58). Insbesondere sei jedoch die Anrufung der Ahnenreihe Plato, Paulus, Luther, Calvin, Kant, Kierkegaard als Zeugen für "biblisch-reformatorisches Denken"(58) wenn nicht verfehlt, so doch keineswegs hinlänglich. "Gewiss kann und soll man solche 'Stimmen der Väter' gelegentlich, re bene gesta als merkwürdige historische Analogien Ausrufezeichen gleichsam, geltend machen."(60)

"Aber das dürfte doch nur ein Parergon des eigentlichen Beweises sein, den man, *solange wir eine Kirchenlehre als kritische Richtlinie sinnreicher theologischer Gemeinschaft noch nicht wieder haben* (und auf solche Kirchenlehre wollen wir allerdings horribile dictu hinaus!) mit *eigenen Mitteln oder aber* direkt in Form von *Schriftauslegungen* wird führen müssen, natürlich nicht en passant!"(60)

Schliesslich aber sei einzuwenden, dass Schleiermachers Leistung als Ganzes gross ist, *"dass sie nur durch eine entsprechende Gegenleistung, nicht durch spitze Einzelkritik in ihrem Bestand bedroht werden kann"* (61). Mit diesem Satz von Heinrich Scholz will Barth zum Ausdruck bringen, dass die neuerliche Beschäftigung mit Schleiermachers Theologie keineswegs nur als Warnung zu gelten habe, "wie man auf alle Fälle *nicht* Theologie treiben darf"(61). Schleiermacher sei in der Tat der Grösste seit den Tagen der Reformation, den der Protestantismus hervorgebracht habe. Aber auch er stehe keineswegs isoliert da. Seine "Irrlehre" ist viel mehr der "Niagara", in dem "die Hauptströme des theologischen Denkens von mindestens zwei Jahrhunderten mit fataler Notwendigkeit zu - Fall kommen"(62). Man möchte beinahe zitieren: ἐξ αὐτοῦ τὰ πάντα und εἰς αὐτὸν τὰ πάντα (62). Angesichts dieser Grösse fragt es sich, ob Brunner sich dessen bewusst war, "vor welchem unerhörten (fast "eschatologischen"!) historischen *Loch"* (62) die protestantische Theologie steht. Brunners forsche Kritik verschweigt, "dass der rettende Kahn, der uns von Schleiermacher weg in ein besseres Land ... bringen müsste, keineswegs zur Abfahrt bereit steht, sondern im Schweiss unseres Angesichts und unter Lebensgefahr erst zu bauen ist"(62). Um die Sache "mindestens annähernd *ebenso* gut zu machen wie er die seinige"(63), braucht es Wissen, Können und Vollbringen, "aber wo und wer ist der starke Mann dazu?"(63)

> "Steht es so, dass die Schleiermachersche Häresie keine zufällige Einzelerscheinung ist, sondern der gigantische Exponent einer nicht allzu fern von der Reformation selbst anhebenden Missentwicklung, ist es dann nicht klar, dass die 'Gegenleistung', das vollkräftige, überlegene Ja, das ein wirklich 'erledigendes' Nein Schleiermachers gegenüber tragen sollte, in einer theologischen *Revolution* stehen müsste, die in ihrer Tiefe und Energie wahrlich nicht kleiner sein dürfte als die Reformation selber?"(63)

Bei alledem könne man sich auf nichts anderes stützen als auf die "Heilige Schrift und das Prinzipielle von Glauben und Offenbarung, das uns unwidersprechlich in ihr zu begegnen scheint"(63). Diese Rebellion, dieser *"Ungehorsam gegen die Geschichte* (der Neuzeit!)"(64) kennt keine andere Rechtfertigung als das Erschrecken vor dieser neuzeitlichen Hybris, und vor der Tatsche, "dass wir eine *andere* Rechtfertigung als diese, eine *positive* Rechtfertigung unseres Tuns Gott und uns selbst und unserm Zeitgenossen *nicht* vorweisen haben"(64).

Barth hat gesprochen. Seine Kritik an Brunners Schleiermacherbuch mag man so zusammenfassen: Brunner unterschätzt Schleiermacher. Es scheint schon hier sehr deutlich, dass Barth sich selbst als "denjenigen welchen" ansieht, der im Begriffe ist, sich die Rüstung anzulegen, oder besser: sich wie David der Rüstung zu entledigen, um zum "Angriff gegen die falschen Götter unseres Zeitalters"(64) zu schreiten. Wir begegnen hier klar der Verwegenheit, von der Barth an anderer Stelle sagte, dass nur durch sie die Theologie wieder zu gründen sei. Brunner hält er offenbar dazu nicht für fähig.

In zweifacher Hinsicht hat Brunners Buch jedoch auch für Barth grundlegende Bedeutung gehabt: *Erstens* hat es Barth zu dem festen Vorsatz verholfen, wenigstens in der Öffentlichkeit niemals "eine solche Attacke zu reiten wie der!"[76] *Zweitens* gab es Barth den Anlass, sein eigenes Verhältnis zu Schleiermacher neu zu bedenken. Wie oben schon bemerkt, können ja fast alle Vorwürfe Barths auf ihn selbst zurückgeworfen werden, wenn man an seine Schleiermacher-Vorlesung denkt. Fand man bei ihm etwa den resoluten "Verzicht auf alles Perorieren, alles Widerlegen*wollen,* auf den ganzen Kampfapparat und nicht zuletzt auf das allzu öffentliche Zurschautragen der überwundenen Mächte und Gewalten"(55), den er Brunner grossherzig meint vorschlagen zu sollen. Hat nicht auch er "abgerechnet" mit einem "vor neunzig Jahren Dahingegangenen, der sich nicht mehr erklären, verbessern, in meliorem partem deuten, durch neue Evolutionen überbieten kann"(55)? Es scheint deutlich, dass Brunner mit seinem Buch Barth einen Spiegel vorgehalten hat, freilich ungewollt. Anders als der Mann im Jakobusbrief vergass Bart sein Spiegelbild jedoch nicht, sondern zog Konsequenzen. Die folgenden Jahre, in denen Barths Auseinandersetzung mit Schleiermacher auch in die Öffentlichkeit drang, sind bei aller unverhohlenen Ablehnung geprägt von unverkennbarer Fairness und unbestreitbarer Sympathie. Fast meint man, dass Barth des Guten zuviel tue, und so konnte es nicht ausbleiben, dass ausgerechnet er (!) zu den Initianten einer neuerlichen Schleiermacher-Renaissance gerechnet werden sollte.[77] Zu der Frage, ob er durch Brunner

---

[76] S.o. Anm.70.

[77] "Ich habe mit meinen Schleiermacher-Versuchen weithin auch die Anerkennung von solchen gefunden, die ihm sachlich viel näher standen (oder wieder kamen?), als ich es seit 1916 vermochte. Hat sich nicht Paul Seifert ("Die Theologie des jungen Schleiermacher",1960, S.11) sogar zu dem Satz verstiegen: ein neuerdings bemerkbares wachsendes Interesse an Schleiermachers

wieder zu Schleiermacher zurückgefunden habe - wie er selbst einmal behauptet haben soll[78] - werden wir uns erst am Schluss der Untersuchung äussern.

3.2.3   "Schleiermachers 'Weihnachtsfeier'" (1924)

Nachdem Barth in Brunner seinen eigenen Schatten erkannt hatte - jedenfalls im Hinblick auf Schleiermacher -, nahm er selbst die Auseinandersetzung mit dem grossen Berliner Theologen in der Öffentlichkeit sehr behutsam in Angriff. Noch im Jahre 1924 bereitete er einen Teil seines Schleiermacher-Kollegs für den Druck vor: die "Weihnachtsfeier".[79] Im Aufbau folgt Barth weitgehend der Vorlage, und auch der Text bleibt zum grossen Teil unverändert. Barth sagt manches nun präziser, vorsichtiger, kürzer, systematischer.

Theologie sei 'gewiss angeregt durch die überraschend positive Beurteilung' die ich ihm in meiner 'Geschichte der protestantischen Theologie' hätte widerfahren lassen?" **Nachwort** 297.

[78] Auszug aus einem unveröffentlichten Sitzungsprotokoll aus Barths letztem Schleiermacher-Seminar (2. Sitzung, 4. Mai 1968): "In der Folgezeit entfernte sich Prof. Barth zunächst einmal von Schleiermacher. Emil Brunner war es dann, der ihn zu diesem Philosophen {sic!} zurückbrachte, da sein Buch nach Meinung von Prof. Barth dem Leser zuviel an Ablehnung zumutete." **Karl Barth Archiv, Basel.**

[79] Wie in ThSchl wird auch hier die ausführliche Besprechung der "Weihnachtsfeier" mit einer Behandlung der Weihnachtspredigten eingeleitet. Der Aufsatz erschien Anfang 1925 in **ZZ** 3(1925) 38-61. Er wurde wieder abgedruckt im Jahre 1928 in **ThuK** 106-135, wonach hier zitiert wird. Seitenangaben im Text.

[80] Man darf sich "nicht einseitig und nicht zuerst an die theologischen Reden des dritten Teils halten"(113). "Man darf, das ist die zweite Regel zum Verständnis, auch von den Lippen der übrigen Personen nichts Un-Schleiermacherisches zu hören erwarten ..."(114). Man muss "auch für das Kunstwerk des *Aufbaus* oder

Aus dem vorhandenen Material formuliert Barth zudem drei hermeneutische Regeln[80] und nimmt gelegentlich kleine Korrekturen an den Schleiermacher-Zitaten vor. Weiterhin vermeidet er jeden direkten Bezug auf Eleonore v. Grunow, unterlässt die zahlreichen rhetorischen Hervorhebungen und erwähnt auch die schleiermachersche "Ellipse" nur eben en passant. Drei kleinere Zusätze erregen allerdings unsere Aufmerksamkeit:

1. In der Vorlage heisst es: "Der Ton in seiner begrifflichen Qualitätslosigkeit ist der wahre Träger der Weihnachtsbotschaft, weil er der menschenmögliche Ausdruck für eine menschenmögliche Sache ist."[81] Hier nun wird daraus: "Gerade in seiner begrifflichen Qualitätslosigkeit ist der Ton der wahre und legitime Träger der Weihnachtsbotschaft, der adäquate Ausdruck für die nicht redend, aber singend, flötend, klavierspielend *erreichbare höchste* und *letzte* dialektische Stufe."(134) Es scheint, dass Barth hier das Wort "dialektisch" mit dem Wort "menschenmöglich" synonym gebraucht.[82]

2. Barth macht einen empörten Zwischenruf! Auf die bei Schleiermacher in 2. Auflage erfolgte Nebeneinanderstellung von "Idee" und "geschichtlichem Anfang" in der Person des göttlichen Kindes reagiert Barth jetzt ausgesprochen scharf: "Einen Autor, der mit einem Federstrich *diese Korrektur* zu vollziehen vermochte, hätte man mit *Kant* nie in einem Atem nennen sollen."(127, Anm. 32) Dieser unvermittelte Hinweis auf Kant gibt zu denken.[83]

3. Der dritte Zusatz bezieht sich auf die Frauen, die Schleiermacher durch den Mund Karolines sagen lässt: "Wir bleiben immer Kinder, dagegen ihr erst umkehren müsst, um es wieder zu werden."(135) Dazu bemerkt Barth - seltsam anzüglich - in einer Fussnote: "Wozu zu vergleichen wäre Briefe I 417: 'Mir geht es überall so, wohin ich sehe, dass mir die Natur der Frauen edler erscheint und ihr Leben glücklicher, und wenn ich je mit einem unmöglichen Wunsch spiele, so ist es mit dem, eine Frau zu sein.'"(135, Anm. 37)

---

vielmehr *Kreislaufs* des 'Gesprächs' ein Auge haben"(115).

[81]   **ThSchl** 132.

[82]   Wir werden weiter unten noch auf diese Synonymität zurückkommen.

[83]   Auch darauf werden wir weiter unten im "Neubau" der Barthschen Theologie zu sprechen kommen.

Neben diesen drei denkwürdigen Fündlein taucht natürlich die Frage
auf, was Barth wohl dazu bewogen haben mag, gerade diesen Abschnitt seiner Vorlesung als ersten und einzigen (!) ins Feld zu schicken. Wenn man
davon absieht, dass sich die "Weihnachtsfeier" wie kein anderer Teil als ein
in sich geschlossenes Ganzes zur Veröffentlichung anbot, ist die Tatsache
gerade dieses Vorreiters aufschlussreich. Sie weist nämlich (einmal mehr)
auf Barths Grundanliegen: die Christologie. Hier will Barth retten, was zu
retten ist. Und in der "Weihnachtsfeier" ist exemplarisch die Christologie
bedroht: bedroht durch Verharmlosung. Dieser Christus ist kein Gegenüber,
sondern höchstens ein erbaulicher Gesprächs"gegenstand". *Darum* ist die
Musik Feind der Christologie, weil wir "vom Problem des Wortes beunru-
higt und bedroht, in das Reich der *Töne*, ... uns flüchten können"(134).
Darum sind auch die Frauen Gegner der "männlichen" Christologie, da sie
"Organ direkter Mitteilung"(135) sind. In ihrer "Unbekehrtheit, Unbekehr-
barkeit und Nichtbekehrungsbedürftigkeit"(ebd.) *haben* die Frauen Christus
bereits. Und "wenn das Christentum redet von einem *Umkehren, von einer
Veränderung des Sinnes, von einem Neuen, wodurch* das Alte soll ausgetrieben werden"[84], so ist diese Forderung dem unruhigen, streberischen, kämpfenden Wesen der Männer gegenüber zwar nötig und berechtigt, aber der
ruhigen und anmutigen Art der Frau gegenüber, ... eigentlich schon überholt"(134). Indem Barth nun Schleiermacher derart zu den Frauen stellt
(s.o.), wird dessen Theologie insgesamt der Stempel des "Weiblichen" auf-
gedrückt, des Unklar-irrational-gefühlsmässigen, im Gegensatz zum klar-
rational-kämpferischen Wesen einer wahrhaft "männlichen" Christologie.

Wir gehen wohl nicht falsch, wenn wir abschliessend behaupten, dass
Barth durch diesen Aufsatz die Theologie generell aufmerksam machen
wollte auf die verharmlosend romantisierende Überfremdung der Christologie, wie sie beispielhaft schon bei Schleiermacher zu finden war. Was Barth
an Schleiermacher auszusetzen hat, richtet sich ja eigentlich an die eigene
Zunft[85], und damit beschliesst er seinen Aufsatz: Christologie als "Lebensgefühl"(135).

---

[84] Das sind übrigens Worte Schleiermachers: "Denn das Christentum redet ja überall von einem Umkehren, einer Veränderung des Sinnes, einem Neuen,
wodurch das Alte soll ausgetrieben werden." F. Schleiermacher, "Die Weihnachtsfeier", in: **Monologen. Weihnachtsfeier** 155.

[85] Vermutlich insbesondere an die Adresse v.Harnacks!

3.2.4   "Ludwig Feuerbach" (1926)

Im Sommersemester 1926 finden wir Barth wiederum bei intensiver
Beschäftigung mit Schleiermacher, diesmal allerdings vorwiegend mit dessen Einfluss auf die "neuere Theologie", und diesmal bereits an seiner neuen
Wirkungsstätte Münster. Mit seinem Kolleg über die Geschichte der Theologie seit Schleiermacher scheint Barth zunächst der populären Anschauung
von Schleiermacher als dem "Bahnbrecher" der modernen Theologie treu zu
bleiben. Die Wirkungsgeschichte der Schleiermacherschen Theologie gerät
Barth unter den Händen jedoch zu einer Ansteckungs-, einer Krankenge-
schichte, die seiner Vorlesung den Charakter "einer 'Visite' des Chefarzts in
einem Spital"[86] verleiht. Unter den "Patienten" nimmt Ludwig Feuerbach
einen Ehrenplatz ein: sein "Fall" wird von Barth noch vor dem Schleiermachers in "Zwischen den Zeiten" veröffentlicht.[87] Dieser Notfall entstand aus
sehr aktuellem Anlass, sollte "Feuerbach" doch - quasi als purgatorium -
dem neuen Buch Gogartens *Ich glaube an den dreieinigen Gott* als "testis
veritatis" oder, gegebenenfalls zur Abschreckung "als Gespenst"[88] an die
Seite gestellt werden. Das beide, Feuerbach und Gogarten, verbindende Thema hiess "Menschwerdung", und man versteht schon, warum gerade Feuerbach in den Zeugenstand geladen wird.[89]

Barth behandelt[90] zunächst die Frage, "was Ludwig Feuerbach in einer
Geschichte der Theologie zu schaffen hat"(212): die intensive lebenslange
Beschäftigung mit dem Problem der Theologie, die überzeugende Sach-
kenntnis und die Tatsache, dass er wie kein anderer "zu seiner Zeit so aktuell

---

[86]   **BwTh II** 409 (22.4.1926).

[87]   **ZZ** 5(1927) 11-14.

[88]   **BwTh II** 442 (8.11.1926). Wir vermuten es sollte dieses Letztere sein.

[89]   Vgl. dazu **BwTh II** 442: "Denk, deine Mitteilungen über Gogarten { **BwTh II**
       439} haben bei mir die merkwürdige Wirkung gehabt, dass ich sofort anfing,
       den Paragraphen über *Feuerbach* vom letzten Sommer - natürlich ohne Bezie-
       hung - druckfertig zu machen, dass ich Georg {Merz} eine Wurst versprochen
       habe, wenn er den Artikel möglichst vor, mit oder hinter dem "Bekenntnisbuch
       des neuen Protestantismus" ans Licht bringe."

[90]   "Ludwig Feuerbach", zitiert nach **ThuK** 212-239. Seitenabgaben im Text.

in die theologische Lage eingegriffen"(ebd.) hat, der Appell, der in "prophetischer Begeisterung" eine Antithese zu aller Theologie"(213) verkündete,
welche schliesslich eine "so wichtige Möglichkeit *innerhalb* der Problematik
der neueren Theologie"(213) bedeutete, all das legt die Vermutung nahe,
dass Feuerbach "zur Zunft der neuprotestantischen Theologie innerlich und
sachlich so legitim gehörte wie nur einer"(ebd.).

Feuerbachs Lehre ist Heilslehre, die meint, "auch das wohlverstandene
Interesse der Theologie zu Ehren zu bringen"(219). "Um die *Verwirklichung*
und *Vermenschlichung* Gottes, aber immerhin *Gottes* geht es ihm"(ebd.).
"Wer ihn angreifen wollte, der müsste seine Heilslehre, seine positive Lehre
des Menschen als dem Wesen Gottes angreifen."(220) Nun will Barth allerdings nichts weniger als Feuerbach anzugreifen, braucht er ihn doch selbst
als seine Geheimwaffe. Denn Feuerbach hat die herrschende Theologie seiner Zeit nur zu ihrem konsequenten Ende geführt, hat in treuer Gefolgschaft
Schleiermachers und Luthers (!) nur "das esoterische Geheimnis dieser ganzen Priesterschaft urbi et orbi ausgeplaudert ... : 'Die Theologie ist längst zu
Anthropologie geworden.'"(228) Aber auch wenn man annimmt, dass dieser
letzte Satz "eine böswillige, konsequenzenmacherische Verleumdung Schleiermachers und seiner Generation gewesen sei"(228), erheben sich einige
ernsthafte Anfragen an diese Theologie, die in der Frage gipfeln, *"ob die
Theologen der Neuzeit eigentlich bewusst die Apotheose des Menschen im
Schilde führen?"(229)* Diese Frage, die ja eigentlich die These Feuerbachs
ist, behält ihr Gewicht nach wie vor, weil sie erstens auch auf die lutherischen Wurzeln der neueren Theologie ein bezeichnendes Licht wirft, weil sie
zweitens auf einen gesunden "anthropologischen Realismus"(232) verweist
und weil sie drittens eine unleugbare Affinität zur Ideologie der sozialisti-
schen Arbeiterbewegung besitzt.

Zum Ersten wäre zu sagen, dass Luther in seinem "Reden vom *Glauben*
als einer fast selbständig auftretenden und wirkenden göttlichen Hyposta-
se"(230) und in seiner Lehre von der Menschwerdung, "mit der Luther selbst
die Gottheit nicht im Himmel, sondern auf Erden, in dem *Menschen, dem
Menschen, dem Menschen* Jesus zu lehren suchte"(ebd.), die Vorausset-zun-
gen geschaffen hatte, für die " *Möglichkeit* einer Umkehrung von oben und
unten, Himmel und Erde, Gott und Mensch"(231). In Schleiermacher übernahm die deutsche Theologie dann leider nicht das dringend benötigte calvi-
nistische Korrektiv - Finitum non capax infiniti -, sondern "ausgerechnet die
fatalsten Elemente der reformierten Schule: die analytische Methode des
Amesius und *Keckermanns* und den Historismus des Coccejus und der Seinen"(ebd.).

Zum Zweiten gilt es daran zu erinnern, dass Feuerbach mit seinem Realismus "alte und älteste christliche Tradition auf *seiner* Seite hat"(232). Sein "Anti-Spiritualismus", der ihn z.B. mit J.T. Beck und insbesondere J.Chr. Blumhardt verbindet, ist darin "christlich *sachlich*" (ebd.), dass er den wirklichen Menschen in seiner völligen Diesseitigkeit im Blick hat. Das Zeugnis der beiden Blumhardt gilt es darum zu bedenken, den radikalen Osterglauben der orientalischen Kirche zu erneuern, wollte man nicht Feuerbach mit seiner Frage völlig Recht geben.

Drittens muss betont werden, als ein "Plus der Feuerbachschen Lehre"(233), dass sie dem Menschen in seiner realen Not nahe war, während es der Kirche und der Theologie offenbar an "prophetischer Einsicht in die Zeichen der Zeit"(234) mangelte. Feuerbachs Anthropologisierung der Religion war zugleich ein Stück einer "Emanzipation, eines Befreiungskampfes"(ebd.), dem gegenüber der Gott der Kirche in den Verdacht geraten war, "ein schöner Traum nicht nur, sondern eine zur Dämpfung jenes Befreiungskampfes sehr absichtlich unterhaltene Vorspiegelung falscher Tatsachen zu sein"(235). "Wie hoch ist es *Schleiermacher* anzurechnen, dass er in *dieser* Beziehung jedenfalls *nicht* blind und *nicht* stumm war."(ebd.)

Es ist allerdings eine gefährliche Sache, an Feuerbach Kritik zu üben, denn die Waffe, mit der ihm beizukommen ist, trifft nur, "indem man selber von ihr getroffen ist". Solange aber die "Rede vom 'Gott im Menschen' nicht in der Wurzel abgeschnitten ist, haben wir keinen Anlass, Feuerbach zu kritisieren, sind wir mit ihm getreue Kinder *seines* Jahrhunderts"(239).

So also sieht Barth Feuerbach: als konsequenten Überbieter Schleiermachers, im Bösen wie im Guten, als getreuen Konkursverwalter einer Theologie, die , ohne es zu wissen oder zu wollen, bereits bankerott war. Indem Barth auf diese Weise die genealogische Verwandtschaft von Atheismus und Neuprotestantismus aufgezeigt hat, indem er in Schleiermacher den gemeinsamen "alten Adam", den Vater der "Erbsünde", herausgestellt hat, erkennt man unschwer das Ziel, auf welches die "Geheimwaffe" Feuerbach gerichtet war: auf alle diejenigen, für die Gott irgendwo anders als *nur* im

---

91   Die Anspielungen auf Luther richten sich dabei natürlich gegen Gogarten! Damit wird ein wichtiges Motiv des Barthschen Theologietreibens sichtbar: in der Beschäftigung mit der Geschichte nimmt Barth - allerdings ohne direkten Bezug - an der aktuellen Theologie seiner Zeit teil. Nach dem Motto "Es ist alles schon einmal dagewesen!" entschärft er gegnerische Positionen, weist

Himmel zu finden war![91]

Dass Barth es tatsächlich so meint, wird in dem "Nachwort" deutlich,
welches er seinem "Feuerbach" seinerzeit beigesellte.[92] Als "Polemisches
Nachwort" richtet es sich gegen die Streitschrift von Prof. D. Wilhelm
Bruhn, *Vom Gott im Menschen. Ein Weg in metaphysisches Neuland.*
Bruhn, dessen Schrift sich durchaus gegen Barth richtet, läuft diesem direkt
ins offene Messer. Mit seinen Hinweisen auf die "'Immanenz des Göttlichen
im reinen Menschentum'"(34), "'auf den Gott im Menschen'"(ebd.), auf den
"'Besitz des Absoluten'"(35), auf den Glauben, der "'Gottesbesitz {ist} in
dem Zugleich letzter Gottferne und höchster Zugehörigkeit'"(ebd.), mit seinem Reden von der Gnade als "'persönlichste{r} Erfahrung einer lebendig
einströmenden Gotteswirklichkeit'"(ebd.), liefert er Barth das beste Fallbei-
spiel, das dieser sich hätte wünschen können. "'Gott lebt im Seelengrun-
de'"(ebd.) sagt Bruhn unter Berufung auf Eckehard und wirft Barth vor, er
habe sein Vertrauen auf diesen Grund weggeworfen und sei aus einer "'er-
lebnismässigen Einstellung zur Welt der Gegenwart'"(33) unter die "Grüb-
ler" und "Pessimisten" gegangen.

Barth bezeichnet Bruhns Reden vom "Gott im Menschen" kurzum als
"feierlichen Unfug"(35), für das er nur "Gelächter" oder "das Wort Blasphe-
mie"(36) übrig hat. Und wieder wird der "alte Adam" zitiert:

> "Er {Bruhn} ist offenkundig nicht im Stande, die Manipula-
> tionen, die einst Schleiermacher in §4,3-4 seiner Glaubens-
> lehre ... vorgenommen, um das 'Objekt', *dieses* Objekt im
> Subjekt nachzuweisen, *dieses* Objekt dem Subjekt zur Ver-
> fügung zu stellen, auch nur in einem Punkte zu verbessern,
> weder in der Absicht, noch in der Technik. *Genau* so zwei-
> deutig, wie bei Schleiermacher, bleibt es auch bei Bruhn, ob

---

aber zugleich auf die meist unsichtbaren Wurzeln ihres Denkens hin und findet
so selbst Ansätze zu einem *neuen* Denken. Indem er auf der falschen Strasse
zurückfährt, bis er die entscheidende Abzweigung gefunden hat, versucht er
einen wirklich neuen (bzw. vergessenen) Weg einzuschlagen. An irgendwelchen ad hoc Kurskorrekturen und Querfeldeinfahrten ist ihm offenbar nicht
gelegen.

92   ZZ 5(1927) 33-40. Von hier ab Seitenangaben im Text. Leider wurde dieses
Nachwort in **ThuK** fortgelassen.

der Mensch nicht etwa anstelle Gottes *'sich'* ... als das *'Letztwirkliche'* weiss."(36)

Bruhns "Gottferne und Gottnähe" sind "durchaus nicht lebensgefährlich"(37). Sie sind eben nur, "(genau wie Sünde und Erlösung bei Schleiermacher!) die zwei Pole in einem 'elliptischen Zusammenhang' die beiden Ufer des Flusses der Gottwirklichkeit, die über den Menschen nicht weniger, aber auch nicht mehr verfügt und Macht hat, als er über sie"(ebd.). Und Bruhns "Hauptargument"(36), "dass doch auch ich nicht umhin könne, eine 'erlebte Klammer um Gott und Mensch' zuzugeben"(ebd.), weil ja "auch wir nach einem Diktum von Bultmann nicht anders von Gott reden können, als dadurch, dass wir von uns reden"(36f.), weist Barth schroff zurück. Wenn Bruhn nämlich behauptet: *"'Wir unterscheiden uns letztlich von Barth dadurch, dass wir dass Existenzbewusstsein, ... mit vollem Bewusstsein statt seines konstruierten Jenseitigkeitsbegriffs als ein Erst- und Letztgeltendes an den Anfang stellen'"(37),* dann verweist Barth darauf, dass das Wort Existenz "bei ihm und bei uns etwas geradezu hoffnungslos anderes ist"(ebd.). Barth "weiss von keiner anderen 'Existenz', als von der in 'Sünde und Elend'"(ebd.). Und darum kann es nur so sein, dass sich beider Anschauungen "gegenseitig so streng ausschliessen wie Jahwe und Baal"(40). Darum auch will sich Barth nichts von ihm sagen lassen, es sei denn, dass Bruhn "einmal als Theologe statt als Anthropologe zu mir reden wird"(ebd.).

Wir spüren, dass diese gründliche Abfuhr an eine ganz andere Adresse gerichtet war. Wir spüren auch das Unbehagen, mit dem sich Barth durch die Schriften seiner "Mit-Dialektiker" in die Schleiermacher-Ecke gedrängt sieht.[93] Schliesslich aber spüren wir, gerade "am Fuss des eben errichteten kleinen Feuerbachdenkmals"(33), was es mit der unverhohlenen Sympathie Barths für Feuerbach auf sich hat: Feuerbach hat den grossen Schleiermacher ad absurdum geführt, indem er ihn ganz ernst genommen hat. Und darin besteht Barths Warnung: wer "Schleiermacher" sagt, muss früher oder später auch "Feuerbach" sagen, und wenn er dann von Gott spricht, meint er nicht "Gott", sondern höchstens den Menschen.

---

93   Schon hier bahnt sich also das an, was später als die "Spaltung der dialektischen Theologie" bezeichnet werden sollte.

3.2.5   "Schleiermacher" (1926)

Ein halbes Jahr nach seinem Feuerbach-Aufsatz gab Barth auch das erste
Stück seiner Vorlesung vom Sommersemester 1926 in Druck:[94] "Schleiermacher", allerdings nicht ohne gehörige Aufforderung von seiten Thurneysens, der fand, diese "Kraftspeise"[95] dürfe Barth dem Volke nicht vorenthal-
ten. Nach einigem Zögern im Blick auf die damit verbundene Arbeit[96]
willigte Barth schliesslich ein. Der Aufsatz enthält kaum etwas Geschichtli-
ches über Schleiermacher, will nur der "Versuch einer knappen Darstellung
der Theologie Schleiermachers"(136) sein. Nach Barths eigenem Urteil
begegnen wir darin demselben Schleiermacher von 1924/24, nur "verkürzt
und in neuem Aufriss"[97] Dennoch wird es interessant sein, zu sehen, ob es
Barth gelingt, den Kurs zu halten, den er nach *Brunners Schleiermacherbuch*
einzuschlagen sich vorgenommen hatte. Bisher jedenfalls scheint Barth Wort
gehalten zu haben: jedes endgültige Urteil wird vermieden und auch die
schärfsten Angriff werden nur als Fragen vorgetragen. Das entspricht auch
genau seinem eigenen Kanon der Geschichtsbetrachtung, den er sich für sein
Kolleg über die Geschichte der protestantischen Theologie seit Schleiermacher erwählt hatte, nämlich "von *Allen* in möglichster Sanftmut und Mitbe-
trübnis zu reden"[98], und bewusst "die Theologen des 19. Jahrhunderts so zu
betrachten, dass neben der Bedenklichkeit des Ganzen auch ein gutes Haar
bzw. die dem Ganzen verheissene Sündenvergebung irgendwie sichtbar

---

[94]   "Schleiermacher", zitiert nach **ThuK** 136-189. Seitenangaben im Text.

[95]   **BwTh II** 444 (9.11.1926).

[96]   AaO. 448 (29.11.1926).

[97]   AaO. 411 (5.5.1926).

[98]   AaO. 409 (22.4.1926).

[99]   AaO. 423 (11.6.1926).
        An dieser Stelle ist ein Hinweis angebracht, der Barths Wendung zur "Barm-
        herzigkeit" eindrücklich beleuchtet. E. Busch hat kürzlich den Zusammenhang
        von Barths "Theologie und Biographie" dargestellt und dabei ein für unsere
        Zwecke sehr brauchbares Beispiel beigefügt. Nach Busch hat nämlich niemand
        anders als eine Frau - Charlotte v. Kirschbaum - diesen besänftigenden Impuls
        ausgelöst! Busch schreibt: "Nach der ersten Begegnung mit ihr schrieb er die

wird"[99]

Wir werden uns bei der Besprechung dieses Aufsatzes vor Augen halten müssen, dass Barth darin sämtliche Detailergebnisse seiner Schleiermacher-Vorlesung von 1923/24 untergebracht hat, und dass die "Kraftspeise" keinesfalls Schonkost ist. Schon von seiner Länge her stellt er erhebliche Anforderungen und ist ohne gründliche Vorkenntnisse der Theologie Schleiermachers vermutlich eher ungeniessbar. Darum nimmt Barth, wie ein guter Lehrer, den Leser behutsam bei der Hand und geht in winzigen Schritten, aber stetig und unerbittlich, voran. Der Aufsatz ist in fünf Kapitel geteilt, von denen die ersten drei ausnahmslos darstellender Natur sind. Kein Gedanke, dass hier ein Schleiermacher-Kritiker sich zu Worte meldet! Barth weist sich als gründlicher Schleiermacherkenner aus, der selbst vor der Behandlung kniffligster Einzelfragen nicht zurückschreckt. Wenn man allerdings von seinem früheren Kolleg herkommt, weiss man, dass Barth - als erfahrener Schachspieler - in aller Ruhe seine Figuren zum Angriff rüstet, ohne jemals "Schach!" zu sagen.

Das erste Kapitel, "Das Wort und die Religion" behandelt Schleiermachers Vorbehalte dem Wort in der Religion gegenüber, seine Scheu, das "Ineffabile" beim Namen zu nennen. Barth zeigt, wie davon die Fragen der dogmatischen Wahrheit, der Formen der dogmatischen Sätze, der Eigenschaften Gottes, ja der Gottesbegriff selbst, betroffen sind.
Im zweiten Kapitel, "Das Prinzip der Mitte", erleben wir Schleiermacher als den Mann der friedlichen Mitte: als Kirchenmann, als Theologe, als Philosoph und als Prediger und "Redner". Die Bedeutung dieses "Prinzips der Mitte" legt Barth in drei Punkten dar:
1. das Gefühl der schlechthinigen Abhängigkeit als Indifferenzpunkt im Verhältnis zwischen Gott und Mensch (155),

---

erstaunlichen Sätze: 'Was ich [bisher als Theologe] gesagt habe, hat für Viele nicht mit Unrecht einen sehr harten Klang gehabt; ich habe Vielen Vieles (und zwar Schönes und Liebes genommen mit meinem Hinweis .. auf das Gericht ... Ich denke wohl, dass ich vielfach zu scharf, zu sicher geredet habe ... Eine merkwürdige Folge unseres Erlebnisses wird die sein, dass mein Kolleg im Sommer ... sicher sehr viel ... barmherziger .. .ausfallen wird, als dies sonst der Fall gewesen wäre!'" "Theologie und Biographie", EvTh 46(1986) 334. Nach einem ungedruckten Brief Barths vom 28.2.1926!

2. das Erlösungsbewusstsein des Christen als die stetige Mitte zwischen Sünde und Gnade, und

3. die Liebe als Indifferenzpunkt schlechthin, unter besonderer Berücksichtigung der Ehe und der geschlechtlichen Liebe.

Das dritte Kapitel, "Religion als Leben" schliesslich spricht vom "Naturalismus" Schleiermachers, der alle seine Werke durchwächst, die Wissenschaftswie die Glaubenslehre, den Kirchenbegriff wie die Erlösung und nicht zuletzt sein Verständnis der Offenbarung. Zwar räumt Barth hier ein, dass es Schleiermachers Meinung vergröbere, "wenn man seine Anschauung ohne weiteres als Naturalismus bezeichnet"(161), aber er kann nicht umhin, die überwiegende "Naturhaftigkeit seiner Beschreibung des religiösen Lebens zu konstatieren"(165). Schleiermachers "selbst erklärter Positivismus"(167) besteht darin, dass er die Grundtatsachen des Gefühls, "dieses Datum des religiösen Lebens wirklich als Datum, als eine gegebene, nicht als eine nichtgegebene Grösse, nicht als Apriori, nicht als Geist"(166f.) fixiert hat und "mit überwiegend naturwissenschaftlichen Voraussetzungen und Methoden an diesen Gegenstand herangetreten ist"(167). Und dennoch bleibt für Barth die Frage *offen*, ob Schleiermacher dieses "es", dieses Grunddatum, "sich letztlich als ein Drittes über dem Gegensatz von Geist und Natur, über dem Kantischen Gegensatz des Transzendentalen und Empirischen gedacht hat"(ebd.).

Im vierten Kapitel nun, wo es um "Das Historische in der Religion" geht, erwacht Barth schlagartig aus der interessiert-teilnahmslosen Haltung zum kompromisslosen Kämpfer. Es geht um die Christologie, und plötzlich wird es klar, mit welcher Absicht Barth sein Schachspiel so und nicht anders arrangiert hat. "Wie kommt Christus, Jesus von Nazareth, in diese Theologie des Ineffabile, der Mitte des Lebens?"(168) Kein Zweifel, Schleiermacher "wollte Christus verkündigen als den Träger des grossen Friedens, als den Urheber und Bringer des Lebens"(ebd.). "Ob er es in Wirklichkeit getan hat, wer will darüber Richter sein?"(Ebd.)

Barth stellt Schleiermachers Erlöser als Naturereignis dar, an dem alle Christen qua Teilnahme am "Gesamtleben" Anschluss haben. Er macht uns bekannt mit Schleiermachers "Ellipse", in deren einem Brennpunkt Christus und in deren anderem - "Wir" stehen (169), wobei er auch auf die Tendenz dieser Ellipse, zum Kreis zu entarten, aufmerksam macht:

"Es bleibt also in der Schleiermacherschen Lehre von Christi Person und Werk bei dem Bild von der Ellipse mit den beiden Brennpunkten, und der Tendenz, sich in einen Kreis mit

einem Mittelpunkt aufzulösen, wobei es fraglich bleibt, ob
der methodische Ausgangspunkt, die erhöhte Menschlichkeit
des Christen nicht auch sachlich der ursprüngliche, Christus
der abgeleitete und zum Verschwinden bestimmte ist."(176)

Wir hören noch einmal von den Schleiermacherschen "Ur"s, die - ob in
"Urbild" oder in "Ur-Christentum" - eine "gewisse Harmlosigkeit"(177)
besitzen. Wir hören von Schleiermachers Wagnis, "ein vorhandenes göttliches Leben zu konstatieren, von diesem auf eine es erzeugende Wirkung,
von dieser auf einen entsprechend ausgestatteten Wirkenden zu schliessen"(178). Dazu jedoch bemerkt Barth: "Es ist problematisch, ob die Wirklichkeit, die er meinte, es ertrug, in die Form einer Christologie gegossen zu
werden."(Ebd.) Kritiker Schleiermachers, zur Rechten wie zur Linken, hätten
dies verneint mit der Begründung, "dass das grosse X, das Schleiermacher
gemeint habe, nicht sowohl die christliche Offenbarung, als vielmehr das
modern-heidnische Lebensgefühl und dem gegenüber die christologische
Form so oder so ein aufgeklebter Fremdkörper gewesen sei"(178f.). Zwar
unterschlägt Barth die Namen dieser Kritiker, aber er meint: "Das Material
dieser Anklage ist erdrückend stark."(179) Wir erleben Barth hier in einer
merkwürdigen Rolle: die Würde eines Richters lehnt er ab, führt aber
zugleich, in der Robe des Vertreters der Anklage, eine akribische Beweisauf-
nahme durch, in der Meinung, die Schöffen würden sich ein unabhängiges
Urteil dann schon bilden. Sein Plädoyer zu Schleiermachers Christologie
schliesst darum in scheinbarer Unparteilichkeit mit einem Hinweis auf den
letzten Richter: Er glaube

> "... dass das letzte Urteil über den Sachverhalt bei ihm: ob er
> als ein auf verlorenem Posten ausgezeichnet sich schlagen-
> der Streiter, oder ein ebenso ausgezeichneter Verräter Christi
> gewesen ist, als in das Weltgericht gehörig von Mit-
> menschen weder im einen noch im anderen Sinn beantwortet
> werden kann"(180).

Die Fairness gebietet auch uns, Barth hier einfach Glauben zu schenken.
Das fünfte Kapitel, "Mystik und Kultur" schliesslich, bietet eine verhalten-
stürmische Würdigung Schleiermachers als eines christlichen Kulturtheolo-
gen (188), dessen Glaubenslehre, "schlechthiniges Abhängigkeitsgefühl" und
"Erlösungsbewusstsein" "mehr die Rolle eines Auftakts zu dem bilden, was
der Prediger *eigentlich* von den Leuten will: *sie als ihrer Erlösung Bewusste
in die Welt, an die Arbeit an den Aufgaben der Kultur zu stellen*"(ebd.). Dass
Schleiermacher Kulturtheologe sein wollte, erklärt denn auch die Notwen-

digkeit seiner apologetischen Arbeit. Es erklärt auch die "in ihrem Pathos
nicht zu verleugnende Kälte der Reden über die Religion" und die "gemütli-
che{n} Dürre der Glaubenslehre"(ebd.), denn "Schleiermacher war eben hier
nicht in seinem Element"(ebd.).

> "Die tragische Schuld aber, oder der Abfall in seiner Theolo-
> gie läge nach dieser Vermutung 1. darin, dass ihm schliess-
> lich nur um der *Kultur* willen am Christentum gelegen war,
> eine Rangordnung, mit der schon alles verloren war, 2. fol-
> gerichtig darin, dass er sich in die grundsätzlich unwürdige
> Stellung eines Apologeten drängen liess, ... 3.(aber wirklich
> erst 3., es kam nicht mehr viel darauf an, das Spiel war doch
> verloren) nun gerade in diese, die *mystisch-naturalistische*
> Ecke sich drängen liess, wo das Historische im Christentum
> nur jene problematische Rolle spielen konnte."(189)

Ohne diese "Konstruktion"(188) - meint Barth - bliebe nur die Annahme,
dass das Nebeneinander von Mystik und Kulturfrömmigkeit bei Schleiermacher
"ein letztes, vielleicht nur persönlich zu klärendes Rätsel" sei.

Zum Abschluss warnt Barth davor, in diesem Aufsatz etwa eine
"Abrechnung" zu sehen, denn mit Schleiermacher ist man "weder auf den
ersten, noch auf den zweiten oder dritten Anhieb fertig"(189). Diese hier dar-
gebotene vorläufige Rechenschaftsablage sei vielmehr(!) mit E. Brunner -
wohl als "Krieg gegen diesen Mann und sein Werk"(ebd.), - aber als "Bewe-
gungskrieg" aufzufassen.

Der Verweis auf den letzten Richter ändert nichts daran: hier werden,
wenn auch nicht "letzte", so doch "vorletzte" Urteile gefällt. Schleiermacher
ist "Feind", die Beschäftigung mit ihm "Krieg". Vorläufigkeit, Vorbehalte,
Anfragen und "Konstruktionen" sind alles andere als Standpunktslosigkeiten,
sondern sichere Stellungen, aus denen es sich gemächlich schiessen lässt.
Man würde solche Schauprozesse gegen Schleiermacher vermutlich nur mit
wachsendem Grimm lesen können, sähe man nicht hinter ihnen die Morgen-
röte der Barthschen Theologie, die ihr Licht auch über diesen "Fall" giesst.

3.2.6 **"Das Wort in der Theologie von Schleiermacher bis Ritschl"**
 (1927)

Auch dieser Vortrag[100] ist vermutlich direktes Ergebnis der Vorlesung
Barths über die Geschichte der neuern Theologie seit Schleiermacher. In ihm
wird besonders deutlich, wie sich Barth mühte, Schleiermachers Theologie
als "ansteckende Krankheit" zu schildern. Er selbst gibt von dem Vortrag,
gehalten am 19. Oktober 1927, folgenden Bericht:

> "Das Thema der Woche lautete 'Das Problem des Wortes',
> wobei man mir zur Vorsicht eine historische Aufgabe
> gestellt hatte, und zwar 'Das Wort in der Theologie von
> Schleiermacher bis Ritschl' - natürlich mit der Aufgabe, den
> bösen Schl. totzumachen, damit nachher umso ungenierter
> mit Cremer, Kaehler, Schlatter, Schaeder renommiert wer-
> den und alles mit 'Heilsgewissheit' und 'Geschichte' endi-
> gen könne. Ich beschäftigte mich aber nur kurz mit Schl.,
> umso mehr und liebevoller mit dem Nachweis, dass die
> Erweckungstheologen und die Biblizisten Hofmann, Beck
> und Menken mit eben jenem Schl. ebenso unter einer Decke
> gesteckt hätten wie Wegscheider, De Wette und die Hegelia-
> ner, und dass die erfreulichsten Ereignisse jener Periode sei-
> en: Feuerbach, Strauss und Kohlbrügge."[101]

Gleich am Anfang definiert Barth das Problem des Wortes, nämlich die
Frage, "ob und inwiefern sich die Theologie ihrer Aufgabe bewusst ist, die
christliche Predigt dazu anzuleiten, in menschlichen Worten wiederzugeben,
was dem Menschen durch Gott selbst über Gott gesagt ist, im Gegensatz zu
Allem, was sich der Mensch etwa selbst über Gott sagen kann"(190). Barth
unterscheidet eine psychologische und eine historische Dimension des Problems.

Auf der *psychologischen* Seite steht die Theologie vor der Wahl, ob sie
"sich das Nötige von Gott sagen"(191) lassen will, oder ob sie sich selber das
Nötige sagt, da sie die Wahrheit Gottes "schon weiss und hat"(ebd.).

---

[100] Zitiert nach **ThuK** 190-212.

[101] **BwTh II** 537f. (24.10.1927).

Auf der *historischen* Seite steht sie vor der Frage, ob die Offenbarung
Geschichte, oder ob die Geschichte Offenbarung sei, mit anderen Worten:
"Steht die Wahrheit Gottes dem Menschen auch in der Geschichte *gegenüber*
als eine von ihm selbst unterschiedene, schlechterdings an ihn herantretende
Wirklichkeit"(ebd.), oder "hat der Mensch zu der Wahrheit Gottes in der
Geschichte Zugang, so wie er zu der Geschichte überhaupt Zugang
hat"(ebd.)? Die psychologische und die historische Seite sind natürlich nur
die "subjektive und die objektive Seite derselben Frage und Entscheidung"(192). Barth nimmt das Ergebnis seines Vortrags gleich vorweg, indem
er sagt: "Die Theologie der ersten Hälfte des 19. Jahrhunderts, ... ist, ... in
der charakteristischen Linie ihrer Arbeit Theologie des zweiten Fal-
les."(Ebd.)

Barth beginnt mit dem Nachweis dieser These bei *Schleiermacher*, bei
dessen Selbstverständnis als Prediger und als Virtuose der christlichen Rede,
und bei dessen Schriftverständnis und Christologie. Fazit:

"Der Schleiermacherische Mensch braucht nicht zu hören, er
hat auch nicht gehört. Er steht unter einer Wirkung, er befindet sich in einer Erregung, über die hinaus es nichts Neues
zu hören gibt. Und so hat er auch als Prediger nichts zu
sagen, als was er aus sich selber sich selber zu sagen
hat."(194)

Zu einem ähnlichen Ergebnis kommt es bei *Wegscheider,* der, wenngleich auch ein "Spiessbürger ..., was man von Schleiermacher wirklich nicht
sagen kann"(195), "es noch offener heraussagt, dass er sich nichts sagen zu
lassen gedenkt, weil er Alles schon vorher und besser weiss"(ebd.).

Der an Kant geschulte *De Wette* sah, deutlicher als Schleiermacher,
"die Problematik der theologischen Aufgabe, die Fensterlosigkeit der theore-
tischen und praktischen Vernunft Gott gegenüber, die Grenze, die auf alle
Fälle damit überschritten wird, wenn der Mensch sich unterwindet von Gott
zu reden"(ebd.). In seinem "Vernunftvermögen", der "'Ahnung'"(ebd.) findet
sich dann jedoch die "Möglichkeit der Erlösung in einer menschlichen Anlage, ihre Notwendigkeit in einem menschlichen Bedürfnis, endlich ihre Wirklichkeit in einer menschlichen Erfahrung"(196). Damit hat De Wette die mit
Schleiermacher "gemeinsame Einsicht noch deutlicher herausgestellt, dass
'Theologie' des Glaubens nichts Anderes bedeuten kann als Theologie des
Menschen"(196).

Alexander Schweizer, der bedeutendste direkte Schüler Schleiermachers, machte als "Quelle der Wahrheit" "'die christliche Erfahrung der gegenwärtigen Kirche'" geltend. Aber auch durch die Einführung " *dieses* objektiven Momentes"(197) hat er, auch nach eigener Meinung, "die Linie Schleiermachers" keineswegs verlassen.[102]

Im folgenden zweiten Abschnitt erwähnt Barth drei Gruppen von scheinbaren Protestlern: "die Erweckungstheologen, die theologischen Rechtshegelianer und die sog. Biblizisten"(ebd.). Nur scheinbar war ihr Protest darum, weil sie "mit Schleiermacher und den Seinen im Grunde, in unserer Frage jedenfalls, ein Herz und eine Seele waren"(ebd.).

Tholuck, der Erweckungstheologe, "unterscheidet sich von Schleiermacher wie eine wirkliche von einer gemalten Blume"(ebd.). " *Aus* dem Gefühl, *aus* der Erfahrung, *aus* dem Erlebnis wird nun geredet statt darüber"(ebd.).

Sein Weggenosse "zur Linken", *Richard Rothe,* entdeckt die Identität der pietistischen "Wiedergeburtsgewissheit" mit dem "wahren modernen Kulturbewusstsein"(199). Er nimmt das Programm Schleiermachers wieder auf, "Bibelexegese und Dogmatik als blosse historische Disziplinen ... der theologischen Zentralwissenschaft der Ethik"(199) unterzuordnen. Zwar scheint die Erweckungstheologie darin von Schleiermacher abzuweichen, dass in ihr das christliche Subjekt "lebhafter" und im "Griff nach dem christlichen Objekt ... viel kräftiger und drastischer in die Erscheinung trat"(200), aber ein "prinzipielles Gegenüber von Gott und Mensch ... hat die Erweckungstheologie so wenig herausgearbeitet wie Schleiermacher"(ebd.).

Von den theologischen Rechtshegelianern erwähnt Barth nur *Marheineke,* den "wenig friedlichen Berliner Kollegen Schleiermachers"(ebd.). Bei ihm findet man "klarstes begriffliches Wissen"(202), da "im reinen Begriff der Mensch Gott ebenso in sich selbst begreift"(ebd.). Da "nach lutherischem Denken unser Denken Gottes durchaus das Denken Gottes selber sei"(ebd.), kommt es bei Marheineke nun abwechslungshalber zum "Triumph des men-

---

[102] An dieser Stelle ist es mit den Händen zu greifen, dass Barth Schleiermacher Unrecht tut, wenn er ihn als Freiballonfahrer darstellt, der "nicht hört", "sich nichts sagen lässt", nur dem eigenen Selbst und der schlechthinigen Abhängigkeit durch das Wehen des Windes unterliegt. Hat nicht gerade Schleiermacher - wie auch A. Schweizer - seine Glaubenslehre nach den Grundsätzen der "Kirche" konzipiert?

schlichen Kopfes, der ... den klugen Theologen auf einen Stuhl weit oberhalb
Gottes und seiner selbst"(ebd.) setzt, wo er sich "wahrlich nichts mehr sagen
lassen kann."

Die dritte Gruppe der scheinbaren Protestler, die *Biblizisten,* unternimmt nun endlich den "ganz verheissungsvollen Griff nach dem
Objekt"(202f.). Aber gerade dieser Griff führt sie dazu, sich "jedenfalls von
andern *Menschen* wenig oder nichts"(203) sagen zu lassen. Mit der Bibel im
Griff wird auch der "Appell an das Objektive in der Geschichte"(204) nur zu
einem Ausflug in die Heilsgeschichte, von dem das Subjekt "bestärkt und
bestätigt zu sich selber zurückkehren wird, ohne dass es sich das Geringste
hätte sagen lassen. Kein Wunder also, dass die "Biblizisten mit Schleiermacher und den Seinen um die Wette alle im Kampf eben gegen den Begriff
'Lehre' begriffen sind"(ebd.).

Wohin die Verachtung der 'doctrina' führt, zeigt Barth schliesslich am
Beispiel *J. Chr. K. v. Hofmanns:*

"'Freie Wissenschaft ist die Theologie nur dann, wenn eben
das, was den Christen zum Christen macht, sein ihm selbständiges Verhältnis zu Gott, in wissenschaftlicher Selbsterkenntnis und Selbstaussage den Theologen zum Theologen
macht, wenn ich der Christ mir dem Theologen eigenster
Stoff meiner Wissenschaft bin. ... Aber nicht nur ist es doch
immer der gegenwärtige Christus, dessen Selbstbetätigung
sich hiezu der Gemeinde und ihrer Tätigkeit bediente, sondern es hat auch jenes Verhältnis zu Gott, nachdem ich seiner teilhaftig geworden, ein selbständiges Dasein in mir
begonnen, welches nicht von der Kirche abhängt, noch von
der Schrift, ... sondern in sich selbst ruht und unmittelbare
Wahrheit ist, von dem ihm selbst einwohnenden Geiste Gottes getragen und verbürgt.'"(205f.)

Dazu Barth: "Schärfer hat auch Schleiermacher den Gedanken nicht ausgesprochen, dass das Christentum dem Theologen schlechterdings in seiner
eigenen gläubigen Person zur Verfügung gestellt ist"(206).

Im dritten und letzten Abschnitt lässt Barth nun endlich die echten Protestler zu Worte kommen. Zunächst "zwei unbussfertige Zöllner und Sünder"(ebd.): *Ludwig Feuerbach* und *D.F. Strauss.* Beide haben angegriffen,

"aus Hass gegen Kirche und Theologie"(207). Feuerbach attackierte die psychologische, Strauss die historische Seite der Theologie. Beide haben radikal gefragt, und beide haben erkannt, dass der "Gott in uns" bzw. der "Gott in der Geschichte"(208), "gerade nicht Gott, sondern ein Menschliches sei"(209). Schliesslich werden auch protestierende Theologen vorgeführt: *Vilmar, J. Müller, Dorner* und *Kohlbrügge*. Alle haben auf ihre Weise "in einzelnen Punkten Wichtiges und Richtiges dem theologischen Zeitgeist entgegengehalten"(209). Insbesondere Dorner wusste um den "Schaden Israels" und "um die Unabhängigkeit der christlichen Wahrheit von der Erfahrung, um ihre Begründung in sich selber, klassisch formuliert in der im Gegensatz nicht nur zu der ganzen Neuzeit {sic!}, sondern auch zu gewissen Aussprüchen der Reformatoren keineswegs preiszugebenden Trinitätslehre"(210). Kohlbrügge bedeutete den "stärksten und besten Hoffnungsstrahl"(211). Er wusste, was den Christen zum Christen macht und sagte es "immer wieder und in aller Unerbittlichkeit"(ebd.): Gottes "frei *bleibende* Gnade"(ebd.) macht den Christen zum Christen, "Gnade, aus der sich für den Christen kein, aber auch gar kein Anspruch, keine Sicherheit und kein Besitz ergibt"(ebd.). Falls hingegen der Semipelagianismus recht haben sollte, der in Schleiermacher seinen grössten Triumph seit dem Mittelalter erlebt hat, dann ist der Christ ein Mensch, "der Gott schon gehört hat und jederzeit wieder hören könne"(ebd.) Sollte aber Kohlbrügge recht gehabt haben, dann gibt es keine Christlichkeit als die "Christlichkeit des verlorenen Sünders, ... der noch gar nichts gehört hat und auch gar nichts hören kann"(ebd.). "Das Problem des Wortes entscheidet sich am Problem der Gnade."(Ebd.)

An diesem Vortrag Barths drängt sich eine Frage auf, inwiefern nämlich die durchaus zuzugestehende Analogie zum Ansatz Schleiermachers etwa auch Genealogie bedeuten möchte. Diese Frage bleibt auch bestehen, wenn Barth seine Quellen nicht falsch interpretiert haben sollte. Dass die Frage aber durchaus auch ihn selbst bewegt hat, entnimmt man am besten seinem stolzen Bericht:

> "Nachher gabs natürlich ein grosses Wehgeschrei aller Geschädigten, das aber von Anfang an machtlos war, weil der gute Goeters, als Fachmann angerufen, nicht anders konnte als gestehen, dass sich jedenfalls historisch alles so verhielte, wie 'mein Herr Kollege gesagt hat'"[103]

---

[103] BwTh II 538 (24.10.1927).

3.2.7   "Schleiermacher" (1929/30)

Dieses letzte Dokument der expliziten Auseinandersetzung Barths mit
Schleiermacher[104] entstand im Wintersemester 1929/30 in Münster und
wurde im Sommersemester 1933 in Bonn unverändert[105] von neuem vorgetragen, diesmal in Bonn. Diese zweite Münsteraner Vorlesung, ist eine völlige Neubearbeitung des gesamten Themas. Die erste Vorlesung von 1926,
"von der", meint Barth, "ich zuviel habe drucken lassen, als dass ich nicht
ein neues Heft machen müsste"[106] kann sich jedoch im entferntesten nicht
mit der neuen Produktion vergleichen. Diese erhält nämlich einen umfang-
reichen Vorspann, eine "Vorgeschichte" zur "Geschichte der protestantischen Theologie seit Schleiermacher"(V), und auch "Schleiermacher"
bekommt "ein neues Gesicht"[107].

Zunächst einige Vorbemerkungen zur gesamten Vorlesung. Sie ist
wirklich ein Meisterwerk. Obschon sich Barth als "kein Historiker vom
Fach"(V) einführt, sondern als Einer, der nur "Vorschläge und Anregungen
zu machen habe"(ebd.), bleibt es keinen Augenblick verborgen, dass sich
hier ein Meisterinterpret zu Worte meldet, der aus innerster Beteiligung
Geschichte schreibt. Das monumentale Werk - wir sprechen jetzt von seiner

---

[104] Zitiert im Text nach **ProtTh.**

[105] Das Manuskript der Münsteraner Vorlesung enthält bereits mehrere Kapitel über
die "Vorgeschichte" der "Geschichte der neuern Theologie seit Schleiermacher". Es ist allein diese "Vorgeschichte", die Barth später in Bonn überarbeitete und im WS 1932/33 vortrug. Der Hauptteil, die "Geschichte", die mit Schleiermacher einsetzt, erfuhr in Bonn keine Überarbeitung, da Barth während der
Zeit des Kirchenkampfes dafür keine Zeit hatte und ausserdem - für K.L.
Schmidt einspringend - "Johannesevangelium" zu lesen hatte.
Als die in Bonn gehaltene Vorlesung dann später - 1947 - gedruckt wurde,
behauptete Barth im Vorwort, dass einige darin enthaltene Teile (darunter auch
"Schleiermacher") bereits früher einmal im Druck erschienen seien. Hier irrt
Barth, und hier irrt auch die unfehlbare **BKB,** die den Artikel "Schleierma-
cher"(1929/30) mit dem (ganz anderen) Artikel "Schleiermacher"(1926) identi-
fiziert.

[106] **BwTh II** 639 (21.12.1928).

[107] AaO. 686 (16.11.1929).

letzten Gestalt, die es (nach der Neubearbeitung der "Vorgeschichte") 1932/33 erhielt, - ist ein wahrhaft gigantisches Ringen mit - Schleiermacher. Darin erscheint es jetzt wie eine gewaltige Exposition dessen, was Barth bereits 1924 in seinen Anmerkungen zu Brunners Schleiermacherbuch[108] angetönt hatte:

> "dass die Schleiermachersche Theologie auch nach *rückwärts* keineswegs als eine zufällige Irrlehre dasteht, sondern der Niagara ist, dem die Hauptströme des theologischen Denkens von mindestens zwei Jahrhunderten mit fataler Notwendigkeit zu - Fall kommen. Also: eiV aùtòn und ėx aùtõu tà pánta ... "[109].

Was 1924 vermutlich noch nicht mehr als eine Ahnung war, wird hier nun zur Gewissheit, und das nicht zuletzt im Blick auch auf die Zeitereignisse des Jahres 1933.[110] Mit der "Vorgeschichte" führt Barth hinein in die Problematik der Neuzeit und in die Aufgaben, die der Theologie durch die Aufklärung zugewiesen sind. Schleiermacher kommt dabei die Rolle zu, derjenige gewesen zu sein, der allein und in epochemachender Weise die Aufklärung überwinden wollte und dabei einen Weg ging, von dem sich die Theologie bis auf den Tag nicht mehr hat befreien können. Barth behauptet dies auch und gerade im Blick auf A. Ritschl, der als Ausnahme, als "Reaktionär", doch nur eine "Episode und gerade nicht eine Epoche in der neueren Theologie"(598) darstellte.

> "Das Programm einer Überwindung der Aufklärung musste wieder aufgenommen werden, nachdem man es eine Weile, geblendet von der Ritschlschen Vereinfachung, zurückgestellt hatte: auf die Gefahr hin, dass man wieder bei der Romantik anknüpfen musste und vielleicht keinen besseren Rat wusste, als ihn von dort aus die ersten Generationen des

---

[108] Vgl. dazu oben S. 154ff.

[109] "Brunners Schleiermacherbuch", **ZZ** (1924) 62.

[110] Was Barth in den zwei Semestern während dieser Vorlesung in Bonn vorführte, war wirklich Theologie "als wäre nichts geschehen". Vgl. dazu die einleitenden Sätze zu "Hegel"! Vermutlich las Barth diesen Abschnitt Anfang Februar 1933.

Jahrhunderts gefunden hatten, auf die Gefahr hin, dass man
diese Sache nicht besser, sondern schlechter machte als jene.
Es ist Ritschls grosses Verdienst, durch seine Reaktion die
Möglichkeit einer Preisgabe des Schleiermacher-Hegelschen
Ansatzes auf den Plan geführt und damit den Ausgangspunkt
der ganzen Entwicklung, die vollendete Aufklärung, auf
einen Augenblick scharf beleuchtet zu haben, um dann doch
faktisch zu zeigen, dass die Theologie, wenn sie sich nicht
allzusehr blossstellen wollte, unter Voraussetzung jenes
Ausgangspunktes nur mit dem Schleiermacher-Hegelschen
Ansatz arbeiten konnte, dass ein anderer Ansatz als dieser
die Wahl eines anderen Ausgangspunktes, d.h. aber eine
wirkliche Überwindung der Aufklärung bedeuten musste."(600)

M.a.W.: Es ist Schleiermacher nicht gelungen, die Aufgabe zu lösen, die
durch die Aufklärung gestellt ist. Eine echte und dauerhafte Lösung des Problems ist darum nur von un-schleiermacherschen Voraussetzungen her zu
erwarten.

Es würde zu weit führen, jeden der 24 "Gepanzerten"[111] vor und nach
Schleiermacher in den eben entworfenen Rahmen gemäss Röm 11,36 einfü-
gen zu wollen. Es ist jedoch zum Verständnis des Ganzen unabdingbar, sich
klarzumachen, welches Gewicht Schleiermacher in dieser ehrwürdigen
Ahnengalerie zukommt - jedenfalls in den Augen Barths. War schon die
Vorlesung vom Sommer 1926 keine leichte Kost, so gilt dies noch mehr von
der hier betrachteten. Schon ein erster Durchgang lässt uns ahnen, dass Barth
hier mit viel grösserer Liebe und ungleich mehr Sympathie am Werke war,
als noch drei Jahre zuvor. Drei Gründe mögen dafür ins Feld zu führen sein:

Erstens die Durchführung eines Seminars über Ritschl im Sommer
1928, nach welchem ihm "Schleiermacher richtig ein wenig ehrwürdig
geworden ist neben diesem engstirnigen Mann .... . Lieber alles Jenes als dieser lederne Geheimratspositivismus der 70er und 80er Jahre"[112].

---

[111] D.h. mit Ausnahme Blumhardts, der ein "gänzlich Ungepanzerter"(589) war,
dessen Aufnahme in die **ProtTh** umso erstaunlicher ist und von der unglaubli-
chen dialektischen Begabung Barths zeugt, alles "unter eine Wölbung zu bringen".

Ein *zweiter* Grund mag darin zu sehen sein, dass Barth inzwischen, d.h. 1927, seine "Christliche Dogmatik im Entwurf" veröffentlicht hatte und dafür reichlich Schelte empfangen hatte (auch von den eigenen "Dialektiker"-Freunden!). So war ihm wohl bewusst, wieviel schwerer es ist, Theologie zu produzieren als zu kritisieren. Einsicht in die eigenen Grenzen kann demütig machen.

Als *dritter* Grund tritt einmal mehr Emil Brunner auf den Plan. Im Zusammenhang mit der Münsteraner Vorlesung im Winter 1929/30 schreibt Barth an Thurneysen:

"Über unsern Freund *Emil* habe ich übrigens nioch eine kleinen Spezialzorn wegen Schleiermacher, den ich in den letzten Wochen nach neuen Rezepten verarztet habe. Die Art, wie er in seiner zweiten Auflage { *MyW*^{2} } meine ganze Warnung in den Wind geschlagen hat, grenzt schon an böswillige Verstockung. Und das hängt natürlich auch damit zusammen, dass er sich irgendwie auch nichttheologisch so fest auf seinem Sattel befestigt weiss. Wenn es solche 'Möglichkeiten' gibt, dann, aber auch nur dann, darf und kann man mit Schleiermacher so aufräumen, wie er es tut."[113]

Wieder einmal hat also Barth in Brunner sein eigenes Spiegelbild gesehen[114] und hat, erschreckt und befreit, "das bessere Teil erwählt". Wir werden gleich Gelegenheit haben, das Denkmal dieses "Spezialzorns" zu betrachten. Fest steht jedenfalls, dass Barth die ganze "Schleiermacherei" noch längst nicht als erledigt ansah und dass er wusste, dass man sich an Schleiermacher nicht vorbeimogeln könne.

---

[112] **BwTh II** 598 (5.8.1928).

[113] **BwTh II** 703 (26.1.1929).

[114] Immerhin schreibt Brunner im Vorwort seiner zweiten Auflage: "Es diente mir zur Beruhigung, dass auch Barth - von dessen Kritik ich am meisten gelernt hatte - dem Rat, den er mir gab, in seiner eigenen Arbeit nicht zu folgen vermochte; denn er hat seitdem einiges gegen Schleiermacher geschrieben, was ich so nie gewagt hätte." **MyW**^{2} V, geschrieben im Juli 1928.

Dass *viertens* auch Charlotte v. Kirschbaum an der Neugestaltung des
Schleiermacherbildes nicht unbeteiligt war[115], ist eine Vermutung, die allerdings sehr viel für sich hat und auf die wir noch zurückkommen werden.

Seinem Vorsatz getreu beginnt Barth mit einer gewaltigen Lobeshymne
auf Schleiermacher: "An die Spitze einer Geschichte der Theologie der neuesten Zeit gehört und wird für alle Zeiten gehören der Name Schleiermacher
und kein anderer neben ihm."(379) Er rühmt "den Reichtum und die Grösse
der *Aufgaben*", die sittliche und intellektuelle "Ausrüstung", die "männli-
che{n} {sic!} *Beharrlichkeit*", und die "Kunst" Schleiermachers, der ein
"Heros" war, "wie sie der Theologie nur selten geschenkt werden"(380).
Dann kommt der berühmte Satz: "Wer hier nie geliebt hat und wer nicht in
der Lage ist, hier immer wieder zu lieben, der darf hier nicht has-
sen."(380)[116] Es folgen fünf längere Abschnitte, in denen einige der wichtigsten sachlichen Motive im Lebenswerk Schleiermachers dargestellt werden.

Erstens, die unbestrittene "Christlichkeit" Schleiermachers. Hier nimmt
Barth ihn gegen Brunner in Schutz. Sie ist die "entscheidende Komponente,
die eine Theologie zur Theologie macht" und "gehört nicht zu den Motiven,
deren Vorhandensein im Werk eines Menschen man behaupten oder leugnen
kann"(382). Nach Brunner müsste "auch der Theologie Luthers und Calvins
die Christlichkeit abgesprochen werden"(382). Schleiermacher ist "jedenfalls auch christlicher Theologe gewesen"(382). Dies kann man nicht beweisen, aber "glauben", und zwar aufgrund von vier Indizien: Schleiermacher
wusste sich für die christliche *Wahrheitsfrage* verantwortlich, er war zeit seines Lebens ein *Mann der Kanzel*, er war als wissenschaftlicher Theologe
ausgerechnet *Dogmatiker* und er wollte "trotz allem" *christozentrischer*
Theologe sein. "Ob er es wirklich ist - wer will das sagen"(385)? "Dass wir
es auch Schleiermacher letztlich nur glauben können, dass er christlicher
Theologe gewesen ist, das hat er ... mit uns allen gemein."(386) Die Ent-

---

[115] Seit dem Sommer 1929 war sie ja Barths feste Mitarbeiterin.

[116] Hier gilt insbesondere, was Barth in seinem "Vorwort" den "Jüngeren und Jüngs-
ten unter den protestantischen Theologen" mit auf den Weg gibt: "Ich sähe es
gern, wenn sie denen, die vor uns waren, bei aller Grundsätzlichkeit der
Abgrenzung ihnen gegenüber - einfach gesagt: nun doch mehr Liebe zuwenden
würden."(VI) Darum wünscht er ihnen ein "offeneres Auge" und "ein wenig
Grazie {gratia!?} im Sichtbarmachen auch der tiefstgehenden Kritik"(ebd.).

scheidung Barths "es Schleiermacher zu glauben", stellt ihn vor die Aufgabe, dieser Theologie nun gefälligst auch eine (im Sinne Barths) "christliche" Interpretation zu geben. Wir werden noch sehen, wie das geschieht.

Zweitens, Schleiermacher will auch " *moderner* Mensch sein"(ebd.). Darum ist er als "Kulturtheologe" anzusprechen. "Das Reich Gottes ist nach Schleiermacher mit dem Fortschritt der Kultur schlechterdings und eindeutig identisch."(388) Zwar ist er darin auch Mystiker, aber "er ist Mystiker, weil es ohne Mystik keine Kultur geben könnte"(390). Barth hebt besonders "das *soziale* Problem"(392) hervor, dem Schleiermacher weit mehr als andere Zeitgenossen sein waches Interesse geschenkt hat.

Drittens, Schleiermacher ist *Apologet*. Schleiermachers Apologetik darf aber " *nicht* als primäres Motiv verstanden werden"(393), denn als Apologet muss er "seine Funktion als Theologe solange *ruhen* lassen"(395), schlüpft entweder in das Kostüm des "religiösen Virtuosen" oder in die Rolle des Religionsphilosophen und " *suspendiert* für diesen Augenblick seine Stellung zum Christentum, sein Urteil über die Wahrheit oder gar Absolutheit der christlichen Offenbarung"(396). Als Apologet ist er der Parlamentär, der einen "ewigen Vertrag" stiftet mit der Wissenschaft. Dies alles kann der Apologet jedoch nur tun, wenn er "seinen Ausgangspunkt über dem Christentum"(398)hat. Darum redet Schleiermacher "nicht als verantwortlicher Diener, sondern wie ein rechter Virtuose als ein *freier Meister* dieser Sache"(399).

Viertens, Schleiermacher ist ein Mann des *Friedens*, der *Vermittlung*. Sein "Prinzip der Mitte"(403) sucht den Ausgleich der Gegensätzealso den Frieden, auf der Kanzel, in der Kirchenpolitik, in der Philosophie und im Gefühl. Dieses Prinzip ist "zugleich identisch mit dem stärksten und entscheidenden Hebel der Schleiermacherschen *Apologetik:* "Der Herrnhuter und Romantiker musste gerade zu dieser Apologetik greifen."(405). Auch die beiden loci classici der theologischen Prinzipienlehre werden von hier aus einsichtig:

> "Anschauung und Gefühl ist der Gegensatz des religiösen Affizierenden und des religiösen Affiziertseins. Die *Überwindung* dieses Gegensatzes, das Eine in der *Mitte* dieser beiden ist das Wesen der Religion."(405)

Und diese "siegreiche *Mitte* zwischen Wissen und Tun"(405), - in der "Glaubenslehre" später schlicht aber umfassend "Gefühl" genannt - ist das fromme
Selbstbewusstsein, der *"subjektive* Repräsentant der Wahrheit"(406). "Darum
heisst Gott verkündigen für Schleiermacher die eigene Frömmigkeit verkündigen, darum ist Predigt für ihn wesentlich Selbst-Mitteilung des Predigers."(Ebd.) Damit ergibt sich aber das Zweite: "Das Göttliche ist
unausprechbar"(ebd.), und darum kommt dem "Wort und mit dem Wort der
intellektuellen Wahrheit nur jene sekundäre Bedeutung zu"(ebd.). Darum ist
auch Schleiermachers Lehre von den drei Formen dogmatischer Sätze nur
der Ausdruck dieser "durch das romantische Prinzip der Mitte bedingte{n}
Scheu vor den gegenständlichen, aussprechbaren und gerade darum *erst
recht* inadäquaten Aussagen"(407). Schleiermachers Traum, alle dogmatischen Aussagen, auch die über Gott und die Welt, auf die eine Grundform,
die "Beschreibung menschlicher *Gemütszustände"* (ebd.) zurückzuführen,
blieb unerfüllt, war aber nichtsdestoweniger Ausdruck einer Hoffnung, "dass
auch der Schein, als ob in der Dogmatik von etwas anderem als von menschlichen Gemützzuständen die Rede sei, auch noch verschwinden würde"(409). Dazu bemerkt Barth feierlich: "Er {dieser Schein} ist in der
Gestalt, in der uns Schleiermacher sein Werk hinterlassen hat, nicht ganz
verschwunden."(409)

Fünftens, Schleiermacher ist *Gefühlstheologe,* aber Theologe des *frommen* Gefühls. "Irgendwie" will auch er "vom Menschen *und* von Gott
reden"(409f.).

"Schleiermachers Theologie ist nicht in dem Sinn punktuell,
dass sie nicht wüsste um ein *zweites* Motiv, das bei ihm, weil
er von Hause aus ebenso vom Menschen denkt, wie die
Reformatoren es von Gott taten, offenbar mit dem identisch
sein, oder doch das meinen musste, was bei den Reformatoren das Primäre war: *Gott, Christus,* die Offenbarung oder
wie man das nennen will"(410).

Was nun folgt ist der oben schon angekündigte Versuch Barths, Schleiermachers Theologie auf jeden Fall als die Möglichkeit einer "christlichen
Theologie" begreifen zu wollen. Er tut dies, indem er Schleiermachers Theo-

---

117 Die auffallend starke Beschäftigung mit reformatorischer Theologie, die aus diesen Vorlesungen spricht, mag daher rühren, dass Barth parallel (d.h. ebenfalls
im WS 29/30) ein Seminar über Reformatorische Rechtfertigungslehre hielt.

logie an der der Reformatoren misst.[117]

Wie die Reformatoren weiss auch Schleiermacher "von zwei theologischen Grundmotiven" und biegt darum grundsätzlich mit diesen "in die Bahn
trinitarisch-theologischen Denkens"(410) ein. Aber er hat dabei "die reformatorische Anordnung umgekehrt"(411). Mit dieser Umkehrung folgte er
schlicht der Strömung seiner Zeit, die sich an der kopernikanischen Wende
nicht genugtun konnte. Für die Reformatoren war Christus das Zentrum, der
Glaube das Nebenzentrum, beide verbunden in der Lehre vom "Wort Gottes
in seiner Korrelation zum *Glauben* als dem *Werk des heiligen Geistes im
Menschen*" (ebd.).

> "Was Schleiermacher aufrichtete mit seiner Bewusstseins-
> theologie, mit seinem Fussfassen in dem Zentrum, das für
> die Reformatoren Nebenzentrum war, *konnte* die reine Theo-
> logie des heiligen Geistes sein"(ebd.).

Barth unterstellt Schleiermacher, dass er es "tatsächlich mindestens so *meinte* (wenn auch vielleicht nicht durchführte)"(412), aber er stellt die kritische
Frage,

> "ob er {Schleiermacher} in der Lage sein wird, ... die Gott-
> heit des *Logos,* die für ihn dieses zweite Zentrum bildet,
> ebenso ernstlich zu anerkennen und zur Geltung zu bringen,
> wie die Gottheit des heiligen *Geistes,* ... die bei dem, was er
> als sein eigentliches Zentrum ausgibt, offenbar gemeint ist -
> und ... ob wirklich die *Gottheit* des heiligen Geistes es ist,
> die sein eigentliches Zentrum bildet"(412).

Barth beantwortet die Fragen nicht leichthin, aber das Ergebnis bringt keine
Überraschungen: Schleiermacher muss "unter der Voraussetzung seines
Religionsbegriffs auf die *Gottheit Christi verzichten*" (419). "Die beiden
Brennpunkte der Ellipse {Christus und der Christ} rücken unaufhaltsam
zueinander, und wie soll es zu vermeiden sein, dass das objektive Moment
im subjektiven aufgehen und verschwinden muss?"(422)

> "Das Wort ist hier in seiner Selbständigkeit gegenüber dem
> Glauben nicht so gesichert, wie es der Fall sein müsste,
> wenn diese Theologie des Glaubens eine wirkliche Theolo-
> gie des heiligen Geistes wäre."(Ebd.)

"Und also scheint es doch nötig, in Erwägung zu ziehen, ob
hier nicht der heilige Geist, sondern wie Schleiermacher
angibt, doch bloss das religiöse Bewusstsein des Menschen
zum Thema der Theologie geworden ist."(422f.)

Noch einmal beschwört Barth den guten Willen Schleiermachers, der "hier
in aller Form noch einmal anerkannt"(422) werden soll: "In irgend einer Tiefe muss es Schleiermacher anders gemeint haben."(423)

"Es ist aber wirklich ein Glaubenssatz und nicht ein Satz
geschichtlicher Erkenntnis, mit dem wir uns damit an dieser
für die Geschichte der neuern Theologie entscheidenden
Stelle trösten. Das geschichtlich Erkennbare würde uns hier
letztlich untröstlich zurücklassen."(424)[118]

---

[118] Wir werden unten in Kap.V diese merkwürdige Einvernahme Schleiermachers
und seiner Theologie noch einmal unter einem anderen Aspekt kennenlernen.
"Annexion" werden wir dieses Verfahren dort nennen und als Korrelat der reifen Barthschen Theologie zu verstehen suchen.

3.2.8 Fluchtlinien der Barthschen Schleiermacher-Kritik

Im Blick auf den vollzogenen Schleiermacher-Exodus ist es in mehr als einem Sinne gerechtfertigt, von den "Flucht"linien Barthscher Schleiermacher-Kritik zu sprechen. Wenn wir versuchen, das umfangreiche Material der vorangegangenen Untersuchungen einigermassen im Blick zu behalten, ergeben sich in Barths Verhältnis zu Schleiermacher einige Perspektiven, die bei aller Kontinuität einige nicht unwesentliche Änderungen anzeigen.

Das erste ist eine *atmosphärische Veränderung*. Genügte es Barth am Anfang, ausgewählte Belegstellen "in erhöhtem Ton" zu deklamieren und so Schleiermacher mit dem Pathos theologischer (und moralischer!) Entrüstung zu desavouieren, so wird Schleiermacher ein knappes Jahrzehnt später als ernsthafter Gegner behandelt, dem nicht mit blosser Rhetorik beizukommen ist. Die unangenehme Polemik gegen das Romantisierende an Schleiermacher, d.h. gegen Gefühl, Musik und Natur, verschwindet ganz. Ebenso ist die Etikettierung "weiblich" (bei Barth anfangs eher "weibisch") völlig aus dem Repertoire der Einwände und Argumente entfernt. In diesem Zusammenhang kommt dem Attribut "männliche Beharrlichkeit"[119] für Schleiermacher eine nicht zu unterschätzende Bedeutung bei. Erscheint die Suspendierung eines "letzten Urteils" über Schleiermacher am Anfang eher kokett, so können die Beteuerungen Barths am Ende doch so sehr beeindrucken, dass man geneigt ist, mit ihm gegen den Augenschein Schleiermacher zu glauben, er habe es "anders gemeint".

Neben diesen atmosphärischen Beobachtungen steht nun allerdings die Tatsache einer *materialen Einengung* der Barthschen Kritik. War Barth anfangs auf einer breiten Heerstrasse vierspurig gegen Schleiermacher zu Felde gezogen[120], so sehen wir ihn jetzt, am Anfang der 30er Jahre zweispännig daherfahren. Geblieben sind allein die Einwände gegen Schleiermachers Friedens-Prinzip und gegen seine Christologie. Hier ist Barth nach wie vor zu keinen Konzessionen bereit, auch wenn er seine Ablehnung in viel Liebe und Nachsicht einwickelt. Hinter diesen beiden übriggebliebenen Kritikpunkten stehen allerdings "geharnischte Krieger", wie z.B. die Ablehnung

---

[119] **ProtTh** 380.

[120] Wir erinnern an das "Schleier-Prinzip, das Natur-Prinzip, das Friedens-Prinzip und das Ur-Prinzip".

der Apologetik, der Union, des "ewigen Vertrages" mit den Wissenschaften, des "Gott in uns", der Kulturvergötterung, sowie andererseits die Behauptung der Persönlichkeit Gottes, der Unverfügbarkeit der Offenbarung, der Gottheit Jesu und der Absolutheit des Christentums.

Neben die materiale Zuspitzung tritt schliesslich eine *formale Ausweitung*. Stand Barths Schleiermacher-Deutung ursprünglich ganz im Dienst der Kriegführung, so sehen wir ihn am Ende unserer betrachteten Periode ernsthaft damit befasst, Schleiermacher zu verstehen. Weder wird Schleiermachers Christlichkeit in Zweifel gezogen, noch sein Bestreben, ein moderner und ein romantischer Mensch sein zu wollen, ihm zur Last gelegt. Vielmehr nimmt Barth gerade diese beiden Aspekte zur Grundlage seiner weiteren Deutung als gegeben hin und kann jetzt, viel besser als je, das eigentliche Anliegen Schleiermachers und dessen ihm eigenen Beitrag zur Lösung der theologischen Aufgabe, aber auch die als notwendig erachtete Kritik, zur Sprache bringen.

Wir stehen am Ende dieser ersten und vielleicht mühseligsten Wegstrecke des Ringens Barths mit Schleiermacher, doch wir erinnern uns, dass der bisher zurückgelegte Weg nur die eine Seite seiner Beschäftigung mit Schleiermacher war, nämlich die Bewältigung der Vergangenheit. Wie steht es aber mit dem primären Motiv der Wüstenwanderung: mit der "positiven Überwindung" Schleiermachers?

3.3   Die "positive Gegenleistung"

Barths dogmatische Aufbauarbeit wurde sicher nicht durch die intensive
Beschäftigung mit Schleiermacher ausgelöst. Dass sie aber wurde, was sie
schliesslich war, das verdankt Barths Dogmatik eben dieser prinzipiellen
Auseinandersetzung. Die Schleiermacher-Vorlesung von 1923/24 hatte ihn
überzeugt: " *Einzeleinwände* hier zu erheben ist nutzlos."[121] Man kann nur
"zum Ganzen Ja oder Nein sagen"[122]. Das hat Barth denn auch getan, nämlich "Nein gesagt, allerdings weniger und immer weniger mit Worten, als
vielmehr mit Taten. Er ahnte wohl, "wie leicht es ist, hier mit Worten Nein!
zu sagen, wie schwer dagegen mit der Tat, nämlich mit der positiven Gegenleistung"[123]. Auch in den Augen seiner theologischen Zeitgenossen kämpfte
Barth keineswegs in vorderster Front gegen Schleiermacher.[124] Dort stand
vielmehr Emil Brunner, der von Barth nicht einmal die nötige Rückendec-
kung erhielt. Barth wollte eben kein tosendes Gefecht, kein Säbelrasseln vor
einem "vor neuzig Jahren Dahingegangenen, der sich nicht mehr erklären,
verbessern, in meliorem partem deuten, durch neue Evolutionen überbieten
kann"[125] Was Barth vorschwebte, war nicht weniger als eine "theologi-
sche{n} Revolution ..., die in ihrer Tiefe und Energie wahrlich nicht kleiner
sein dürfte, als die Reformation selber"[126] "Besser zu machen, was Schleiermacher schlimm gemacht hat", hiess die Parole, aber dazu brauchte es "Wissen, Können und Vollbringen", doch "wo und wer ist der starke Mann
dazu?"[127] Bei aller Koketterie, die aus diesen Worten spricht, wusste Barth
durchaus von der Mühsal, die auf diesen "starken Mann" zukommen würde.

---

[121] ThSchl 161.

[122] Ebd.

[123] AaO. 462f.

[124] So sah es jedenfalls W, Bartelheimer in seinem Buch **Schleiermacher und die
gegenwärtige Schleiermacherkritik** aus dem Jahre 1931.

[125] **Brunners Schleiermacherbuch** 55.

[126] AaO. 63.

[127] Ebd.

Schliesslich stand er ja, als er dies schrieb, bereits mitten in seiner ersten Dogmatikvorlesung.[128] Um diese "positive Gegenleistung" würdigen zu können, sollen zunächst einige grundsätzliche Erwägungen über den "Neubau" angestellt und danach die beiden wesentlichen Bestandteile seines Fundamentes in Augenschein genommen werden.

3.3.1   Der "Neubau"

Barth wusste, dass man Häuser von unten nach oben baut. Er wusste aber auch, dass es für den Neubau einer Dogmatik nach seinen Vorstellungen bislang kein geeignetes Fundament gab. Stand er doch, nach dem ersten Kolleg über Schleiermacher wie vor einem "unerhörten geschichtlichen *Loch*, ... nachdem *dieser* Turm vom Keller aus in die Luft gesprengt ist".[129] Darum nahm er die übermenschliche Aufgabe selbst in Angriff, "mit dem Protestantismus (mit dem er das erste Mal so schief herauskam!!) noch einmal von *vorne* anzufangen"[130]. In den Jahren bis 1932 legte er dreimal den Grundstein für eine neue Theologie, die sich bewusst mit keinem Pfeiler auf Schleiermacher auch nur stützen wollte. Dass er nach getaner Arbeit und nach Vollendung der ersten Stockwerke seiner Dogmatik manche Schleiermacher-Reminiszenz aufstellte - nur zur Dekoration wohlverstanden -, wurde dennoch von nicht wenigen Bewunderern und Kritikern als "noch nicht überwundene Schleiermacher-Abhängigkeit" gewertet. Damit erging es dann Barth, ganz im Gegensatz zu Schleiermachers Glaubenslehre, so - wie es einem rechten Baumeister allerdings gehen soll -, dass sein Fundament und darin das "Un-Schleiermacherische" seiner gesamten Dogmatik einfach übersehen wurde. Die "Prolegomena"[131], von denen wir hier sprechen, sind darum tatsächlich als indirekte Auseinandersetzung mit Schleiermacher anzusehen. Natürlich enthalten auch sie ganz direkte Hinweise auf Schleiermacher, die aber, ohne Kenntnis des expliziten, parallel geführten Gefechtes, nicht genügen, die Heftigkeit des Ringens einzusehen, mit dem Barth Schlei-

---

[128] Im Sommer 1924 las Barth seinen "Unterricht in der christlichen Religion".

[129] **BwTh II** 236 (4.3.1924).

[130] Ebd.

[131] Die drei "Prolegomena", die hier gemeint sind: **UCR** von 1924, **CD** von 1927 und **KD I** von 1932 bzw. 1938.

ermacher eben *überwinden* will.

Es ist ganz unmöglich, in diesem Rahmen den dreifachen Anlauf Barths gebührend zu würdigen, geschweige denn darstellen zu können. Es muss bei einem Stenogramm bleiben, in dem nur das Nötigste mitgeteilt wird. Es versteht sich auch von selbst, dass wir den "Fluchtlinien" vom UCR über die CD zur KD hier nicht nachgehen können, sondern nur hier und da einige Andeutungen in das (noch längst nicht abgeschlossene) Gespräch darüber werfen. Als Organisationsprinzip für die erdrückende Fülle des Materials machen wir von zwei Themen Gebrauch, die sich u.e. wie rote Fäden durch Barths Theologie ziehen und gerade in ihrem Miteinander die Spannung und Stärke seiner Dogmatik ausmachen. Wir sind ihnen oben bereits begegnet, in der Zeit, als Barth und Thurneysen ihren Exodus aus dem Neuprotestantismus vollzogen: *Prophetie* und *Wissenschaft*. Wir werden sehen, wie sie Barth dazu dienen, wirklich das "Gegenteil"[132] zu denken und zu sagen, von dem, was er in der Schule Schleiermachers einst gelernt hatte und nun gründlich verlernen wollte.

3.3.2 Theologie als Prophetie

Mit diesem, vielleicht auf Anhieb gar nicht nach Barth klingenden, Titel sei *das* Element der Barthschen Theologie bezeichnet, welches am stärksten sein eigenes, existentielles Anliegen zum Ausdruck bringt.[133] Es steht in einem

---

[132] "O, dieser vielhundertjährige Sumpf, in dem wir stecken! Es ist so grässlich schwer, immer wieder das Gegenteil auch nur zu *denken,* geschweige denn zu *sagen,* geschweige denn *formuliert* und im *Zusammenhang zu sagen."* **BwTh** **II** 252 (18.5.1924).

[133] Es will uns nicht ganz einleuchten, dass I. Spieckermann die "Prophetie" in Gegensatz zur Theologie bei Barth sehen möchte: "Gerade in diesem in seinem Wort in Jesus Christus durch die Schrift fundamental selbst die Beziehung zu sich selbst voraussetzenden Sinn der Erkenntnis *Gottes* ist es begründet, dass sich schon in der frühen, in der Einheit ihrer Frage zusammengeschlossenen schriftexegetischen Phase nicht und zu keinem Zeitpunkt um 'Prophetie', sondern 'schlecht und recht (um) *Theologie'* handelt. I. Spieckermann, **Gotteserkenntnis.** 79f.

dynamischen Kontrast zu dem anderen Element, der Wissenschaftlichkeit, und - so behaupten wir - dies nicht nur in der uns hier interessierenden Periode. Im Bilde gesprochen ist das prophetische Element in Barths Theologie das Gaspedal, die Wissenschaft aber die Fussbremse. Barth hat durchaus Prophet sein wollen, aber er hat gewusst, dass man Prophet nicht sein kann, selbst wenn man es ist.[134] Er wusste wohl um seine "Prophetengebärde", wenn er sie auch nur für die "Haltung des Durchbruchs"[135] angesehen wissen wollte. Das prophetische Element, dessen Quellen wir durchaus in der Begegnung mit Blumhardt zu suchen haben, hatte ursprünglich eine starke anti-theologische Färbung. Es ging, wie wir sahen, Barth und Thurneysen anfangs keineswegs um eine neue Theologie, sondern um den "grossen Schlag gegen die Theologen"[136], um das "Korrektiv", das Herumreissen des Ruders. Darum ist die sogenannte "Dialektische *Theologie*" in ihrem Wesen völlig missverstanden, wollte man sie anders ansehen als eine "Un-Theologie", eine Aufforderung zum Ungehorsam, zum Streik, zur Besinnung, zur Verweigerung. Diese Dialektik war in ihrem Ursprung alles andere als eine Methode, für die sie von ihren Kritikern und Freunden nur allzu

---

[134] Man vergleiche hierzu zahlreiche Äusserungen in Barths Briefwechsel mit Thurneysen: "Wenn irgend einmal, so möchten wir jetzt Gott bitten, Propheten aufstehen zu lassen. *Wir* sind es jedenfalls nicht mit unsern paar Sprüchen, wenn wir jetzt auch ein klein wenig weiter sehen als die draussen." **BwTh I** 12 (25.9.1914!).
"Wenn wir keine echten Propheten sein können, wollen wir doch auch keine falschen sein wie die in Hes.13 beschriebenen." AaO. 88 (5.10.1915).
"Auch er {Rade} beklage sich über unser 'prophetisches Selbstbewusstsein', das uns veranlasse, so aufzutreten, als ob wir der Christenheit Gott erst zu bringen hätten." AaO. 204 (1.6.1917).
Ebenfalls in diesen Zusammenhang gehört das bekannte *"Wir sollen als Theologen von Gott reden. Wir sind aber Menschen und können als solche nicht von Gott reden. Wir sollen Beides, unser Sollen und unser Nicht-Können, wissen und eben damit Gott die Ehre geben."* **WGuTh** 158.
Am deutlichsten wird das was wir hier sagen wollen jedoch in folgendem Zitat: "Die Propheten und Apostel *wollen* nicht sein, was sie heissen, sie müssen es sein. Eben darum *sind* sie es." AaO. 82.

[135] **CD** 8.

[136] **BwTh I** 121 (1.1.1916).

schnell angesehen wurde. Diese Dialektik war auch keine Philosophie, weder "ein auf den Kopf gestellter Hegel"[137], noch "konsequenter Idealismus mit negativem Vorzeichen"[138], auch keine "Akzentverschiebung im Natorp-Cohenschen System"[139]. Diese Dialektik bezog ihre Unruhe nicht aus einer Systematik, sondern aus der Bedrängnis des Wissens um einen *lebendigen* Gott, des Bewusstseins einer konkreten Berufung durch diesen Gott und des Glaubensgehorsams, der sich seiner Aufgabe nicht entzog. Darum die Betonung des Heiligen Geistes als der Grundlage aller christlichen Existenz, darum die Verachtung jeglicher "theologia irregenitorum"[140], darum der Hinweis auf die Auferstehung Jesu von den Toten als *dem* Paradigma göttlicher Wirklichkeit. Barths dialektische Theologie ist "tatsächlich nicht zu fassen". Als "Methode" ähnelt sie dem Ungestüm eines wilden Hengstes, der jeden, aber auch jeden Reiter - sofort nach rechts, links, vorn oder hinten abwirft, der sich einfach dagegen wehrt, geritten zu werden. Somit ist diese Nicht-Theologie konsequentestes Beachten der Freiheit Gottes, der spricht, wo und wann er will, dessen Wort aber nie und nirgends "gehabt" oder "besessen" werden kann. Dass "Gott selber rede"[141] ist ihr Ziel, und deshalb ist der "Sinn der Dialektik in der Theologie" das "Freibleiben der Stelle, wo das entscheidende Wort zu sprechen wäre"[142].

Die hier erwähnten, sattsam bekannten, Fundamentalsätze der "dialektischen Theologie" Barths unter dem Begriff der "Prophetie" zu vereinen, ist keineswegs Willkür, kommt doch in Barths Verständnis von Prophetie auch nur das entscheidende Prinzip seiner Theologie zum Ausdruck, dass der Theologe in seiner Arbeit niemals eine Sonnenfinsternis hervorrufen dürfe, indem er sich mit dem Rücken gegen das Licht stellt. Insofern *kann* Theolo-

---

[137] "Kirche und Theologie", ZZ 4(1926) 35.

[138] Ebd.

[139] Ebd. Barth sagt dazu: Was soll das alles?"

[140] WGuTh 151. Vgl. auch:"Eine theologia irregenitorum wäre in jeder Form ein grober, zutiefst *un*sachlicher Unfug." ThuK 272.

[141] WGuTh 177.

[142] ThuK 322.

gie bestenfalls aus den "*Prolegomena* zur Christologie"[143] bestehen, denn
nur so kommt der theologische Vorbehalt zum Ausdruck, dass allein Gott
das Wort sprechen kann, und dass er es bereits gesprochen *hat*. Und darin
sieht nun Barth *seine* "prophetische" Aufgabe, dass *er* das Wort *nicht* spricht,
sondern ihm den Weg bahnt, damit "Gott selbst spricht", was ja jenseits des
dialektischen Weges liegt, "dort wo auch dieser Weg abbricht"[144].

Das also ist es, was Barth mit seiner "Prophetie" will: er will, gut "alttte-
stamentlich"[145] ein Wegweiser, ein Wegbereiter sein.[146] Es scheint, dass
dieses Prophetieverständnis ein gutes Stück abseits des Üblichen liegt. Heisst
es nicht, dass gerade der *Prophet* das Wort Gottes sagt, dass *er* es ist, der
sich im Namen Gottes äussert? Nun der Schein trügt. Natürlich will auch
Barth das Wort Gottes verkündigen, dem dient ja seine ganze Anstrengung.
Nur weigert er sich strikt aus sich heraus zu sagen: "So spricht der Herr!".
Damit will er jeden Verdacht zerstreuen, als könne ein Mensch das Wort
Gottes usurpieren.

Wie sehr Barth die Prophetie sogar zum festen Bestandteil der Theologie erhoben hat, sehen wir am Neubau seiner Dogmatik. Dazu lesen wir noch
einmal einen Auszug aus der Schleiermacher-Vorlesung von 1923/24:

> "Die Welt kann *diese Dogmatik* {Schleiermachers} und die
> Kirche kann *diese Statistik* füglich entbehren, weil weder die
> eine noch die andere ihrem respektiven Partner etwas Neues,
> Anderes, Überlegenes zu sagen [hat], weil sie überhaupt
> nicht als Momente eines *Gesprächs* an einen *Partner*, an ein
> *Gegenüber* gerichtet sind. Theologie als eine Monologie ist
> eine Unbeträchtlichkeit. Etwas Anderes wäre es, wenn der
> theologische Dogmatiker und Statistiker sich bewusst wären,
> in ihrem Tun das Amt des Propheten, nicht des Offenba-
> rungs*trägers*, aber des Offenbarungs*künders*, jetzt von der

---

[143] **WGuTh** 178.

[144] AaO. 174.

[145] AaO. 178.

[146] Dazu passt, dass Barth zeit seines Lebens gerade Johannes den Täufer zu seinem
"Vorbild" (vor ihm, über dem Schreibtisch!) erwählt hatte.

Kirche aus gegenüber der Welt, jetzt von der Welt gegenüber der Kirche wahrzunehmen. Prophetie heisst Verkündigung eines Neuen, noch nicht Dagewesenen, Kommenden, immer im Gegensatz zu allem schon Seienden, Gegebenen, Wirklichen. Theologie als Prophetie wäre *keine* unerhebliche Angelegenheit. ... Aber das sind Möglichkeiten, deren Erwägung die Schleiermachersche Theologie in ihrem Fundament hätte sprengen müssen, und wir können nur festestellen, dass das nicht geschehen ist."[147]

Dieser Abschnitt weist auf weitere Elemente des Barthschen Verständnisses von Prophetie. Theologie soll ansprechen, nicht in die Luft reden, sondern gezielt verkünden. Von hier verstehen wir auch die Zuversicht, mit der Barth die Theologie in den Prophetenmantel gehüllt sehen kann: zwar kann die Theologie das Wort Gottes nicht selbst sagen, aber sie hat es ja bereits gehört, hat es bereits im Glauben angenommen und steht nun unter der Last es zu verkündigen. Und diese Verkündigung findet ihre Legitimation im Raum der Kirche. Denn die "christliche Kirche verweist uns nämlich ... auf das sie begründende Datum, den Kanon, und der Kanon verweist uns ... auf die Offenbarung, auf das 'deus dixit'".[148] Dass "für Gott selber *Gott selber* zeugt", ist "des christlichen Predigers Wissen, Mut und Legitimation"[149]. Von daher gesehen "ist das Tun des Dogmatikers prinzipiell dasselbe wie das des Predigers, dessen Paradigma sozusagen"[150], und die Dogmatik ist in ihrem Wesen dann "Dienst an der Kirche, ministerium verbi divini in zweiter Potenz"[151]. Dogmatik darf sich also mit Recht das Prädikat "Prophetie" zulegen. Nur darf sie die Vorbehalte nicht vergessen, unter denen sie dieses

---

[147] **ThSchl** 316.

[148] **UCR** 76.

[149] AaO. 82. Barth fährt fort: "Das wird denn wohl auch das für uns Nicht-Propheten Entsprechende sein zu der *glühenden Kohle* vom Altar, die der Seraphim nahm mit einer Zange und rührte die Lippen des Mannes an, der um seiner und seines Volkes *unreiner* Lippen willen vor dem Angesicht des Herrn Zebaoth *vergehen* wollte." (Ebd.).

[150] **UCR** 368.

[151] AaO. 378.

Gewand angelegt hat.

3.3.2.1   "Unterricht in der christlichen Religon" (Prolegomena, 1924)

Die langen Vorreden waren nötig, um das ganze Gewicht des Stichwortes "Theologie als Prophetie" ermessen zu können. Denn an dem Ort, wo Barth es dann seiner Dogmatik von 1924[152] eingefügt hat, führt es eher ein Mauerblümchendasein: Im 2. Kapitel, das vom "Wort Gottes als heilige Schrift" handelt, erscheint es als dritte der drei "relativen Freiheiten" des § 10.[153] Dem in § 9 aufgestellten Begriff des "Lehramtes" (als 3. Autorität) steht hier der Begriff der "Prophetie" gegenüber:

> "Ich meine damit das, was die Kinder der Welt *Kongenialität* mit den Zeugen der Offenbarung nennen würden, was ich gestern als *Selber-Denken* der Schriftgedanken bezeichnet habe. Ich habe in der zweiten Auflage meines Römerbriefs Ärgernis erregt durch den Satz, es komme bei der Exegese darauf an, vorzustossen bis dahin, 'wo ich nahezu vergesse,

---

[152] UCR. Seitenangaben im Text.

[153] Die vollständige "Kategorientafel"(UCR 371) sähe so aus:

§ 9,3: *Autorität:*

          1.Kanon
          2.Väter und Dogma
          3.Lehramt

§10,3: *Freiheit:*

          1.Beobachtungsakt
          2.Denknotwendigkeit
          3.Prophetie

§12,2: *Heteronomie:*

          1.Biblizismus
          2.Schule
          3.Kirchlichkeit

§13,2: *Autonomie:*

          1.Glaube und Gehorsam
          2.Dialektik
          3.Verantwortlichkeit.

dass ich nicht der Autor bin, wo ich ihn nahezu so gut verstanden habe, dass ich ihn in meinem eigenen Namen reden
lassen und selber in seinem Namen reden kann'. Das meine
ich hier. Die schärfste historische Beobachtung und das
intensivste Nachdenken und Mitdenken hilft mir gar nichts,
wenn nicht zuoberst und zuletzt etwas von dieser Identifikation zwischen mir und dem Autor, dem Autor und mir ein-
tritt."(318)

" ... und ohne dass man den lächerlichen Anspruch erhebt,
ein Prophet zu sein, fällt das, was man tut, unter den Begriff
der Prophetie: man hat das Zeugnis so gehört, dass man es
aufnehmen und weitergeben muss. Aber auch das *ohne*
Autorität, sondern in *Freiheit*."(319)

Wir verstehen jetzt, wie diese Worte Barths gemeint sein können. Zwar verwundert es uns, aus seinem Munde derart "letzte Worte" zu hören,[154] aber
wir wissen ja um die Vorbehalte, die Brüstung sozusagen, die den Absturz
verhindern soll.

Es versteht sich von selbst, dass die "Prophetie" nicht auf die Schrift-
auslegung beschränkt bleibt. Auch die Predigt nimmt Anteil an diesem Übergang aus der "Späre der Empirie und aus der Sphäre des Gedankens in die
Sphäre des *Existentiellen*"(318). Dort, wo die höchste Autorität der Kirche
(Lehramt) und die letzte höchste Freiheit des Einzelnen (Prophetie) in idealer
Einheit zusammenfallen, dort findet das "Wagnis der christliche Predigt"
statt: "*der* Akt, der zugleich der letzte, höchste Autoritätsakt der Kirche und
der letzte, höchste Freiheitsakt des Einzelnen ist"(324).

Somit kommt der - im Barthschen Sinne verstandenen - Prophetie in
der Dogmatik Barths eine Schlüsselstellung zu. Sie ist sozusagen die con-
ditio sine qua non alles rechten Theologietreibens, seine durch und durch
menschliche Seite, die, gerade weil sie Gottes Freiheit grenzenlos respektiert, in ihrer eigenen Menschlichkeit sich vollkommen frei (vor Gott!)
bewegt. Mit dieser konsequenten Betonung der Freiheit des Einzelnen setzt
Barth einen unüberhörbaren Kontrapunkt zu Schleiermacher. "Offenbarungs-

---

[154] Zum Beispiel, dass die Prophetie des Einzelnen darin besteht, "dass er selber
heute diese Schriftgedanken (und damit die Wahrheit der Offenbarung und
damit die Wahrheit Gottes) denkt und ausspricht"(324)!

vermittlung, nur unter der Form von Autorität vorgestellt, wäre ein naturhaftes, dingliches Geschehen."(305) Der Mensch wird nicht nur bestimmt, "sondern er bestimmt, er denkt, er will"(306). "Wir sagen: das Wort Gottes redet zu uns: das ist ein Geschehen, das sich nicht in Form eines mechanischen Zwanges abspielen kann, sondern in Form eines Zwangs, der nur in der Sphäre der Freiheit möglich und wirklich ist."(Ebd.) Eine Anspielung auf Schleiermachers Gefühl der schlechthinigen Abhängigkeit, scheint uns hierin unüberhörbar.

Für einen Moment müssen wir jetzt zurücktreten, um das Profil des Barthschen Prophetieverständnisses noch deutlicher in den Blick zu bekommen.

Wir sahen erstens die Prophetie als eine gewaltige Bewegung der Verneinung. Zweitens sahen wir sie als die "höchste Freiheit des Einzelnen" und drittens in der Predigt als dem höchsten (menschlichen) Zugleich von Autorität und Freiheit. Dieses merkwürdige Profil von Prophetie ist in seiner Art, wie wir ja oben schon kurz andeuteten, so sehr "unbiblisch"[155], so sehr ein Geschöpf des Selbstverständnisses Barths (Selbstauslegung!), dass wir uns fragen, ob Barth hier in einer Überreaktion zu Schleiermacher nicht tatsächlich abgestürzt ist in ein "neuromantisches Prophetenverständnis"[156].

---

[155] In der Bibel weist sich der Prophet - der wahre wie der falsche - aus durch die Worte:"So spricht der Herr!" Barth und Thurneysen scheuten dieses Risiko (zum Glück).

[156] Darauf hat bereits R. Bohren hingewiesen, **Prophetie und Seelsorge** 41: "Das neuromantische Prophetenverständnis Duhms klingt im Briefwechsel Thurneysens mit Karl Barth als Selbstverständnis nach."
Vgl. dazu B. Duhm, **Israels Propheten** 7f.: "Da traten an die Stelle der alten volkstümlichen Gottesmänner andere, höchst unvolkstümliche; Männer, die nicht zu grossen Dingen aufforderten, sondern davon abmahnten, Propheten die nicht Heil und Sieg verkündigten, sondern Gericht und Untergang. ... Sie waren dazu berufen, die Führung in der *inneren* Geschichte der Menschheit zu übernehmen Bei anderen Völkern pflegt diese höchste Schicht von Philosophen, Staatsmännern, Dichtern, Künstlern gebildet zu werden. Dass sie in Israel ihren Kern in den Propheten hat, die keine Philosophie und Wissenschaft kennen, beruht darauf, dass Jahwe der Leiter der Geschichte bleibt. Auch die innere Geschichte ist für diese Männer Bewegung, Leben, geht nicht aus auf ein abgeschlossenes System, auf absolute Wahrheiten, Theorien, Dogmen. Propheten

Sein Drang, den Prediger und Theologen sich eben nicht selbst auslegen zu
lassen, wie das seiner Meinung nach bei Schleiermacher geschah, verführte
ihn dazu, den Prediger dennoch zu einem Schöpfer zu machen, nur diesmal
zu einem Schöpfer des "ewig Neuen"(Duhm):

> "Christliche Predigt ist ein synthetischer Akt. Die Abscheu
> der Anti-Intellektualisten vor dem Wort 'Lehre', beruht auf
> heimlichem - oder wie bei Schleiermacher - offenem Natura-
> lismus. Es soll nichts Neues in den Menschen hinein. Das
> Wort Gottes bringt etwas sehr Neues in ihn hinein."(331f.)

Barth selbst muss das Gefährliche dieses Ansatzes gespürt haben. Obwohl
er ja der Prophetie des Einzelnen das Lehramt der Kirche als Korrektiv gegen-
überstellt, lässt er sich daran nicht genügen. Er zieht noch einen Graben um
den Altar und giesst Wasser auf das Holz:

> "Also nicht etwa darum kann es sich handeln, dass wir nun
> doch etwa vergessen, dass auch die letzte, höchste Autorität
> in der Geschichte, die wir kennen: das Lehramt der Kirche,
> und die letzte, höchste Freiheit eben daselbst: die Prophetie
> des Einzelnen, in Klammer, unter Vorbehalt stehen, dass wir
> den Riegel, der uns da in der Geschichte gezogen ist durch
> die heilige Schrift als das Zeugnis der Offenbarung, heim-
> lich zurückziehen, dass wir uns mit einem kühnen Schwung
> doch noch auf den Thron Gottes setzen, nein, es muss dabei
> bleiben, auch für den christlichen Prediger gültig, ja gerade
> für ihn: Alle Menschen sind Lügner [Ps.116,11]."(328)

Von hier aus sind wir nun in der Lage, die weitere Entwicklung von
Barths "Theologie als Prophetie" zu verstehen und zu würdigen. Wenn es
sich so verhält, wenn der Prophetie des Einzelnen mit solchem Misstrauen
begegnet werden muss, dann leuchtet es ein, warum Barth dieser Prophetie

---

sind die Männer des ewig Neuen."
Fast scheint es, als hätte Duhm hier ein Bild des frühen Barth vor Augen
gehabt. Über die Bedeutung Duhms vgl. **BwTh** (Registerangaben).

[157] Vgl. hierzu auch die von K. Bornkamm ausgezogenen Linien zum prophetischen
Amt Christi in ihrem Aufsatz "Die reformatorische Lehre vom Amt Christi und
ihre Umformung durch Karl Barth", **ZThK.** (1986) Beiheft 6, 1-32.

einen immer kleineren Boden in der Dogmatik zubilligt.[157]

3.3.2.2   "Die christliche Dogmatik im Entwurf" (Prolegomena, 1927)

Die drei Jahre später erschienene "Christliche Dogmatik"[158] kennt darum neben der Prophetie des Einzelnen auch das "prophetische Amt"(499)[159] der Kirche, die das "Wort der Stunde"(ebd.) spricht, und zwar weil "die Kirche wirklich nicht von der zufälligen Laune oder Erleuchtung einzelner ihrer Glieder"(ebd.) lebt. Dieses "Wächter- und Führeramt der Kirche" - Barth meint tatsächlich das Lehramt! - wartet darauf, "versehen und ausgeübt zu sein, als Organ der Schriftwahrheit, wie sie heute, jetzt, hier, erkannt und ausgesprochen sein will"(529). Wenn dann Barth schliesslich, "dem Lehramt der Kirche gegenüber, von einer in der Freiheit des Einzelnen schliesslich notwendig sich manifestierenden Prophetie des christlichen Gewissens"(527) auch noch redet, dann nur unter der unmittelbaren Selbstbeschränkung, "dass ich nur im Bewusstsein dieser Autorität von meiner Freiheit Gebrauch machen kann". Und zudem: der Theologe oder Prediger, der "verstehend, aufnehmend, weiterzeugend scheinbar mit der Schrift auf einer Höhe"(529) spricht, ist in diesem "Augenblick kongenialer Freiheit ... keineswegs selbst *schöpferisch,* sondern nur treu (aber *selbst* treu)"(ebd.).

In der Substanz gleich, im Ton deutlicher, in der Abgrenzung schärfer, will Barth in der "Christlichen Dogmatik" auf jeden Fall verhindern, dass das Wort Gottes in die Hände der Menschen falle. Der Eindruck lässt sich aber nicht verwischen, dass Barth mit dem Begriff der "Prophetie" offensichtlich seine Mühe hat. Ganz bewusst will er aus der Rolle des Propheten, mit der damit verbundenen "Prophetengebärde"(8) hinaus. Dass dieser Eindruck einer tatsächlichen Tendenz des Barthschen Denkens entspricht, zeigen seine "Prolegomena" zur "Kirchlichen Dogmatik"[160]:

---

[158] CD. Zitiert nach der GA. Seitenangaben im Text.

[159] Gegen UCR 296!

[160] KD. Seitenangaben im Text.

3.3.2.3 "Die Kirchliche Dogmatik" (Prolegomena, 1932 und 1938)

Hiess es 1924, im § 10, in der Kategorientafel der relativen Freiheiten in bezug auf die Schrift[161], noch "Beobachtungsakt, Denknotwendigkeit, Prophetie, so lauten die Stichworte in der "Kirchlichen Dogmatik" "Beobachtung, Nachdenken, Aneignung"[162]. Wo einst der anspruchsvolle Name "Prophetie" glänzte, heisst es nun lapidar "Aneignung".

> "Aneignung heisst, weil das Wort Gottes uns in der Gestalt des Schriftwortes begegnet: Gleichzeitigkeit und Kongenialität und indirekte Identifikation des Lesers und Hörers der Schrift mit dem Zeugnis der Offenbarung. Aneignung heisst: Übernahme ihres Zeugnisses in eigene Verantwortung."(I/2, 826).

Aber auch dort, wo Barth noch 1927 die Prophetie hatte ansiedeln wollen, (§ 21,3), als Beschreibung der Funktion des kirchlichen Lehramtes, suchen wir in der "Kirchlichen Dogmatik" vergeblich nach ihr. Was in der Kategorientafel von 1924 noch "Kanon, kirchliche Lehrer, Lehramt" hiess[163], trägt hier die Titel "Kanon, kirchliche Lehrer, Konfession (Bekenntnis)"[164]. Während wir noch darüber nachgrübeln, was aus dem prophetischen Anspruch von Kirche und Prediger geworden ist, gibt Barth selbst das lösende Wort:

> "Es dürfte ... in der Kirche besser sein, das prophetische: 'So spricht der Herr' und das apostolische: 'Es gefällt dem Heiligen Geist und uns' (Act 15,28) gerade nicht für sich selbst in Anspruch zu nehmen. So durften und mussten die Propheten und Apostel, so kann aber nicht die ihr Offenbarungszeugnis nur anwendende und auslegende Kirche reden!"(I/2, 661).

---

[161] CD § 22,3.

[162] Vgl. dazu **KD I/2** 810,815,825.

[163] CD etwas breiter: "Kanon, Text, Kirchenlehrer, Bekenntnis, prophetisches Amt".

[164] Vgl. dazu **KD I/2** 666, 673, 693.

Also gar keine Prophetie in der Kirche? Wieder einmal trügt der Schein. Natürlich weiss auch Barth um die Notwendigkeit der christlichen Prophetie, um diesen entscheidenden Lebensnerv von Kirche und Theologie. Und natürlich gilt, was wir oben schon sagten: Barth will durchaus Prophet sein, aber er weiss, dass man das nicht sein kann, selbst wenn man es ist.[165] Der Kampf für die Freiheit des Wortes Gottes ist ja ein Kampf für die Freiheit der Prophetie. Aber so sehr die Kirche auf die Wirklichkeit der Prophetie angewiesen ist[166], so sehr ist sie auch durch falsche Prophetie bedroht. Man darf wohl ohne Übertreibung sagen, die ganze "Kirchliche Dogmatik" verdankt ihr Enstehen der Existenz und der Bekämpfung falscher Propheten in der Kirche. Die Suche aber nach einem Kriterium zur Unterscheidung wahrer und falscher Prophetie hatte Barth schliesslich zu Röm. 12,6 geführt, wo es heisst, dass Prophetie in der Kirche zu geschehen hätte κατὰ τὴν ἀναλογίαν τῆς πίστεως. Diese Analogie ist "die Entsprechung des Erkannten im Erkennen, des Gegenstandes im Denken, des Wortes Gottes im gedachten und gesprochenen Menschenwort, wie sie die wahre, im Glauben stattfindende, christliche Prophetie von aller unwahren unterscheidet"(I/1, 257)! Die prophetische Existenz ist also nicht verschwunden, nicht aufgehoben, sondern "aufgehoben" in der *analogia fidei*. Denn der

---

[165] Vgl. dazu den schönen Exkurs über Amos, den Propheten, der nicht Prophet sein wollte! **KD I/2** 359ff.

[166] Barth eliminiert keineswegs die Tatsache der Prophetie in der Kirche, sie erscheint nur unter einem anderen Namen. Der Prophet ist jetzt "Zeuge der Offenbarung": AaO. 784 und 826. Von der expliziten Vorstellung vereinzelter Zeugen (Propheten), oder gar eines "Schriftgelehrtenstandes" ist Barth völlig abgekommen. Er will "diese Verantwortung grundsätzlich *allen* Gliedern der Kirche" auferlegt wissen. AaO. 800f. "Man kann geradezu sagen, dass *die ganze Kirche die Organisation eben dieses Vermittlungsdienstes ist.*" AaO. 801. Ja, Barth kann soweit gehen zu sagen - und wer wäre hier grundsätzlich nicht gemeint? - : "Im Glauben kommt es zur Gleichzeitigkeit, zur Kongenialität, zur indirekten Identifikation des Schriftlesens und -hörens mit den Zeugen der Offenbarung. Im Glauben wird ihr Zeugnis Sache unserer eigenen Verantwortung. Er, der *Glaube* - der *gehorsame* Glaube, aber der Glaube - und endlich und zuletzt der gehorsame Glaube ganz *allein* ist die von uns geforderte Betätigung als Glieder der Kirche, die Betätigung der uns gegebenen Freiheit unter dem Wort." AaO. 830.

"*Vollzug* der Erkenntnis, das Ereignis *menschlichen* Handelns, die dieser Zueignung entsprechende *Aneignung* vom intuitiven Ergreifen bis zum sprachlich formulierenden Begreifen, in der das Offenbarwerden der analogia fidei und die von ihm ausgehende Klarheit in der Dogmatik ... geschöpflich Gestalt gewinnt {!} - sie ist jenem Geschehen von Gott her gegenüber freilich ein Zweites, im Glauben zwar mit ihm Geeintes, aber gerade im Glauben auch wohl von ihm zu Unterscheidendes." (I/1 11).

Was heisst das anderes, als dass in der Aneignung (persönliche Prophetie), die analogia fidei "offenbar" wird, und der Dogmatik und dem Dogmatiker Klarheit verschafft? Noch anders ausgedrückt: im *Glauben* allein hat der Prophet die notwendige Korrektur seiner Rede schon erhalten. Darum sagt Barth:

"Diese Voraussetzung macht sie {die Dogmatik}, indem sie in der Kirche und mit der Kirche glaubt an Jesus Christus als die offenbarende und versöhnende Zuwendung Gottes zum Menschen. Die Rede von Gott hat dann den rechten Inhalt, wenn sie dem Sein der Kirche, d.h. wenn sie Jesus Christus gemäss ist ... εἴτε προφητίαν, κατὰ τὴν ἀναλογίαν τῆς πίστεως (Röm. 12,6)" (I/1, 10f.).

Nock konkreter gesagt: Dogmatik betätigt darin ihre Funktion, dass sie ihr Reden und alles "prophetische" Reden der Kirche an Jesus Christus, wie er im Glauben erkannt wird, misst.[167]

Mit diesem Hinweis auf die berühmte analogia fidei beschliessen wir den Abschnitt über "Theologie als Prophetie". Wir sahen Barth fliehen: von der Monologie des absolut abhängigen Selbstauslegers Schleiermacher hinaus in die "höchste Freiheit der Prophetie des Einzelnen, der immer Neues bringt", von dort direkt in die schützenden Arme des Lehramtes der Kirche, um schliesslich in der Rolle des "Prophetenüberwachers" seine Ruhe zu finden. Unendlich mehr wäre dazu noch zu sagen. Zu einem späteren Zeitpunkt (Kap.V) werden wir, von einer ganz anderen Seite her, wieder auf die analogia fidei stossen.

---

[167] Dies ist auch gegen v.Balthasar gesagt. Vgl. v.**Balthasar** 116ff., insbesondere 117!

3.3.3   Theologie als Wissenschaft

Mit dem Stichwort "Wissenschaft" sprechen wir jetzt die zweite Hauptkomponente der Theologie Barths an. Oben gebrauchten wir das Bild von Gas- und Bremspedal, um das Verhältnis von Prophetie und Wissenschaft in der Theologie Barths anschaulich zu machen. In der Konsequenz würde das bedeuten, dass mit dem Aufhören des "Gasgebens" der Wagen langsam zum Stehen käme. Ob es dazu wirklich je gekommen ist?[168] Die Jahre, die wir hier betrachten, sind jedenfalls mehr als deutlich geprägt von der spannungsreichen Dynamik des Miteinanders von Prophetie und Wissenschaft. Standen nicht schon Barths theologischen Anfänge unter dieser Spannung? War sein Exodus nicht schlicht die Befreiung von einer Theologie, die das notwendige Zusammensein von Gotteswirklichkeit und Wissenschaftlichkeit aufgekündigt hatte zugunsten der "Freiheit" der Wissenschaft? Und war er darum seinem Ziel einer "Grundlegung der Theologie" etwa untreu geworden? Nein, Barth hatte keineswegs im Sinn, einer Weisung v.Harnacks folgend, Visionen zu empfangen und eine Sekte zu gründen. Aber: die Wissenschaft, nach der er Ausschau hielt, sollte sich nicht an der Wirklichkeit Gottes in Jesus Christus vorbeidrücken, sollte nicht getrieben werden können "etsi deus non daretur". Damit hatte er sich allerdings keine leichte Aufgabe gestellt, ging es doch um nicht weniger als eine neuzeitliche nicht-neuzeitliche Theologie! Ob Barth dabei etwas geahnt hat von der Wahrheit des Schlegelschen Satzes:

"Es ist gleich tödlich für den Geist, ein System haben, und keins zu haben. Er wird sich also wohl entscheiden müssen, beides zu verbinden"?[169]

---

[168] Tatsächlich können wir uns des Eindrucks nicht erwehren, dass in demselben Masse, als die Theologie Barths aufhörte "anzusprechen", (d.h. ihr konkretes Gegenüber verlor), dass in demselben Masse, als Barth begann, Theologie "an sich" zu treiben, auch seine dogmatische Arbeit nur noch von ihrer eigenen kinetischen Enegie angetrieben, sich vorwärtsbewegte. Zwar wollen wir Barth nicht unterstellen, dass seine theologische Arbeit *insgesamt* nicht immer von dem prophetischen Element zehrte, aber es schien doch je länger je mehr einen anderen Boden als den seiner Dogmatik zu bewässern.

[169] Fr. Schlegel, **Charakteristiken und Kritiken I** (1796-1801) 173. Zitiert nach der kritischen Friedrich Schlegel-Ausgabe, herausgegeben von H. Eichner, Verlag Ferdinand Schöningh, München, 1967, 2. Band.

Barth hat sich entschieden. Die Kirchenlehre, auf die er unbedingt hinaus wollte,[170] liess sich nun allerdings nicht ohne ein System haben, oder anders ausgedrückt: nur ein neues System der Kirchenlehre konnte Aussicht haben, das System Schleiermachers zu ersetzen. Das System aber wollte Barth nicht haben, ohne den beständigen Hinweis auf die "Sache", ohne die nun einmal dieses *sein* System gänzlich unmöglich wäre. Etwas leichtfertig gesagt: "Prophetie" steht für die Unmöglichkeit der Theologie, "Wissenschaft" für ihre Möglichkeit, und nur in ihrem Miteinander, unvermischt und ungetrennt, als "unmögliche Möglichkeit", wollte Barth seine Dogmatik verstanden wissen. Wenn wir uns nun exklusiv der "Wissenschaft" zuwenden, dann in dem Wissen, dass wir dabei etwas im Grunde Verbotenes tun.[171]

3.3.3.1   Prolegomena

Wir vermuteten bereits oben, dass die beiden Baumeister, die Barth bei der Begründung seiner Theologie zu Rate ziehen würde, Luther und Kant heissen würden. Es ist darum kein Zufall, wenn Barth das Fundament seiner Dogmatik Kant zu Ehren "Prolegomena" nennt.[172] Es handelt sich dabei um mehr als nur eine Anleihe beim Wortschatz Kants. Auch Barth möchte eben den Grund legen zu einer jeden "künftigen Theologie, die als Wissenschaft

---

[170] "...*solange wir eine Kirchenlehre als kritische Richtlinie sinnreicher theologischer Gemeinschaft noch nicht wieder haben*(und auf solche Kirchenlehre wollen wir allerdings horribile dictu hinaus!)"... **Brunners Schleiermacherbuch** 60.

[171] Im folgenden werden wir vorzüglich aus dem **UCR** zitieren, mit Seitenangaben im Text, während Hinweise auf die **CD** und die **KD** in den Fussnoten gegeben werden. Mit dieser Betonung des **UCR** wollen wir unterstreichen, dass die theologische Fundierung Barths in fast allen wesentlichen Punkten bereits im Jahre 1924 zu finden ist, also früher, als bisher angenommen. Zugleich dient aber der **UCR** auch als das "missing link", da viele Verweise auf die ursprünglichen Intentionen Barths (Abwendung von Schleiermacher, "positive Gegenleistung") in dieser Schrift viel deutlicher nachzuweisen sind als in den späteren dogmatischen Arbeiten.

[172] U.W. ist es erst nach Barth wieder üblich geworden, die dogmatischen Einleitungen Prolegomena zu nennen.

wird auftreten können"[173], und tritt damit mutig neben einen anderen "Kant der protestantischen Theologie", Schleiermacher.[174] Will Kant die Metaphysiker überzeugen,

> "dass es unumgänglich sei, ihre Arbeit vor der Hand auszusetzen, alles bisher Geschehene als ungeschehen anzusehen, und vor allen Dingen zuerst die Frage aufzuwerfen: 'ob auch so etwas, als die Metaphysik, überall nur möglich sei'",[175]

so setzt auch Barth sich ab von aller gewesenen Dogmatik, die sich "notorisch in solcher Sonnenferne"(26) befindet, um sich "an den Ort, von wo ein dogmatizein allenfalls möglich ist, erst wieder heranarbeiten"(ebd.) zu können. Die selbstbewusste Behauptung Kants, "dass es überall noch keine Metaphysik gebe"[176], mag auch für Barth der Anlass gewesen sein, sich bei dem Gedanken zu trösten, dass irgend einmal "auch der Dogmatik ein Kant erstehen {wird}, der ihr das endgültige testimonium paupertatis ausstellt und eben damit die entscheidenden Prolegomena gibt, die alle Prolegomena überflüssig machen, wie sie für einen Paulus oder Luther überflüssig gewesen sind"(27)[177]. (Zweifelsohne hatte Barth bereits eine Ahnung, wer dieser "neue Kant" allenfalls sein könnte.)

---

[173] Titel der **Prolegomena** Kants, wenn man statt "Metaphysik" "Theologie" schreibt.

[174] So W. Dilthey, **Leben Schleiermachers II,2** 533ff.

[175] I. Kant, **Prolegomena** 3.

[176] AaO. 5.

[177] In der **CD** hat Barth diesen Hinweis auf Kant unterlassen. Wenn aber - so Barth - der Dogmatiker "*fest*zustellen versucht, was er eigentlich einfach als in sich feststehend *dar*stellen müsste", und arbeitet er daran "alle Prolegomena zur Dogmatik überflüssig zu machen, so dient er einer künftigen neuen Selbstsicherheit der dogmatischen Wissenschaft vielleicht besser, als wenn er sich seines Anteils an ihrer jetzigen Unsicherheit entschlagen zu können meint". **CD** 29.

Wie Kant untersucht auch Barth die "Bedingungen der Möglichkeit", allerdings die der Theologie, und wie Kant will auch er das Verfahren der Prolegomena "streng analytisch"(97)[178] verstanden wissen, denn (so Kant):

> "Sie müssen sich also auf etwas stützen, was man schon als zuverlässig kennt, von da man mit Zutrauen ausgehen und zu den Quellen aufsteigen kann, die man noch nicht kennt, und deren Entdeckung nicht allein das, was man wusste, erklären, sondern zugleich einen Umfang vieler Erkenntnisse, die insgesamt aus den nämlichen Quellen entspringen, darstellen wird"[179]

Prolegomena sind nach also nach Kant und Barth das Nach- und Weiterdenken der Voraus-setzungen. Das Voraus-gesetzte der Dogmatik ist aber bei Barth selbst schon Dogmatik, darum können Prolegomena zur Dogmatik nur sein:

> "ein das Ganze illustrierender Ausschnitt aus den Legomena der Dogmatik selbst, Demonstration des Wesens und der Bedeutung des kritischen Prinzips der christlichen Rede an etlichen Einzelunterscheidungen."[180]

Prolegomena, die von einem Standpunkt oberhalb des Christentums, so wie Schleiermachers "Einleitung", einsetzen, zeigen nur, dass sie "ihrer Voraussetzungen nicht mehr recht oder noch nicht wieder sicher sind"(24). Theologen, die ihrer Sache unsicher werden, müssen aber "das tragische Rückzugsgefecht antreten, das in der Theologie Schleiermachers mit der völligen Kapitulation endigt"(ebd.). Ja, hier darf sich Barth mit ruhigem Gewissen auf Kant berufen, dessen Fragen nach den Bedingungen der Möglichkeit die Wirklichkeit des Erfragten allererst voraussetzte:

---

[178] Dieses Zitat bezieht sich nicht auf die Prolegomena insgesamt, zeigt aber in seiner Anwendung genau das prinzipielle Verfahren, welches Barths "Erkenntnistheorie" von nun an zugrunde liegen sollte. Kants "Prolegomena" sind schliesslich nichts anderes als Epistemologie.

[179] I. Kant, **Prolegomena** 23.

[180] **CD** 31.

"Wir dürfen aber die *Möglichkeit* solcher Sätze hier nicht
zuerst suchen, d.i. fragen, ob sie möglich sind. Denn es sind
deren genug, und zwar mit unstreitiger Gewissheit wirklich
gegeben, und, da die Methode, die wir jetzt befolgen, analytisch sein soll, so werden wir davon anfangen: dass dergleichen synthetische, aber reine Vernunfterkenntnis wirklich
sei; aber alsdann müssen wir den Grund dieser Möglichkeit
dennoch *untersuchen*, und fragen, *wie* diese Erkenntnis möglich sei, damit wir aus den Prinzipien ihrer Möglichkeit die
Bedingungen ihres Gebrauchs, den Umfang und die Grenzen
desselben zu bestimmen in Stand gesetzt werden."[181]

Voraus-setzung der Sätze Kants ist also deren Wirklichkeit, und das heisst
natürlich: deren Wahrheit! Bei der Frage nach den Bedingungen ihrer Möglichkeit wird also nicht ihre Wirklichkeit hinterfragt, sondern ihr Erkenntnis-
grund erschlossen, ihr Verstehenszusammenhang.[182] Mit Kant steht Barth
also auf beiden Füssen breitbeinig und seelenruhig *innerhalb* des Voraus-
Gesetzten.

3.3.3.2   Voraus-Setzungen

Der Rahmen der Dogmatik, der Hintergrund, auf dem Dogmatik gedeiht, ist
nach Barth "das Vorhandensein der christlichen *Kirche*, ... eine lebendige
Anschauung vom irdischen Amt ... eines kirchlichen *Lehrers*, die Bekanntschaft mit einer ... anerkannten christlichen *Verkündigung*, das selbstverständliche Rechnen mir ... *Autorität*, ernster, disziplinierter *Umgang mit
Gott*"(4). Ohne diese Voraussetzungen wäre das Dogmatisieren "künstlich,
leer und nutzlos"(ebd.). Sie sind sozusagen die Selbstverständlichkeiten, das
Lebenselement der Dogmatik.

---

[181] I. Kant, **Prolegomena** 24.

[182] Hier ist Barths Erkenntnistheorie (auch die spätere) zu Hause. Er wird sie immer
ausführlicher entwickeln und dann - interessanterweise - mit der Theologie
Anselms begründen. Vermutlich war sich Barth dieses Zusammenhanges wohl
bewusst, aber es ist möglich, dass er der nicht-theologischen Begründung Kants
skeptisch begegnete, da dieser die Wirklichkeit seiner synthetischen Sätze a
priori ausgerechnet in der Mathematik und der Physik gefunden zu haben
glaubte.

Fragt man nun nach dem Gegenstand der Dogmatik, so verweist Barth
auf das "Wort Gottes". Nicht im Glauben, nicht in der "Religion", nicht im
religiösen Bewusstsein, sondern in dem "in der Bibel bezeugten 'Deus dixit'
als dem ersten Gegebenen unserer Wissenschaft"(176) begegnet die "Sache"
der Dogmatik. Barth sagt dies unter ausdrücklicher Abweisung der "kopernikanischen Umkehrung Schleiermachers", "die sich in den sämtlichen vorhin zitierten Formeln spiegelt"(11f.). Mit dieser Voraus-Setzung aber lässt
Barth nun auch Luther zu seinem Recht kommen: (im Kontrast zu Schleiermacher) "'Verbum dei condit articulos fidei et praeterea nemo, ne angelus
quidem' ... - wenn nicht einmal ein Engel, dann offenbar noch weniger ich,
der Mensch mit seinem frommen Erleben!"(12) Mit Luther findet Barth den
Stoff der Theologie im Worte Gottes. Wie ernst es Barth mit dieser Voraussetzung ist, entnimmt man den folgenden Sätzen:

> "Keinen Augenblick darf in der Dogmatik etwa ernsthaft
> historisch, psychologisch, philosophisch gedacht, die Vor-
> aussetzung "Deus dixit' nicht gemacht oder nur fragend oder
> nur teilweise gemacht werden. Keinen Augenblick darf hier
> (es sei denn in propädeutischen oder abgeleiteten Zusam-
> menhängen) von der Geschichte oder von der Erfahrung
> oder von einem abstrakten Begriff aus zu Gott hin statt in
> dem allem von Gott her gedacht werden, als ob Gott nicht
> gesprochen hätte, als ob Gott ein Problem wäre und nicht
> vielmehr der Grund und damit, ob wir es einsehen oder
> nicht, auch die Lösung aller Probleme."[183]

Wie ist nun aber das "Deus dixit" gegeben? Barth antwortet: in der Predigt
und in der Heiligen Schrift und in der Offenbarung.[184] Der Schrift kommt
dabei jedoch unbestreitbar eine Schlüsselposition zu, denn die Offenbarung
begegnet uns "nur mittelbar, nur in der Schrift, ... nicht in einem von ihr zu
lösenden Dahinter"(262). "Wir haben die Offenbarung nicht an sich, sondern
in der Bibel"(263). Für die Bibel nun gilt, dass sie

> "als Gottes Wort daran *erkannt* wird, dass sie Gottes Wort
> ist. In diesen Zirkel kann man sich von aussen nicht herein
> und von innen aus ihm nicht hinausdenken. Dass wir in die-

---

[183] CD 557.

[184] Vgl. CD 172.

sem Kreis *stehen*, wo man glaubt und gehorcht, weil es keine andere Möglichkeit gibt, weil gar nichts anderes zur Wahl
steht als eben zu glauben und zu gehorchen, dass ein göttlicher Herrschaftsakt an uns *vollzogen* ist, der unsere Anerkennung nicht erst finden muss, ... das ist die konkrete in
unserer Taufe verbürgte Realität der göttlichen Anrede, kraft
deren wir, hier, jetzt, in diesem Augenblick, christliche Kirche *sind*, Leib, an dem Christus das Haupt ist, und uns als
das *erkennen* sollen"[185].

Dem naheliegenden Missverständnis, als würde Barth sich nun doch noch
auf die "Gegebenheit" des Glaubens berufen, begegnet er mit deutlichen
Worten: "Davon kann also keine Rede sein, dass hier, wo nun in der Tat vom
Teilhaftwerden des Menschen an der Offenbarung die Rede sein soll, ein
Verlassen des in sich geschlossenen Kreises des 'Deus dixit' ... stattfinden
dürfte."[186] Der Glaubende kann immer nur als Glaubender sprechen, nie als
Ungläubiger. Die ängstliche Inkonsequenz Schleiermachers ist darum von
Anfang an abzuweisen, denn dieser "*suspendiert* für diesen Augenblick seine
Stellung zum Christentum, sein Urteil über die Wahrheit oder gar Absolut-
heit der christlichen Offenbarung"[187].

Die "Selbstsicherheit", die der Dogmatik aus dieser Haltung erwächst,
ist nun aber kein selbstgebautes Luftschloss, sondern die konsequente
Anwendung der Lehre der Rechtfertigung aus dem Glauben. Das gibt der
Theologie ihre Sicherheit und ihre Ruhe, auch vor den anderen Wissenschaften, denn sie "hat sich nicht vor ihnen zu rechtfertigen, vor allem nicht
dadurch, dass sie sich den Anforderungen eines zufällig allgemeingültigen
Wissenschaftsbegriffs unterzieht"[188]. Wer jedoch wie Schleiermacher "als
Sockel seiner Dogmatik eine *Apologetik* aufrichtet, der macht und beweist
nicht nur die nach allen Seiten bedeutungsvollste Voraussetzung, dass die
Inhalte seiner eigentlichen Dogmatik, wenn auch nicht in Einzelnen, so doch
als Ganzes der Rechtfertigung vor einem anderswie begründeten Denken

---

[185] "Das Schriftprinzip der reformierten Kirche", ZZ 3(1925) 239f.

[186] CD 418.

[187] ProtTh 396.

[188] KD I/1 6.

fähig und bedürftig sind"(161). In diesem Sinne sind Barths Prolegomena das glänzende Beispiel für die "Bedeutung der Rechtfertigung für das intellektuelle Gebiet"[189].

Schliesslich muss an einer Stelle. wo wir von den Voraus-Setzungen der Barthschen Dogmatik sprechen, die *Trinitätslehre* erwähnt werden. Ihre Besprechung "*gehört in die Prolegomena der Dogmatik*"(117). "Ihre Bedeutung als *Voraussetzung* der in der eigentlichenDogmatik aufzustellenden Grundsätze"(ebd.) kommt nur dann zur Geltung, wenn sie die Vorhut der Dogmatik bildet und nicht, wie bei Schleiermacher "post festum" das Ende. Diese merkwürdige Tatsache in Schleiermachers Glaubenslehre ist nach Barth auf dessen abschätzige Einstellung zur Offenbarung zurückzuführen, während Barth selbst die "Trinitätslehre für das eigentliche Zentrum des Offenbarungsbegriffs"(161) hält. "*Schleiermacher* hat von der Trinitätslehre gesagt, sie sei *keine* unmittelbare Aussage des christlichen Selbstbewusstseins und darum ähnlich wie die Lehre von Christi Auferstehung und Himmelfahrt keine eigentliche Glaubenslehre."(119) Aber,

"will man nicht den Anschein erwecken, als ob 'Gott' eine Allgemeinbegriff sei, innerhalb dessen der 'christliche Gott' oder gar 'der Gott des Katechismus' bloss einen Spezialfall bilde, will man vielmehr sofort durch die Tat die Einsicht demonstrieren, dass der christliche Spezialbegriff von Gott der einzige ist, neben dem es einen anderen überhaupt nicht gibt, dann wird es sich doch sehr empfehlen, diese Lehre als erstes Legomenon oder als Prolegomenon zu Worte kommen zu lassen."[190]

Wenn aber Schleiermacher sagt, niemand dürfe behaupten, "'dass in dem Eindruck, welchen das Göttliche in Christo machte, aufgegeben gewesen sei,

---

[189] So Barth in einem Brief an Thurneysen im Blick auf Gogarten: Gogartens Angriff gegen Hirsch war bei allem materiellen Recht, das er natürlich für sich hatte, eine von den Proletereien, mit denen wir es nicht gewinnen werden. Er hat die Bedeutung der Rechtfertigung auch für das *intellektuelle* Gebiet einfach *nicht* begriffen, sonst könnte er sich nicht so tobend für den Einzigen halten." BwTh II 565 (12.3.1928).

[190] CD 170.

eine ewige Sonderung (im höchsten Wesen) als den Grund desselben (nämlich jenes Eindrucks) zu denken'"[191], wenn also "die Schleiermachersche
Methode der Bewusstseinsaussagen versagt gegenüber diesem Dogma"[192],
dann ist das allerdings "ein Indizium dafür, dass es sich gerade hier um eine
Einsicht höchst grundlegender Art handeln muss"[193]. Selten hat es Barth
klarer ausgesprochen und demonstriert, dass er tatsächlich Schleiermacher
auf den Kopf stellen will.

Die beiden letzten Voraussetzungen bilden den eigentlichen Kern des
Barthschen Neubaus. Die Trinitätslehre ist u.E. nur die Startrampe, mit der
diese beiden Raketen an den Himmel gesetzt werden sollen. Wir sprechen
von der *Christologie* und der *Pneumatologie*, oder besser von der "Menschwerdung Gottes" (die **CD** sagt: "Fleischwerdung des Wortes") und der "Ausgiessung des heiligen Geistes". Dass es sich bei diesen beiden Loci um das
tatsächliche Zentrum der Prolegomena handelt, sieht man z.B. daran, dass
nur an ihnen die "Bedingungen der Möglichkeit der Offenbarung" erarbeitet
werden. Dabei ist "Menschwerdung" die objektive Bedingung der Möglichkeit der Offenbarung, "Ausgiessung des Geistes" die subjektive.

*"Dass wirklich Gott wirklich dem Menschen sich offenbart, das setzt
erstens voraus, dass Gott dem Menschen begegnet."*(160) Bei der "zum Teil
verhängnisvollen Rolle, die die spezielle Christologie in der heutigen Dogmatik spielt", versucht Barth, "schon beim Legen der Fundamente, ... nach
einiger Klarheit zu suchen."(161) Dass mit der Trinitätslehre die Geleise für
die Christologie ja bereits gelegt seien, will Barth nicht zu seinem Nachteil
ausgelegt wissen. Auch die Vorwegnahme der Christologie in den Prolegomena überhaupt gehört zu jener prinzipiellen Offenlegung aller Einzelent-
scheidungen, die im "hellen Tageslicht" und nicht "in einem schleiermacherischen ... Halbdunkel fallen"(162) müssen. Barth ist überzeugt, dass es "in
der Dogmatik ohne petitio principii nicht geht"(ebd.), weil man "Dogmatik
immer nur *dogmatisch* beweisen kann"(ebd.). Was nun die Bedingungen der
Möglichkeit der Offenbarung betrifft, so gilt, weil Gott "nie Objekt sein
kann"(166), dass die *Offenbarung* Gottes jedenfalls die Offenbarung *Gottes*
ist, und das heisst: "Offenbarung = Nicht-Offenbarung.(ebd.). Wenn aber

---

[191] AaO. 170f.

[192] AaO. 171, vgl. auch **UCR** 120.

[193] Ebd.

Gott "ein freier Herr wäre ... über den Satz des Widerspruchs"(ebd.), dann müsste es auch heissen: "Nicht-Offenbarung = *Offenbarung*"(ebd.). Das aber bedeutet, "dass Gott seine göttliche, unnahbare Ichheit wie mit einem Schleier von menschlicher Ichheit bedeckte, so dass wir ihn *begreifen* könnten als *Einen*, und d.h. als Einen unseresgleichen"(166f.). Aus diesen Festlegungen ergeben sich nun die vier Bedingungen der Möglichkeit der Menschwerdung:

> "1. "Gott müsste ganz und gar *Gott* sein in dieser Verhüllung, die ihn begreiflich machen würde."(169)
> 2. "Der Mensch, durch den Gott sich verhüllte und dadurch begreiflich machte, müsste ebenso ganz und gar *Mensch* sein."(Ebd.)
> 3. "Dieses wirkliche *Gottsein* und *Menschsein* müsste so verbunden sein, dass weder das Eine in das Andere verwandelt noch mit ihm vermischt würde."(Ebd.)
> 4. "Diese Einheit von Gottsein und Menschsein könnte ihrem Wesen nach nicht eine allgemeine und nicht eine vielfache sein, sondern nur eine einmalige."(170)

Mit diesen Bestimmungen schliesst sich Barth bewusst der altkirchlichen Lehrtradition an, denn der "Notstand" der jetzigen Dogmatik erfordert, sich darin zu üben, "dem Sinn der entsprechenden Sätze der Alten wieder auf die Spur zu kommen"(206).

> "Die wissenschaftliche Tradition der protestantischen Dogmatik ist eben m.E. seit rund 200 Jahren, d.h. seitdem sich jenes Wissen um die *Sache* immer mehr verloren hat, abgebrochen. Sie wieder aufzunehmen ist nicht so einfach."(ebd.)

"Dass wirklich Gott wirklich dem Menschen sich offenbart, das setzt zweitens voraus, dass der Mensch vor Gott steht."(207) Mit diesem Leitsatz eröffnet Barth das Fragen nach den subjektiven Bedingungen der Möglichkeit der Offenbarung. Wie kann der Mensch, "ohne aufzuhören, der Mensch zu sein, vor *Gott* stehen?"(214), wenn Gott in seiner Offenbarung nicht aufhört Gott zu sein? Die Antwort auf diese Frage verstösst wiederum "unzweideutig gegen den Satz des Widerspruchs"(215): der Mensch kann "nicht vor Gott stehen, sondern vor Gott nur 'vergehen'"(ebd.), aber zugleich gilt, "dass eben der Mensch, der *nicht* vor Gott stehen kann, der Mensch ist, der vor Gott steht"(ebd.). Nur so darf offenbar von Offenbarung Gottes gesprochen werden, wenn es wahr ist, "dass der Mensch ... zur Aufnahme von Gottes

Offenbarung an sich kein Organ hat"(206). Damit ergeben sich dann aber folgende Bedingungen der Möglichkeit von Offenbarung Gottes für den Menschen:

"1. Der Mensch müsste in diesem Verhältnis sauber und restlos und unbarmherzig als der *Mensch* gedacht werden, wie er wirklich und endgültig *ist*: also arm, elend, nackt und bloss in Bezug auf Gott, der Mensch in seinem Widerspruch, über den *er* nicht hinauskommt."(218)
2. Ebenso unzweideutig müsste aber Gott in diesem Verhältnis *wirklich Gott* sein, Gott selber, Geist, nicht irgend ein Geist, sondern der heilige Geist, und zwar der 'creator spiritus'"(219).
3. Der Ort im Leben des sündigen und sterblichen Menschen, wo seine Betätigung, weil Gott ihr Schöpfer wäre, zu einer Begegnung mit Gott führen würde, müsste wirklich eine *Betätigung* sein."(221) "Darum eben Glaube und Gehorsam, darum ausdrücklich: ein Wissen und Tun, kein Versinken und Vergehen, kein Stillewerden und Passivwerden, gerade *kein* 'Gefühl schlechthiniger Abhängigkeit'."(222)
4. Das Verhältnis zwischen Gott und Mensch ... müsste von beiden Seiten auch in dem Sinne ein freies, nicht ein naturhaftes sein, dass keine Konstante damit gesetzt wäre, keine Gegebenheit, keine Naturnotwendigkeit, auch nicht die Unveränderlichkeit einer mathematischen Relation, sondern volle *Labilität*."(Ebd.)

Mit diesen Worten hat Barth Punkt für Punkt seinem Kontrahenten die Eingangstür vernagelt, und als ob das noch nicht genüge, fügt er eine dreizehnseitige Erklärung hinzu (223-235)[194], in der wir noch einmal hören, war er gegen Schleiermacher auf dem Herzen hat. Das Stichwort heisst "Religion", und Barth bekennt, er könne

"das Wort 'Religion' nicht mehr hören oder aussprechen, ohne die widerwärtige Erinnerung, dass es nun einmal tatsächlich in der neueren Geistesgeschichte die Flagge ist, die

---

[194] In der **CD** erscheint der Abschnitt leicht verändert unter dem Titel "Die grosse Verwechselung (Schleiermacher)". CD 402-413.

den Zufluchtsort anzeigt, wohin sich die protestantische,
zum Teil auch die katholische Theologie mehr oder weniger
fluchtartig zurückzuziehen begann, als sie nicht mehr den
Mut hatte, vom Objekt, d.h. vom Worte Gottes aus zu denken, sondern heilfroh war, eben an dem Ort, wo das Fähnlein
'Religion' wehte, ein Äckerlein zu finden, eine historisch-
psychologische Wirklichkeit, der sie sich, auf Weiteres ver-
zichtend, als rechte Als-ob-Theologie im Frieden mit dem
modernen Wissenschaftsbegriff zuwenden konnte."(224)

Zu fragen wäre allerdings, ob das, was "*Schleiermacher* unter Religion verstanden hat, ... unter den aufgestellten Bedingungen die subjektive Möglichkeit der Offenbarung sein sollte"(225)[195]. Zum ersten Punkt wäre anzumerken, dass der Schleiermachersche Mensch "zum vornherein und immer"[196]
vor Gott steht. "Er braucht Gott nicht, um vor Gott möglich zu werden."[197]
Zum zweiten Punkt, der ja ein göttliches Gegenüber verlangt, ist zu sagen:
"Der Schleiermachersche homo religiosus hat ... kein Gegenüber."[198] Der
dritte Punkt setzte als Bedingung eine wirkliche Tat des Menschen. Bei
Schleiermacher ist das, "was er Religion nennt, von Haus aus und an sich ...
keineswegs ein Wissen oder Tun"[199], sondern in "gewaltiger, schicksalsarti-
ger Macht erdrückt hier Gott, oder das, was so heisst, den Menschen gerade
an der Stelle, wo es zu geistiger Gemeinschaft, zu einem Reden oder Hören,
Befehlen und Gehorchen kommen müsste"(233). Der vierte Punkt fordert
schliesslich die Labilität des Gottesverhältnisses, mit seiner "Konstante nur
in Gott"(ebd.). Die Religion Schleiermachers jedoch kennt nur eine allum-
fassende, kontinuierliche Offenbarung: "'Alle Begebenheiten in der Welt als
Handlungen eines Gottes vorstellen, das ist Religion'"(ebd.). Summa sum-

---

[195] Hier sehen wir das erste Mal, dass Barth in Erwägung zieht, Schleiermachers
Theologie könnte eine Theologie des Heiligen Geistes sein, eine Möglichkeit,
die Barth später in unzähligen Variationen wieder und wieder in Erwägung
gezogen hat, um sie dann aber auch *jedesmal* wieder zu verwerfen!

[196] CD 404.

[197] Ebd.

[198] AaO. 405.

[199] AaO. 410.

marum: Der Mensch Schleiermachers vermag nicht "in den Existenzkampf
des Glaubens und des Gehorsams einzutreten, will sagen: zu rechnen mit
dem heiligen Geist"(235). Wo dieser Existenzkampf jedoch Wirklichkeit
sein sollte, da "müsste in der Theologie um Sünde und Gnade, Offenbarung
oder Nicht-Offenbarung, Wahrheit und Irrtum scharf geschossen werden"(ebd.). In diesem Entweder-Oder "bestünde dann die subjektive Möglichkeit der Offenbarung"(235). "Hier trennen sich die Wege."[200]

Durch die "Erinnerung an Schleiermacher endgültig gewarnt vor dem
Versuch einer religiösen Anthropologie"(236), bleibt uns nur noch der Hinweis darauf, dass Barth auf seiner Wanderung mit Schleiermacher nicht nur
diesen selbst, sondern auch den Begriff der "Religion" später noch in einem
anderen Lichte sehen sollte.[201]

3.3.3.3   Dogmatische Existenz

Wir wollen die Betrachtung der Theologie Barths unter dem Aspekt der Wissenschaft nicht beschliessen ohne die Erwähnung dessen, was Barth anfangs
"Dogmatische Norm" und "Dogmatisches Denken" genannt hat. Wir haben
beides unter dem Begriff der "dogmatischen Existenz" zusammengefasst, um
zum Ausdruck zu bringen, dass wir es hier mit dem Idealprofil des Dogmatikers im Sinne Barths zu tun haben. Drei der sechs Begriffe beschreiben die
"heteronome" Seite der dogmatischen Existenz: "*1.Biblizismus, 2. Schule,
3.Kirchlichkeit.*"(349)[202] Sie gelten als Norm und bestimmen die Form des
Dogmatischen Arbeitens.

---

[200] **CD** 413.

[201] So schon in der **CD**, wo Barth neben der "Rechtfertigung und Heiligung des Sünders, dann auch eine Rechtfertigung und Heiligung seiner Religion" konzediert.
(**CD** 416. In der **KD** wird Barth dann sogar von der "wahren Religion" sprechen. **KD** I/2 356ff. Man täusche sich aber nicht: zwar hat Barth die Begriffe
wieder in den usus theologicus genommen, in der Sache aber hat er keine
Handbreit Zugeständnisse gemacht.

[202] Vgl. oben Kap.III, Anm. 151.

Biblizismus heisst nicht etwa Anhäufung von Bibelzitaten. Er ist vielmehr eine "biblische Haltung", Haltung von "Zeugen", nicht von "Referenten, nicht von Denkern, sondern von Menschen, die von einer absolut gegebenen Voraussetzung, dem 'Deus dixit' herkommen"(349). Sie ist die Haltung, "in der hier menschliches Denken und Reden sich beugt vor dem 'Deus dixit' und damit, nicht in Worten, sondern mit der Tat die Autorität des biblischen Kanons und Textes anerkennt"(353).

"*Respekt vor der konfessionell-theologischen Schule*"(ebd.) verrät die Herkunft und Heimat des Dogmatikers. Ist der Biblizismus das Rückgrat einer Dogmatik, so "wäre die konfessionell-theologische Schule zu vergleichen mit den *Gesichtszügen*(354). Darum ist auch eine "Unionsdogmatik"(Schleiermacher!), die "gleichzeitig zu zwei Schulen in einem Respektsverhältnis stehen wollte"(ebd.), eine Zumutung, die nicht dem Frieden dient, sondern zur "Unsicherheit, Subjektivierung, Zersplitterung der dogmatischen Arbeit und damit dann zwangsläufig auch der Predigt"(354f.) beiträgt.

Im "*Willen zur Kirche*"(357) ist die Dogmatik der Gegenwart zugewandt und lauscht "auf jenes ... verborgene Wort, das die Kirche jetzt spricht oder (!) sprechen sollte."(Ebd.) Der Dogmatiker darf nicht zeitlos denken!

Die zweite Gruppe der sechs Charakteristika der dogmatischen Existenz beschreibt ihre "autonome" Seite:[203] "1. als *Glaubens- und Gehorsamsdenken,* 2. als *dialektisches Denken,* 3. als *verantwortliches Denken.*"(370). Autonomie bedeutet hier jedoch keinesfalls den Freibrief des religiösen Menschen, der nun etwa doch noch Gott nach seinem Bilde formt. Nein, auch das autonome Denken ist durchweg von seinem "Gegenstand" bestimmt. Dogmatik oder Predigt, die keinen Gegenstand mehr hätte, "(Schleiermacher ist in Gnaden davor bewahrt worden, in einer dritten Auflage seiner Glaubenslehre dieses Ziel zu erreichen ...), eine solche Predigt oder Dogmatik wäre sicherlich des Teufels"(369).

Vom "Glaubens- und Gehorsamsdenken" haben wir oben schon gesprochen. Darum behandeln wir sofort den zweiten Begriff, "*dialektisches Denken*"(373). Nur als ein "Stück Handwerkzeug", nur als "Nr. 11 von den zwölf Relativitäten"(ebd.) will Barth diesen "berühmten Begriff" verstanden wissen. Was die Dialektik sei? Nun einfach dies, seine "undialektisch neutralen frommen Worte vor Gott" zu denken.

---

[203] Vgl. dazu ebenfalls oben Kap.III Anm. 151.

"Ja, ich versuche sogar, mit diesen meinen Worten Gott zu
denken: aber das kann nicht gelingen: jedesmal, wenn ich
auf der einen Seite meine, Gott gedacht zu haben, muss ich
mich erinnern, dass Gott nicht Objekt, sondern Subjekt ist,
muss mich umkehren und radikal nach der anderen Seite
denken, von der ich eben herkam, um dort dasselbe zu erleben."(375)

Im Hinblick auf den "*irdischen* Charakter *unserer* Dogmatik"(373) kann man
es sich nicht leisten "undialektisch-dogmatisch denken zu wollen"(374). Es
ist verboten durch den *Gegenstand* des dogmatischen Denkens"(ebd.). "Das
Urbeispiel, von dem alle anderen letztlich herkommen, das die ganze Dogmatik zwangsläufig dialektisch macht, ist kein anderes als: Gott und Mensch
in der Person des Versöhners: Jesus Christus."[204] Wer hier das 'und' aufheben, wer bei dem *einen* Wort 'Gottmensch' *einen* Gedanken denken, wer
statt Jesus Christus *einen* Namen auszusprechen vermöchte, der, aber auch
nur der, wäre *kein* dialektischer Theologe.'"[205]

"*Schleiermachers* Theologie z.B. ist darum typisch undialektische Theologie, weil sie wohl unvermeidlicherweise auch
mit dem Wort und Gegenwort, aber nur mit quantitativen
Unterschieden, nur mit Amphibolien und Spannungen
arbeitet, d.h. aber eben: *ein* Wort, *das* Wort sagen zu können
meint, auf Kosten des Gehaltes, den das eine wie das andere
Wort bekommen muss, wenn es in Beziehung zu Gottes
Offenbarung gesetzt wird."[206]

Alle theologischen Irrtümer kommen daher, dass man vergisst, "dass unsere
Theologie 'theologia viatorum' ist und sein muss"[207]. Nur Gott selbst "sagt
das eine undialektische Wort"[208].

---

[204] CD 580.

[205] Ebd.

[206] AaO. 581.

[207] AaO. 582.

[208] AaO. 583.

Der letzte Begriff, mit dem Barth die autonome Seite der dogmatischen Existenz beschreibt, heisst *"verantwortliches Denken"*(377). Barth hat ihn nicht näher ausgeführt, und vermutlich verdankt er seine Existenz nur dem Drang zur Vollständigkeit des Systems.

Somit schliessen wir unsere Besichtigung des Fundamentes der Barthschen Dogmatik mit einem überraschten Staunen über den beobachteten Tatbestand: wie sehr die Barthschen Neuansätze in bewusster und unbewusster, zufälliger oder konstruierter, gütiger oder unversöhnlicher Gegensätzlichkeit zu Schleiermacher entstanden sind. Hier allerdings von Abhängigkeit zu reden, wäre völlig verfehlt, es sei denn, man bezeichne auch den Stolz und das Selbstbewusstsein eines Exilanten, der aus Groll auf seine Muttersprache verzichtet, als Abhängigkeit.

3.4   Rückblick

Die Wüstenwanderung der "prinzipiellen Auseinandersetzung mit Schleiermacher und der ganzen direkt und indirekt durch ihn bestimmten, neueren
Theologie"[209] ist zu einem vorläufigen Abschluss gekommen. In der Tat ist
Barth "in Göttingen, Münster und Bonn manchen komplizierten Weg gegangen"[210]. Wir sahen, dass Barth sich die Sache mit Schleiermacher nicht
leicht gemacht hat. In sieben Lehrveranstaltungen hat er sich intensiv mit
ihm beschäftigt. In den dogmatischen Vorlesungen war Schleiermacher
zudem ein ständiger - wenn auch nicht immer gern gesehener - Gast. Barth
war zweifelsohne unterwegs, auf der Flucht vor Schleiermacher, aber er
wusste, dass ein blosses Fortgehen noch keinen Fortschritt bedeuten würde
(wie er es bei Brunner zu sehen glaubte), sondern dass ein ganz neues
Anfangen mit dem Anfang aller Theologie nötig sei. Wollte er wirklich
"loskommen ... von der freihändigen Spekulation der Schleiermacherepo-
che", so musste er sich der "schriftgebundenen Denkweise"[211] bedienen, die
aus der Theologie die "freieste und die gebundenste Wissenschaft"[212]
macht. Die Erkenntnis, dass die Theologie nur dann frei ist, wenn sie gebunden ist, mag als der Schlüssel der gesamten Dogmatik Barths angesehen werden. Dass die Erkenntnis der Tat weit vorausging, haben wir in diesem Kapitel miterlebt. Rückblickend wollen wir noch einmal die Stationen nennen,
die die "Wüstenwanderung" Barths markierten.

Erstens wäre der *Briefwechsel mit Harnack* zu nennen. Er erscheint wie
das personifizierte Streitgespräch zwischen Barth und Schleiermacher, in
dem es allerdings nur um eine recht oberflächliche Fühlungnahme ging. Der
Effekt, den dieser Disput auf Barth hatte, war vermutlich der, dass
v.Harnacks Fragen an den "Verächter der wissenschaftlichen Theologie" zu
einem Stachel wurden, der Barth antrieb, in zwei Richtungen vor allem weiterzuarbeiten: erstens, in Richtung auf eine Klärung seines Verhältnisses zu
Schleiermacher und zweitens in Richtung auf eine Klärung des Verhältnisses
von Theologie und Wissenschaft.

---

[209] S. das Motto am Anfang dieses Kapitels.

[210] Ebd.

[211] So Thurneysen, **BwTh II** 426 (9.7.1926).

[212] **TEH** 9(1934) 37.

Die zweite Station ist die *Schleiermacher-Vorlesung* von 1923/24. Hier kam es nun zu der notwendigen Klärung in Barths Verständnis von Schleiermacher. Hier wurde endgültig Stellung bezogen, hier wurde aber auch endgültig Abschied genommen von Schleiermacher. Die Urteile über Schleiermachers Theologie, die Ergebnisse seiner Forschungen, hat Barth später verfeinert und fundiert, aber niemals revidiert, wenn auch anders gefasst und gewichtet. Zu diesen Urteilen gehören folgende:

• Die Theologie Schleiermachers ist in sich - aufs Ganze gesehen - eine Einheit. Der Schleiermacher der Reden ist auch der Schleiermacher der "Glaubenslehre".

• Das Grundübel der Schleiermacherschen Theologie liegt in ihrer mangelnden Autonomie. Sie ist keine eigenständige Wissenschaft. Der Versuch, mit allen friedlich zu koexistieren, hat Schleiermacher in die Apologetik getrieben und in die unheilvolle Abhängigkeit des neuzeitlichen, säkularen Wissenschaftsbegriffs.

• Eine direkte Auswirkung des eben Genannten ist die Suche nach dem "sturmfreien Gebiet" für die Theologie im gläubigen Menschen selbst. Damit geschieht die "kopernikanische Umkehrung", die Apotheose des menschlichen Gefühls.

• Die Christologie Schleiermachers ist der Versuch, die Eigentümlichkeit des christlichen Glaubens zu erklären, ohne aber dabei von der Voraussetzung abgehen zu müssen, dass der Mensch, d.h. der fromme Mensch, das Wesentliche in seinem Gottesverhältnis immer schon habe. Dadurch ist die Rolle Christi beschränkt auf die Funktion eines "Impulsgebers", der das Gesamtleben der christlichen Kirche in Bewegung gebracht hatte. Durch den Verzicht auf die Gottheit Christi, repräsentiert in Schleiermachers Nichtachtung der Auferstehung Jesu, bleibt dieser Christologie keine andere Wahl, als die Wirkungen Christi allein im Flussbett der vergangenen Jahrhunderte, in der Geschichte der Kirche, zu suchen und zu finden.

• Zu Schleiermachers bleibenden Verdiensten zählen indes seine Leistungen auf dem kulturellen Gebiet und - in bezug auf die Kirche - seine kritischen Äusserungen zu politischen und sozialen Missständen in der damaligen Gesellschaft.

• Insbesondere beeindruckt Schleiermacher durch seine warme Menschlichkeit, seine Friedfertigkeit und die Tatsache, dass er "trotz allem" als
  Theologe *christlicher* Theologe hat sein wollen.

• Die Christlichkeit der Theologie Schleiermachers wirft ernstliche Fragen auf, kann aber nicht endgültig angezweifelt werden. Insbesondere
  liegt die Vermutung nahe, dass Schleiermacher mit seiner Theologie
  eine "reine Theologie des Heiligen Geistes" wenigstens beabsichtigt
  hatte.

• Schleiermachers Theologie hatte auf die Theologie des 19. und des 20.
  Jahrhunderts Signalwirkung. Einfluss fand insbesondere die Denkweise
  Schleiermachers, die "anthropozentrische" und damit typisch neuzeitliche Einordnung auch der Theologie in und unter einen allgemeingültigen und akzeptierbaren säkularen Wissenschaftsbegriff. (Inwiefern sich
  darin ein prinzipielles Problem der Neuzeit angemeldet hatte - unabhängig von Schleiermacher -, diese Frage hat Barth nicht thematisiert.
  Neuzeit existierte für Barth nicht an und für sich, sondern - und dem
  sollte nachgedacht werden! - nur in (hervorragenden) Persönlichkeiten
  und konnte darum auch nur in ihren Exponenten exemplarisch
  bekämpft und überwunden werden.)

In der Vorlesung von 1923/24 wurden auch Töne laut, die die psychologische Dimension des Verhältnisses Barth-Schleiermacher beleuchten. Zu nennen wären hier Barths Einstellung zu Gefühl, Frieden, Frauen und Schweigen. Dass diese Töne im Verlauf der Jahre zunehmend verebben, könnte
zweierlei bedeuten: Reifen und Verdrängen.

Als dritte Station zählt die Rezension von *Brunners Schleiermacherbuch* zu den Wendepunkten auf Barths Reise. Die Lektüre des Buches von
Brunner hatte ihn offenbar zu einer Selbsterkenntnis geführt, die zugleich
schmerzlich peinlich wie auch sehr folgenträchtig war. "So wie der" wollte
Barth auf keinen Fall gegen Schleiermacher zu Felde ziehen. Und so "en
passant" wie Brunner wollte Barth jedenfalls eine neue unschleiermacher-
sche Theologie nicht entwickeln. Vielleicht war ihm angesichts der Brunnerschen Parrhesie erschreckend bewusst geworden, dass man in der Beschäftigung mit Schleiermacher "sich hier mit allem, was über das sorgfältige
Hören und Fragenstellen hinausgeht, nicht notwendig aber sehr leicht -

---

[213] **ProtTh** 381.

lächerlich macht"[213]. Jedenfalls zog Barth es in Zukunft vor, mit seiner Schleiermacherkritik fein im Windschatten Emil Brunners zu bleiben, so sehr, dass der Ruf eines Verehrers Schleiermachers den eines Kritikers völlig zu überschatten begann.

Ein neues Stadium und damit eine nächste, die vierte, Station bildet Barths Vorlesung über die Geschichte der protestantischen Theologie seit Schleiermacher. Die Artikel *"Schleiermacher"*, *"Feuerbach"* und *"Das Wort in der Theologie von Schleiermacher bis Ritschl"*, die direkte oder indirekte Ergebnisse dieser Vorlesung sind, zeigen zum ersten Mal Barths Versuch, Schleiermachers Wirkungsgeschichte aufzuzeigen. In diesen Vorlesungen bestätigte sich seine anfängliche Vermutung, dass die gesamte Theologie des 19. Jahrhunderts vom Brote Schleiermachers gezehrt hätte, ein Ergebnis, welches unzweifelhaft sehr zur Stärkung der Position Barths beitrug.

Das Wintersemester 1929/30 sollte die letzte und entscheidende Wende und damit die fünfte Station auf Barths "Wüstenwanderung" sein. Die neuer-arbeitete Vorlesung über *Protestantische Theologie im 19. Jahrhundert* zeigt zwar keinen neuen Schleiermacher, aber einen neuen, gereinigten Barth. Hier endlich hat man den Eindruck, dass zwei ebenbürtige Gegner einander gegenüber stehen. Vergangen ist das Pathos der Entrüstung aus Barths theologischer Pubertät. Verschwunden sind die Schläge unter die Gürtellinie, gegen Gefühl, Weib und Gesang. Vergessen sind die Anklagen gegen einen Grösseren. *Wirklich verstehen* will Barth Schleiermacher jetzt und ihn dabei stehenlassen, in seiner ganzen Grösse, um ihn dann allerdings stehen zu lassen und entschlossen eigene Wege zu gehen. Ob und inwiefern dieser "neue" Barth seine Katharsis der Begegnung und Auseinandersetzung mit seiner neuen Mitarbeiterin, Charlotte v. Kirschbaum, verdankte, soll hier als Frage nur vorsichtig vermerkt werden.[214]

Gemessen an der ausgedehnten Vortragsarbeit Barths und gemessen an dem immens schöpferischen Prozess der Grundlegung einer neuen Dogmatik, war und blieb die Auseinandersetzung mit Schleiermacher ein "Parer-

---

[214] Barth kannte sie u.W. seit dem Sommer 1925. Aber erst 1929 wurde sie seine wissenschaftliche Mitarbeiterin. Das Sommer-Freisemester verbrachten sie in gemeinsamer Arbeit auf dem Bergli in Oberrieden. Es lässt sich schwer vorstellen, dass die ständige Anwesenheit von Frl. v.Kirschbaum für die Ausarbeitung des Kollegs für das Winter-Semester ohne Einfluss geblieben sein sollte. Siehe dazu auch oben Anm. 98.

gon", jedoch ein unerlässliches. Die Barthsche Dogmatik ist ohne diesen Hintergrund, ohne die sie ständig begleitende Sorge, es möchte doch nur ein weiterer Aufguss Schleiermachers werden, völlig undenkbar und damit unverständlich. Mit den "Prolegomena" hat Barth *seine* "Einleitung" geschaffen und darin sich *und* Schleiermacher ein bleibendes Denkmal gesetzt.

Kapitel 4

DAS GOLDENE KALB

(1933 BIS 1934)

> "1933 war das deutsche Volk in der Versuchung, seine
> Seele zu verlieren an einen dämonischen Götzendienst.
> Gegen diese *geistliche* Versuchung haben wir uns
> damals zur Wehr gesetzt. Hitler gegenüber 'Nein' zu
> sagen, das war ein Bekenntnis."

K. Barth, (1947)[1]

4.1   "Keine anderen Götter!"

Die beiden Jahre zwischen der Machtergreifung Hitlers und Barths Vertrei-
bung aus Deutschland gehören zu der wichtigsten, aber auch schmerzlichsten
Periode des Barthschen Lebenswerkes. Unbestreitbar war er einer der Ersten
und Wenigen, die verstanden, was sich da vor aller Augen abspielte. Es war
die "maskierte Gottlosigkeit"[2] des Nationalsozialismus, die ihn "christlich

---

[1]   "Brechen und Bauen", **Der Götze wackelt** 122.

[2]   **oBriefe** 162.

[3]   Ebd.

interessant machte"[3]. Es bestand die "Gefahr, ihm als einem falschen Gott zuerst Weihrauchkörner und dann Ganzopfer darzubringen"[4]. Nicht nur das "einfache" Kirchenvolk, sondern auch und insbesondere bedeutende Theologen und Kirchenführer sahen in der Gestalt des "Führers" eine Gebetserhörung, eine Wende, eine Offenbarung Gottes, der "sich seines Volkes angenommen und ihm Erlösung bereitet"[5] hat. Barth aber vermochte in dem NS-Staat und seiner kirchlichen Gestalt, den "Deutschen Christen"(DC), nichts zu sehen als einen monumentalen Götzendienst. Es mag übertrieben sein, zu sagen, dass Barth diesen Blick für die Realitäten nur seiner theologischen Haltung verdankte. Aber mit Sicherheit hatte sie ihm Augen und Ohren geschärft, um sich im entscheidenden Moment für die Kirche und die Theologie dagegen zu wehren,

> "dass aus diesem 'geschichtlichen Augenblick' eine zweite Offenbarungsquelle und ein zweiter Offenbarungsgegenstand gemacht und als eigenmächtig geformtes und gegossenes Gottesbild in der Kirche aufgerichtet worden ist"[6].

Ja, man darf durchaus sagen, dass in diesen beiden Jahren die Theologie Barths durch ihre Feuerprobe musste - und sich dabei glänzend bewährte.[7]

---

4 Ebd.

5 Aus dem Lobgesang Zacharias Lk 1,68 nach der Zürcher Bibel. Vgl. dazu die eindrücklichen Sätze Gerhard Kittels aus einem Brief an Barth: "Herr Kollege! Wenn ich vierzehn Jahre täglich aus einem heissen Herzen zu Gott gefleht habe um die Rettung meines Volkes aus Schmach und Schande und Not: war dies Gebet häretisch? Und wenn ich das Jahr 1933 erlebt habe: darf ich Gott danken für das Geschehen dieses Jahres oder darf ich das nicht?" **BwKittel** 12 (15.6.1934).

6 AaO. 7.

7 Dieser Satz erfordert aber nun sofort eine Randbemerkung. Als Theologe, ja auch als "Kirchenmann", konnte Barth in Deutschland offen sprechen (theologia est universalis!). Er hat aber später bekannt, dass er als Nicht-Deutscher sich scheute, in Fragen der Politik öffentlich Stellung zu beziehen. Ohne ihn der Unlauterkeit zeihen zu wollen, muss aber gesagt werden, dass sein "Verschweigen" seiner wahren politischen Haltung zu dem höchst fatalen Missverständnis führen musste, dass er, Barth, "nichts" gegen den NS-Staat auf dem Herzen habe. Er hätte

Wir sagen das auch insbesondere im Blick auf Barths umstrittene Schrift "Theologische Existenz heute".[8] Man wird dem Verhalten Barths in der Zeit des Kirchenkampfes nur gerecht, indem man sich beständig vor Augen hält, dass Barth an keiner politischen, auch keiner kirchenpolitischen Front kämpfte, sondern eben an einer "dämonischen", einer geistlichen. Barth wusste so gut wie das Neue Testament, dass kein noch so wildes Gestikulieren oder Taktieren oder Argumentieren einem solchen Feind gewachsen war. Darum sein Ruf zur Besinnung - auf das Wort Gottes! Nur mit diesem "Schwert des Geistes" liess sich dieser Kampf kämpfen. Von hier aus versteht sich auch die so umstrittene Mahnung, Theologie und nur Theologie zu treiben, "als wäre nichts geschehen"[9]. Weit davon entfernt, ein Aufruf zu "passive{r} Unbekümmertheit"[10] zu sein, war diese Formel aber auch kein Ausdruck eines theologischen Pharisäismus, der seine Ohnmacht nicht eingesteht, aber vorgibt, "etwas besseres zu tun zu haben". Nein, hier hatte Barth seinen "lieben Deutschen" die Waffe in die Hand drücken wollen, mit der allein - seiner Ansicht nach - der "altböse Feind" zu verdrängen war. Dass Barth sich geirrt, die Gefahr des NS falsch eingeschätzt[11] hatte, bedeu-

---

darum - um der Wahrhaftigkeit willen - solche Sätze wie den folgenden besser unterlassen: "Ich widerstehe einer heute beim Nationalsozialismus ihre Zuflucht suchende *Theologie*, nicht der nationalsozialistischen Staats- und Gesellschaftsordnung." **TEH** 5(1933) 8, vom 10. 12. 1933. Oder sollte Barth das damals tatsächlich so gemeint haben?

8   Wer in der heutigen Diskussion so eindeutig Stellung bezieht, ist einen ebenso eindeutigen Beweis schuldig. Dieser kann hier allerdings nur in der Form der vorliegenden Auseinandersetzung gegeben werden.

9   **TEH** 1(1933) 3.

10   oBriefe 166. In einer Erwiderung an E. Brunner schreibt Barth hier (6.6.1948): "Wie es denn auch, beiläufig gesagt, eine Legende ohne geschichtlichen Grund ist, ich hätte den Deutschen 1933 'passive Unbekümmertheit' empfohlen, als ich nahelegte, als wäre nichts geschehen', d.h. an der angeblichen Gottesoffenbarung in Adolf Hitler vorbei ihrer Aufgabe der Verkündigung zu obliegen."

11   "Gründlich geirrt habe ich mich damals, in dem bereits aufsteigenden Nationalsozialismus, der mir in seinen Ideen und Methoden, in seinen führenden Gestalten von Anfang an nur eben absurd vorkam, keine Gefahr zu erblicken. Ich hielt das deutsche Volk nun doch einfach für zu gescheit, um auf diese Mög-

tet ja keineswegs, dass es nicht die richtige Waffe gewesen ist. Ob allerdings "das liebe deutsche Volk" das "da anfing, einen Gott anzubeten"[12], sie ergriffen hat, oder überhaupt ergreifen wollte, das ist mehr als fraglich. Wir wollen es noch einmal wiederholen: Barths "theologische Existenz" war kein Dasein im Gelehrtenwinkel, sondern konzentriertestes Hören und Deuten auf eben die einzige Quelle von wo die Hilfe kommen konnte. Dass Barth dabei höchst aktiv und bis zur Erschöpfung eifrig war, bedarf wohl keiner Erwähnung. Wer die immense Lehr- und Vortragstätigkeit Barths neben ausgedehnter Korrespondenz und zahlreichen sonstigen Veröffentlichungen überblickt, erhält einen Eindruck davon, was es für Barth in praxi bedeutete,

---

lichkeit hereinzufallen." **Zwischenzeit** 38.

12   **Letzte Zeugnisse** 43. (E.Busch, **Lebenslauf** zitiert 34f. statt 43f.).

13   Es mag vielleicht für die weitere Diskussion um diese Formel von Bedeutung sein, sich den wahrscheinlichen Ursprung dieser Worte zu vergegenwärtigen. Wenn nicht alles täuscht, hat Barth sie den Schriften S. Kierkegaards entlehnt. Im **Angriff auf die Christenheit** 134 heisst es: "Wenn es zu einer Zeit so steht, dass man offiziell thut, als wäre nichts geschehen, während man privatim wohl weiss, dass alles verändert ist: ... wenn es so steht, - und man weiss das privatim und thut offiziell, als wäre gar nichts: heisst das dann christlicher Gottesdienst? oder heisst es, Gott für Narren halten?" AaO. 187: "Sollte eine zweideutige Klugheit, die selbst am besten weiss, wie die Sache sich verhält, es fürs klügste halten, zu thun, wie wenn nichts geschehen wäre: ich habe doch geredet - und das Bestehende hat vielleicht doch verloren." Dass die Redewendung bei Kierkegaard häufig vorkommt, sieht man z.B. in der Neuauflage des **Augenblick** (Ges. Werke, Bd.34,1959), wo sie in der Übersetzung "als sei nichts geschehen" mindestens sechsmal gebraucht wird: S.34, 35, 36, 43, 78, 269. Inwiefern diese Stellen Barth in einer anderen Übersetzung bekannt waren, müsste bei Gelegenheit untersucht werden. Immerhin bezieht sich Barth an der u.W. ältesten Stelle selbst auf Kierkegaard: "Wer in der Gegenwart die Frage: Was sollen wir tun? im Ernst stellen und beantworten will, der muss, ob er nun zum Ueberfluss auch noch Dostojewski und Kierkegaard gelesen hat oder nicht, von dieser Veränderung etwas *gemerkt* haben {das "Eintreten eines *fremden steinernen* Gastes in den heiteren Zirkel unseres Lebens"}. Es geht nicht an, hier sicher und geläufig weiterzureden, als wäre nichts geschehen." **WGuTh** 133. Im Vergleich mit dem häufigen Gebrauch, den Barth von dieser Formel macht, erscheint der Gebrauch in **"Theologische Existenz heute"** als Ausnahme, denn während Barth sie sonst (wie Kierkegaard) kopfschüttelnd

Theologie zu treiben, "als wäre nichts geschehen"[13]. In den folgenden zwei
Abschnitten werden wir die Art, wie Barth dem "dämonischen Götzendienst"
entgegenzutreten wagte, genauer kennenlernen und dabei zu ahnen anfangen,
was dieser - nach Ansicht Barths - etwa mit Schleiermacher zu tun haben
könnte.

4.1.1   "Das erste Gebot als theologisches Axiom"

In diesem Vortrag[14] aus dem März 1933 sehen wir Barth zwei Dinge vor-
exerzieren: den Gebrauch des sekulär-wissenschaftstheoretischen Begriffs
"Axiom" gemäss der analogia fidei und die Ausweisung aller nicht-
theologischen Axiome aus dem Geltungsbereich der Theologie. Auf den
ersten Punkt werden wir im nächsten Kapitel zu sprechen kommen. Wesentlich ist hier nur, dass es für Barth ein "theologisches Axiom gibt"(297). Diese Tatsache besagt folgendes: "...auch die Theologie beruht hinsichtlich des
Beweises ihrer Sätze auf einer letzten entscheidenden Voraussetzung, die als
solche weder bewiesen werden kann, noch bewiesen zu werden nötig hat,
sondern die Alles zu ihrem Beweise Nötige selber sagt."(297) In vier Punkten benennt Barth das Charakteristische der "besondern Füllung", die das
Axiom bekommt, "wenn wir die theologische Voraussetzung damit bezeichnen"(299).
1. "Das erste Gebot 'steht geschrieben' "(299) als Teil der Urkunde, die das
"alleinige Zeugnis von Gottes alleiniger Offenbarung"(299) ist. In ihm ist
nichts anderes gesagt, "als was alle jene Worte {Joh. 1,14, Matth. 21,28,
2.Kor.5,19} an ihrem Ort und in ihrer Weise auch sagen"(299). Aber als
ganz bestimmte Stelle redet das erste Gebot "heute und hier als pars pro
toto"(299).
2. Das erste Gebot spricht von einem Geschehen in der Zeit, einer Anrede
eines ICH an ein DU. Von einer "Geschichte zwischen Gott und Mensch ist
hier die Rede"(300). "Dass das Wort Fleisch ward, dass Gott menschlich

---

verwendet zur Kennzeichnung der Geisteshaltung, die sich *gegen besseres Wissen* nicht von ihrem ehemaligen Kurs abbringen lässt, steht sie am 24. Juni
1933 für das Weitermachen, da es eben im Blick auf die DC *nichts zu wissen
gibt!* (Thurneysen sagte dazu: "Es *ist* auch 'nichts geschehen' und wird nichts
geschehen, das zu diesem Worte {Gottes} etwas hinzutun oder etwas davon
abbrechen könnte!" **Abschied** 548.)

14   Zitiert nach **ZZ** 11(1933) 297-314, mit Seitenangaben im Text.

zum Menschen redet, in der Seinsweise des Menschen und also in der Zeit, das ist der Sinn des Buches Exodus."(300)
3. Das erste Gebot ist *Gebot* , d.h. "Sache menschlichen *Gehorsams* oder *Ungehorsams* "(302). "Je im Akt dieser grundsätzlichen jedem Menschen als solchem möglichen Würdigung bekommt und hat es für uns Geltung, ist es ἀξίωμα. "(302)
4. Das erste Gebot hat eine Vorgeschichte: "Ich bin der Herr, dein Gott, der ich dich aus Aegyptenland, dem Diensthaus geführt habe." (302f.) "Das theologische Axiom lässt sich nicht lösen aus diesem soteriologischen oder sagen wir gleich konkret: aus diesem christologischen Zusammenhang."(303). Jesus Christus ist der Sinn des Sinaigesetzes!

Allen vier Bestimmungen dieses Axioms ist es gemein, dass sie sich von dem üblichen Begriff unterscheiden: der allgemeine Begriff "Axiom" steht nicht "geschrieben", sondern ist ohne formale Autorität einleuchtend; er beschreibt keine Geschichte, sondern ist *"abstrahierbar* von den Personen und von der Zeit in sich selbst ruhend"(301); er ist auch kein Gebot und hat keine Vorgeschichte, sondern hat "unabhängig von Gottes Gnade oder Zorn und oder Beziehung zu des Menschen Heil oder Unheil ... immer und überall Geltung"(304). Was immer aber sich mit diesem allgemeinen Axiombegriff deckt, hat mit einem theologischen Axiom nichts zu tun.

Nach dieser vorwiegend formalen Bestimmung des ersten Gebotes als eines "theologischen Axioms" beginnt Barth mit der inhaltlichen Füllung, mit der Frage "Was heisst 'andere Götter'"?(304) Nun, die Antwort ist, in Anlehnung an Luther, schnell gegeben:

> "Das Gebot ... isoliert ganz Israel als solches gegenüber Völkern mit der Forderung, diese anderen Götter trotz ihrer Existenz nicht etwa neben dem Gott Israels, dem Deus ecclesiae, neben dem Ich, das den Israeliten als Du anredet, neben dem Gott, der Israel aus Ägypten geführt hat, *auch* als Gott zu haben, also für Gott zu halten."(305)

Aber Barth interessiert hier nur die Bedeutung des Gebotes für die Theologie, denn nichts ist "weniger selbstverständlich, als dies, dass gerade die Theologie wirklich keine anderen Götter hat *neben* dem Deus ecclesiae!"(306) Irgendwie versucht die Theologie ja immer wieder *nicht nur* zu hängen "an dem einen dünnen Faden..., den wir vorhin beschrieben haben: an dem geschriebenen Bericht von dem zeitlichen Ereignis eines Befehls des

in Jesus Christus barmherzigen Gottes"(307). Die neuere protestantische
Theologie, und mit ihr besonders Schleiermacher, Ritschl, Troeltsch, meinte
"Möglichkeiten und Notwendigkeiten, Wahrheiten und Wirklichkeiten, 'Anliegen' und Bedürfnisse entdeckt zu haben, so beachtlich, so wichtig, so
ernst, dass sie sich ihnen entziehen, dass sie ihnen ihr Herz schenken, dass
sie sie faktisch als zweite, dritte, vierte Offenbarung neben der ersten anerkennen zu müssen meinte"(308). Natürlich nahmen sie alle darin nur ihre
unbestreitbare Freiheit wahr. Richter aber über diese Freiheit, ob das erste
Gebot "in der neueren protestantischen Theologie übertreten worden sei und
noch werde"(308), Richter darüber kann "nur der Gesetzgeber selber
sein"(308). Barth selbst "kann nur fragen"(308). Und zu schweren bedenkli-
chen Fragen sieht er allerdings drei konkrete Anlässe:
1. Die Instanz, von der die neuere Theologie neben der Offenbarung meint
unbedingt reden zu müssen (Vernunft, Bewusstsein, Schöpfung, Uroffenba-
rung, menschliche Existenz, Ordnungen), trägt so ungleich viel mehr
Gewicht als die Offenbarung, so viel mehr Pathos und Eifer, während es
doch am Platze wäre, "gerade da tonlos und beiläufig zu reden"(309).
2. In der neueren Theologie scheint es, als werde "die Offenbarung durch die
Vernunft und durch die Natur oder durch die Geschichte"(309) gerichtert, als
wolle man"mit einem auf der Erde aufgestellten Scheinwerfer den Himmel
abzuleuchten suchen"(309). Meinte nicht schon Schleiermacher "Christus
schlechterdings von der selbständig entdeckten Instanz "Religion" aus ... verstehen zu sollen"(310)? Und sind nicht heute die Uroffenbarungen, Schöp-
fungsordnung und die menschliche Existenz die Instanzen, "die im Ganzen
und im Einzelnen das Konzept, den Grundriss, die Systematik für die theologische Lehre des 2. und 3. Artikels abgeben sollen"(310)? Zwar haben auch
die Reformatoren "gelegentlich und beiläufig"(309) "natürliche Theologie"
getrieben, aber immer so, dass diese "nach Massgabe der Offenbarung und
nicht etwa die Offenbarung nach Massgabe jener anderen Instanzen"(309)
interpretiert wurde.
3. In der neueren Theologie scheint es zudem zu einer Vermischung, ja Iden-
tifizierung der Offenbarung mit den Nebeninstanzen gekommen zu sein.
Ging nicht bei Kant die Offenbarung in der Vernunft auf, bei Schleiermacher
im frommen Selbstbewusstsein, bei Hegel in der Selbstbewegung des absoluten Geistes, bei Holl und Hirsch im Gewissen, bei Bultmann in einem
bestimmt interpretierten Dasein, bei Brunner und Gogarten im Nächsten und
in den Ordnungen? Was Calvin hier getan hat, war eben noch keine
"Umkehrung zwischen diesem natürlichen 'Unten' und dem 'Oben' der Gnade, der Prädestination, des Wortes Gottes und des heiligen Geistes"(311).
Bei ihm waren die Prioritäten klar, und Luther ist hier "selbstverständlich
ebenso reinlich"(311).

Zusammenfassend bleibt zu fragen, ob die neuere protestantische Theologie nicht ein "freilich sehr viel schwächeres und ungeschützteres Gegenbild zu *der* Theologie geworden ist, von der sich die *Reformatoren* unter Berufung auf das erste Gebot *geschieden* haben"(312). "Streit gegen die natürliche Theologie ist ein Streit um den rechten Gehorsam in der Theologie"(313). Die Theologie muss heute "aller und jeder natürlichen Theologie den Abschied geben und es wagen ... allein an dem Gott zu hängen, der sich in Jesus Christus offenbart hat" (313). Aber: "Jede Theologie hat auch 'andere Götter'"(313) und wird nie "durch ihr Werk, sondern (wenn überhaupt) nur durch die Vergebung der Sünden gerechtfertigt sein"(314).

> "Darum muss Rede und Gegenrede stattfinden, darum muss
> Streit sein in der Theologie, damit es nirgends zu einem
> Frieden komme mit den sicher überall mit herrschenden und
> mit anerkannten 'anderen Göttern'."(Ebd.)

Schliesslich aber muss immer das "Band des Friedens" sichtbar werden, denn nur in "gemeinsamer Hoffnung kann der notwendige theologische Streit recht geführt werden"(314).

Um diesen Vortrag Barths würdigen zu können, muss man sich vergegenwärtigen, dass Barth zu dieser Zeit stark unter dem Eindruck seiner Vorlesung über die "Vorgeschichte" der neueren protestantischen Theologie (vor Schleiermacher) stand, die er fast vollständig neu geschrieben hatte. Diese Vorlesung hatte ihn, wir sahen es oben schon andeutungsweise, zu einer neuen Haltung geführt: Milde und Nachsicht gegenüber den theologischen Vorvätern, Strenge und unnachgiebige Kritik an den theologischen Zeitgenossen, "an denen man allenfalls noch rütteln, von denen man noch Entwicklungen erwarten, vor deren Thesen und Antithesen man aber auch die andern auf die Hut setzen muss".[15] Gerade so aber haben wir Barth eben erlebt: Schleiermacher steht im Hintergrund, aber eben in einer Reihe mit der zeitgenössischen "neueren Theologie". Während es dort jedoch (leider!) nur noch ein Konstatieren gibt, könnte es ja hier vielleicht noch zu einem Korrigieren kommen. Dem Letzteren gilt darum der ganze Einsatz Barths hier. Wir schliessen diesen Abschnitt mit dem vielleicht nicht unwichtigen Hinweis, dass es keineswegs selbstverständlich ist, was Barth hier unternimmt: Holl, Hirsch, Gogarten, Brunner, Bultmann werden in Schleiermachers Klei-

---

[15]   Lebenslauf 235.

der gesteckt und, - des "Schleiermacherianismus" beschuldigt - in Untersu-
chungshaft genommen. Ob die so Inhaftierten, bei eingehender Befragung,
ihre Gesinnungsgenossenschaft würden zugeben wollen und darin überhaupt
einen ernsthaften Haftgrund sehen könnten, das bleibt zunächst noch eine
offene Frage.

4.1.2   "Theologische Existenz heute"

"Ich hatte ... in jenem ersten Heft 'Theologische Existenz
heute'... nichts Neues zu sagen, sondern eben das, was zu
sagen ich mich immer bemüht hatte: dass wir neben Gott
keine anderen Götter haben können, dass der Heilige Geist
der Schrift genügt, um die Kirche in alle Wahrheit zu leiten,
dass die Gnade Jesu Christi genügt zur Vergebung unserer
Sünde und zur Ordnung unseres Lebens"[16]

"Die konsequente Wiederholung jener Lehre wurde gerade
in ihrer gleichzeitig vollzogenen Vertiefung in diesem neuen
Raum selbst zur Praxis, zur Entscheidung, zur Handlung."[17]

In der Tat liest sich diese berühmteste Schrift Barths[18] wie eine Auslegung
von Epheser 6,10-20 (vielleicht besser: Anwendung!). Ohne *diesen* Hintergrund vor Augen zu haben, kann man Barths "Sich Bescheiden mit dem
Worte Gottes" nur mit grösster Skepsis und völligem Unverständnis gegenüberstehen. Mit dem verdeckten Hinweis auf die "'Mächte, Fürstentümer und
Gewalten'"(6) hat ja Barth *zugleich angedeutet,* dass der Kampf "nicht gegen
Fleisch und Blut" (Eph 6,12) geht, dass er darum aber nichtdestoweniger ein
Kampf ist, wenn auch an einer anderen als der politischen und kirchenpolitischen Front. Der "Herrschaft des 'Fürsten, der in der Luft herrscht'(Eph.
2,2)"(38) war eben nicht anders beizukommen als mit dem "Schwert des
Geistes, welches das Wort Gottes ist" (Eph. 6,17). Dieser Kampf aber ist ein
ganz anderer Kampf:

---

[16]   AaO. 239.

[17]   AaO. 240.

[18]   Zitiert im Text mit Seitenzahlen gemäss **TEH** 1(1933).

"der mit Wahlen und Kundgebungen und Protesten, mit
Bewegungen und Fronten, gar nichts zutun hätte, ein Kampf
nicht um die Kirche, sondern *in* der Kirche, nicht zum
Schutz, sondern in *Betätigung* von Verkündigung und Theologie, nicht *gegen* die 'Deutschen Christen', sondern implizit
auch und gerade *für* sie, ein Kampf, in dem wir nicht siegen
wollen könnten, sondern nichts Anderes erwarteten als zu
erliegen, aber nun doch wie Jakob zu unterliegen und gerade
so evangelische Kirche zu sein"(35f.).

"Was wir in *erster* Linie brauchen, ist doch ein *geistliches* Widerstandszen-
trum, das einem kirchenpolitischen erst Sinn und Substanz geben würde."(36) "Wo die Kirche *ist,* da *ist* sie schon gerettet"(37) und braucht nicht
mehr auszuweicheñ "mit ihrem Feldgeschrei in Kämpfen, in die sie niemand
als ihr eigenes unruhiges und verzagtes Herz gesendet hat" (38). Worauf jetzt
alles ankäme, wäre, "zu Gott zu schreien, dass er seiner Herrschaft inmitten
der grossen Untreue der modernen deutschen Christlichkeit und Kirchlichkeit noch nicht ganz müde sein, dass er uns durch sein Wort seinem Wort
treuer machen wolle als wir selbst und unsere Väter es gewesen sind"(35).

Dass es die "Waffenrüstung Gottes (Eph. 6,11) war, die Barths "theologische Existenz" ausmachte, und die er um keinen Preis gegen die "Saulsrü-
stung"[19] einer "politischen Existenz" getauscht wissen wollte, das scheint in
der heutigen Debatte um dieses Dokument tatsächlich zur Nebensache
gemacht worden sein. Dass die Substanz dieser Schrift darin bestand, den
Theologen zuzurufen, sie "sollten sich ein wenig schämen"(37), wenn sie
von Gottes Hilfe nur *predigen* könnten, weil die "Hilfe Gottes ... wirklich die
einzige {ist}, auch die einzige realkirchenpolitische Hilfe, die wir im Augenblick suchen können und offenbar jetzt mit ganz neuen Ernst suchen lernen
sollen"(37), das wird vor lauter spitzfindigen Erwägungen zur taktischen und
historischen Lage weithin einfach ignoriert. Barth braucht keine Apologien,
und wer ihn seiner passiven Haltung im Kirchenkampf wegen beschuldigt,
sollte im Ernst sagen, wo denn, wenn Gott Gott ist, eine bessere Hilfe zu finden sei. (Jes.44,8!)

Wenn Barth daneben noch zur Lage spricht, so will er es jedenfalls
"wirklich nicht 'zur Lage', sondern 'zur Sache'"(7) gesagt wissen: Zu den
DC, ihrem "Führerprinzip"(16) und ihrem Anspruch Kirche zu sein, sagt

---

19 **TEH** 4(1933) 6.

Barth "unbedingt und vorbehaltlos Nein"(23). Im Blick auf seine "verschiedenen theologischen Freunde"(23) innerhalb der DC weiss er sich "schlechterdings und endgültig geschieden" (24), jedenfalls sofern sie nicht noch eine
"anderweitige christliche, kirchliche und theologische Substanz"(24) zurück-
behalten hätten. Auch die "Jung-Reformatorische Bewegung" kann Barth,
bei aller Anerkennung ihrer Beweggründe im Einzelnen, nur als im Fahrwasser der DC schwimmend erkennen. In beiden aber sieht Barth Ausgeburten
des theologischen Modernismus, bei den DC "zum Greifen deutlich"(33), bei
den Jung-Reformatorischen jedoch "so verborgen, dass man sie allzu leicht
für die Gerechten unter den Ungerechten halten konnte, die sie nun wirklich
nicht waren"(33). "Von der fatalen Theologie des 19. Jahrhunderts kamen
jedenfalls diese beiden Gegner von gestern gleich sehr her."(33)

Barth geht es nicht nur um die Abwehr eines aktuellen Feindes, etwa
einer "noch nie dagewesene{n} Ketzerei"(25), sondern um das Aufwachen
der Kirche und der Theologie aus einem 200-jährigen Schlaf. Er vermutet
nämlich, die Kirche stecke immer noch in der

> "'Glaubensbewegung' des 18. und 19. Jahrhunderts ..., deren
> höhere Weisheit eben darin bestand: dass in der Kirche nach
> so etwas wie Wahrheit nicht zu fragen sei und auch nicht
> gefragt werden könne, weil das nur zu Streit und Unduld-
> samkeit führe und weil über Wahrheit und Unwahrheit hier
> doch nichts auszumachen sei, während auf das 'Leben' alles
> ankomme!"(28)

Deutlicher kann Barth nicht sagen, dass er die Kirche in den Spuren Schleiermachers wandeln sieht und natürlich mit ihr und neben ihr die "Glaubensbewegung Deutscher Christen", diese "Sammlung von Prachtstücken aus
dem grossen theologischen Mülleimer des ... 18. und 19. Jahrhunderts"(25).
Kein Kampf gegen die DC ist darum geboten, sondern das Erwachen der
Kirche insgesamt zu ihrem Sein als Kirche, in Jesus Christus. "Wo es begriffen ist, dass er und zwar er *allein* Führer ist, da ist theologische Existenz."(21) Und darum gilt der ganzen Kirche dieser Ruf: "Wenn doch der
deutsche evangelische Theologe wach bleiben oder, wenn er geschlafen
haben sollte, heute, heute wieder wach werden wollte!"(40 Schluss.)

Dass die Kirche, abgesehen von relativ wenigen Ausnahmen, durchaus nicht
aus ihrem wohligen Dornröschenschlaf erwachen wollte, musste Barth in der
Zeit nach diesem Weckruf bitter und schmerzlich erfahren. (Dass sie weithin

bis heute schlummert, ist sicher nicht Barth anzulasten!) Der Warnruf des "einsamen Vogels auf dem Dach" (40) ging unter im Getöse einer wiedererwachenden euphorischen Kirchlichkeit. Doch Barth gab nicht auf. Er lebte die "theologische Existenz", indem er seiner Berufung als "Prediger und Lehrer der Kirche"(4) treu blieb.

4.2   Keine natürliche Theologie!

Wir sahen oben schon, dass Barth seinen Streit gegen die falschen Götter seiner Zeit als einen "unvermeidliche{n} Streit gegen die natürliche Theologie"[20] ansah. Dass er zugleich Schleiermacher auf der gegnerischen Seite zu wissen meinte, lässt uns stutzig werden. Durfte er nicht wenigstens hier Schleiermacher als seinen Mitstreiter begrüssen? Der Ursache dafür, dass Barth dies nicht tat, wollen wir zunächst nachspüren.

Dass Schleiermacher ein Gegner der natürlichen Theologie war, das wusste auch Barth.[21] Dass er ihn darum aber weder zum Bundesgenossen erkor, noch seiner Waffen wenigstens sich bediente, sondern gerade in ihm den eigentlichen Exponenten "natürlicher Theologie" anprangerte, beruht keineswegs auf einem Missverständnis, sondern auf einer unterschiedlichen Füllung des verwendeten Begriffs.[22] Für Schleiermacher ist der Begriff "natürliche Theologie" die Bezeichnung einer philosophischen Disziplin[23]

---

[20]   **Das 1. Gebot** 313.

[21]   Vgl. dazu **ThSchl** 256-258.

[22]   Vgl. dazu **Gestrich** 382: "Die Fragen, die sich im 20. Jahrhundert mit der Bezeichnung 'natürliche Theologie' verknüpften, unterscheiden sich von früheren Fragestellungen beträchtlich!"

[23]   GL[2] 219 (§50,1): "Als aber hernach die Metaphysik für sich allein und abgesondert von der christlichen Glaubenslehre der Natur der Sache gemäss, behandelt wurde, übersah man lange Zeit, wie es bei solchen Theilungen gar leicht zu gehen pflegt, dass diese Vorstellungen göttlicher Eigenschaften nicht philosophischen sondern religiösen Ursprungs sind, und nahm sie mit in diejenigen philosophische Discipliplin hinüber, die man mit dem Namen der natürlichen Theologie bezeichnete."

und darf darum (ja, muss!) aus dem Bereich der Religion verbannt werden. Barth jedoch erkennt in der natürlichen Theologie eine tatsächlich vorhandene Wirklichkeit des kirchlichen Lebens, gerade *die Möglichkeit des Menschen als Menschen*, "d.h. diejenige Theologie, *von der der Mensch von Natur herkommt*, von *der* Natur her, die er auch als Christ durchaus nicht los ist, die er vielmehr auch als Christ betätigt, die er als Christ sogar ganz besonders triumphal, förmlich abschliessend, betätigt: in der Verbürgerlichung und das heisst in der Verharmlosung, noch mehr: in der Nutzbarmachung des Evangeliums für den Streit gegen die Gnade, der seine eigenste und tiefste Wirklichkeit ist"[24]

Die "*christliche* natürliche Theologie"[25] also hat Barth hier ins Auge gefasst, sie, die trotz ihrer "Monopolstellung" oder gerade in der "Verhüllung ihrer Monopolstellung, die die natürliche Theologie im Raum der Kirche (auch im Katholizismus!) auszeichnet"[26] sich so wunderbar "mit der Offenbarung und der Theologie der Offenbarung ... zu arrangieren weiss".[27] In dieser ihrer offenen oder versteckten Monopolstellung lauert jedoch die Gefahr der natürlichen Theologie. Sie wird die Offenbarung nämlich "auf die Dauer gewiss nicht unangetastet lassen"[28]. Nicht dort, wo sie "etwa die Offenbarung leugnen, mit Offenbarung gar nichts zu tun haben, die Erkennbarkeit Gottes ganz und gar nur aus dem Menschen im Kosmos eigenen Vermögen herleiten will"[29], ist die natürliche Theologie gefährlich (da ist sie vielmehr "stümperhaft" und "erfolglos"), sondern da, wo sie sich durch "Absorption und Domestizierung der Offenbarung ... ihre Monopolstellung auch äusserlich wieder sichtbar macht"[30]. Das vielmehr ist eine

---

[24]   **KD II/1** 158.

[25]   AaO. 152.

[26]   AaO. 153.

[27]   AaO. 154.

[28]   AaO. 155.

[29]   AaO. 156.

[30]   AaO. 155.

"feine und gute natürliche Theologie, treu und umsichtig im
Dienst ihres Auftraggebers: die sich mit dem Glauben
freundlich einlässt, die die Offenbarung unerschrocken
akzeptiert als andere selbstverständlich höhere Möglichkeit
und die den Menschen dann anleitet, auch mit der Offenbarung von seinem Selbstbewusstsein her und unter Garantie
von dessen ungebrochenem Bestand sich auseinanderzusetzen und zurechtzufinden"[31]

Zeigt sich in diesen Sätzen Barths auch schon eine fortgeschrittene Reflexi-
onsstufe (1940!), so wird uns jedenfalls deutlich, warum der Titel "natürliche
Theologie" ein Verdikt darstellt, besonders im Hinblick auf Schleiermacher.
Dass Barth mit diesem gutmütig-polemischen Urteil zweifelsohne im Recht
war, zeigen die folgenden Sätze aus der Feder eines gewiss unverdächtigen
Zeugen, H. Stephan, die wir ihrer Schönheit und Klarheit wegen ausführlich
zitieren wollen:

"Die 'natürliche Theologie' ist eine geschichtliche Grösse,
und wie alle geschichtlichen Grössen komplex. Vielleicht
sind am lehrreichsten dafür die beiden grossen Theologen,
die den modernen Kampf gegen sie mit aller ihrer Kraft, ja
mit einem gewissen Hass begonnen haben: der Bückeburger
Herder und Schleiermacher, der Verfasser der 'Reden'. Sie
bestreiten Sinn und Recht der 'natürlichen *Theologie* ' - aber
diese Bestreitung bewahrt sie nicht davor, dass sie ein
beträchtliches Mass natürlicher *Religion* in ihre Vertretung
des Christentums aufnehmen. So legt sich die Frage nahe,
was sie eigentlich an der natürlichen Theologie verabscheu-
en. Ohne der Frage hier genauer nachgehen zu können, werden wir doch sagen dürfen, dass es sich dabei vor allem um
zweierlei handelt, um einen formalen und einen inhaltlichen
Zug. Formal ist das, was den Zorn jener Männer weckt, die
Sucht der Schlüsse und Beweise; die Gegenstände des Glaubens erschliessen oder beweisen zu wollen, empfingen sie -
gut biblisch - als Verrat der theologischen Methode an das
logische Denken. Und diese formale Kritik führt zur inhaltlichen: Herder und Schleiermacher verwerfen die natürliche
Theologie, weil sie lebendige Religion, zumal den christli-

---

[31]   AaO. 157.

chen Glauben, zu Metaphysik und Moral verzerrt. Sie empö-
ren sich gegen all das als Christen und Theologen. Aber sie
wissen zugleich als historisch denkende Menschen, dass die
überall gleiche einheitliche Vernunft, mit der die natürliche
Theologie arbeitet, entweder nur ein unfruchtbares Gespenst
der Abstraktion oder ein Ergebnis religiöser Erziehung, also
selbst abhängig von den Gegenständen, die sie beweisen
möchte, und daher eben nicht 'natürlich' ist. So zerbricht
ihnen die natürliche Theologie unter den Händen. Aber desto
heller leuchtet ihnen die Grösse auf, in der die natürliche
Theologie, obschon oft unbewusst, ihren eigentlichen Nähr-
boden hat: die natürliche *Offenbarung*. Dass Gott in Natur
und Geschichte lebendig zum Menschen spricht, war noch
niemals von christlichen Theologen so beredt und gewaltig
verkündigt worden wie gerade von Herder und Schleiermacher; und vor allem Herders alttestamentliche Schriften zeigten, dass man damit bewusst auf den Boden der Bibel
zurückkehrte. Jetzt erst wurde es deutlich, dass Religion und
Offenbarung irgendwie zusammengehören, dass also, wo
lebendige Religion auftritt, Offenbarung Gottes im Spiel ist -
ob die Menschen es wissen oder nicht. Damit war die in der
'natürlichen Theologie' vollzogene intellektuelle Verschie-
bung und Verholzung des Problems grundsätzlich wieder
aufgehoben. Man brauchte z.B. nicht mehr ängstlich zu fragen, ob die herrschende Theorie der Wissenschaft es erlau-
be, theologische Sätze auf die Natur zu gründen, sondern
konnte sich dem Leben selbst öffnen und lauschen, ob eine
Gottesbegegnung darin sich erschliesse. So gewann man die
Unmittelbarkeit der religiösen Beziehung zu Natur und
Geschichte, aber auch den Anschluss an die biblische Fragestellung und die Möglichkeit des rechten Ansatzes
zurück."[32]

Bei der *so* von Barth verstandenen "natürlichen Theologie" wird sich auch
Schleiermacher dieses Etikett wohl oder übel gefallen lassen müssen (wer
eigentlich nicht?). Für die weiteren Betrachtungen darf es darum als ausge-
macht gelten, dass Barth, wo er "natürliche Theologie" sagt, immer auch

---

[32] H. Stephan, "Weltanschauung, natürliche Religion und Christentum" **ZThK**
15(1934) 320-321.

"Schleiermacher" meint, und dass er dort, wo er im Kirchenkampf von Schleiermacher spricht, besonders dessen (im Barthschen Sinne!) "natürliche Theologie" im Blick hat.[33] Deutlich ist aber schon hier, dass es nicht mehr um die Person oder das Werk des Theologen Schleiermacher geht, sondern um eine Haltung, eine Kategorie, die Barth andernorts "Schleiermacherianismus" genannt hat.[34] An drei Stellen hauptsächlich, glauben wir, hat Barths Animosität gegen die natürliche Theologie ihre Spuren hinterlassen, bzw. ihre Früchte getragen: in der Auseinandersetzung mit einem angeblich "neuen" Protestantismus in der Gestalt der DC, in der Scheidung von seinen Dialektiker-"Freunden" und im Bekenntnis des Glaubens auf der Barmer Synode am 31. Mai 1934.

4.2.1   Ein "neuer" Protestantismus?

Es ist bezeichnend für Barths Sicht der Dinge, dass er die "Glaubensbewegung Deutscher Christen" nicht als politische, kulturelle oder geistesgeschichtliche Strömung ansehen wollte, nicht als Wolkenbruch oder vorübergehende "Eisheilige" (wofür sie allerdings vielerorts angesehen wurden). Für ihn waren sie nur das jüngste, kranke Kind einer seit 200 Jahren kranken Kirche. Zwar hatten sich die DC angekündigt als eine "Bewegung der Erneuerung unserer Kirche"[35], aber heisst "Erneuerung nicht Reformation"[36]? Gemessen an dem aber, was zu Recht Reformation genannt zu werden verdiente, bleibt nur der lapidare Schluss: "Das ist nicht Reformation, das ist Deformation."[37] "Das Evangelium in der Verkündigug der deutschen Christen ist in geradezu klassischer Gestalt ein unfreies Evangelium."[38] Wie in der katholischen Kirche gibt es auch bei den DC neben dem Buch der Gnade ein Buch der Natur. "Das Buch der Natur ist für die Deutschen Chri-

---

[33]   Inwiefern diese These stichhaltig ist, muss die weitere Untersuchung zeigen!

[34]   Vgl. **BwKittel** 21.

[35]   **TEH** 2(1933) 10.

[36]   Ebd.

[37]   AaO. 12.

[38]   **TEH** 2(1933) 12.

sten das Ereignis des 30. Januar und was dazu gehört."[39] Dass es aber in der Kirche so stehen kann, deutet auf einen "alten Schaden an dem unsere ganze Kirche leidet"[40]. Diese "alte Not" besteht darin, "dass die evangelische Kirche ganz allgemein seit mindestens zweihundert Jahren über dem Menschen und seinen Fähigkeiten, Bedürfnissen und Anliegen immer mehr ganz einfach - Gott vergessen hat"[41].

Gelegenheiten, die DC an der Reformation zu messen, gab es ja im Lutherjahr 1933 viele, so z.B. in der berühmt gewordenen Rede Barths am Vorabend des Reformationstages in Berlin. In diesem Vortrag misst er die gegenwärtige evangelische (deutschchristliche!) Kirche an den Pfeilern der reformatorischen Lehre vom Glauben: Autorität der Schrift, Erbsünde, Rechtfertigung, Prädestination und muss feststellen: "Er ist ein anderer geworden, dieser Glaube, der sich von der Vernunft, von der Kultur, von Volk und Staat her hat Schach bieten lassen"[42]. Er ist ein "domestizierter, ein gefangener und in fremdem Dienst gestellter Glaube geworden"[43]. Wo man aber "die reformatorische Richtung, die der Freiheit Gottes genug tun wollte, verloren hatte, zugunsten einer andern Richtung, die der Freiheit Gottes *und* der Freiheit des Menschen miteinander genug tun will"[44], wo man "Kirche der heimlich oder auch offentriumphierenden natürlichen Theologie, des Optimismus, der Werkgerechtigkeit, des menschlichen Uebermuts"[45] geworden ist, da bleibt nur die Frage, ob die "Trennung vom Papsttum dann noch rechtmässig und notwendig"[46] sein kann. Sollte die evangelische Kir-

---

[39]   AaO. 13.

[40]   Ebd.

[41]   AaO. 14.

[42]   **TEH** 3(1933) 21.

[43]   AaO. 20f.

[44]   AaO. 22.

[45]   Ebd.

[46]   Ebd.

che aber Kirche der Reformation bleiben wollen, dann muss sie sich entscheiden, und muss *"Widerstand* leisten"[47], Widerstand gegen diese sogenannte "Bewegung" in der Kirche, die doch wohl nichts anderes ist, "als die letzte vitalste vollendete Gestalt der grossen neuprotestantischen Untreue gegen die Reformation"[48].

Barth liess keine Gelegenheit ungenutzt, gegen diesen sichtbar gewordenen "Konflikt zwischen dem Neuprotestantismus und seinem reformatorischen Ursprung"[49] seine Stimme zu erheben. Er warnte und mahnte die Kirche, "die Substanz des in die Kirche eingedrungenen und nun offenkundig gewordenen Irrtums"[50], das "angesammelte und zur Ausscheidung reif gewordene Gift"[51] nun auch wirklich auszuscheiden und ja nicht in einen blossen Schulstreit zu verfallen, wodurch es sich "aufs neue verteilt und in den Blutkreislauf des ganzen Körpers zurückkehrt"[52]. Er unterliess es auch nicht, immer wieder auf den Krankheitsherd hinzuweisen, der wohl 200 Jahre alt, aber, wenn es Namen zu nennen galt, eben insbesondere bei Schleiermacher zu finden war (wir erinnern uns: εἰς αὐτὸν, ἐξ αὐτοῦ τὰ πάντα!):

> "Der heute in der Theologie und Kirchenpolitik der Deutschen Christen ausgebrochene Irrtum hat nun seinen Ursprung weder in der Schule Luthers noch in der Calvins, sondern er ist - Schleiermacher, R.Rothe, W.Beyschlag wären unter seinen speziellen Vätern zu nennen - der typische Irrtum des Endstadiums gerade jener 'Union' des 19. Jahrhunderts. Er verletzt das lutherische ebenso wie das reformatorische Bekenntnis"[53]

---

[47] **TEH** 3(1933) 23.

[48] Ebd.

[49] **TEH** 4(1933) 5.

[50] Ebd.

[51] AaO.6.

[52] Ebd.

[53] **TEH** 7(1934) 6.

Schleiermacher galt Barth ja - wie wir oben sahen - als "Klassiker" des Neo-
protestantismus,[54] als einer "der wenigen reinen Neuprotestanten"[55].
"Gewiss bedeutet der reine Neuprotestantismus den Bruch mit der Reformation"[56], aber eben keinen Neubruch, keinen wirklichen Neuanfang, kein
"Faktum", das "über jene Reformation hinausgeführt und insofern von der
Autorität der Reformatoren gelöst"[57] hätte. Die Kirche des 19. Jahrhunderts
hat sich, trotz der neuprotestantischen "Infektion", "gerade nicht auf Schleiermacher gegründet"[58].

> "Hätte sich die evangelische Kirche und Theologie im 19.
> Jahrhundert wirklich auferbaut auf der Grundlage von
> *Schleiermachers* Reden über die Religion und seiner Glau-
> benslehre, dann wäre sie allerdings rein neuprotestantisch
> geworden, dann würden sie tatsächlich in Vollendung der
> Absichten der Humanisten und Schwärmer des 16. Jahrhun-
> derts mit der Reformation gebrochen haben. ... Schleierma-
> cher hat gerade in seinen tiefsten Intentionen, wie er sie
> zuletzt - alle Täuschungen über seinen Zusammenhang mit
> der Reformation nun wirklich zerstörend - etwa in den Send-
> schreiben an Lücke verraten hat, unter den führenden Theo-
> logen des 19. Jahrhunderts *keinen* Nachfolger gefunden.
> ...Schleiermachers Theologie war ein die Kirche *neu* begrün-
> dendes Faktum *nicht* gewesen.[59]

Sogar die Deutschen Christen, die neueste Gestalt des Neuprotestantismus,
meint mit "fast rührender" Zähigkeit "die Beziehung wenigstens zu Luther,

---

[54] CD 125.

[55] KD I/2 682.

[56] Ebd.

[57] AaO.681.

[58] KD I/2 682.

[59] Ebd.

[60] AaO. 683.

aber teilweise auch zu Calvin"[60] aufrechterhalten zu sollen. Ergo: "Die kirchliche Autorität der Reformatoren ist bis jetzt stärker gewesen als alle derartigen Befreiungsversuche."[61]

"Dasselbe 19. Jahrhundert, das belastet mit der Schleiermacherschen Geheimtradition, den Neuprotestantismus zu vollen Blüte brachte, war doch auch durch die Erinnerung an die Reformation immerhin so belastet, dass es sich durch umfassende Neuausgaben ihrer Schriften und durch eine nachhaltige geschichtliche Untersuchung ihres Lebens und ihres Werkes ganz ausgezeichnet um die Lebendigerhaltung, ja zum Teil erst um das Lebendigwerden ihrer ursprünglichen Gestalt verdient machen, dass es damit ungewollt gegen seine eigenen Deutungen und Missdeutungen die Reformation selbst in einer Weise auf den Plan stellen musste, wie es etwa im Zeitalter der Orthodoxie so lange nicht der Fall war."[62]

Nach allem, was wir Barth bisher über die Rolle Schleiermachers haben sagen hören (und immer noch hören!), stehen wir etwas ratlos vor diesen Eröffnungen. Also doch nicht " ἐξ αὐτοῦ τὰ πάντα "? Ja und Nein. Was wir hier erleben, ist nicht eine Neuentdeckung an Schleiermacher, sondern an der Bedeutung der Reformatoren. Was Barth sagen will (§20: Die Autorität in der Kirche!) ist folgendes: Dem Neuprotestantismus wohnt *keine* annähernd dem reformatorischen Protestantismus vergleichbare *geistliche* Autorität und Vollmacht inne. "Schlagt auf ihre Speere, denn sie sind hohl!"[63] ruft er den Berlinern in der Singakademie zu: "Sie *sind* hohl! Das wäre aber auch dann zu sagen, wenn man es ohne alle äussere Zuversicht sagen müsste."[64]

Nur drei Monate nach der Luther-Feier ergab sich eine neue Gelegenheit, Schleiermacher an der Elle des grössten Reformators zu messen: der 100. Todestag Schleiermachers am 12. Februar 1934. Im *Berliner Tagblatt*

---

[61]   Ebd.

[62]   Ebd.

[63]   **TEH** 3(1933) 24.

[64]   Ebd.

erschien zu diesem Anlass ein Artikel von Theodor Kappstein[65], in dem Schleiermacher als "Prediger, Professor und Patriot" gewürdigt wurde. Kappstein verweist auf Schleiermachers "Grundsatzwort", "Die Reformation geht noch fort"[66], und nimmt sich darum die Freiheit, ihn als "geniale{n} Nachreformator", der "das Christentum vor der Dogmatik und vor seichter Verstandeserklärung zugleich rettete", als "Virtuose{n} des Lebens", dessen Wirken "gesetzgebend" geworden sei, und als "Wiedererneuerer unseres Volkes" zu preisen. "Als Erbe des Bergmannssohnes von Wittenberg trieb er die Stollen und Schächte im Bergwerk des Geistes weiter vor, grub und förderte und stemmte ab." "Als prophetischer Bürger einer späteren besseren Zeit lebt er im freien Bündnis der Verschworenen." Als Patriot half er die Deutschen erziehen zur "Volkserhebung" und rief Napoleon entgegen: "Deutschland ist immer noch da! ... es wird mit Riesenkraft wieder aufstehen, mit nicht geahnter Gewalt, würdig seiner alten Heroen." Der "gottbegnadete Prediger" segnete die "kriegsfreiwilligen Studenten" ein und schrieb so "heilige Geschichte, in die Herzen eingegraben". "Am 31. März 1831 segnete Schleiermacher am Altar Otto von Bismarck ein mit E.M. Arndts Wort: 'Wir fürchten nichts als Gott'. Der Kanzler des zweiten deutschen Reiches nahm die Jugendlosung denkwürdig auf."

So schliesst Kappstein. Nicht der auf der Hand liegende Missbrauch Schleiermachers zu ebenso offensichtlichen Zwecken erstaunt hier, sondern die Tatsache, dass sich Schleiermachers Werk solchem Gebrauch, wenn schon nicht anbot, so doch auch nicht entziehen konnte.

Unter *Barths* kritischen Augen konnte Schleiermacher nicht so leicht zum Reformator avancieren. In der *Vossischen Zeitung* veröffentlichte auch er einen Artikel zu diesem wahrhaft denkwürdigen Tag.[67] Auch für ihn ist Schleiermacher "mit Abstand der glänzendste und wichtigste Mann gewesen, den der *kirchliche Protestantismus* seit den Tagen der Reformation hervor-

---

[65]   Dieser am 10. Februar 1934 erschienene Artikel wurde noch irrtümlich (ausgerechnet) Barth zugeschrieben! Zitate ohne Seitenangabe.

[66]   Dieses Wort - so Kappstein - sollte ursprünglich unter der marmornen Porträtbüste Schleiermachers stehen, aber man liess es weg aus Furcht vor dem Berliner Witz der Auslegung: "Die Reformation verschwindet wieder ... statt: sie entwickelt sich weiter." Wie wahr!

[67]   Erschienen am Sonntag, d. 11.2.1934. Zitiert im Text ohne Seitenangabe.

gebracht hat." (Den anschliessenden Tugendkatalog kennen wir bereits aus
ProtTh.) Nach eingehender Würdigung Schleiermachers als Prediger, Kirchenmann und Theologe kommt Barth dann darauf zu sprechen, was der Kirche "wenigstens im deutschen Raume - heute unzweideutig zur Schicksals-
frage geworden ist". Es geht um das Verständnis "protestantischer
Kirchlichkeit", dessen Vollender und Anfänger Schleiermacher zweifelsohne
gewesen ist. Von seinem Standpunkt *"über* dem Christentum" war Schleiermacher nämlich in der Lage - so glaubte er jedenfalls - "Frieden" zu stiften
zwischen allen Gegensätzen "des Natürlichen und Geistigen, des Allgemeinen und des Besonderen, des Äussern und des Innern, des Seelischen und
des Geschichtlichen". "Vermittlung bedeutet bei ihm: Ausgleichung und
schliessliche Aufhebung dieser Gegensätze in die Einheit des frommen
Gefühls." Aber, - hier macht Barth nun Einwände - lassen sich die Gegensätze des Christentums aufheben ohne Schaden für dieses selbst? Gott und
Mensch, Offenbarung und Vernunft, Himmelreich und Welt, Christus und
Glaube, Gnade und Sünde, Ewigkeit und Zeit sind als Gegensätze bei Schleiermacher aufgehoben. Er fand für alles einen Ausgleich, in der "Harmonie
des frommen Gefühls, das auch in *diesen* Höhen und Tiefen sich selber, das
heisst: die siegreiche Einheit des Menschen, wiedererkennt". In der Christologie zeigt es sich dann, dass nicht mehr klar ist, "warum und inwiefern
Christus für den christlichen Glauben unentbehrlich sein soll". Hier hatte seine Dialektik offenbar mit "unsichtbaren Widerständen" zu tun. Die "Problematik dessen, was Schleiermacher wollte, und was der stärkste Mann des
modernistischen Protestantismus ebenso vollendet wie angebahnt hat: die
Humanisierung des Christentums", besteht in einem Entweder-Oder. "Wenn
sich das Christentum humanisieren *lässt, ...* dann wären jene schwächeren
Stellen in Schleiermachers Werk ein Schönheitsfehler, der angesichts des im
ganzen erreichten Triumphes wenig zu besagen hätte".

> "Aber vielleicht ist hier doch grade im ganzen ein Versuch
> am ungeeigneten Objekt und darum auch mit untauglichen
> Mitteln unternommen worden und vielleicht ist es dies, was
> an jener schwächeren Stelle warnend zum Vorschein
> kommt. Als einen 'grossen Mann' hätten wir Schleiermacher
> allen Ernstes auch dann zu ehren. Eine Denkwürdigkeit wür-
> de sein Werk für den kirchlichen Protestantismus auch dann
> bedeuten, aber dann freilich eine denkwürdige Warnung.
> Wir hätten uns dann zu sagen, dass wir in Kirche und Theo-
> logie einen radikal anderen Weg anzutreten haben als den
> Weg Schleiermachers."

Ob diese Warnung im "Unterhaltungsblatt" der Vossischen Zeitung
Hörer gefunden hat, die Ohren gehabt haben zu hören? Das darf wohl allen
Ernstes bezweifelt werden. Wer von den Lesern mag sich wohl bewusst
gewesen sein, um welches verzweifelt ernste Thema dieser Gedenkartikel da
vor seinen Augen rang? Und wer mag die dringende Aktualität dieser Sätze
begriffen haben? Hatte Barth die Deutschen (und nicht nur sie!) nicht tatsächlich überschätzt, wenn er ihnen eine solche Denk-Aufgabe zumutete, die
wohl allen Denkens würdig war, aber zugleich ein An-Denken gegen die
Vor-Denker erforderte? Der "Führer" dieser Vor-Denker jedenfalls glaubte
ein solches An-Denken nicht fürchten zu müssen: "Was für ein Glück für die
Regierenden, dass die Menschen nicht denken."[68] In Zusammenfassung dieses Abschnitts darf man vielleicht sagen: Neuprotestantismus war für Barth
weder neu, noch Protestantismus!

4.2.2   Scheidung

Von einer "Spaltung" der dialektischen Theologie zu sprechen genügt dem
Tatbestand, aber nicht der Tatsache, dass es allein Barth (mit Thurneysen)
war, der die Trennung gesucht und herbeigeführt hat. Alle anderen Mitglie-
der des Kreises um "Zwischen den Zeiten" waren durchaus bereit mit der
Zusammenarbeit fortzufahren als wäre nichts geschehen. Selbst Gogarten
war dazu ausdrücklich bereit:

> "Und jeder, der sehen wollte, konnte es sehen, dass Barth
> und ich seit langem verschiedene Wege gehen. Ich meiner-
> seits habe immer genug des Gemeinsamen gesehen, um die
> Belastung, die Barths Nachbarschaft für mich bedeutete, ger-
> ne zu tragen."[69]

Wir ziehen es darum vor, hier von "Scheidung" zu sprechen, und zwar von
einer Scheidung Barths vom Rest der Gruppe. Dass das Abscheiden, dieser
"Abschied", im "Zeichen des Problems der natürlichen Theologie"[70] vollzo-

---

68   Adolf Hitler, zitiert nach A.Miller, **Am Anfang war Erziehung** Suhrkamp/
      Verlag, Frankfurt am Main, 1980.

69   **Abschied** 552.

70   Ch. Gestrich,"Die unbewältigte natürliche Theologie", **ZThK** 68(1971) 102.

gen wurde, daran besteht heute nirgends ein Zweifel, selbst dort nicht, wo
dem Problem unterschiedliche Akzente gesetzt werden. Es wäre kurzschlüs-
sig und zudem uninteressant, wollte man hier einfach, wie oben vorgeschla-
gen, den Namen Schleiermachers für "natürliche Theologie" setzen. Nein,
was uns hier wirklich interessiert, ist die Frage, inwiefern Barth recht haben
sollte mit seiner Beurteilung der Lage, dass Gogarten, Brunner und Bultmann wieder zu den "mit Ernst *verlassenen* Fleischtöpfen des Landes Ägypten"[71] zurückgekehrt seien, inwiefern das Missverständnis[72] der Gründung
und des Bestandes von "Zwischen den Zeiten" ganz einfach darin bestand,
dass für die anderen der Gegner eben nicht "Schleiermacher" hiess, was er ja
für Barth und Thurneysen zweifelsohne war und blieb. Es könnte ja durchaus
sein, dass das, worin man sich "leidlich einig" zu sein glaubte, nämlich,

"im Gegensatz zu der positiv-liberalen oder liberal-positiven
Theologie des Neuprotestantismus des Jahrhundertanfangs
mit dem Menschgott, den wir als deren Heiligtum erkannt zu
haben meinten, eine Theologie des Wortes Gottes ... wie wir
sie bei den Reformatoren vorbildlich gepflegt fanden"[73],

zu betreiben, dass das eben keineswegs von allen Beteiligten mit einer
Bekämpfung oder gar Überwindung Schleiermachers in Verbindung
gebracht worden war. Es könnte ja sein, dass Barth und Thurneysen die einzigen in der Dialektiker-Gruppe waren, die von Anfang an ihre Arbeit in
unwiderruflicher Abwendung von Schleiermacher taten und das dadurch
dokumentierten, dass sie Schleiermacher nie aus den Augen liessen, so wie
man ja einer Kollision mit einem Eisberg nur dadurch auszuweichen vermag,
dass man sich über dessen relativer Position beständig im Klaren ist. Die
Antwort auf die obige Frage kann hier nur skizziert werden, obwohl sie
Material bietet für eine eingehendere Studie. Dennoch soll diese Skizze ein
Bild der Situation entwerfen, wie es sich möglicherweise aus der Perspektive
Barths geboten haben mochte.

---

[71]   **Abschied** 538.

[72]   AaO. 541.

[73]   AaO. 536.

4.2.2.1   Friedrich Gogarten

Nicht Schleiermacher, sondern Troeltsch hatte Gogarten seine Aufmerksamkeit zugewandt. Dessen Historismus galt sein Zorn und seine Verachtung. Es war Troeltsch, dem er (1920) entgegenschleuderte "Heute sehen wir Eure Welt zu Grunde gehen."[74] "Ihr dürft nicht von uns verlangen, dass wir uns gegen diesen Untergang stemmen. Denn ihr habt ihn uns verstehen gelehrt. Nun sind wir des Untergangs froh, denn man lebt nicht gerne unter Leichen."[75] Es war Troeltschs "Region des romantischen Dunstes"[76], die Gogarten verlassen will, "bei der es nicht zu verwundern ist, dass es in ihr nur die asthmatischen Gedanken der Kulturbegeisterten und Kulturerneuerer ... gibt"[77]. Schleiermacher war ursprünglich für Gogarten offenbar kein Thema, falls er ihn überhaupt - bei Gogartens notorischer Verachtung des Zitierens schwerlich feststellbar! - ernsthaft gelesen hat. Der nachweisbare (spärliche) Bezug auf Schleiermacher beginnt u.W. erst 1928. Auf eine Formel gebracht lautet jetzt der Einwand Gogartens gegen Schleiermacher: er ist der Mitbegründer des religiösen Subjektivismus.[78] Es ist die schwere Schuld der Christen, "dass wir den Glauben nicht rein gehalten haben, von jenem ichhaften Denken"[79] und Schleiermacher ist nicht schuldlos an dieser "Subjektivierung oder Privatisierung des Glaubens"[80]. Ist es doch Schleiermacher, der (mit Humboldt) sagt: "'Auf das Grosse und Ganze der Menschheit kann man nur wirken, indem man auf sich und nur sich wirkt'; denn die 'Bereicherung des eigenen Ich' ist die Bereicherung der Menschheit'"[81]. Zwar

---

[74]   F.Gogarten, "Zwischen den Zeiten", **ChW** 34(1920), zitiert nach J.Moltmann, **Anfänge II** 96.

[75]   AaO. 97.

[76]   F.Gogarten, "Kultur und Religion", **ZZ** 2(1924) 54.

[77]   Ebd.

[78]   Es ist denkbar, dass Gogartens Beschäftigung mit Schleiermacher durch die Studien seines Schülers W.Bartelheimer angeregt wurde.

[79]   F.Gogarten, **Die Schuld der Kirche gegen die Welt** (1928) 26.

[80]   AaO. 20.

rühme Schleiermacher den Staat als "'das schönste Kunstwerk des Menschen, wodurch er auf die höchste Stufe sein Wesen stellen soll'"[82], aber das ist - so Gogarten - reine Konstruktion, denn in Wahrheit sind Schleiermacher und seine geistigen Zeitgenossen "äusserst unpolitische Privatleute"[83] gewesen. Und doch hat Schleiermacher etwas richtiges erkannt: "das Bewusstsein des eigenen innersten, persönlichsten Lebendigseins, das Wissen um die Geschichtlichkeit des Menschen"[84]. Dies Erkennen des neuzeitlichen Neuansatzes erhebt darum Schleiermachers Theologie zu epochaler Bedeutung, "weil bei ihm diese anthropologische Orientierung der gesamten Theologie zum erstenmal und in einer grossen Art durchgeführt worden ist" (504). Darum genügt es nicht, sich von Schleiermacher abzuwenden, in der Meinung, man könne so die Theologie von dieser Anthropologisierung, oder Subjektivierung befreien. Schleiermacher hat "immerhin die zentrale Aufgabe angefasst, ... diè der modernen Theologie aufgegeben ist" (505). Zwar will Gogarten "Schleiermacher auf seinem Wege nicht einen einzigen Schritt folgen" (505), aber ohne die Anthropologie in den Mittelpunkt zu stellen, ist man heute nicht in der Lage, "der Gefahr der Metaphysizierung oder der Moralisierung des Evangeliums auszuweichen" (505). Auch ein "Wechsel der theologischen Methode"[85] kann dem bedrohlichen Subjektivismus nicht wehren. "Es genügt nicht, sich - und sei es mit der grössten Energie - methodisch vom Subjekt zum Objekt zu wenden"(Ebd.). Nicht der Ausgangspunkt des Denkens, das religiöse Selbstbewusstsein, sondern die Beschaffenheit des Selbstbewusstseins, ist das bei Schleiermacher Abzulehnende. Entscheidend ist, ob sich das Subjekt "aus seiner Situation als Geschöpf von dem Platz aus denkt, an den ihn die Schöpfung und ihre Ordnung gestellt hat, und an dem mit seinen Gedanken zu sein und zu bleiben, ihm damit aufgegeben ist"(Ebd.), oder ob es sich frei schwebend über alles erhebt und " 'Ausflüge' in das Unendliche macht" (Ebd.).

---

[81]   AaO. 19.

[82]   AaO. 21.

[83]   AaO. 22.

[84]   F.Gogarten, "Das Problem einer theologischen Anthropologie", ZZ 7(1929) 504. Weitere Zitate im Text.

[85]   F.Gogarten, "Geleitwort", in W.Bartelheimer, **Schleiermacher und die gegenwärtige Schleiermacherkritik,** (1931). Zit. im Text.

Mit diesem letzten Gedanken ist einer von Gogartens Zentraleinwänden gegen den Subjektivismus zur Sprache gebracht: die Ächtung der Autorität durch den Menschen der Neuzeit.[86] Der Mensch als "Privatmann"[87] tritt bei dem geistigen Marsch, auf dem sich die Menschheit befindet, sozusagen aus der Reihe; ... man tritt heraus aus Reih und Glied und macht sich, indem man die Reihen an sich vorbeimarschieren lässt, über den Marsch seine Gedanken" (8). Dass Gogarten hierbei durchaus konkrete Gedanken hat, wird im folgenden deutlich: "Dass aber z.B. der Nationalsozialismus wirklich nicht eine Partei, sondern eine sogenannte Bewegung ist, das verdankt er der Tatsache, dass seine Führer in Reih und Glied marschierend denken Sie denken nicht privat, sondern sie denken durchaus eingeordnet in das Reich, dessen Fürsten diese Selbstverständlichkeiten sind." (9) Was Gogarten an Schleiermacher ablehnt ist also gar nicht der Subjektivismus, sondern der Individualismus. So kann er sogar sagen, dass seine Abwendung von Schleiermacher nicht darin besteht, "dass man das Recht bestreitet, den glaubenden Menschen und damit den Menschen überhaupt zum Gegenstand der Theologie zu machen"[88]. Das haben schliesslich Luther und Kierkegaard - in deren Namen diese Abwendung ja erfolgt - ebenfalls getan. Nur ist ihnen eben "der Mensch Gegenstand theologischen und nicht religionsphilosophischen Denkens" (Ebd.). Wo immer in der Theologie eine mediierende Kontinuität zwischen Gott und Mensch angenommen wird, - sei es im lumen naturale, im religiösen Gefühl, oder im religiösen Apriori - da besteht allerdings die Gefahr, dass die Theologie ihren "eigentlichen Gegenstand" verdeckt, "nämlich den verlorenen sündigen Menschen und die grundlose Gnade Gottes"(Ebd.). Darum gilt es umso mehr, auf die "Autonomie des religiösen Gemütes, die angeblich ein Erbe der Reformation ist"(311), zu verzichten, und jede weltanschauliche Sicherung des Glaubens daraufhin zu untersuchen, ob sie sich nicht die Weise sei, wie heute die verlorene Welt sich an sich selbst festzuhalten versucht"(Ebd.).

Damit scheint nun aber ziemlich klar zu sein, worauf Gogarten hinaus will: Schleiermachers individualistischen Subjektivismus durch einen kollektiven Subjektivismus zu ersetzen. Wir wollen aber noch einmal betonen, dass

---

[86]   Vgl. dazu F.Gogarten, **Wider die Ächtung der Autorität** (1930).

[87]   F.Gogarten, **Die Selbstverständlichkeiten unserer Zeit** (1932) 8. Zit. im Text.

[88]   F.Gogarten, "Die Problemlage der theologischen Wissenschaft", **ZZ** 10(1932) 310. Zit. im Text.

Gogartens Auseinandersetzung mit Schleiermacher - wie oben erwähnt - nicht genuin ist, nur am Rande geschieht und, in ihrer systematischen Unreflektiertheit, vermutlich nur Echo ist auf Barths Vorwurf des "Schleiermacherianismus". Schleiermacher wird also keineswegs ersetzt, sondern ausgebessert.

4.2.2.2   Rudolf Bultmann

Bultmann trat im Jahre 1924 in die Reihen der "dialektischen Theologie". In dieser neuen theologischen Bewegung schien ihm im Unterschied zur "liberalen Theologie", von der er herkam, "richtig erkannt, dass der christliche Glaube kein Phänomen der Religionsgeschichte ist, dass er nicht auf einem 'religiösen a priori' (Troeltsch) beruht, und dass daher die Theologie den christlichen Glauben nicht als ein Phänomen der religiösen oder kulturellen Geschichte zu betrachten hat"[89]. Glaube ist die Antwort auf das Wort des "transzendenten Gottes" (ebd.), und mit diesem Wort hat die Theologie sich zu befassen. Allerdings ist mit diesem Urteil keine "leichtfertige Verurteilung der 'liberalen Theologie'"(ebd.) verbunden. Im Gegenteil: durch seine Arbeit, wie sie in der "liberalen Theologie" praktiziert wurde, versucht er die Tradition der historisch-kritischen Forschung weiterzuführen und sie für die "gegenwärtigen theologischen Kenntnisse möglichst fruchtbar zu machen"(ebd.). Diese Stellungnahme ist auch eine treffende Charakterisierung der Position Bultmanns zu Schleiermacher. In seiner Rezension der 2. Auflage des Barthschen Römerbriefes[90], stellt Bultmann diesen in eine Reihe mit Schleiermachers "Reden" und Ottos "Das Heilige". In all diesen Werken ist nämlich der Versuch unternommen, "*die Selbständigkeit und Absolutheit der Religion* zu erweisen"(119). So wie Schleiermacher gegen die Aufklärung kämpfte, so kämpft Barth gegen die "*psychologisierende,* historisierende Auffassung der Religion"(119). Dass Barth auch gegen Schleiermacher zu Felde gezogen ist, scheint Bultmann noch nicht zu beunruhigen. Erst einige Monate später bringt er diese Unstimmigkeit in einem Brief an Barth zum Ausdruck:

---

[89]   **BwBu.**320.

[90]   R.Bultmann, "Karl Barths 'Römerbrief' in zweiter Auflage", in: J. Moltmann, **Anfänge I** 119-142. Zit. im Text.

"Meinerseits möchte ich nur noch die Frage aufwerfen, ob die Polemik Ihrer Gruppe gegen Schleiermacher etwa daher kommt, dass Sie alle die 'Reden' in der Ausgabe Ottos mit ihren m.E. gänzlich irreführenden Anmerkungen gelesen haben? Denn ich meinerseits rechne Schleiermacher in die Ahnenreihe Jeremia-Kierkegaard. Ja wirklich. Und das Merkmal, dessen Abwesenheit Sie konstatieren: der Angriff auf die *Christenheit*, dürfte doch in den 'Reden' deutlich genug vorliegen."[91]

Diese deutliche Fürsprache hindert Bultmann selbst jedoch nicht, Schleiermacher in wichtigen Sachfragen entschiedene Abfuhr zu erteilen. Darin z.B., dass sich die Theologie seit Schleiermacher von der orthodoxen Anschauung, der Glaube komme nach der Theologie, absetzt, ist sie wohl eine neue Wissenschaft *vom* Glauben als der fides qua creditur, hat aber "damit die fides quae creditur verloren".[92] Damit ist sie in die Kulturwissenschaft eingereiht (Troeltsch) und hat ihre Allgemeingültigkeit erworben durch den Preis, dass sie niemanden mehr etwas angeht. Den Glaubenden aber interessiert vor allem die Frage "Was der richtige Glaube ist"(Ebd.), und nicht, was richtig Glauben ist. Die neue Theologie hingegen versteht Glauben als menschliche Haltung, arbeitet mit einem rein formalen Glaubensbegriff, "in dem das Christentum und alle Religionen übereinstimmen"(88), um dann zu erweisen, "warum der christliche Glaube über alle Glaubensarten überlegen ist"(Ebd.).

"Über die Fatalität, dass damit 'Religion' und Christentum sich schliesslich als Funktionen des menschlichen Geistes, als Kulturphänomene herausstellen, hilft die idealistische oder romantische Ueberzeugung von der Immanenz der Gottheit im Geist oder im Kulturleben."(Ebd.).

Für eine solche Apologetik muss sich der Glaube aber bedanken. Das Komische dieser "Münchhauseniade" zeigt sich besonders an der Wahrheitsfrage. Wer sollte denn entscheiden, ob der Glaube recht hat oder nicht? Der wahre

---

91   R. Bultmann, **BwBu** 12.

92   R.Bultmann, "Zur Frage der Christologie", **ZZ** 5(1927), zitiert hier nach R.Bultmann, **Glaube und Verstehen,** hier auf Seite 87. Weitere Zitate daraus mit Seitenangaben im Text.

Glaube ist nicht menschliche Haltung, geistliche Funktion, frommer Gemütszustand, numinoses Gefühl. "Er ist *Glaube* nur als Glaube *an*, nämlich an
seinen Gegenstand, an Gott in der Offenbarung."(89) In der neuen Theologie
aber, wird die Offenbarung "zu einem Erlebnis, einem Vorgang im frommen
Subjekt ..., bei dem aber nichts mehr offenbart wird"(89). Noch in einem
weiteren Punkte ist die Theologie nach Schleiermacher auf dem falschen
Weg: sie lässt sich ihren Gegenstand von der Wissenschaft bestimmen, statt
sich als Wissenschaft von ihrem Gegenstand bestimmen zu lassen.

> "Denn der Glaube kann sich nicht darauf einlassen, dass ihm
> (wie die Theologie seit Schleiermacher mehr oder weniger
> deutlich will) von einer 'Wissenschaftslehre' oder einem
> System der Vernunft vorgeschrieben wird, was für ein
> Gegenstandsgebiet er hat."(90) Ist aber der Gegenstand der
> Theologie Gott, so steht er nicht zur Verfügung"(Ebd.).

Als Bewegung des Glaubens steht die Theologie darum beständig in Versuchung, die eigentliche Zugangsmöglichkeit zu ihrem Gegenstand zu vergessen. Dann aber wird sie dogmatistisch oder historisch: die "dialektische
Theologie" will vor dieser Gefahr durch beständige Erinnerung bewahren,
"obwohl sie natürlich keine Garantien bieten kann"(91). Zugang zu ihrem
Gegenstand, d.h. zur Offenbarung, hat die Theologie jedoch nur "durch das
Zeugnis der Schrift"[93]:

> "Und deshalb ist die Theologie insofern allerdings immer
> Exegese, als sie den Zugang zur Offenbarung nur durch das
> Zeugnis der Schrift hat und in der Exegese zu erfassen sucht,
> was die als Zeugnis verstandene Schrift sagt. Ihrer Form
> nach ist also Theologie immer Exegese der Schrift. Ihrem
> Inhalt nach ist sie Reden von der Offenbarung. Da diese aber
> das ewige Geschehen ist, unter dem als dem Gericht oder der
> Vergebung der wirkliche Mensch steht, ist der Gegenstand
> der Theologie nichts anderes als die begriffliche Darstellung
> der Existenz des Menschen als durch Gott bestimmter, d.h.
> wie er sie im Lichte der Schrift sehen muss."[94]

---

[93]   R.Bultmann, "Die Frage der 'dialektischen Theologie' " **ZZ** 4(1926)59.

[94]   Ebd.

Was wir bei Gogarten sahen, trifft auch für Bultmann zu: Schleiermacher wird nicht thematisiert.[95] Neben einer grundsätzlichen Übereinstimmung steht Ablehnung in einigen - als Fehlentwicklung interpretierten -
Sachfragen. Ob und inwiefern es überhaupt möglich ist, Schleiermacher im
Wesentlichen treu zu bleiben und zugleich in entscheidenden Einzelheiten zu
überholen, bleibt undiskutiert. War Gogarten in der Konsequenz bei einem
kollektivistischen "Selbstbewusstsein" gelandet, so Bultmann schliesslich bei
einem "existenzialistischen". Und so wie Gogarten setzt auch Bultmanns
Theologie schlussendlich "multis verbis factis" beim Menschen ein; wohl
beim Menschen, wie er durch Gott bestimmt wird, aber eben - beim Menschen.

4.2.2.3   Emil Brunner

Brunner gehörte zum Kreise derer, denen Barth "zuerst den Star gestochen
hat"[96]. Er schrieb auch die erste Rezension zu Barths erstem Römerbrief,[97]
in der er den Dualismus, mit dem Barth "an der Seite des Paulus, unserem
heutigen Entwicklungsmonismus entgegentritt"(81), freudig begrüsst. Dieser
Dualismus des Sündenfalls ist der "prinzipielle Bruch mit dem optimisti-
schen Entwicklungsgedanken, der fast unbestritten unser religiöses, sittliches
und wissenschaftliches Denken beherrscht"(81). Gerade das ist der "Realismus der Bibel"(82), dass sie die Jenseitigkeit Gottes betont. Darin ist "Paulus
(wie überhaupt die Bibel) 'Metaphysik' "(84), da sie "von dem handelt, was
'jenseits' der Erfahrung, jenseits von allen psychischen Erlebnissen
ist"(Ebd.). Zwar beruft sich Barth (unausgesprochen) auf "jenes göttliche
Reservat in uns" (Ebd. sic!), dennoch ist die Jenseitigkeit dem "psychischen
Erleben" gegenüberzustellen. Modernes Denken stellt auf die Erfahrung, das
"persönliche Erleben" ab.

---

[95]   Auch die etwas ausführlicheren Überlegungen in Bultmanns "Theologischer
       Enzyklopädie" sind nicht als gründliche Auseinandersetzung mit Schleierma-
       cher anzusehen.

[96]   E.Brunner, **Natur und Gnade** 5.

[97]   E.Brunner, "Der Römerbrief von Karl Barth", **KBRS** 34(1919) 29-32.

> "Der Schutzheilige der modernen Theologie und Repräsen-
> tant der modernen Frömmigkeit ist Schleiermacher, der den
> Inhalt den Glaubens aus dem Erlebnis des Gläubigen rekon-
> struieren wollte."(Ebd.) "Ich rechne es zu den höchsten Ver-
> diensten Barths, dass er es gewagt hat dieses zeitlose, über-
> psychologische, 'schlechthinige' Wesen des Glaubens
> wieder ins Licht zu rücken, und dass er allen Versuchungen
> zum Psychologismus, die ja für jeden modernen Menschen
> so gross sind, mannhaft widerstand."(85)

Somit ist der Zentralgedanke der Bibel zum alles beherrschenden Mittelpunkt gemacht: "Die Erkenntnis der überweltlichen Reichsgottesbewegung"(87). In seiner 1914 erschienenen Doktorarbeit[98] *Das Symbolische in
der religiösen Erkenntnis* hatte Brunner selbst schon eine intellektuelle
Abkehr von Schleiermacher vollzogen. Durch eine selbständige Theorie des
Erkennens versucht Brunner darin eine "Synthese von Kant und Schleiermacher"(6). Schleiermacher nämlich hat die Aufgabe der Beurteilung (Wahr-
heitskriterien) von religiösen Seinsaussagen vernachlässigt. Aber es kann
nun einmal nicht alles, "was das religiöse Bewusstsein an Seinsaussagen her-
vorbringt, gültig, d.h. wahr sein (5). Darum gilt es - Kants Vernunftbegrün-
dung mitbedacht - "innerhalb des religiösen Bewusstseins selbst Bestandteile
zu finden, die in ähnlicher Weise 'evident', d.h. unmittelbar, unableitbar gültig sind, wie die Sätze der Logik und Ethik"(6). Leider können wir hier die
interessante Frage, ob Brunner in seiner Suche erfolgreich war, nicht verfolgen. Wichtig scheint nur, dass er bei aller Kritik an Schleiermacher doch an
dessen Grundthese festhalten will, die als "sichtbare Basis alles weiteren"(3)
dienen soll, nämlich an der "Eigentümlichkeit und Selbständigkeit des religiösen Bewusstseins gegenüber dem Sittlichen."(Ebd.)

Wieweit Brunner - im Blick auf Schleiermacher - eine von Barth unab-
hängige Haltung einnahm, lässt sich nur schwerlich ermitteln. Jedenfalls
bedeutete ihm auch Barths erster Römerbrief nur "in erster Linie eine kraftvolle Bestätigung meiner eigenen Gedankengänge"[99]. In der Tat scheint er
Barth in den folgenden Jahren immer ein Stück voraus zu sein: er verfasst

---

[98]   Diese Ragaz gewidmete Arbeit möchte die "schädliche Wirkung des intelektua-
       listischen Schematismus aufgehoben" sehen durch den "Nachweis tieferliegen-
       der Erkenntnisquellen" (AaO.V.).

[99]   E.Brunner, "Autobiographische Skizze", **Ref.** 12(1963) 636.

die erste handfeste Schleiermacherkritik (*Die Mystik und das Wort*, 1924, die erste "dialektische" Christologie (*Der Mittler*, 1927) und Anthropologie (*Der Mensch im Widerspruch*, 1937). Man hat durchaus den Eindruck, Brunner begreife rascher und sei darum immer viel schneller bei einem Begriff. Brunner denkt in Systemen und Kategorien, Barth in Bildern und vor allem - in die Tiefe und in die Weite!

Immerhin nimmt Brunner bereits Anfang 1921 mit seiner Habilitationsschrift *Erlebnis, Erkenntnis und Glaube*[100] den Kampf gegen den Subjektivismus auf. Er versteht sie als "Abrechnung" mit der modernen Theologie; diese Abrechnung liesse sich auch als eine "kritische Auseinandersetzung mit ... *Schleiermacher* und *Ritschl* gestalten, wenn nicht die Gefahr bestünde, dass dadurch der ganze prinzipielle Sinn unserer Kritik ... verdunkelt würde"(4). Brunner möchte also das Übel mit der Wurzel ausreissen, möchte der Verderbnis der Religion insgesamt wehren, und zwar "der modernen Frömmigkeit selbst, und das ist der religiöse Subjektivismus, die psychologisch-romantische Umdeutung des Glaubens, die Vermenschlichung der Gottesgewissheit"(2). Der recht verstandene Glaube ist weder Erlebnis, noch Erkenntnis, er transzendiert "ebensosehr die mystische Immanenz wie die gnostische Transzendenz"(123).

"Er greift hinaus über die Verdinglichung des Göttlichen im Subjektiven wie im Objektiven, im romantischen Psychologismus wie im intellektualistischen Rationalismus."(Ebd.)
"Aber in seinem Ausdruck ist er an das Gegebene gebunden", und redet "sowohl die Sprache des Erlebens, als auch die des Erkennens"(ebd.).

Diese Bindung an das "Gegebene" wird noch deutlicher im folgenden:

"Wenn es wahr ist, dass auch Natur und Entwicklung, auch Kultur und Geschichte von Gott Zeugnis ablegen - und wer wollte das leugnen -, dann ist es eben *Gott*, von dem sie Zeugnis ablegen, der Gott, dem allein die Ehre gebührt."(125)

---

[100] Seitenangaben im Text.

Was Brunner hier sagt, wird er zehn Jahre später noch einmal, noch
deutlicher sagen. Ob er wohl gemerkt hat, dass er damit ganz im Denken
Schleiermachers (so wie ihn später auch H. Stephan verstand) verhaftet war?
Er *meinte* es jedenfalls ganz anders. Und Schleiermacher war ihm auf Jahre
hinaus *der Gegner* in seiner theologische Arbeit. Wie kein anderer der "Dialektiker" wütete er in der Öffentlichkeit gegen ihn.[101] Noch 1928 muss er
bekennen: "Der Sauerteig Schleiermachers ... ist ... nicht so bald ausge-
fegt."[102] Die Spitze seiner Polemik darf man wohl vereinfachend "Schleiermacherei" nennen. In immer neuen Angriffswellen geht Brunner gegen die
durch Schleiermacher seiner Meinung nach ausgelöste Begriffsverwüstung
vor, die durch Umdeutung, Ersetzung und Aushöhlung das Evangelium ent-
leert hat, indem es an seine Stelle die Religion gesetzt hat. Die so verstandene Religion ist für Brunner aber Mystik, "die feinste, sublimste Form der
Kreaturvergötterung"(2). "Die furchtbarste Verheerung, die die Mystik
anrichtet, ist die, dass sie das Verständnis des Wortes zerstört, dass sie die
aus dem Gefühlsrausch geborene 'musikalische' Offenbarung an die Stelle
der klaren, hellen Offenbarung Gottes im Wort setzt"(6).

Nach Brunner läuft das Programm Schleiermachers auf einen "kolossa-
len Selbstbetrug" hinaus, "indem dabei dem evangelischen Glauben eine
Gesamtlebensauffassung untergeschoben wird, die zu ihm im schroffsten
Widerspruch steht"(11). Eine Zuspitzung erfährt diese Behauptung noch in
Brunners Christologie, die in bewusster Absetzung von Schleiermacher "*Der
Mittler*" heisst:

> "Aber die moderne Theologie hat, sofern sie nicht als 'libe-
> rale Theologie' offen ihren Gegensatz zum christliche Glau-
> ben bekannte, ihn zu verschleiern gesucht, indem sie vorgab,
> bloss gewisse *Formulierungen* des alten Dogmas zu beseiti-

---

[101] Neben seinen Schleiermacherbüchern { **MyW**[1], **MyW**[2] } und seiner oben
erwähnten Christologie legen auch die Schriften anderer Schleiermacherkritiker
oder -freunde davon Zeugnis ab, dass Brunner den Kampf anführte. So z.B. H.
Stephan, "Der neue Kampf um Schleiermacher", **ZThK** 6(1925) 159-215, der
nur Brunners **MyW**[1] behandelt, und so auch W. Bartelheimer, **Schleiermacher
und die gegenwärtige Schleiermacherkritik** (1931), der von den "Dialekti-
kern" nur Brunner ausführlich behandelt und Barths Kritik als bei Brunner
"darin bereits enthalten"(AaO. 8) eben nur streift.

[102] **MyW**[2] III. Im folgenden zitiert im Text.

gen, aber den Kern des christlichen Gedankens unangetastet
zu lassen." ...
"Der erfolgreichste unter diesen Umdeutern christlicher
Gedanken ist natürlich auch diesmal wieder *Schleiermacher*,
wenn auch gar nicht in Abrede gestellt werden soll, dass er
wohl im tiefsten Herzensgrunde in seiner Glaubenslehre
wirklich die Absicht verfolgte, von der Allgemeinreligion
seiner romantischen Zeit zum christlichen Glauben zurück-
zubiegen."(66)

Vermutlich hat Brunner die Kunst des "theologische{n} Paganini"[103]
Schleiermacher nicht sehr hoch eingeschätzt. Vermutlich hat er seine eigene
Warnung vor dem "Sauerteig Schleiermachers" nicht ganz ernstgenommen,
denn im gleichen Atemzug behauptet er, dass jetzt der Zeitpunkt gekommen
sei, das Signal zum Abbruch des Kampfes gegen Schleiermacher zu geben:

"Die theologische Arbeit von heute will sich - abgesehen
von einigen Unbelehrbaren - nicht mehr an Schleiermacher,
sondern an den Reformatoren orientieren. Der Gegensatz
zwischen reformatorischer und mystischer Frömmigkeit ist
anerkannt; was wollen wir mehr?"(III)

Zwar gibt Brunner zu, dass die deutsche Theologie der Gegenwart "vorsich-
tiger und raffinierter"(ebd.) zu Werke geht, sich gegen den Angriff vom
Evangelium zu verteidigen und zu befestigen. Im Prinzip aber erscheint
Schleiermacher als ein überwundenes Übel, eine überstandene Krankheit.[104]

Umso mehr verwundert es, den genesenen Brunner alsbald allerlei gar
nicht unschleiermacherische Töne anschlagen zu hören:[105]

---

[103] E, Brunner, **Ein Offenes Wort I** 89.

[104] Tatsache ist, dass in allen späteren Werken Brunners von der Person und Theologie Schleiermachers nur am Rande die Rede ist.

[105] E. Brunner, "Die andere Aufgabe der Theologie", **ZZ** 7(1929), zitiert nach E.
Brunner, **Ein Offenes Wort I** 171-193, mit Seitenangaben im Text.

"Das Evangelium wendet sich nicht an einen Menschen, der
von Gott überhaupt nichts weiss und hat."(178)
"Die Existenz wäre nicht Frage, wenn wir nicht *Anteil* hätten
an der Gotteswahrheit. Nur weil wir in Gott sind und um
Gott wissen, können wir nach ihm fragen. ... Das ist die imago dei, die durch keine Sünde einfach ausgetilgt ist."(180)
"Alles Menschliche ... beruht auf dieser Erinnerung {an den
göttlichen Ursprung}, diesem A-priori-Wissen."(181)

Es waren Sätze wie diese (Von *Natur und Gnade* ganz zu schweigen!),
die Brunners Theologie den "Deutschen Christen" schmackhaft machten und
Wasser auf ihre Mühlen gossen.[106] Dass das nicht die Absicht Brunners
war, braucht nicht betont zu werden, aber es scheint uns heute, dass er im
blinden Eifer für eine allerdings diskutable Sache, die "Zeichen der Zeit"
übersehen hat.

---

[106] Vgl. dazu K. Leese, **Natürliche Religion und christlicher Glaube** (1936). In
Leeses Buch geht es um "nichts Geringeres (das ist das Zentrale Anliegen des
Buches), als der sog. 'heidnischen' Naturmystik das volle Recht, auch das gute
Gewissen innerhalb der christlichen Glaubenshaltung gegenüber jahrhundertelangen Versäumnissen der Kirche und ihrer Theologen zu erkämpfen und zu
wahren. Leib und Geschlecht, Blut und Rasse, Trieb und Drang, Boden und
Heimat, Seele und Volk, kurz alle *vitalen* Mächte und Werte haben unter den
erörterten Bedingungen ihren Ort und Stand auch in der christlichen Glaubenshaltung. ... Sie gewinnen für die christliche Glaubenshaltung keinerlei Aus-
schliesslichkeit, aber sie gewinnen neuen Offenbarungswert und neue Offenba-
rungswürde. Karl Barth würde dieser Forderung gegenüber die Diagnose auf
'Baalskult' stellen und dass man auf beiden Seiten hinke."(58)
"In Brunners Gespräch mit Barth findet sich der erstaunliche Satz: 'Die Analo-
gia entis ist nichts spezifisch Katholisches, sondern die Basis jeder Theologie,
der christlichen so gut wie der heidnischen'. In der Tat: Der Gedanke, dass das
Sein Gottes und das Sein der Kreatur in Analogie zueinanderstehen, gehört zum
Wesen der Frömmigkeit als solcher. Es gäbe andernfalls überhaupt keine
Kommunikation zwischen Gott und Welt, zwischen Gott und Mensch."(73)
Die traditionelle Fassung der "natürlichen Religion bzw. Theologie" ist "im
Sinne Barths und in Luthers Sprechweise ein Bastard der 'Hure Vernunft'.
Brunner versucht diesem Bastard den Adel der Legitimität zurückzugewin-
nen."(9f.)

Verglichen mit Gogarten und Bultmann ist Brunners Ablehnung der "Schleiermacherei" radikal und kompromisslos. Sie ist zudem fundiert in gezieltem Studium der Theologie und Philosophie Schleiermachers. Es steht zu vermuten, dass die Tendenz Brunners "alles auf den Begriff zu bringen", ihn dazu verführte, Schleiermachers Bedeutung lediglich in der "Mystik" anzusiedeln und im Gefühl, so dass er zu schnell mit Schleiermacher fertig war. Andererseits aber war seine ganze christliche Haltung und sein Verständnis des Glaubens dem schleiermacherschen so diametral entgegengesetzt, dass er sich möglicherweise des "Schleiermacherns" für unfähig hielt. Vielleicht aber fehlte ihm einfach das Mitempfinden für die Wahrheitsmomente der Theologie Schleiermachers, deren Anerkennung jedenfalls eine Überwindung Schleiermachers überhaupt erst hätte möglich machen können.

Wir sprachen von Gogartens "kollektivistischem Selbstbewusstsein", von Bultmanns "existenzialistischem Selbstbewusstsein" und sind nun versucht, Brunners theologischen Ausgangspunkt im "geschöpflichen Selbstbewusstsein" zu sehen. Alle drei reklamieren irgendwie ein Bewusstsein schlechthiniger Abhängigkeit, und entwickeln ihre Theologie aus der Voraussetzung eines - von Gott bzw. der Offenbarung - beeinflussten Selbstbewusstseins. Gemeinsam ist ihnen auch die Scheu vor einer Verfügbarkeit Gottes auf der einen und einer Gott-losigkeit auf der anderen Seite. Somit erweisen sie sich also - trotz aller Kautelen, Beteuerungen und Erklärungen - als originelle, aber getreue Schüler Schleiermachers.

4.2.2.4 "Abbruch und Aufbruch"

Barth hatte also recht gesehen: nur er selbst und Thurneysen hatten seinerzeit den Exodus aus der neuprotestantischen Theologie unter den Auspizien einer prinzipiellen und unwiderruflichen Abwendung von Schleiermacher vollzogen, die zudem als Anti-Anthropologisierung der Theologie verstanden worden war. Wenigstens für Gogarten und Bultmann war Schleiermacher weder Thema noch Gegner. Für Brunner aber war er ein zu leichter Gegner und insofern nicht *der* Gegner, der künftig die Marschroute immer würde mitbestimmen müssen.

Erst das Jahrzehnt nach dem gemeinsamen Aufbruch zeigte, wie es jeder dieser vier grossen Theologen gemeint hatte und meinen wollte. Die schon 1927 angekündigte "Explosion"[107] innerhalb der "Zwischen den Zeiten"-Gruppe war also Resultat eines natürlichen Reifungs- und Klärungsprozesses. Allerdings ist v.balthasar völlig recht zu geben, wenn er sagt, dass sich schon früh zeigte (nämlich 1924), "dass gerade Schleiermacher zum eigentlichen Spaltpilz der Dialektikergruppe werden sollte"[108]. Der Satz muss aber dahingehend ergänzt werden, dass Schleiermacher diese Funktion nur aus der Sicht und Perspektive Barths besass. Schleiermacher was *sein* Anliegen, und zahlreiche Belege, insbesondere in Barths Briefen, zeigen, wie sehr ihm Schleiermacher das Mass war, an dem jeder theologische Ansatz gemessen wurde.[109]

Obwohl Barth den Schleiermacherianismus seiner Dialektiker-Freunde oft genug beklagte, war "eben doch noch immer Friedenszeit"[110]. Erst als das "Feld der Theologie und Kirche aus einem blossen Manöverfeld zum

---

[107] **BwBu** 70 (28.4.1927).

[108] **v.Balthasar** 211.

[109] **BwBu** 100f. (5.2.1930): "Von mir aus gesehen bedeutet das ... so etwas wie eine grossartige Rückkehr zu den Fleischtöpfen Ägyptens. Ich meine damit: Sie sind, wenn mich nicht alles täuscht, Alle miteinander dabei, den Glauben aufs Neue - gewiss in einer sehr neuen und von der Theologie des 19. Jahrhunderts sehr verschiedenen Weise - als eine menschliche Möglichkeit ... verstehen zu wollen ... . Was diese zunächst formale grundsätzliche Rückkehr zu den alten Wegen, denen gerade abzusagen jedenfalls bei mir mit unter die dringendsten Anliegen gehört, für den sachlichen Gehalt der Theologie bedeutet, kann ich ja weithin noch nicht übersehen." AaO. 118 (27.5.1931): "Ich meine, dass Sie mit Ihrer Verhältnisbestimmung von Anthropologie und Theologie das 18. und 19. Jahrhundert so wenig los geworden sind, ... dass ich mich bei Ihnen schliesslich einfach in dasselbe Diensthaus Ägyptens zurückversetzt fühle, das wir nach meiner Auffassung mit der Absage an Schleiermacher und mit dem Anknüpfen an die Theologie der Reformatoren verlassen haben sollten." Vgl. auch **BwTh II** 426 und 700ff.

[110] **Abschied** 539.

[111] AaO. 540.

Kriegsschauplatz geworden war"[111], als eine "Zeit gänzlich undialektischer Theologie angebrochen"[112] war, kam es zum offenen Konflikt. Zum besseren Verständnis des Konfliktes wollen wir abschliessend Thurneysen das Wort erteilen, weil sich darin am besten das Selbstverständnis der beiden Freunde spiegelt:[113]

> "Ich muss erklären, dass ich mit diesem Aufsatz meine Mitarbeiterschaft an "Zwischen den Zeiten" niederlege."(544)

> "Ich fasse diesen Auszug als ein Zeichen auf, das zu errichten ich mich aufgerufen fühle."(Ebd.)

> "... war es nicht auch ganz einfach ein Auszug, ein Auszug aus Vaterland und Freundschaft und aus dem Hause unserer Väter, der uns vor 11 Jahren unsere als eine Art Notbau und Zufluchtshütte gedachte Zeitschrift errichten liess?"(Ebd.)

> "... es ist mir klar geworden, dass wir in 'Zwischen den Zeiten' wohl immer noch an diesem Aufbruch stehen möchten. Aber unsere Wege trennen sich mit grundsätzlicher Schärfe an der Frage, wo denn in der uns heute auferlegten Lage der Kirche dieser Aufbruch, diese Bewegung nach vorwärts sich weiter und weiter vollziehe, um was es dabei gehen muss, an welcher Stelle der ganze Einsatz zu leisten sei."(546)

> "Die Dinge so sehen, wie ich sie hier sehen muss, das heisst aufs Neue in der Lage eines Mannes sein, der Alarm schlagen muss. Denn es geht heute in neuer und verschärfter Weise gegen denselben Feind, den wir schon vor 11 Jahren bei der Gründung von "Zwischen den Zeiten" die Kirche umklammern und bedrohen sahen. Es geht mit letztem Ernst um die innere Freiheit der Kirche."(549f.)

> "Wir brechen ab, und wir brechen auf. Und wir vergessen nicht, dass es bei der ganzen Bewegung dieses Abbrechens und Aufbrechens, dieses Miteinander und Gegeneinander,

---

112 **BwBonh** 100 (20.11.1933). Brief Barths an Bonhoeffer in London.

113 **Abschied** 544-551 (Thurneysens Stellungnahme). Seitenangaben im Text.

um das Suchen des 'Landes' geht, 'das ich dir zeigen will'.
Das heisst, dass trotz aller Schwere alles nicht ohne Verheissung geschieht. Unser Zeichen, das Zeichen des Abschiedes,
das Karl Barth und ich hier errichten müssen, möchte jedenfalls nicht anders verstanden werden."(551)

4.2.3   Bekenntnis

Den Höhe- und Schlusspunkt des Barthschen Kampfes mit dem aus seiner
Sicht in der deutsch-christlichen natürlichen Theologie aktualisierten Schleiermacher bildet ohne Zweifel das Barmer Bekenntnis vom 31. Mai 1934. Da
in jüngster Zeit, aus gegebenem Anlass, eine Flut von Veröffentlichungen
sich mit "Barmen" beschäftigt hat, wollen wir uns hier auf ganz wenige
Bemerkungen beschränken.

Barth war "nie ein Freund der sogenannten 'Union' des 19. Jahrhunderts gewesen"[114], denn sie war "nicht aus dem gemeinsamen Bekenntnis,
sondern aus dem damals bei Lutheranern und Reformierten gemeinsam akut
gewordenen Mangel an Erkenntnis und Bekenntnis geboren"[115]. Ihre
Geschichte war ein "Stolperweg", und die "Deutschen Christen" waren für
ihn nur "der typische Irrtum des Endstadiums gerade jener 'Union' des 19.
Jahrhunderts"[116]. Aber, selbst wenn man "die Differenzen, die zwischen
Lutheranern und Reformierten stehen", wahrhaft ernstnimmt, ist nicht einzusehen, "inwiefern wir *heute* aufgerufen sein sollten, uns anders zu ihnen zu
bekennen, als eben im Einverständnis des Glaubens"[117]. "Es ist doch nicht
wahr, dass es uns heute geboten sei, Luther und Calvin gegeneinander auszuspielen"[118].

> "Wenn irgend einmal der Augenblick zur Union zwischen
> den guten Lutheranern und den guten Reformierten (ich
> weiss, wie spärlich beide heut gesät sind) nämlich zur Union
> in einem neuen Kampfbekenntnis gegen die neueste Gestalt
> des altbösen Feindes, gekommen sein sollte, dann heute."[119]

---

[114] **TEH** 7(1934) 6.

[115] Ebd. Vgl. dazu **ThSchl** 336f.

[116] Ebd.

[117] Ebd.

[118] AaO. 7.

[119] **Abschied** 542.

Dass es zu dieser "Bekenntnis-Union" tatsächlich kam, und dass sie die
Gestalt der "Barmer Theologischen Erklärung" annahm, ist weitgehend der
Initiative Barths zuzurechnen. Uns interessiert hier nur die erstaunliche Tat-
sache, dass Barth dieses Bekenntnis zu Jesus Christus als Protest gegen -
Schleiermacher!- ansah:

> "Man protestierte - das ist in Barmen von Hans Asmussen,
> der die Vorlage zu erläutern hatte, mit dürren Worten ausge-
> sprochen worden - 'gegen dieselbe Erscheinung, die seit
> mehr als 200 Jahren die Verwüstung der Kirche schon lang-
> sam vorbereitet hat'. Man protestierte zweifellos gegen
> Schleiermacher und Ritschl."[120]

Das Denkmal, das Barth sechs Jahre später in **KD II/1** dieser Barmer Erklärung errichtete,[121] ist getragen von tiefer Dankbarkeit und Genugtuung über
dieses "Wunder vor den Augen derer, die es aus der Nähe gesehen
haben"(198):

> "Die bekennende Kirche war sozusagen nur Zeuge einer
> Situation, in der es gleichzeitig zu einer merkwürdigen, so
> schon lange nicht mehr dagewesenen Offenbarung des
> Tieres aus dem Abgrund und zu einer neuen Bewährung der
> einen alten Offenbarung Gottes in Jesus Christus kam. Sie
> war nur Zeuge des Geschehens, ein oft unaufmerksamer und
> störender Zeuge sogar. Aber sie war Zeuge: sie durfte notie-
> ren, was bei diesem Anlass wieder einmal zu sehen war:
> dass der Satan vom Himmel gefallen ist wie ein Blitz, und
> dass der Herr mächtig ist über alle Götter."(198f.)

"Die Ablehnung der natürlichen Theologie war nur die selbstverständliche
Rückseite dieser Notiz."(199)

Wir wollen es bei diesen wenigen Sätzen Barths bewenden lassen.
Nach Barths Aussage war der Kampf gegen das "Goldene Kalb" mit einem

---

[120] **KD II/1** 197.

[121] **KD II/1** 194-200, in § 26: "Die Erkennbarkeit Gottes". Seitenangaben im Text.

Sieg Gottes gekrönt worden.[122] Dass er - nicht nur am Rande - immer auch ein Kampf mit dem immer noch höchst agilen und offenbar nicht unterzukriegenden Schleiermacher war, fügt zu dem rätselhaften Verhältnis Barths zu Schleiermacher etliche Fragezeichen, aber auch Ausrufezeichen hinzu!

---

[122] Barth legt Wert auf die Feststellung, dass es geradezu "primitiv" wäre, "wenn man den 'Calvinismus' oder gar die Tätigkeit dieses oder jenes Theologieprofessors als die in dieser Sache wirksame Macht der Errettung (bezw. der Verführung!) namhaft machen wollte"(198).

Kapitel 5

INS GELOBTE LAND

(1932 BIS 1947)

"Aber wir möchten alle nach positiven Ergebnissen und
Anweisungen Lüsternen warnen, sie möchten ... nicht
allzu eilfertig vorgehen, geschweige denn meinen, das
gelobte Land werde morgen oder gar heute schon
erreicht sein."

K. Barth, (1920)[1]

Es ist Barth von verschiedener Seite und aus verschiedenen Gründen streitig
gemacht worden, dass seine Theologie eine Überwindung Schleiermachers
bedeute.[2] In der Sprache der Exodus-Metapher hiesse das: Barth hat das
gelobte Land nie erreicht. Hierzu könnte man sich durchaus auf Barth selbst
berufen, der ja Theologie nie anders denn als *theologia viatorum* verstanden

---

[1] ThuK 24.

[2] Vgl. F. Traub, "Die neue Fassung der Barthschen Dogmatik", ZThK 14 (1933)
     222: "Indem auch Barth halb wider Willen es betont, bewegt er sich in den Bah-
     nen der von ihm abgelehnten Erlebnistheologie." S. auch H.U. v.Balthasar,
     Rechenschaft 1965 17: "... für Barth heisst das, dass er das Konsequent-
     Evangelische über Luther (und erst recht über Calvin) hinaus trotz allem in
     Schleiermacher gefunden hat: in der Öffnung des Universale Concretum Christus
     auf den gesamtweltlichen Logos ...".

[3] Vgl. dazu **KD II/1** 235.

wissen wollte.[3] Wenn wir dennoch behaupten, Barths Theologie habe Einzug gehalten in das "gelobte Land", so steht das in keinem Widerspruch zu seinem Selbstverständnis (natürlich nicht!), sondern hat zwei gewichtige Gründe: Erstens, Barths sich immer stärker ausprägende Art und Weise der "Landnahme" und zweitens, Barths eigenes Empfinden, nach einem längeren Anlauf, einer Wanderung "Zwischen den Zeiten", doch endlich dort angekommen zu sein, "worauf ich eigentlich hinaus wollte"[4].

Bevor wir uns diesen beiden Aspekten im Einzelnen zuwenden, noch ein Wort zur Standortbestimmung. Wer sagt eigentlich, wo das "gelobte Land" liegt? Wer will den wissen, ob dieses Land nicht auch die Heimat Schleiermachers ist? Woran sollte man messen, ob Barths Wanderung ihn nicht doch - wenn auch auf Umwegen - wieder zu seinem Ausgangspunkt zurückgeführt hat? Nach unseren bisherigen Untersuchungen meinen wir zu wissen, woraus Barth hinaus wollte: *auf eine Offenbarungstheologie auf der Grundlage der Freiheit Gottes.* Wie Barth das meinte, sagt er selbst:

> "... jede Theologie - gleichviel ob sie sich im übrigen als liberal oder als orthodox ausgebe und gebärde - ist in dem Masse *nicht* Offenbarungstheologie ..., als sie zuerst danach fragt, was in Gottes Freiheit möglich ist, um sich dann und daraufhin nach Gottes wirklicher Freiheit umzusehen."[5]

Die *wirkliche Freiheit Gottes* ist der Kanon der Kirchlichen Dogmatik. An ihr können wir messen, ob unsere Kapitelüberschrift zu Recht besteht. Es bleibt anderen Theologen unbenommen, den Kern der Dogmatik Barths in irgendwelchen anderen Elementen zu suchen und zu finden. Dass es unter solchen Umständen möglich sein wird, in Barth sogar einen heimlichen oder offenen Schleiermacher zu entdecken, sollte *dann* nicht überraschen.[6] Wir

---

4   "Noch war ich in allem, was ich in den zwanziger Jahren produziert habe, erst im Anlauf, in der Richtung auf das, worauf ich eigentlich hinaus wollte. Sie waren nicht mehr meine Lehrlings-, aber immerhin erst meine Gesellenjahre. ... Als eine Zeit "Zwischen den Zeiten" habe ich die zwanziger Jahre gesehen und erlebt." **Zwischenzeit.**

5   **KD I/2 4.**

6   Man verzeihe uns folgendes Bild zur Veranschaulichung: Keine Schildkröte kann sich dagegen wehren, aufgrund ihrer unbestreitbaren Ähnlichkeiten mit

meinen allerdings, dass mehr als einiges dafür spricht, dass Barth den im Zeichen der Befreiung Gottes aus der "theologischen Knechtschaft" vollzogenen Exodus nun um keinen Preis mit einer neuen "Gefangenschaft Gottes" krönen wollte.

5.1 Landnahme

Wir sahen oben bereits, dass die dogmatischen Anfänge Barths sich in gezielter Ablehnung und Überwindung Schleiermachers vollzogen. Die Lehre vom Worte Gottes, im Gewande einer trinitarischen Christologie, war von Anbeginn der Stoff, mit dem der gefährliche Riss im Staudamm der neuprotestantisch gewordenen Theologie und Kirche sollte verschlossen werden. Rückblickend bezeichnete Barth diese anfänglichen Reparaturarbeiten dennoch als zeitweiligen "Irrweg"[7], deren Ergebnisse "mindestens in ihrer Form eine gefährliche Verdunkelung"[8] darstellten. Worum ging es?

Ganz offensichtlich hatte Barth in seinen "Prolegomena" von 1924 und 1927, dem Vorbilde Kants folgend, sich vorwiegend an die Untersuchung der "Bedingungen der *Möglichkeit*" der Offenbarung gemacht. Auch wenn diese Bedingungen ihrerseits nur in "Unmöglichkeiten" bestanden, brachte das Vorgehen Barth den Vorwurf des "Konstruktionismus" ein. Er selbst hatte das Unbefriedigende seiner Durchführung gespürt und sich gegen den "schweren Verdacht" gewehrt, "die Menschwerdung Gottes a priori zu konstruieren"[9]. Nicht "die Möglichkeit der Offenbarung, sondern die *Erkenntnis* dieser Möglichkeit, die Bedingung, unter der von dieser Möglichkeit geredet werden könnte, die *Möglichkeit* der Möglichkeit sozusagen, die Frage, die gestellt, und die Antwort, die gegeben werden müsste unter der Voraussetzung, dass Gott wirklich dem Menschen sich geoffenbart hat"[10] will Barth

---

einem Fuchs, für ein Raubtier gehalten zu werden!

[7] **KD I/2** 10.

[8] AaO. 225.

[9] UCR 172. Dass Barth das Verfahren in der **CD** wiederholt, beweist, wie sehr er sich in seiner Aufgabenstellung Kant verpflichtet wusste.

konstruiert haben. Aber alles Herausreden nützt Barth nichts: der Vorwurf des Apriorismus, bzw. der existentiellen Begründung der Dogmatik, bleibt Barth nicht erspart.[11] Das Problem, das sich hier anmeldete, führte Barth schliesslich an seinen "Jordan" und damit endlich in das "gelobte Land". Es handelt sich wieder einmal um eine, wenn auch sehr diskrete, so doch prinzipielle Auseinandersetzung mit - Schleiermacher.

5.1.1   "Credo, ut intelligam"

Bei dem Versuch "die Sache besser zu machen", und den "umgekehrte{n} Weg" zu gehen, als ihn die "neuere Theologie unter Führung Schleiermachers mit oder ohne Berufung auf Luther gegangen ist"[12], war Barth auf das Problem der Wirklichkeit Gottes gestossen. Zwar hatte er das Wort Gottes voraus-gesetzt, aber nun suchte er nach dem "Recht", dem Begriff des Wortes Gottes die beabsichtigte grundlegende Bedeutung für unsere ganze Wissenschaft zu geben"(124). Zwar hatte er auch die "alles verunmöglichende Lücke nachgewiesen, die bestehen müsste, wenn es so etwas wie das Wort Gottes nicht gäbe"(ebd.), aber es blieb die Frage offen,

> "wie wir dazu kommen, mit ihr {der Wirklichkeit des Wortes Gottes} zu rechnen als mit einer notwendigen Voraussetzung, nicht bloss als mit einem logischen Postulat, nicht bloss als mit einem *Vaihingerschen* 'Als ob', sondern als mit der Wirklichkeit, die der gegebenen Wirklichkeit der christlichen Rede Mass und Norm, die also der christlichen Dogmatik eigentlicher Gegenstand ist"(ebd.).

Die Frage muss Barth sichtlich geplagt haben, hatte er sich doch wohlweisslich selbst sämtliche Auswege verschüttet: er verschmähte es, "den Gegenstand der Dogmatik in der gegebenen Wirklichkeit des religiösen Bewusstseins oder also des christlichen Glaubens zu erkennen"(ebd.), lehnte aber

---

10   Ebd.

11   Dasselbe gilt übrigens auch für den vieldiskutierten Übergang von der "phänomenologischen zur existentiellen Betrachtungsweise (vgl. **KD I/1** 128ff.) im § 5,1 der **CD**.

12   **CD** 123f. Die **CD** wird im folgenden mit Seitenangaben im Text zitiert.

gleichzeitig den "toten, unmöglichen orthodoxen *Autoritätsglauben*", die "unchristliche *Metaphysik*" und die "subjektiv bedingte irrationale *Intuition*"(ebd.) ab. Auch ein "agnostizistischer, skeptischer"(127) Weg kam nicht in Betracht. Was blieb ihm also, als *scheinbar* doch auf den neuprotestantischen Weg einzubiegen, den er wie folgt charakterisiert:

> "Wir wissen aber von keiner Wirklichkeit, die nicht Inhalt unseres Bewusstseins, die nicht in unserem Bewusstsein Wirklichkeit wäre. ... Ist nun ... Gottes Selbstoffenbarung wissbare Wirklichkeit, so muss sie auch Wirklichkeit in unserem Bewusstsein sein. Diese Wirklichkeit ist aber der Glaube. Also ist Dogmatik Wissenschaft vom Glauben oder Glaubenslehre."(126f.)

Auch Barth muss sich also der Frage stellen, "wie und woher wir denn etwas wüssten von der uns entscheidenden Wirklichkeit der Grösse 'Wort Gottes', wenn wir uns weigerten, sie als 'Objektgehalt' des Glaubens zu verstehen"(127).

Bevor wir uns noch erholen können vom Staunen über diese Bekehrung des Paulus (!), erhebt Barth vehement Protest und erklärt, "dass ein Zurückbiegen auf jene Heerstrasse für uns schlechterdings nicht in Betracht kommen kann"(128)! Mehr als ein "Verweigern"(130) ist dieser Protest allerdings noch nicht, denn die Begründung, dass das Reden Gottes ein Akt sei, "dessen Subjekt Gott und Gott allein ist"(ebd.) und dessen Wirklichkeit nur wirklich sei "im Bewusstsein Gottes, nicht anderswo"(ebd.), diese Begründung ist immer noch die dialektische Drückebergerei:

> "Als solche mag sie {die Wirklichkeit des Wortes Gottes} dann im Glauben geglaubt werden, aber wahrlich nicht so, als ob sie damit im Glauben als dessen 'Objektgehalt' dem Menschen gegeben wäre. Sondern gerade als das dem menschen *Nicht*-Gegebene, als das *Gott* Eigene und zu eigen *Bleibende* glaubt sie der Glaube."(128)

Theologen, die hier einwenden wollten, "dass ein Objekt, das nicht Wirklichkeit in unserem Bewusstsein wäre, als solches kein wissbares Objekt wäre", müsste geantwortet werden, "dass wir gar nicht von einem 'Objekt' reden, wenn wir von 'Gottes Wort' reden, sondern von einem Subjekt, das, in ein Objekt verwandelt, nicht ist, was es ist"(129). Zur Illustration dessen, was

nun Barths "neuer Weg" sein soll, ("wenn wir uns durch die Wirklichkeit des
Gegenstandes den Weg der 'Glaubenslehre' verbieten lassen"(131] holt
Barth zu einer gross angelegten Exposition des *Proslogium de Dei Existentia*
des Anselm von Canterbury aus.

Der "unerhörten Sicherheit" der "modernen Theologie"(131) stellt
Barth das demütige Bitten des Anselm gegenüber, der gerade diese "Wirklichkeit" nicht besitzt, diese "Sicherheit" nicht hat, sondern um sie "nur beten
zu können sich bewusst ist"(132). Wie anders als der moderne Theologe
fleht Anselm: "Ach, ich Elender, der ich einer unter anderen bin unter Evas
Söhnen, den von Gott entfernten", er "in dessen Bewusstsein sich ... nicht
weniger als die Offenbarung vollzogen hat!"(133) Mit der Bitte "Doce me"
will Anselm nicht *das* Unmögliche, nämlich Gott erkennen, sondern das
Mögliche, "etwas verstehen von deiner Wahrheit, die mein Herz glaubt und
liebt"(134). Anselm will "theologische Arbeit, Begriffsarbeit tun"(ebd.), aber
diese "Möglichkeit steht nach allem Gehörten vor Anselm da als Unmöglichkeit"(ebd.). Nicht an der "Bewusstseinswirklichkeit des Glaubens und Lie-
bens" fehlt es ihm; er weiss, "dass es ohne diese Bewusstseinswirklichkeit
auch nicht die andere des 'intelligere', auch keine dogmatische Arbeit
geben kann"(ebd.). Was jedoch *nicht* zur Verfügung steht, worum "schlechterdings *gebetet* werden" muss, das ist die "Gegenwart des Angesichts Gottes":

> "Sie ist nicht da in und mit dem, was im Bewusstsein des
> Menschen ist und geschieht, auch nicht in und mit dem 'cre-
> dere' und 'amare' seines Herzens. Sie ist da in Gottes Tat,
> um die gebetet wird: 'ostende te ipsum!', die durch kein
> 'quaerere' und 'invenire' des Menschen ersetzt werden
> kann."(Ebd.) ... "Dann auf dieses göttliche 'se ostendere'
> hin, wird das 'credere' inhaltsvoll; nicht in sich selber, aber
> daraufhin, dass es Glauben an den sich zeigenden *Gott* ist,
> Glauben *nicht* an den 'Gott unseres Bewusstseins', sondern
> an den Gott, der das Gebet seiner Heiligen hört und erhört.
> Dann mag die Arbeit beginnen: 'credo ut intelligam', indem
> ich glaube, kann ich verstehen Glaubenssache, d.h. Sache
> des Glaubens an den sich selbst zeigenden Gott ist auch die-
> se Zuversicht auf die Erkenntniskraft des Glaubens."(134f.)

Barth bekennt freimütig, dass diese seine "'Erkenntnistheorie' des Wortes
Gottes"(135), die ja eigentlich "Ablehnung aller Erkenntnistheorie"(142) ist,
schlichtweg eine *petitio principii* ist: Ich erkenne das Wort Gottes - sagt

Barth - "so und darin, dass ich es erkannt habe, bevor ich es erkenne, so und darin, dass Gott es zu mir gesprochen hat"(143). Damit begeht er also einen, der modernen Theologie entgegengesetzten, Weg, den Weg Gottes zum Menschen, denn "darin wird Gott geglaubt und geliebt, darum wird gebetet und darin besteht die Erhörung, dass es einen Weg von oben nach unten, von Gott zum Menschen gibt, und dieser Weg ist eben die Erkenntnis des Wortes Gottes."(136)

Barths Argumentation blieb - glücklicherweise - nicht unwidersprochen. Die u.E. folgenträchtigste Kritik erhielt er von H.M. Müller,[13], dessen Rezension er "schliesslich doch mit einem Gelächter abgeschüttelt"[14] hat. Der Stachel sass jedoch tiefer, als Barth meinte, und er zeigte ungeahnte Wirkung.

Müller hatte Barth nämlich eine schwere Missinterpretation Anselms vorzuwerfen: "Der Erzbischof ist kein schlechter Katholik"(169), er "liegt gar nicht im Kampf des Glaubens. Er steht in dessen Gewissheit und rechnet von vornherein mit seiner Wirklichkeit. Nur das Problem der Denknotwendigkeit hat ihn an den Rand der Verzweiflung gebracht"(170). Ein fundamentales Missverständnis sieht Müller darin, dass für Barth

> "'doch offenbar dieses credere nicht im Geringsten gut steht dafür, dass die Wirklichkeit, die er (Anselm) verstehen möchte, zur Stelle ist, so dass es auch nur zu einem aliquatenus intelligere kommt'. ... Wieder ist die Frage der Wirklichkeit (für den Glauben) verquickt mit dem Problem *der* Erkenntnis, die 'in der Mitte zwischen dem Glauben und dem himmlischen Schauen' liegt (*Grabmann* 271). Die Wirklichkeit des credere ist für Anselm zur Stelle, aber sie steht keineswegs gut für ein aliquatenus intelligere. Das hät-

---

13 H.M. Müller, "Credo, ut intelligam", **ThBl** 7(1928) 167-176. Spaltenangaben im Text.
    H.M. Müller ist übrigens der, der später zum theologischen Berater des Reichsbischofs Müller avancierte und Barth zum "Staatsfeind" erklärte.

14 **BwTh II** 597 (5.8.1928). Barths Begründung des "Abschüttelns": "... weil, wenn ich nicht sehr irre, nichts dahinter steht als ein allerdings gescheiter, aber nicht eigentlich wissender Kerl" (ebd.). Vgl. dazu auch die Kritik von Theodor Siegfried, **Siegfried** 287.

te Barth auseinanderhalten müssen."(Ebd.)

Die Hauptschwäche der Barthschen Dogmatik sieht Müller jedoch darin,
"dass Barth trotz seiner historischen Fehlgriffe systematisch mit Anselm
übereinstimmt und, vom Vater der Scholastik beraten, auch in die grundsätzliche Übereinstimmung mit dem vielgeschmähten Neuprotestantismus
zurückgeführt wird"(171).

> "Es ist nicht zufällig, dass zwei Zitate aus Anselm *Schleier-
> machers* Glaubenslehre eröffnen. Dabei wirkt es eigentüm-
> lich, wenn Barth ... sich nur zu dem einen bekennt und das
> andere weglässt, weil es allzu offen die sichere Glaubens*er-
> hagrung* als Voraussetzung der Glaubens*erkenntnis* prokla-
> miert. *Anselm, Schleiermacher, Barth* sagen alle drei: credo,
> ut intelligam. Sie setzen gemeinsam, auf verschiedene Weise
> natürlich, die Wirklichkeit der Offenbarung des Glaubens
> voraus - und zwar als grundlage einer Theologie, die in der
> Kontinuität des "einfachen Glaubens" diesen entfaltet, bzw.
> reinigt."(Ebd.)

Nach Müller will "Barth einen absoluten Unterschied in der Methode von
Anselm und Schleiermacher finden", aber "er besteht nicht"(ebd.), denn die
"'unerhörte   Sicherheit'   der   Gnadenanstalt   und   der   Bewusst-
eins(Gnaden)theologie sind, systematisch gesehen, eine und dieselbe"(ebd.).
"Dem kirchlich-objektiven Heilssystem entspricht das theologisch-subjektive
(Objektgehalt!)."(Ebd.) Zwar ist auch Barths grundsätzliche Übereinstimmung mit dem Neuprotestantismus "niemals die einer direkten Abhängigkeit"(172), aber: "Wer die Wirklichkeit von Offenbarung und Glauben für
das theologische Denken voraussetzt, stimmt grundsätzlich mit Schleiermacher überein und ist prinzipiell katholisch"(173). Denn: "Katholizität"
besteht in der "Identität von Offenbarung und System"(174) und die Katholizität des Barthschen Systems ist zudem die Bemühung, "jedes prinzipielle
Anliegen von gegnerischer oder Freundesseite nicht anders aufzunehmen,
bzw. abzulehnen, als durch überbietende 'Aufhebung'"(ebd.).

Die Stossrichtung der Müllerschen Kritik geht also dahin, Barth an seiner empfindlichsten Stelle zu treffen: darin nämlich, dass Barth Schleiermacher überwinden will, ohne katholisch zu werden. Und Müller behauptet,
dass sei Barth nicht gelungen:

"Er steht mit Schleiermacher und manch anderem grossen
Ahnen auf dem ebenen 'unerhört sicheren' Vorfeld des
Katholizismus. Was sich da begibt, ist das harmlose 'Frie-
densmanöver' der dogmatischen Theologien untereinander.
Harmlos deshalb, weil eine jede dogmatische Theologie
unverwundbar ist. Sie weiss ihr Denken in der Offenbarungswirklichkeit begründet. Insofern bleibt sie unangreifbar. Die Frage ist: kann der Barth der Dogmatik I von einer
grundsätzlichen Kritik seiner petitio principii noch berührt
werden?"(175f.)

Barth ist nachweislich nicht unberührt geblieben von Müllers Kritik,
auch wenn er es in seiner Entgegnung abstreitet.[15] Wenn man - wie Müller -
die "unerhörte Sicherheit" der Theologie als Vergleichspunkt heranzieht,
kann man natürlich leicht (fast) alle grossen Theologen in eine Reihe stellen.
Davon kann sich Barth also nicht getroffen fühlen. Auch der Vorwurf der
Kontinuität zwischen Offenbarung und System berührt ihn nicht:

"Er {Müller} hat auch so, wie ich ihn verstehe (aber ich verstehe ihn offenbar nicht), nicht vermeiden können zu tun,
was in der Tat auch Anselm und Schleiermacher, was Hirsch
und ich auch tun, was aber offenkundig auch Luther selbst
getan hat: in irgend einer systematischen Kontinuität und
Korrelation zu dem systematisch nicht fassbaren, diskontinu-
ierlichen X der Offenbarung und des Glaubens reden."[16]

Worauf Barth in seiner Replik allerdings wohlweislich nicht eingeht, worauf
er also Müller die Antwort vorerst noch schuldig bleiben musste, was u.E.
der Stachel war, den Müller - bei allem Missverstehen der Grundintention
Barths - mit seiner Kritik hinterliess, das ist die simple Tatsache, auf die hingewiesen zu haben Müller sich bleibende Meriten erworben hat, nämlich:

---

[15] K. Barth, "Bemerkungen zu Müllers Lutherbuch", **ZZ** 7(1929) 561-570. Auf
den Seiten 564ff. nimmt Barth Stellung zu Müller obiger Rezension und sagt,
dass Müller "weiter und deutlicher reden müsste, um mit seiner Kritik zunächst
auch nur in meine Verständnisweite zu kommen, damit ich dann allenfalls auch
von ihr 'berührt' werde. Heute, 1929, kann das immer noch nicht Ereignis
sein"(AaO. 565).

[16] AaO. 566.

"Anselm, Schleiermacher, Barth sagen alle drei, credo ut intelligam. Was hier geschieht, hat Barth sich nicht klar gemacht."(172)[17]

Wie recht Müller hatte, zeigte Barth selbst dadurch, dass er die Weiterarbeit an der CD solange suspendierte, bis er befriedigende Klärung in das Dreiecksverhältnis Anselm, Schleiermacher, Barth gebracht hatte. Dokument dieses Klärungsprozesses ist das 1931 erschienene Buch *Fides quaerens intellectum.*[18]

5.1.2   Fides quaerens intellectum

Man sieht es Barths Anselmbuch nicht an, dass die Auseinandersetzung mit Anselm nicht nur diesem selbst, sondern dem Vorwurf des "Katholizismus und Schleiermacherianismus"(1) gilt.[19] Wenn man sich jedoch vergegenwärtigt, mit welchen (offenen) Fragen Barth an die Beschäftigung mit Anselm gegangen sein muss, wird dieser geheime Hintergrund durchaus deutlich:
1. Wie verhalten sich Glaube und Offenbarungswirklichkeit zueinander?
2. Wie verhalten sich Glaube und Glaubenserkenntnis zueinander?
3. Mit welchem Recht sagt Schleiermacher: credo, ut intelligam?
Dass es sich hier für Barth um offene Fragen handelt, wird daran deutlich, dass ihre Beantwortung z.t. erheblich von der Antwort in der *CD* abweicht. Zwar handelt es sich nicht um prinzipielle Änderungen, sondern um Klärungen, um Fortschritte in der bereits eingeschlagenen Richtung. Wenn wir hier Barths Antworten in knappster Form wiedergeben, dann in der (allgemein anerkannten) Annahme, hier spreche Anselm für Barth.

1. Die erste Frage beantwortet Barth mit den Hinweisen auf die "Notwendigkeit" und "Möglichkeit" der Theologie. Glauben heisst nämlich

---

[17]   Hervorhebung von uns.

[18]   Seitenangaben im folgenden im Text, zitiert nach **FQI** aus der **GA,** 1981.

[19]   Eine Abwehr dieses Vorwurfes soll es nach Barths Beteuerung gerade nicht sein. Vgl. **FQI** 1f.

"nicht nur ein *Hin*streben des menschlichen Willens zu Gott
hin, sondern ein *Hinein*streben des menschlichen Willens in
Gott und also auch ein wenn auch geschöpflich begrenztes
Teilnehmen an der Seinsweise Gottes, also auch ein
geschöpflich begrenztes Teilnehmen an der Aseität, der
Selbst- und Alleinherrlichkeit und also an der Bedürfnislo-
sigkeit Gottes"(15).

Insofern ist also der Glaube sich selbst genug. Nun kann aber dieser Gott
"offenbar nicht von uns geglaubt werden, ohne Urheber einer *vera cogitatio*
zu werden, d.h. der Glaube an ihn erfordert auch seine Erkenntnis"(17). Der
Glaube kommt aber nicht zustande "ohne ein dem Menschen von aussen
begegnendes und widerfahrendes Neues"(18), ohne das "gepredigte und
gehörte 'Wort Gottes', und dass es zu uns kommt und dass wir die rectitudo
volendi haben, es aufzunehmen, ist Gnade"(ebd.).

"Glaube bezieht sich auf das 'Wort Christi' und ist nicht
Glaube, wenn er nicht Empfängnis, d.h Kenntnis und Bejahung des Wortes Christi ist. Und das Wort Christi ist identisch mit dem 'Wort der Christus Verkündigenden', d.h. es
ist legitim repräsentiert durch bestimmte Menschenworte."(21)

Diese "bestimmten Menschenworte" sind zunächst einmal die Worte der
Heiligen Schrift, und daneben, "in gleicher Würde und Massgeblichkeit die
widerspruchslos aus ihrem Wortlaut sich ergebenden Konsequenzen"(22).
Ohne hier weiter nach dem Umfang dieser "Menschenworte" zu fragen,
heisst das immerhin, "das subjektive *credo* Anselms hat ein objektives *Credo*
der Kirche ... unweigerlich zum Beziehungspunkt"(23).

Wir sehen, wie Barth hier ohne jede Scheu die Wirklichkeit der Offenbarung im subjektiven credo und im objektiven Credo der Kirche als gegeben voraussetzt. Nicht die Möglichkeit des Glaubens steht zur Debatte - sie
gerade nicht! - sondern die Möglichkeit der Theologie.[20] D.h. Anselms (und
Barths) Theologie stehen nicht in Glaubensnot, sondern in der Erkenntnis-
not, aber nicht darum, weil Glaube ohne Erkenntnis unvollkommen wäre,
sondern weil Glauben immer schon ein Erkennen ist und zwar ein unvoll-
kommenes. Theologie ist also keine Glaubensstütze, diese hat der Glaube

---

[20]   Wir erinnern hier an die Parallele zu Kant!

nicht nötig:

> "Der Zweck der Theologie kann also nicht der sein, die
> Menschen zum Glauben zu führen, aber auch nicht der, sie
> im Glauben zu stärken, ja nicht einmal der, ihren Glauben
> vom Zweifel zu befreien"(15).

Entscheidend ist aber für das subjektive *credo*, dass es sich bezieht auf das
"Credo der Kirche, in die wir hineingetauft sind"(ebd.). Theologie, d.h.
Erkenntnis des Glaubens, kann also "nichts anderes sein als eine Fortsetzung
und Explikation jener Bejahung des *Credo* der Kirche, die im Glauben selber
implizit schon vollzogen ist"(25).

> "Der nach christlicher Erkenntnis Fragende fragt auf
> Grund der keinen Augenblick in Frage stehenden Vorausset-
> zung, dass es so ist, wie er christlich glaubt, *danach, inwie-
> fern* es so ist. Nicht anders und nach nichts sonst! Eine Glau-
> benswissenschaft, die den Glauben (das Credo der Kirche)
> verneinte oder bezweifelte, würde ipso facto nicht etwa bloss
> gläubig, sondern auch wissenschaftlich zu sein aufhö-
> ren."(25f.)

Eine Begründung unserer Bejahung des Credo oder des bejahten Credo kann
es nicht geben: "Die Begründung liegt in dem Faktum des Credo und des
credo, im Faktum der göttlichen Offenbarung."(27)

Indem Barth diesen Schritt wagt, hinein in die Glaubenswirklichkeit,
hinein in den nicht mehr diskutierten Kreis des christlichen credo bzw. Credo, lässt er ein für alle Mal das krampfhaft um Freiheit ringende dialektisie-
rende Fechten hinter sich und zieht hinein in das gelobte Land, in die
"eigentümliche Krampflosigkeit des anselmischen Theologisierens"(25),[21]
die wohl das charakteristischste Merkmal der Barthschen Theologie werden
sollte. Es bleibt aber noch die Frage der Stellung der Theologie zu dieser
Glaubenswirklichkeit, d. h. die Beantwortung der zweiten Frage.

---

[21] Gerade hier merkt Barth in einer Fusnote an, "dass das credo ut intelligam
Anselms auf dem Titelblatt von Schleiermachers Glaubenslehre ... nicht eben
an seinem Platze ist."(25, Anm. 18).

2. Ist das Credo die Voraussetzung allen Theologisierens, dann bleibt zu fragen, wie der intellectus sich zum Credo verhält. Barths Antwort: *Intelligere* kommt zustande durch *Nach*denken des vorgesagte und vorbejahten *Credo*"(26). Dieses Nach-denken ist aber nichts anderes als das "Begehen der Mittelstrecke zwischen der *stattgefundenen* Kenntnisnahme und der *ebenfalls schon stattgefundenen* Bejahung"(24). Aber nicht um einen Spaziergang ins Blaue hinein handelt es sich dabei, sondern um eine streng sachliche Interpolation, die mehreren "Randbedingungen" genügen muss:

- erstens, sie muss dem Credo verpflichtet sein,

- zweitens, sie darf "über die Feststellung der *inneren* Notwendigkeit der Sätze des Credo, über die Feststellung des glaubensnotwendigen Seins, das diesen Sätzen antspricht, nicht hinausgehen"(27), bzw. hat beim Aufweis der *inneren* Notwendigkeit der christlichen Wahrheit durchgehend ihre aus keiner äusseren Notwendigkeit abzuleitende *Faktizität* mitzubedenken" (ebd.), (d. h. das Credo in seiner *"Unbegreiflichkeit* verstehen müssen"(39],

- drittens, sie muss, der Inadäquatheit theologischer Sprache bewusst, sich auf der "Ebene der *Reflexion, der Bilderrede* von dem an sich Unaussprechlichen bewegen müssen"(39),

- viertens, sie wird sich bewusst machen müssen, "dass theologische Aussagen nur mit wissenschaftlicher, von der des Glaubens durch ihre Relativität unterschiedener Gewissheit gemacht werden können"(29),

- fünftens, sie wird die Heilige Schrift als "konkretes *Kriterium* aller theologischen Aussagen"(32) im Hinblick auf ihre Zulässigkeit bzw. Unzulässigkeit geltend machen,

- siebtens, sie wird sich als Ausdruck des *"Gehorsamsglaubens"*(39) verstehen und

- achtens, sie wird wissen, dass ihr Ankommen Gnade ist und damit "letzlich eine Frage des *Gebetes* und der *Gebetserhörung.*"(40)

Diese Interpolation nun, verstanden als "Weg der Theologie"(40ff.), ist die Erhellung der "noetischen ratio", die aber ihrerseits nichts anderes wird als die "Entdeckung der ontischen ratio, indem sie ihr folgt, wobei eben die übrigen Sätze des Credo den Weg bezeichnen, auf dem ihr die ontische ratio vorangeht, auf dem sie ihr zu folgen hat, um sie zu entdecken"(53).

Was Barth hier vorexerziert, ist eine komplette Wissenschaftstheorie (noch dazu eine axiomatische), die denen in anderen Wissenschaftsbereichen um nichts nachsteht.[22] Die Deutlichkeit, mit der Barth die theologische Aussage von der Glaubensaussage unterschieden wissen will, sie aber zugleich der Freiheit des Theologen anheimstellt, ohne sie damit seiner schöpferischen Willkür zu überantworten, ist neu. Die Selbstbescheidung, die dieser Schritt darstellt, ist zugleich restriktiv und konstruktiv: indem sich die Theologie an die Gnade bindet, um zu verstehen, nimmt sie teil an der Freiheit Gottes, die allein wahres Verstehen ermöglicht. Auch hier sehen wir Barth also seinen Fuss auf neues Land setzen, ins "gelobte Land" der Freiheit und Faktizität Gottes.

3. Die dritte Frage nach dem Recht des Schleiermacherschen *credo ut intelligam* wird expressis verbis und zwischen den Zeilen abschlägig beschieden. In der Hauptsache handelt es sich natürlich um die Frage nach dem "Ziel der Theologie"(59ff.), nach der Stossrichtung des Programms "credo, ut intelligam". Wie wir oben schon darlegten, ist Schleiermachers Theologie apologetisch-polemisch.[23] Ein Ergebnis der schleiermacherschen Apologetik und Polemik war nach Barth "das Gebot an die christlichen Gemeinschaften ..., sowohl die *Behauptung* von der absoluten Wahrheit des eigenen Standpunktes als auch die energische *Negation* der Standpunkte der übrigen zu *unterlassen*"[24]. Nach Barth wäre dann das Manko des "credo, ut intelligam" Schleiermachers gerade das krampfhafte Sich-Anbiedern der Kirche den Ungläubigen gegenüber, verbunden mit der Bereitschaft, zu diesem Zweck sogar die eigene Christlichkeit (vorübergehend) zu suspendieren. Credo, ut intelligam hiesse dort: lasst mich euch beweisen, wie einleuchtend und unangreifbar der Glaube sogar für die Ungläubigen sein kann!

---

[22]   Es wäre leicht nachzuweisen, dass Barths theologische Wissenschaftstheorie in fast allen Zügen mit der des Kritischen Rationalismus verwandt ist (Irrationalität der Grundlage, Axiomatik, Widerspruchsfreiheit, Vorläufigkeit, Perfektibilität, Wahrheitsbegriff).

[23]   Vgl. dazu **ThSchl** 267ff.

[24]   AaO. 310.

Wir hörten jetzt aber, wie Barth in seinem Anselm-Buch zu derlei Bestrebungen entschieden Nein sagt. Credo, ut intelligam ist keine "intellektuelle Himmelstürmerei"(24), sondern die "Bescheidung gegenüber der bei allem menschlichen Erkennen göttlicher Dinge vorausgesetzten ratio veritatis, die der Offenbarung Gottes als solcher eigen ist"(24f.). Damit ist aber das Wort Anselms auf dem Titelblatt von Schleiermachers Glaubenslehre "nicht eben an seinem Platze"(25 Anm. 18). Nein, Anselms Programm will weder bekehren, noch überzeugen, noch vom Zweifel befreien (15). Anselm will "beweisen". Auch Anselm hat "eine bestimmte Wirkung, nämlich die polemisch-apologetische Wirkung seiner theologischen Arbeit vor Augen"(59):

> "Er weiss darum ..., dass die Sätze des christlichen Credo missverstanden, angezweifelt und bestritten werden von Heiden, Juden und Häretikern und dass auch da, wo das nicht geschieht, innerhalb der Kirche selbst, nach ihrer ratio nicht ohne Unruhe gefragt wird. In Auseinandersetzung mit dieser Lage vollzieht sich das anselmische *intelligere*, und insofern wird es zum *probare*."(59f.)

Die den Sätzen des christlichen Credo innewohnende ratio veritatis als solche wird "keinen Augenblick zur Diskussion gestellt"(60), d. h. es wird "der Boden und das Dach der Kirche auch hier keinen Augenblick verlassen"(61). Dabei wird für den Beweis an keiner Stelle von der Erfahrung Gebrauch gemacht, als Stütze etwa oder "Voraussetzung der Glaubens*erkenntnis*"(Müller[25]), denn Glaubenserfahrung setzt ja den Glauben immer schon voraus. Es spricht also die zweite anselmische Sentenz, "die bekanntlich neben dem credo ut intelligam auf dem Titelblatt von Schleiermachers Glaubenslehre figuriert, ...von der 'Erfahrung' der Notwendigkeit der Korrelation zwischen dem rechten persönlichen Gehorsamsglauben und dem Glauben der Kirche und besagt, dass der Glaube dieser Erfahrung übergeordnet ist"(34 Anm. 42). *Probare* ist vielmehr und allerhöchstens ein Parergon, ein Nebenprodukt des *intelligere*.

> "Man wird keine Stelle bei Anselm finden, wo er etwa das 'Beweisen', also die nach aussen, an die Adresse des Ungläubigen sich richtende Argumentation als eine von der vom Glauben selbst aus anzustrebenden Untersuchung ver-

---

[25]   **Op.cit.** 171.

schiedene Aktion durchgeführt hätte, wo etwa auf die 'dogmatische' noch eine besondere 'apologetische' Aktion folgen oder eine solche der dogmatischen Aktion begründend
oder doch raumschaffend, anagogisch oder apagogisch vorangehen würde. Sondern eben die Durchführung des *intelligere* des Gläubigen, eben der Beweis nach innen ist auch der
Beweis nach aussen."(67)

Anselms Theologie ist darin "einfältig"(68), dass er dem Ungläubigen gegenüber "indem er sich 'beweisend' an ihn wandte, nicht an seinen Unglauben,
sondern an seinen Glauben geglaubt"(71) hat.

"Vielleicht wusste Anselm vom christlichen Credo gar nicht
anders zu reden, als indem er Sünder als Nicht-Sünder,
Nicht-Christen als Christen, Ungläubige als Gläubige
ansprach ... . Vielleicht blieb er, beweisen wollend, wirklich
nicht stehen diesseits des Abgrundes zwischen Gläubigen
und Ungläubigen, sondern überschritt ihn, aber nicht als Parlamentär diesmal, wie es so oft geschehen ist
{Schleiermacher!} ..., sondern - nun könnte die Erinnerung
an die Kreuzfahrerzeit am Platze sein - als Eroberer, dessen
Waffe darin bestand, dass er sich zu den Ungläubigen stellte
als ihresgleichen und sie annahm als seinesgleichen."(71f.)

Dieser dritte Schritt ist wohl der verwegenste. Sahen wir Barth zuerst seinen
Fuss auf den heiligen Boden des Credo setzen und danach die auf diesem
Boden wachsende Theologie heiligsprechen, so werden wir jetzt Zeuge des
erstaunlichen Vorgangs, wie in "heiliger Einfalt" über allen Menschen das
"Sanctus" ausgesprochen wird.[26] Das ist wahrlich Kreuzfahrertheologie. Mit
diesem letzten Schritt hat Barth endgültig seinen Jordan durchschritten, ist
eingezogen ins "gelobte Land". Nach dieser prinzipiellen Landnahme wird
es sich künftig nur noch um Annexionen eben dieses Landes handeln, und
diesen wollen wir uns nun zuwenden.

---

[26]   Dass Barth diese "Landnahme" nur in der Maske des Kreuzfahrers Anselm
durchzuführen sich gestattete, zeugt doch wohl von der immensen Scheu, die er
offensichtlich vor seiner eigenen Courage hatte, und ist vermutlich auch der
Grund dafür, dass die Bedeutung des Barthschen Anselm-Buches erst zwei
Jahrzehnte später entsprechend gewürdigt werden konnte.(Vgl. dazu
v.Balthasar, aus dem Jahre 1951.).

5.2 Annexionen

Die Veröffentlichungen der **KD** zeigten in der Tat, dass die "Landnahme" für Barth nicht nur ein intellektuelles Maneuver war, sondern eine Änderung seiner Grundhaltung anzeigte. Dieser Wandel zeichnete sich am deutlichsten in seiner Sprache ab: in zunehmender Friedfertigkeit (auch gegenüber Schleiermacher), in ruhiger Selbstgenugsamkeit und insbesondere im Aufnehmen vieler jener Tabu-Begriffe, die in den Anfängen zum Arsenal des Gottesstreiters gehörten (Erfahrung, Glaubenslehre, Religion (!), Philosophie, imago dei, Anthropologie, nicht-theologische Ethik). Die Freiheit, mit der sich Barth in zunehmendem Masse des vormals so geschmähten Vokabulars bedient, hat Freunde und Gegner verwirrt und verärgert: schon wieder war Barth "nicht zu fassen"! Im folgenden wollen wir zur Klärung der Situation und zur Erklärung dieser neuerlichen Freiheit Barths seine "Eroberung" der allgemeinen nicht-theologischen Ethik exemplarisch darstellen.[27]

Die theologische Dogmatik hat mit dem "ethischen *Problem* als solchem im Sinne jenes allgemeinen Begriffs von 'Ethik'"(572) nichts zu tun. Zwar ist die allgeine Ethik die "Lebensfrage" des Menschen, "die Frage, mit deren Beantwortung er steht und fällt"(ebd.), aber zugleich ist sie auch der Versuch,

"statt sich daran genügen zu lassen, durch Gottes Gnade die Antwort auf jene Frage zu *sein*, vielmehr sein zu wollen wie Gott, von sich aus (wie eben Gott es tut) zu erkennen, wie gut und böse ist, und also jene Antwort selber und von sich aus *geben* zu wollen"(573).

Damit ist aber eine solche Ehtik nur "Folge und Verlängerung des Sündenfalls"(ebd.), und die "Offenbarung und das Werk der Gnade Gottes stellt sich diesen Versuchen entgegen", die "Gnade Gottes protestiert gegen alle vom Menschen aufgerichtete Ethik als solche"(ebd.).

Nun möchte sich Barth den Begriff "Ethik" aber nicht nehmen lassen:

"Wenn wir hier ... den Begriff der *Ethik* aufnehmen, so tun wir das in der Dogmatik durchgängig nötigen, aber auch zustehenden Freiheit, die Begriffe zu nehmen, wo wir sie

---

[27] Vgl. zum folgenden **KD** II/2 571ff. Seitenangaben im Text.

finden, ohne uns durch den Sinn, den sie in ihrem anderwei-
tigen Gebrauch gewonnen haben mögen, festlegen und bin-
den zu lassen, sondern um sie hier in dem Sinn zu gebrau-
chen, der ihnen in ihrer Anwendung auf den uns
beschäftigenden Gegenstand von diesem Gegenstand selbst
her zukommen muss."(568)

Wird der Begriff der Ethik aber unter den oben genannten Voraussetzungen
doch verwendet, so bedeutet das nichts weniger als eine "Veränderung des
Begriffs"(575). Diese Veränderung bedeutet,

> "eine Annexion von der Art, wie sie beim Einzug der Kinder
> Israel in Palästina stattgefunden hat, auf dessen Boden längst
> ganz andere Völker mit ihrer Kultur und Religion, wenn
> nicht ältestes, so doch sehr altes Heimatrecht zu haben
> behaupten, die nun auch Josua 9,27 bestenfalls noch als
> Holzhauer und Wasserschöpfer daselbst weiter existieren,
> deren Kultur und Kultus aber von den Israeliten auf keinen
> Fall übernommen und mitgemacht werden sollte, mit deren
> lebhaftestem Widerstand also zu rechnen war und deren Exi-
> stenz für die Israeliten zugleich eine fast unüberwindliche
> Versuchung bedeuten musste."(ebd.)

Christliche Ethik befindet sich somit nicht in der "Situation des Angegriffe-
nen, sondern des *Angreifers*"(577). Sie wundert sich nicht über den "Widerspruch der angeblichen (aber doch nur angeblichen!) Ureinwohner dieses
Landes"(ebd.). Die Versuchung, sich in dieser Lage zu "entschuldigen", sich
"anzupassen", ist die Versuchung der Apologetik: "der Versuch einer
Begründung und Rechtfertigung der theologisch-ethischen Fragestellung im
Rahmen und auf Grund der Voraussetzungen und Methoden eines nichttheo-
logischen, eines allgemein menschlichen Denkens und Redens"(ebd.).
Schleiermacher ist hier in erster Linie zu nennen, wenn er "die christliche
Ethik wenigstens indirekt von dem Forum der philosophischen rechtfertigen
will"(ebd.). Aber auch seine Ethik stellt vor die Frage, ob sie nicht, "freilich
unter einer Bedingung als berechtigt anerkannt werden"(579) könnte. Diese
Bedingung lautete, dass "die theologische Ethik bei ihrer Annexion des
Bereiches der allgemeinen ethischen Problematik sich so verhielte, wie die
Israeliten bei ihrem Einzug in Kanaan es getan haben oder tun sollten"(ebd.):

"Nicht als in ein fremdes, ihnen nicht gehöriges Land, sondern als in das Land ihrer Väter sollten sie ja in Kanaan ein-
ziehen. Gehörte es nicht längst Jahve? Hatte er nicht eben in
diesem Lande längst geredet mit Abraham, Isaak und Jakob?
War es also nicht das gerade ihnen verheissene und ihnen als
Jahves Volk zugehörige Land? Das würde bedeuten: die
theologische Ethik hätte sich verboten sein zu lassen, an die
Möglichkeit und Wirklichkeit einer ursprünglich und letztlich von der Gnade und vom Gebot Gottes abhängigen, einer
von daher nicht betroffenen und insofern in sich uner-
schütterterten allgemeinen sittlichen Frage und Antwort zu
glauben."(Ebd.)

Um nun den Eindruck einer allgemeinen fröhlichen Versöhnung ja nicht auf-
kommen zu lassen, erhebt Barth warnend den Finger: "Annexion bleibt ja
Annexion und wenn sie noch so rechtmässig wäre und zu einem Friedens-
schluss mit den in Kanaan hausenden Völkern, ihrer Kultur und ihrem Kul-
tus wird es nicht kommen dürfen."(581).

"Annexion" ist hier ganz offensichtlich die Konkretisierung der βασι-
λεία τοῦ θεοῦ: Erhebung des Herrschaftsanspruches Gottes. Nur *ein*
Bereich, sperrt sich, lässt sich nicht annektieren, widersteht dem Herrschaftsanspruch Gottes: die *"Apologetik"*. Ihr "Versuch einer Begründung und
Rechtfertigung der theologischen Ethik vor einer als Richter vorgestellten
allgemeinen Ethik"(ebd.) ist als störend und zerstörend abzulehnen und "die
apologetische Haltung grundsätzlich aufzugeben"(582).

Was Barth mit dem Stichwort "Annexion" beschreibt, ist ein Vorgang,
der sich im Zuge der Eroberung des ganzen Credo der Kirche, also bei seinem Gang durch alle Bereiche der Dogmatik, beständig wiederholt, die "Heiligung der Begriffe" oder: die analogia fidei. Dass Barth es tatsächlich so
meint, macht er an anderer Stelle deutlich.

In dem oben bereits besprochenen Aufsatz "Das 1. Gebot als theologisches Axiom"[28] definiert und gebraucht Barth den Begriff "Axiom" im theologischen Sinne. Er wählt diesen Begriff aber "nicht etwa um seiner Eignung
willen"(298), nicht darum, "weil er diesem Begriff eine ihm von Haus aus
eigene Ähnlichkeit mit jener Instanz, eine immanente Analogie zu ihr und

---

28   **ZZ** 11(1933) 297-314.

also die Fähigkeit, diese Instanz zu begreifen, zuschreiben würde"(ebd.).

> "Es verhält sich mit dem Begriff des Axioms wie mit allen
> Elementen der menschlichen Sprache, einerlei ob sie dem
> philosophischen oder einem anderen Bereich angehören: er
> hat an sich keine Analogie zu dem, was er im theologischen
> Gebrauch bezeichnen soll. Nur darum kann es sich handeln,
> dass er sie, dass er eine 'Analogie des Glaubens'(Röm 12,6)
> in diesem Gebrauch vielleicht *bekomme*. Kraft dieser emp-
> fangenen, nicht kraft einer immanenten Analogie mag er
> dann in der Tat zum 'Anknüpfungspunkt' eines Gesprächs
> über die theologische Voraussetzung werden."(ebd.).

Auf diesem Hintergrund ist es also immer zu sehen, wenn Barth von seiner
Freiheit Gebrauch macht "die Begriffe zu nehmen, wo wir sie finden"[29]. Ob
er es "Missbrauch", "Annexion" oder "Aufnahme" eines Begriffes nennt,
immer handelt es sich um einen Übergriff, der allerdings nur nachvollzieht,
was von Gott längst vollzogen ist.

> "Der *Vollzug* der Erkenntnis, das Ereignis *menschlichen*
> Handelns, die dieser Zueignung entsprechende *Aneignung*
> ..., in der das Offenbarwerden der *analogia fidei* und die von
> ihm ausgehende Klarheit ... geschöpfliche Gestalt gewinnt -
> sie ist jenem Geschehen von Gott her gegenüber freilich ein
> Zweites, im Glauben zwar mit ihm Geeintes, aber gerade im
> Glauben auch wohl von ihm zu Unterscheidendes."[30]

Selbstverständlich sind die Begriffe "Annexion" und "analogia fidei" nicht
einfach austauschbar, obwohl sie einen und denselben Vorgang bezeichnen.
Vielmehr ist die *analogia fidei* Bezeichnung für den freien, schöpferischen
Herrschaftsakt Gottes, der durch das Geschenk des Glaubens eine "Gottförmigkeit des Menschen"[31] Ereignis werden lässt, eine Gottförmigkeit, die
natürlich alle Bereiche des Menschlichen einschliesst. Das mutige Ergreifen
dieser gottgeschenkten Wirklichkeit hingegen, die Bevollmächtigung und

---

[29] **KD II/2** 568.

[30] **KD I/1** 11.

[31] Vgl. dazu **KD I/1** 19f.

Legitimation zu ihrer vollen Inbesitznahme, nennt Barth eben *"Annexion"*.

Ohne dass wir uns hier auf eine Diskussion um die berühmte analogia fidei einlassen, möchten wir doch deutlich sagen, dass u.E. die analogia fidei und die analogia entis sich verhalten - um bei dem Bilde zu bleiben - wie die Israeliten und die Kanaanäer. Wohl standen die Kanaanäer teilweise in den Diensten der Israeliten, aber das machte sie noch lange nicht zu zum Volke Gottes. Vielmehr bestand ja gerade der Kult Kanaans in der Anbetung des kreatürlichen "Seienden" und damit in eklatanter Übertretung des 1. (und 2.) Gebotes. Ohne Offenbarung keine rechte Anbetung!

Die Diskussion um das Verhältnis von analogia entis und analogia fidei scheint u.E. zu beweisen, dass wenige Theologen ausser Barth mit der Möglichkeit einer "theologia irregenitorum" ernsthaft[32] rechnen. Das Problem Barths ist darum nicht ihr Problem. Barths Protest gegen die Analogia Entis kann nicht anders denn als ein Einspruch gegen jede "ungläubige Theologie" verstanden werden. Natürlich enthält sich Barth eines Urteils über andere Theologen, aber es kann doch kein Zweifel sein, dass er in der eigenen Zunft massiv mit Unglauben rechnete, nur: dass er diesen Unglauben nicht das letzte Wort sein liess, dass er die Tiefe "des Abgrundes zwischen Gläubigen und Ungläubigen"[33] überschritt, ein "Eroberer, dessen Waffe darin bestand, dass er sich zu den Ungläubigen stellte als ihresgleichen und sie annahm als seinesgleichen"[34].

5.3   In der Freiheit Gottes

Mit dem selbstbewussten Schritt, oder besser: mit dem ehrlichen Zugeständnis des Gestelltseins in die Wirklichkeit Gottes hatte die Suche nach den "Bedingungen der Möglichkeit" ihre Priorität verloren. Als ein Beweis der "Sachlichkeit" der Dogmatik "muss die Frage nach der Wirklichkeit der Offenbarung auch in diesem Zusammenhang *vorangehen*, die Frage nach

---

[32]   Vgl. dazu **KD I/1** 19 f.

[33]   **FQI** 71.

[34]   **FQI** 71f.

ihrer Möglichkeit aber *folgen*, jene als Tatsachenfrage, diese als Verständnis-
frage"[35]. Die Wirklichkeit der Offenbarung aber hatte Barth, wie wir eben
sahen, in der Kirche, ihrem Credo und der dieses begründenden Heiligen
Schrift gefunden. Damit verdichtet sich nun aber ein schwerer Verdacht
gegen Barth, ob er nicht ebenso wie Schleiermacher die Wirklichkeit der
christlichen Kirche zum Ausgangspunkt seiner Dogmatik machte,[36] ob nicht
auch er aus ist auf eine Dogmatik, die nichts anderes sein will, als "Darstellung der christlichen 'Lehre, wie sie zu einer gegebenen Zeit geltend ist' "[37].
Nun lässt sich dieser Verdacht aber umgehend zerstreuen, wenn man darauf
achtet, was (nach Barth) die Wirklichkeit der Kirche ist. Die Wirklichkeit
der Kirche ist schlicht ihr "Sein", und dieses ihr Sein ist "Jesus Christus, ist
also unaufhebbar gottmenschliche *Person, Handeln* Gottes am Menschen"[38].
Insofern aber ist die Kirche auch fern von "ihrem eigenen Sein" und muss
immer wieder zurückkehren zu ihrem "eigenen Sein, zu Jesus Christus als
dem *himmlischen* Haupt, dem sie, sein *irdischer* Leib, als solcher verbunden
ist, aber auch als solcher unterscheiden gegenübersteht, der zwar die Kirche
in sich, den aber die Kirche nicht in sich hat, zwischen dem und ihr gerade
kein umkehrbares, kein Wechselverhältnis stattfindet, so gewiss eben das
Verhältnis von Herr und Knecht kein umkehrbares ist"(103). Indem die Kirche wirklich die Kirche *ist*, nimmt sie faktisch auch teil am Sein Jesu Christi
und am Sein Gottes. "Das Sein der Kirche ist *actus* purus, freie Handlung,
nicht kontinuierlich-vorfindliche Beziehung"(41). Der Herr der Kirche ist
und bleibt ein freier Herr, und "als dieser Freie, als der allein Freie, hat der
Gott der Bibel Herrschaft"(323).

---

[35]   **KD I/2 224f.**

[36]   Schleiermachers Dogmatik "will nicht mehr und nicht weniger sein als ein
getreues Abbild der *Wirklichkeit*, nämlich auch der Wirklichkeit der beim jetzigen Stand der Dinge möglichen, erlaubten und notwendigen Aussagen des religiösen Gemütes". **ThSchl** 292. Diese Aussagen sind aber nichts als der Ausdruck "des die Kirche konstituierenden frommen Selbstbewusstseins". AaO.
313.

[37]   AaO. 286.

[38]   **KD I/1 14. Seitenangaben im Text.**

"In den Entscheidungen, die in dieser Freiheit Gottes fallen, wird das göttliche Gute Ereignis, verdienen es Wahrheit, Gerechtigkeit, Heiligkeit, Barmherzigkeit zu heissen, was ihre Namen besagen, weil sie es in der Freiheit Gottes wirklich sind."(Ebd.)

Soll dieser Herr aber als der freie anerkannt werden, dann muss sich die Kirche daran messen lassen, ob ihr Sein "identisch ist mit Jesus Christus"(41).

"Ist dem so, dann kann als Ort, von dem aus der Weg dogmatischer Erkenntnis zu sehen und zu verstehen ist, weder das Vorher einer anthropologischen Möglichkeit, noch das Nachher einer kirchlichen Wirklichkeit in Betracht kommen, sondern allein je der gegenwärtige Augenblick des Redens und Gehörtwerdens Jesu Christi selber, des göttlichen 'Lichtschaffens' in unseren Herzen."(ebd.)

Die Wirklichkeit der Kirche ist für Barth also nur wirklich in Gott, nur im Ereignis, im Wahrwerden der freien Gnade Gottes, die an *keiner* Stelle zur Verfügung steht.

Demgegenüber nun steht aber für Schleiermacher die Wirklichkeit der Kirche ganz anders da. In seiner Lehre kommt "der christlichen Frömmigkeit als dem Sein der Kirche" (35) die grundlegende Bedeutung zu. Damit ist er "nicht der Inaugurator, aber der grosse reife Klassiker des Modernismus, von dessen Nachfolge sich dieser, wenn er sich selbst versteht, niemals wird abbringen lassen dürfen"(ebd.). Dieser Modernismus ist durchaus "gemeinchristlich, sofern das Sein der Kirche in der Tat eine Bestimmung der menschlichen Wirklichkeit bedeutet"(38). Man kann ihn aber "nicht als christlich verstehen, sofern er die Möglichkeit dieser Wirklichkeit als eine *menschliche* Möglichkeit interpretiert"(ebd.). Das tut er aber, wenn er verkennt,

"dass jene Bestimmung der menschlichen Wirklichkeit nur von einem Ausserhalb aller menschlichen Möglichkeiten, nämlich von dem handelnden Gott her ist und einzusehen ist, sofern er seine eigene Geschichte statt aus sich selber aus einem allgemeinen Vermögen oder aus der allgemeinen Geschichtlichkeit des menschlichen Daseins zu verstehen sucht."(Ebd.)

Indem der Mensch das Sein der Kirche "als eine Bestimmung der Wirklichkeit des Menschen, als Frömmigkeit, versteht"(37), und indem er mit Schleiermacher die Kirche dann definiert als "'eine Gemeinschaft, welche nur durch freie menschliche Handlungen entsteht und nur durch solche fortbestehen kann'"(ebd.), macht er von einer Freiheit Gebrauch, die nicht die Freiheit der Kirche ist, weil sie einer anderen als der Freiheit Gottes Platz einräumt. Damit aber wird ein solcher Glaube zur Häresie:

> "Wir verstehen unter Häresie eine solche Gestalt des christlichen Glaubens, der wir zwar formell (weil auch sie sich auf Jesus Christus, auf seine Kirche, auf die Taufe, auf die Heilige Schrift, auf gemeinsame christliche Bekenntnisformeln usw. bezieht) ihre Eigenschaft als Gestalt des christlichen Glaubens nicht abstreiten können, ohne doch in der Lage zu sein, zu verstehen, was wir damit tun, wenn wir sie als solche anerkennen, weil wir ihren Inhalt (die in ihr stattfindende Interpretation dieser gemeinsamen Voraussetzungen) nur als Widerspruch gegen den Glauben verstehen können."(31)

Was Barth vom Modernismus, d.h. auch von Schleiermacher, trennt, das ist sein unaufgebbares Insistieren in die unveräusserliche Freiheit Gottes.

Es ist charakteristisch für Barth, dass die Freiheit Gottes für den Menschen zur Wirklichkeit wird, indem Gott Fakten schafft. Alle im Glauben angenommenen "Fakten" sind Ausdruck dieser Freiheit Gottes: die Menschwerdung, die Offenbarung, der Glaube, usw. Auch mit der Kirche, der Bibel, dem Credo, hat Gott in seiner Weisheit und Freiheit unumstössliche Fakten geschaffen, von deren Wirklichkeit die Dogmatik auszugehen hat. Sie hat beim

> "Ausweis der *inneren* Notwendigkeit der christlichen Wahrheit durchgehend ihre aus keiner äusseren Notwendigkeit abzuleitende *Faktizität* mitzubedenken und diese mit als Moment ihrer inneren Notwendigkeit zu verstehen. Der an jener Grenze weiterfragen wollte, könnte wiederum nur der - Tor sein, der das offenbarte Wort zwar hört und *in intellectu* hat und nun doch, weil ihm die *res*, das Faktum der Offenbarung, entgeht, nach einer äusseren Notwendigkeit, einem *quomodo* fragt, das er nur in der inneren Notwendigkeit, im

esse der von ihm in Frage gestellten verkündigten Wahrheit
selbst finden könnte."[39]

Indem aber der Mensch die Freiheit Gottes akzeptiert, akzeptiert er sie als
unbedingte, absolute Autorität. So ist z.b. die Offenbarung des Wortes Gottes in Jesus Christus und in der Bibel echte, absolute Autorität, weil es Gott
in seiner Freiheit gefallen hat, durch diese Offenbarung ein Faktum zu schaffen, demgegenüber der Mensch im Glauben nur eine Freiheit hat: den Glau-
bensgehorsam. Durch die Freiheit des Wortes Gottes, die als solche "unmittelbare, absolute und inhaltliche Freiheit"[40] ist, "wird die Freiheit, die uns
Menschen in der Kirche zukommt, begründet: als menschliche Freiheit gerade in der Weise echt, dass sie durch jene auch begrenzt wird als mittelbare,
relative und formale Freiheit"(ebd.). Aber diese Begrenzung, die in ihrem
Kern "Wahl und Entscheidung" ist, bedeutet dann nichts anderes als die
Ausübung der Freiheit in der Kirche: "Eben Gehorsam ist also Freiheit."(751) Die Propheten und Apostel nun waren in hervorragender Weise
"abbildlich" und *"urbildlich* die Zeugen für alle Freiheit menschlichen Glaubens und menschlichen Zeugnisses in der durch ihr Wort begründeten Kirche"(752). Wo die Schrift in der Kirche Autorität ist und hat, ist sie es nur
kraft der Freiheit der Kirche, die die *"Bewegung* des Glaubens und des Zeugnisses ... in welcher das biblische Wort unter der Leitung des Heiligen Geistes möglich wurde"(ebd.) mitmacht und so die Schrift als ein "lebendiges,
ein handelndes Wesen, ein redendes Subjekt"(753) hört und aufnimmt.

Es würde an dieser Stelle nicht schwerfallen, das Gewicht der Freiheit
Gottes für die Theologie Barths noch viel umfassender herauszustellen.[41]
Alles jedoch, was hier gesagt werden könnte, findet seine Zusammenfassung
und Konzentration in dem einen Namen Jesus Christus. In Jesus Christus ist
Gottes Freiheit vorzüglich vor Augen gestellt worden: eine Wirklichkeit, ein
Faktum, das durch seine Faktizität aber nichts von seiner Freiheit, seiner
Souveränität, seinem Herrschaftsanspruch, verloren hat; eine Wirklichkeit,
die durch ihre Freiheit und Unverfügbarkeit aber auch nichts von ihrer Fakti-

---

[39] FQI 27f.

[40] KD I/2 750. Weitere Seitenangaben von dort im Text.

[41] Z.B. in einem Durchgang durch die Gotteslehre Barths (**KD II/1),** in der sich
die Ablehnung der Gotteslehre Schleiermachers in konzentriertester Form vollzieht.

zität verloren hat, nichts von ihrer unableitbaren Kontingenz. Jesus Christus ist *die* Wirklichkeit! Mit der Wirklichkeit Jesu Christi ist *wirklich* Gott, *wirklich* der Mensch, *wirklich* die Kirche angesprochen. Und: nur auf dem Boden dieser Wirklichkeit Jesus Christus, die Freiheit und Faktizität zugleich ist, gibt es Freiheit in der Kirche und für die Kirche.

Es ist vermutlich nicht übertrieben, wenn man die Wucht, mit der Barth in immer zunehmendem Masse die Wirklichkeit Jesu Christi zum Ausgangspunkt und Endpunkt seines dogmatischen Denkens werden lässt, in Zusammenhang bringt mit der "neuen Bewährung der einen alten Offenbarung in Jesus Christus"[42] im Barmer Bekenntnis. Hier war eine Wirklichkeit *wirklich* geworden, - bei aller ihrer Zweideutigkeit - in der zu stehen, zu leben und zu sterben möglich ist. Freiheit galt Barth eben nicht als Parergon, sie war seine Passion. Für sie hat er gekämpft und gelitten "in den rund 20 Jahren meiner Befreiung vom überlieferten System des 18. und 19. Jahrhunderts"[43], und für ihre Verankerung und Verteidigung hatte er die kirchliche Dogmatik geschrieben. Dass er seine Freiheit und die Freiheit der Kirche in nichts anderem als nur in der Freiheit Gottes, d.h. in Jesus Christus begründet wissen wollte, das zeigt ihn als wahrhaft "freien" Menschen, als wahrhaft "liberalen" Theologen. Versucht die modernistische Theologie die Freiheit Gottes aufzuheben indem sie sagt, "dass nicht sein kann, was nicht sein darf", und versucht die katholische Theologie die Freiheit Gottes dadurch zu beschneiden, dass sie verkündigt, "es kann nicht sein, was nicht schon ist", so steht Barth all dem gegenüber, indem er behauptet: Was bei Gott möglich ist, entscheidet kein Mensch, sondern Gott selbst, und zwar dadurch, dass er sogar das Unmögliche Wirklichkeit werden lässt, ja schon hat Wirklichkeit werden lassen. Diese Wirklichkeit heisst Jesus Christ, und an ihr allein zeigt sich darum, was bei Gott möglich ist.

Mag Barth mit Schleiermacher auch in noch so vielen Punkten formaliter übereinstimmen, gemessen an der Frage nach der Freiheit Gottes sind beide getrennt durch einen gewaltigen Golf, den zu überqueren offenbar beiden unmöglich ist. Wo Barth Gottes Freiheit gewahrt und respektiert wusste, da war für ihn das "gelobte Land", und wo Barth dieser Freiheit nachdachte, war er selbst frei. Als freier Mensch (in seinem Widerspruch!) blieb er

---

[42] **KD II/1** 199.

[43] **BwBu** 312 (12.8.1946).

darum bis an sein Lebensende "nicht zu fassen", kannte er keinen Respekt selbst vor seinem eigenen System und war immer für Überraschungen gut. Er hat auch nie ein Geheimnis daraus gemacht, dass die Quelle seiner Freiheit das "Anfangen mit dem Anfang" war, nämlich das "naive Anfangen eben mit dem Worte Gottes"[44]. Dass man Barth allerdings auch anders verstanden hat (auch anders verstehen konnte), dass seine überraschenden Anfänge auch Anlass zu allerlei Spekulationen gaben, ist eine Tatsache, die nicht zu leugnen ist. Und dieser Tatsache wollen wir uns im nächsten Kapitel zuwenden.

---

[44] **BwTh II** 702 (26.1.1930).

Kapitel 6

ZURÜCK ZU DEN FLEISCHTÖPFEN ÄGYPTENS?

(1948 BIS 1967)

"Und so meditierte er {Barth} immer wieder über die
Möglichkeit einer Theologie, die ganz 'unbarthianisch'
auf der Spur Melanchthons oder Schleiermachers oder
Bultmanns vielleicht doch von den (für seine Ohren
freilich immer noch peinlich neutrisch klingenden) 'beneficia Christi' ausgeht."

E. Busch (1968)[1]

Über die so oder so gearteten Wendungen in der Theologie Karl Barths sind
zahlreiche Mutmassungen angestellt worden. Er selbst hat davon nichts wissen wollen. "Für mich war nie ein Bruch da!" verkündete er noch 1947.[2]
Aber schon das folgende Jahr schien es an den Tag zu bringen: Barths Theologie war ganz offensichtlich in einer Bewegung begriffen, die man schlichtweg nur als "Wende" bezeichnen kann. Markiert wurde diese Wende durch
die Veröffentlichung der KD III/2, der Lehre vom Menschen, und expliziert
wurde sie durch den aufsehenerregenden Vortrag "Die Menschlichkeit Gottes" im Jahre 1956. An demselben Ort, der 1920 die "offene Wendung gegen
Schleiermacher" erlebt hatte, wurde es nun "publik, dass sich sein {Barths}
Denken seit den 'Anfängen der Dialektischen Theologie' tatsächlich tiefgrei-

---

[1] **Gedenkfeier 15.**

[2] **Der Götze wackelt 112.**

fend gewandelt hatte."[3] Rückblickend bemerkt Barth dazu: "Merkwürdigerweise ist's dabei den Leuten erst zu Bewusstsein gekommen, obwohl sie es längst hätten lesen können. Für mich war das ein Rückblick, für viele war's eine Entdeckung."[4]

Tatsächlich hatte Barth keine Geheimnisse ausgeplaudert. Bereits die KD III/1 von 1945 enthält ja so erstaunliche Sätze wie *"creatio* ist *gratia"*[5], oder "die *Analogie* zwischen Gott und Mensch ist sehr schlicht *die Existenz im Gegenüber von Ich und Du".*[6] Und 1946 hören wir: "Nachdem Gott selbst Mensch geworden ist, ist der Mensch das Mass aller Dinge."[7] Als dann Barth schliesslich anstelle von Theologie lieber von "Theanthropologie"[8] sprechen wollte, war das Mass an Verwirrung vermutlich bei Barthianern wie bei Nicht-Barthianern gleich voll.[9] War dies nun die so oft vorausgesagte "Rückkehr" zu den Fleischtöpfen Ägyptens", die Heimkehr zu Schleiermacher und den Seinen? Einer der ersten, die den "verlorenen Sohn" mit offenen Armen, aber nicht ohne Kopfschütteln und nicht ohne den obligaten Zeigefinger wieder "zu Hause" begrüssen wollten, war Emil Brunner. In einer knappen aber pointierten Rezension der KD III/2 nimmt er den angeblichen Heimkehrer gehörig ins Gebet.[10]

---

[3]   **Lebenslauf** 439.

[4]   Ebd. (im Jahre 1964).

[5]   **KD III/1** 32.

[6]   AaO. 207.

[7]   Karl Barth, "Christengemeinde und Bürgergemeinde", **ThSt** 20(1946) 26.

[8]   **EvTh19.Jh** 3.

[9]   Zu allem Überfluss schrieb Barth im Jahre 1960 einen Artikel über "Möglichkeiten liberaler Theologie heute" (**SThU** 30(1960) 95-101), in dem er den Lesern riet, "noch einmal bei Biedermann oder bei Schleiermacher oder bei Martin Buber oder bei Ragaz einzusetzen und ihr Heil zu versuchen". **Lebenslauf** 457.

[10]   E. Brunner, "Der neue Barth", **ZThK** 48(1951) 89-100. Weitere Zitate mit Seitenangabe im Text.

6.1   "Der neue Barth"

In seinen "Bemerkungen zu Karl Barths Lehre vom Menschen"(89) sieht sich Brunner genötigt "von der sonst beidseitig geübten Praxis abzuweichen, dass wir nicht gegenseitig unsere Werke besprechen"(ebd.). Insbesondere antwortet er damit auf die an ihn gerichtete Frage Barths: "ob wir dasselbe meinen oder nicht"(ebd.),[11] und versucht sein "Ja nunmehr zu begründen und zu qualifizieren"(90).

Um den "Gesamteindruck" Brunners vorwegzunehmen: er kann "aus dem Staunen nicht herauskommen"(ebd.). Was er hier bei Barth liest, hinterlässt ihn "einigermassen ratlos"(ebd.):

> "Es gibt 'ein auch durch die Sünde unverändertes und unveränderliches Wesen des Menschen' ..., eine 'unverlierbare und unzerstörbare Ähnlichkeit zwischen des Menschen (göttlicher) Bestimmung und seiner menschlichen Natur' ... . 'Das Geschöpf ist auch durch den Sündenfall kein anderes geworden' ..."(ebd.).

Nach diesen Barth-Zitaten bleibt Brunner nur noch die Frage: "Ist es Karl Barth, der das geschrieben hat? In der Tat, aber nicht der von 1934, sondern der neue Barth."(Ebd.)

Wir sehen also Brunner in freudiger Erregung darüber, dass Barth nun endlich auch dort angekommen sei, wo er, Brunner, schon seit 1934 stand. Aber Brunners Freude ist nicht vollkommen. Es bleibt ein Rest, eine unaufgelöste Unbehaglichkeit. Denn Barth hat - so Brunner - den Begriff des "wirklichen Menschen", diese "eigentliche Crux des interpretierenden Lesers"(92) so gefasst, dass er "mit der christlichen Lehre von der Sünde nicht vereinbar ist"(ebd.). Daran kann denn auch die überraschende und erfreuliche "Aufeinanderbeziehung der gott-menschlichen und der zwischenmenschlichen Ich-Du-Beziehung"(93) und "Barths Lehre von der Humanität"(94) nichts ändern. Denn einerseits kann Brunner durchaus Ja sagen, wenn Barth behauptet,

---

[11]   In Bezug auf Brunners Anthropologie **Der Mensch im Widerspruch** (1937).

> "'das Verhältnis zu Gott ist eine ... notwendige und konstan-
> te Bestimmung seines Wesens' ... und 'von einem Begriff
> des Menschen, in welchem der Begriff Gottes nicht mitge-
> setzt wäre, kann keine Rede sein' ... und das Wesen des
> Menschen muss als 'ein von Haus aus in irgendeiner Bezie-
> hung (!) zu Gott stehendes Wesen verstanden wer-
> den'"(ebd.).

Andererseits kann er aber nicht "ohne ernste Gegenfragen"(ebd.) daran
vorbeigehen, dass Barth sagt:

> "der Mensch ist Gottes Gnade teilhaftig, das ist das Erste, an
> dem kein Zweites (d.h. keine Sünde) etwas ändern kann ...;
> der Mensch kann auch damit, dass er den Bund gebrochen
> hat, den Bund nicht aufheben ..., er kann wohl sündigen,
> aber nur innerhalb des Bundes, der Mensch bleibe auch als
> Sünder der Gnade Gottes teilhaftig"(ebd.).

Dieser Anschauung jedoch stellt Brunner das "Zeugnis der Schrift" gegenüber:

> "Der Sünder hat als solcher keinen Teil mehr am Gnaden-
> bund, er ist nicht mehr innerhalb des Bundes, er ist aus dem
> Bunde herausgefallen und kann nur durch das rettende Wort
> und Werk Christi, das ein anderes ist als das der Schöpfung,
> wieder zur Teilhabe am Bund 'restauriert' werden"(95).

Alles in Allem kann sich Brunner jedoch aus Barths Anthropologie keinen
Reim machen. Den Widersprüchlichkeiten gegenüber, in denen bei Barth der
"wirkliche Mensch" gefangen zu sein scheint, weiss Brunner schliesslich nur
den "Bankrott meines Verstehenkönnens"(96) anzumelden. Am ehesten
meint er darum Barth "nicht so sehr als Systematiker, denn als einen theologischen Dichter"(91) auffassen zu müssen. Und so überrascht es nicht, was
Brunner abschliessend über diesen Band der Kirchlichen Dogmatik sagt: "er
ist von allen Werken Barths sein menschlichstes"(100).

Die Entdeckungen Brunners sind in der Tat erstaunlich und zweifelsohne Grund genug, von einem neuen Barth zu sprechen. Es fragt sich nur,
worin das Neue bei Barth besteht. Durch Barths frühere "Annexionen" vor-
gewarnt, wollen wir darum auf alle vorschnellen Urteile, die sich zunächst

nur auf die Formulierungen berufen können, verzichten. Rein sprachlich findet sich tatsächlich eine ungewöhnliche Übereinstimmung nicht nur mit Brunner, sondern mit Schleiermacher![12] Wir stellen zur Verdeutlichung einige willkürliche Proben zusammen:[13]

Der Mensch muss "als ein von Haus aus in irgend einer *Beziehung zu Gott* stehendes Wesen verstanden werden"(83).

Man wird den Menschen "als geöffnet und bezogen zu Gott hin zu sehen und zu verstehen haben"(84).

"Und wir werden sein Verhältnis zu Gott nicht als eine zufällige, kontingente und vorübergehende, sondern als eine notwendige und konstante Bestimmung seines Wesens interpretieren müssen, so also, dass von einer Anschauung und von einem Begriff des Menschen, in welchen die Anschauung und der Begriff *Gottes nicht* mitgesetzt wäre, zum vornherein keine Rede sein können wird."(Ebd.)

Das Sein des Menschen "ist ein *Sein von Gott* her"(167).

"Es ist ein vom Sein Gottes verschiedenes und in sofern selbständiges, es ist aber ein in dieser Verschiedenheit und Selbständigkeit nicht ohne, sondern allein durch jenes seiendes, es ist ein in jenem schlechthin begründetes und also ein durch jenes schlechthin bestimmtes und bedingtes Sein. 'Schlechthin' will sagen: es kommt ganz und ausschliesslich von jenem her; es ist nur insofern Sein, als es von jenem herkommt; es wäre Nicht-Sein, wenn es nicht von jenem herkäme."(ebd.)

"Er ist insofern erwählt, als er als Mensch ein Geschöpf ist"(174).

"Es ist der Mensch als solcher, ... zum vornherein dazu bestimmt, zum Leibe des Hauptes zu gehören"(ebd.).

Wenn man die Polemik Barths gegen Schleiermacher aus der Zeit seines Exodus und seiner Wüstenwanderung noch im Ohr hat, kann man nicht anders als verblüfft aufhorchen, wenn man nun solche Sätze aus dem Munde

---

[12] Allerdings mit Schleiermacher, wie wir ihn aus der Feder Barths kennengelernt haben.

[13] Aus der KD III/2, die im folgenden im Text zitiert wird.

Barths hört. Allein die Partikel "von Haus aus", "mitgesetzt", "schlechthinige Bedingtheit" rufen in uns lebhafte Erinnerungen an die ehedem so geschmähte "Schleiermacherei" wach. Werden wir hier nicht Zeuge der "Rückkehr zu den Fleischtöpfen Ägyptens", muss Barth nicht schlussendlich (wenn auch uneingestandenermassen) vor Schleiermacher den Hut ziehen? Nun ja, wir werden sehen, was bei einer näheren Betrachtung auf diese Frage zu antworten sein wird. Insbesondere ist zu erfragen, ob Barth es auch so meint wie Schleiermacher, und dabei gilt schliesslich "duo cum faciunt idem non est idem"[14]. Also: was bedeutet für Barth das Mitgesetztsein der Anschauung und des Begriffes Gottes in der Anschauung und im Begriff des Menschen? Was bedeutet es für Barth, dass das Sein des Menschen von Gott her ist? Und was meint Barth damit, dass das Sein des Menschen schlechthin im Sein Gottes bestimmt und bedingt ist?

Wenn Barth sich hier eben jener sprachlichen Floskeln seiner eigenen Schleiermacher-Kritik bedient[15], die zudem sehr nahe bei Schleiermachers eigenem Wortschatz liegen[16], so darf das nicht als Zufall angesehen werden. Vielmehr scheint es so zu sein, dass Barth nicht ohne Absicht die Assoziationen des "Mitgesetztseins", des "schlechthinigen Abhängigkeitsgefühls" und seines "Woher" wachrufen möchte. Ob er vielleicht beweisen will, dass man mit gleichen Worten ganz Unterschiedliches zu sagen vermag?

Der "wirkliche" Mensch, das ist für Barth der ausschliesslich in seinem Gegenübersein zu Gott gesehene und gedachte Mensch. Wie es früher schon vom Glauben gesagt worden war, so auch hier: die menschliche Selbsterkenntnis muss "als ein *Zirkel* bezeichnet werden, in welchem wir an den wirklichen Menschen niemals herankommen können"(87). Es ist nur der "Schattenmensch", der "die Erkenntnis Gottes aus irgend einem Grund abblenden, sich selbst anders als von Gott her, der im Blick auf sich selbst aus irgend einem Grund nur sich selbst und nicht auch Gott sehen will"(Ebd.). Aber: "Der wirkliche Mensch kann davon nicht abstrahieren."(Ebd.)

---

14   AaO. 334.

15   Vgl. **ThSchl** 385ff., 399.

16   Vgl. **GL²** § 4,4.

"Man wird sich immer in Abstraktionen bewegen, solange
man dabei gebannt auf alle übrigen Menschen, oder vielmehr: auf einen Menschen überhaupt und im Allgemeinen
blickt, als ob dessen Anblick - nachdem man davon abstra-
hiert hat, dass einer in ihrer Mitte der Mensch Jesus ist - uns
über den wirklichen Menschen belehren könnte. Man verfehlt dann den einzigen uns wirklich gegebenen archimedi-
schen Punkt oberhalb des Menschen und damit die einzige
Möglichkeit zu dessen ontologischer Bestimmung."(158)

Wirklich ist der Mensch ja nur im Hinblick auf die Wirklichkeit, nämlich das
Faktum, "*dass in der Mitte aller übrigen Menschen Einer der Mensch Jesus
ist*"(ebd.). Durch diesen und in diesem Menschen Jesus hat Gott ein Faktum
geschaffen, welches Vergangenheit und Zukunft aller Menschen bestimmt:
die Erwählung des Menschen. Der Begriff des "wirklichen" Menschen ist
darum der "*theologische* Begriff von dieser Sache"(153) und besagt nichts
anderes als die unleugbare Voraussetzung christlicher Anthropologie, dass
der Mensch in Jesus ein göttliches Gegenüber *hat*, in dem er zugleich
erwählt *ist*. Davon absehen, hiesse die Wirklichkeit Gottes bestreiten. Mitgesetzt ist nach Barth also keineswegs Gott im Menschen, sondern in der
Konzeption des Menschen, in Anschauung und Begriff des Menschen. Mitgesetzt ist Gott im Begriff des Menschen aber auch nur als die selbstverständliche Voraussetzung, aufgrund seiner bereits geschehenen Offenbarung
in Jesus Christus.

Dass Barth so reden kann, ist natürlich nur auf dem Hintergrund seiner
Erwählungslehre möglich. Durch diese Lehre wird nun allerdings weder der
qualitative Unterschied zwischen Jesus Christus und den übrigen Menschen
verwischt[17], noch die Unterscheidung zwischen Gläubigen und Ungläubigen
fallengelassen[18]. Vielmehr sehen wir hier die Konsequenzen der globalen
Ausweitung - nicht des Glaubens, sondern - der Bestimmung des Menschen,
nämlich zur Ehre Gottes.

---

[17] "Anthropologie kann nicht Christologie, Christologie kann nicht Anthropologie
sein. Wir erinnern uns ja: zwischen dem Menschen Jesus und uns andern Menschen steht nicht nur das Geheimnis unserer Sünde, sondern vor allem und entscheidend das Geheimnis seiner Identität mit Gott. ... Wir stehen hier vor dem
unaufhebbaren Unterschied zwischen ihm und uns." **AaO**. 82f.

[18] Vgl. AaO. 634.

Indem Gott nun durch Schöpfung und Erwählung Fakten schafft, bestimmt er den Menschen "schlechthin". So wie das Geschaffene durch sein Erschaffensein grundsätzlichdie Möglichkeit "nicht zu sein" nicht hat, so steht auch der existierende Mensch in seiner Existenz vor einem Faktum, demgegenüber er keine Wahl mehr hat: er *ist*, und er *ist* erwählt! Der Erwählung Gottes gegenüber hat der Mensch keine Freiheit: "Was immer seine Freiheit sei - in der Freiheit, der Herrschaft Gottes zu entlaufen, wird sie nicht bestehen können"(85). Nur in dieser Hinsicht will Barth die Freiheit des Menschen eingeschränkt sehen: er kann nicht sein, was er nicht ist. Somit kann er auch durch die Sünde seine Bestimmung nicht verfehlen, denn "der Mensch vollzieht damit, dass er sündigt, keine neue Schöpfung; er kann damit keine wesentliche Veränderung des ihm gegebenen Wesens fertig bringen"(271f.). In diesem Sinne kann darum der Mensch nicht sündigen, d.h. gegen seine Erwählung angehen: dass er es aber faktisch tut, bleibt Barth ein Rätsel des Menschseins, das Barth nur mit der "Bedrohung" und "Gewalt" des "Argen" meint erklären zu können (171): "Kein Mensch und keine Kreatur hat in sich selbst die Macht, sich dieser Bedrohung zu erwehren."(ebd.).

Wir stehen hier allen Ernstes vor der Frage, ob nicht Barths Lehre von der Erwählung das genaue Pendant zu Schleiermachers Begriff "schlechthiniger Abhängigkeit" sein möchte. Freiheit, als relatives Moment, ja. Aber im Blick auf den Quellort allen Seins, das "Woher" allen Seins, nur absolute, "schlechthinige Abhängigkeit". Ob Barth es so gemeint hat? Die Formale Ähnlichkeit ist tatsächlich irreführend[19]. Denn: erstens ist Schleiermachers Begriff eine anthropologische Bestimmung, die auch ohne den Gottesbegriff ihren logischen - wenn auch nicht theologischen - Platz wird behaupten können, während Barth die Bestimmtheit des Menschen ja nur von Gott her und seiner Offenbarung in Jesus Christus gewusst und erkannt haben will. Die schlechthinige Abhängigkeit ist für Barth eben nicht phänomenologisch eruierbar, sondern nur theologisch konstatierbar. Zweitens will Schleiermacher seinen Begriff gerade ohne jeden Gegenstand verstanden wissen[20], also - nach Barth - ohne jedes Gegenüber. Dieses aber, dieses Gegenüber des Menschen, Jesus, ist nun allerdings für Barths Anthropologie, wie wir sahen,

---

[19]   Vgl dazu **KD III/3** 132.

[20]   Vgl. **GL²** § 4,3. Darauf, dass es sich hier um ein mögliches Missverständnis Barths handelt, werden wir weiter unten zu sprechen kommen (vgl. Kap. 3 der Ergebnisse: "Zur Beurteilung von Barths Schleiermacher-Kritik).

schlichtweg konstitutiv. Der "neue" Barth ist also immer noch der alte. Gewiss, er führt weiterhin vormals geschmähte Begriffe ihrem usus theologicus zu, aber die Heimkehr nach Ägypten findet nicht statt. Obwohl es eigentlich keiner weiterer Zeugen bedarf, wollen wir noch das Zeugnis aus Barths eigenem Munde vernehmen:

> "Die Frage nach dem Wesen des Menschen in diesem Sinn: als Frage nach dem *spezifisch* menschlichen Wesen inmitten der übrigen Wesen des Kosmos ist in der Theologie der Neuzeit eine Grundfrage der sog. *Apologetik* geworden. Merkwürdig und interessant genug: Auf den Beweis und auf die Beweise der besonderen Existenz eines von der Welt verschiedenen *Gottes* hatte man längst verzichten gelernt. Hätte dieser Verzicht nur gute Gründe gehabt! Wäre er doch deshalb erfolgt, weil man auf Grund von Gottes Selbstbeweis in seinem Wort und Werk keiner von uns aus zu führenden Gottesbeweise bedurfte! Wäre er doch nicht deshalb erfolgt, weil man jenen göttlichen Selbstbeweis nicht mehr so recht kannte und darum an Gott als Gott, an seine von der Existenz der Welt verschiedene Existenz nicht mehr so recht glauben wollte, darum dann auch nicht mehr so recht wusste, was hier eigentlich zu beweisen sein sollte! Man hatte aber unterdessen unter der entscheidenden Führung *Schleiermachers* auf der ganzen Linie die Entdeckung gemacht, dass das eigentliche Thema der Theologie in der menschlichen Religion und Frömmigkeit, in ihren Aussagen über sich selbst bestehe. Man hatte sich unterdesssen daran gewöhnt, bei der Vokabel 'Gott' an einen blossen 'Objektgehalt' des frommen menschlichen Bewusstseins zu denken. Weil man diesen 'Gott' eine von der Existenz der Welt verschiedene Existenz im Ernst nicht zuschreiben konnte, darum ... hatte man es so leicht, die von *Kant* vollzogene Auflösung der alten Gottesbeweise sich gefallen zu lassen."(92)

Nicht nur Barth bleibt derselbe, auch Schleiermacher ist nachwievor die Gallionsfigur der abzulehnenden anthropozentrischen Apologetik. Im Hinblick auf den anfangs zitierten Artikel Brunners bleibt nur anzumerken, dass Brunner vermutlich keine Ahnung davon hatte, wie radikal Barth sich weigerte vom Menschen anders als strikt "theologisch" denken zu wollen.

6.2   Retractatio

Es bleibt uns nun noch die Aufgabe nachzuprüfen, inwiefern Barth in seinem
1956 gehaltenen Vortrag über "Die Menschlichkeit Gottes" nicht doch eine
Wendung beschrieben hat, die uns bisher verborgen geblieben sein mochte.
Immerhin will er diese neuerliche Wende jener anderen "vor nun rund vierzig Jahren"[21] gegenübergestellt wissen. Was uns hier zu interessieren hat, ist
vor allem das Verhältnis dieser beiden Wendungen zueinander: hat die zweite die erste etwa aufgehoben? Ist die "Menschlichkeit Gottes" etwa nur das
längst fällige Eingeständnis, dass man seinerzeit über das Ziel hinausge-
schossen war? Hat es sich bei dem Exodus der frühen Jahre etwa gar um ein
jugendliches Missverständnis gehandelt, dem nun in der Zeit der Reife der
gehörige Tribut zu zahlen war? War Barth also doch zu Bultmann und
Gogarten zurückgekehrt und hat sich, natürlich mit vielen Schnörkeln, doch
noch dazu durchgerungen, von Gott nicht anders reden zu wollen, als indem
er vom Menschen redet?

Die erste Wendung hatte "ausgesprochen *kritisch-polemischen* Charakter"(4), richtete sich gegen die damals herrschende evangelische Theologie,
die "fast auf der ganzen Linie, jedenfalls in allen ihren repräsentativen
Gestalten und Richtungen *religionistisch* und damit *anthropozentrisch* und in
diesem Sinn: *humanistisch* geworden"(5) war. In ihr "wurde der *Mensch*
gross gemacht auf Kosten *Gottes*"(ebd.). Das Erschrecken darüber führte
nun zu einer Gegenbewegung, die die "Göttlichkeit Gottes"(9) betonte, ja
überbetonte. Das "berühmte 'senkrecht von oben' hereinbrechende *totaliter
aliter* und der nicht weniger berühmte 'unendliche qualitative Unterschied'
zwischen Gott und Mensch"(7) waren allerdings Töne, die "doch ein bis-
schen arg unmenschlich und teilweise auch schon wieder - nur nun eben
nach er andern Seite - häretisierend gesagt"(8) wurden. Es wurde auch tüch-
tig "verdächtigt", "aufgeräumt" und "spöttisch gelacht", so dass das Ganze
"der Nachricht von einer enormen Hinrichtung"(ebd.) mehr ähnelte als der
"Botschaft von der Auferstehung , auf die es doch abzielte"(ebd.). Das
erweckte den Eindruck, man wolle "Schleiermacher zur Abwechslung von
den Füssen auf den Kopf stellen, das heisst *Gott* zur Abwechslung auf
Kosten des *Menschen* gross zu machen"(ebd.). Es steckte jedoch in dem
"Religionismus, der Anthropozentrik, dem misslichen Humanismus jener
Theologie der Vorzeit etwas Unaufgebbares"(ebd.), eben die "*Menschlichkeit* Gottes".

---

21   **Menschlichkeit** 3. Seitenangaben im Text.

"Uns faszinierte damals zunächst das Bild und der Begriff eines 'ganz Anderen', das wir nun doch nicht unbesehen mit der Göttlichkeit dessen hätten identifizieren dürfen, der in der Bibel Jahve-Kyrios heisst - das in der Isolierung, Abstraktion und Verabsolutierung, in der wir es betrachteten und dem Menschen, diesem elenden Tropf, gegenüberstellten ... mit der Göttlichkeit des Gottes der Philosophen immer noch oder schon wieder grössere Ähnlichkeit hatte als mit der des Gottes Abrahams, Isaaks und Jakobs."(9)

Es war Barth damals entgangen, "dass die *Göttlichkeit* des *lebendigen* Gottes ... ihren Sinn und ihre Kraft im Kontext seiner Geschichte und seines Dialogs mit dem *Menschen* und also in seinem *Zusammensein* mit diesem hat"(10).

"Wer Gott, und was er in seiner Göttlichkeit ist, das erweist und offenbart er nicht im leeren Raum eines göttlichen Fürsichseins, sondern authentisch gerade darin, dass er als des Menschen (freilich schlechthin überlegener) *Partner* existiert, redet und handelt. Der *das* tut, ist der lebendige Gott. Und die Freiheit, in der er *das* tut, ist seine Göttlichkeit. Sie ist die Divinität, die als solche auch den Charakter von Humanität hat."(Ebd.)

Die Deutlichkeit der Selbstkritik Barths lässt nichts zu wünschen übrig.[22] Und doch wäre es völlig verfehlt, wenn man darin eine Ablehnung der Anfänge der Dialektischen Theologie sehen wollte. Nur das nicht! Die Wendung zur Menschlichkeit Gottes geschieht nämlich "nicht im Gegensatz, sondern im *Unterschied*"(3) zu der früheren Wendung, d.h. nicht in der Aufgabe früherer Frontstellungen, nicht im Rückzug, sondern in einer "Retraktation"(7):

"Darum konnte es sich auch später, darum kann es sich auch heute nicht handeln, jene Wendung zu verleugnen oder rückgängig zu machen. Wohl ging es nachher und geht es heute um eine 'Retraktation'. Eben eine *echte* Retraktation besteht aber keineswegs in einem nachträglichen Rückzug, sondern in einem neuen Ansatz und Angriff, in welchem das zuvor

---

Mit einer Ausnahme: Barth sagt hier immer nur "wir"!

Gesagte erst recht, nur nun eben besser, zu sagen ist. War
das, was wir damals entdeckt zu haben meinten und vor-
brachten, kein letztes, sondern ein retraktationsbedürftiges,
so war es doch ein wahres Wort, das als solches stehenblei-
ben muss, an dem es heute kein Vorbeikommen gibt, das
vielmehr die Voraussetzung dessen bildet, was heute weiter
zu bedenken ist. Wer jene frühere Wendung nicht mitge-
macht haben, wem es etwa noch immer nicht eindrücklich
geworden sein sollte, dass Gott Gott ist, der würde, was nun
als wahres Wort von seiner Menschlichkeit weiter zu sagen
ist, sicher auch nicht in Sicht bekommen."(Ebd.)

(Mit e.W.: der auf dem Kopf stehende Schleiermacher wird nicht etwa wieder auf die Füsse gestellt, sondern hat inzwischen gelernt auf den Händen zu
laufen!) Die Gültigkeit des Satzes von der Göttlichkeit Gottes bleibt auch
nach dieser zweiten Wendung bestehen, aber "in positiver Aufnahme, nicht
in unbesonnener Verwerfung der *particula veri* {jener Theologie der Vor-
zeit}, die man ihr ... unmöglich absprechen kann"(10). Denn: "Gottes recht
verstandene *Göttlichkeit* schliesst ein: seine *Menschlichkeit*"(ebd.).

Barth behauptet jedoch nicht einfach, er begründet, und seine Begründungen sind uns nicht unbekannt: Freiheit und Faktizität Gottes in der Person Jesus Christus.

"Wer und was Gott und wer und was der Mensch in Wahrheit ist, das haben wir nicht frei schweifend zu erforschen
und zu konstruieren, sondern dort abzulesen, wo ihrer beider
Wahrheit wohnt: in der in Jesus Christus sich kundgebenden
Fülle ihres Zusammenseins, ihres Bundes."(11)

In Jesus Christus ist beides, Gottes Göttlichkeit und Gottes Menschlichkeits,
Wirklichkeit geworden. Gottes Göttlichkeit in Jesus besteht nun darin, "dass
Gott selbst in ihm souverän redendes und handelndes *Subjekt* ist: *Er* ist der
Freie, in dem alle Freiheit ihren Grund, ihren Sinn, ihr Urbild hat"(12). "Got-
tes hohe Freiheit ist in Jesus Christus seine Freiheit zur Liebe."(ebd.)

"Aber das ist das Geheimnis, in welchem er uns in der Existenz Jesu Christi begegnet: er will in seiner Freiheit tatsächlich nicht ohne den Menschen, sondern *mit* ihm, und in derselben Freiheit nicht gegen, sondern ohne gegen sein

Verdienst *für* ihn - er will faktisch des Menschen Partner und allmächtiger Erbarmer und Heiland sein."(14)

Und diese "freie Bejahung des Menschen, seine freie Teilnahme an ihm, sein freies Eintreten für ihn - das ist Gottes Menschlichkeit."(15) Echte Göttlichkeit schliesst eben auch echte Menschlichkeit in sich. In Jesus ist Gott menschlich, ist der, "der sich die Schwachheit und Verkehrtheit, die Ratlosigkeit und das Elend des ihn umgebenden Menschenvolkes zu Herzen gehen lässt"(ebd.). "So wie er ist *Gott*"(ebd.). "Der Gott Schleiermachers kann sich nicht erbarmen. Der Gott Abrahams, Isaaks und Jakobs kann und tut es."(Ebd.)

"Der Gott Schleiermachers kann sich nicht erbarmen." Das sind nicht die "Fleischtöpfe Ägyptens", aus denen Barth hier speist, das sind die Farben des "Gelobten Landes", nicht die Möglichkeiten menschlicher freihändiger Gottesspekulationen, sondern die Wirklichkeit der tatsächlichen Gottesoffenbarung in Jesus Christus; nicht die Eigenbewegung der menschlichen Freiheit, sondern das Mitgehen und Nachdenken der göttlichen Freiheit, die in Jesus "factum est" (Joh. 1,14). Also auch dieser Vortrag aus dem Jahre 1956 zeigt uns keinen "neuen" Barth, sondern den alten Schleiermacher-Gegner.[23] Und die von Barth beschriebene Wendung dürfte u.E. keine andere sein als die, die wir oben mit dem Einzug ins "gelobte Land" verglichen haben, die Wende zur "Kirchlichen Dogmatik".[24] Diese Behauptung bedarf allerdings einer gewissen Qualifizierung.

"Retractatio" nannten wir in der Überschrift diesen Abschnitt und meinten damit auch die neue polemische Spitze, die in Barths neuem "Ansatz und Angriff"(7) zum Ausdruck kommen soll. Stand schon die erste

---

[23]　Noch deutlicher wird das in einem weiteren Vortrag Barths aus dem Jahre 1957, "Evangelische Theologie im 19. Jahrhundert". (= **EvTh19.Jh**). Wir erwähnen diesen Vortrag nur beiläufig, da er neben den bereits früher geäusserten Urteilen Barths über das 19. Jahrhundert keine Neuigkeit bringt (vgl. S.4, 8, 10, 13, 14, 15, 16, 18, 22).

[24]　Dass diese Wende erst mit der Durchführung der Anthropologie in der **KD** aktuell und explizit wurde, spricht nicht dagegen. Inwiefern die "Wende zur Analogie" (v.Balthasar) direkte oder indirekte Einwirkung Tillichs ist ("Der scharfsinnige Freund vom andern Ufer" **Menschlichkeit** 9) müsste einmal eingehend untersucht werden!

Wende im Zeichen des Befreiungskampfes gegen die Theologie Schleiermachers, so auch die zweite. Hiessen die Gegner damals Harnack und Troeltsch und "Christliche Welt", so heissen sie jetzt Bultmann und "Entmythologisierung". Warum Barth diese neue Attacke nun nicht mehr unter dem Banner der "Göttlichkeit" Gottes, sondern im Namen der "Menschlichkeit" Gottes führt, bleibt nun zu fragen.

Die erste, naheliegende Antwort ist die, dass Barth - wie viele andere auch - das immer zunehmende Ausmass von Unmenschlichkeit in der Welt als Bedrängnis erfuhr. Der zweite Weltkrieg hatte ja noch mehr als der erste die Wahrheit ans Licht gebracht, dass nicht nur der Mensch, aber die Menschheit insgesamt an einem Abgrund stehen - dem Abgrund des Nichts. Ist also Barths zweite "Wende" wiederum "Kriegstheologie"? Nein, sie ist es nicht (so wenig wîe die erste). Was Barth mit und nach der KD III/2 sagt, ist nichts anderes als das alte Blumhardtsche: "Jesus ist Sieger!", das wir oben in Kapitel II kennengelernt hatten. 1920 hatte er diese Wahrheit nicht anders sagen können, als indem er diesen Sieg einzig und allein an der Göttlichkeit Jesu - und das hiess an seiner Jenseitigkeit[25] - festmachte. Aber natürlich ging es auch damals schon um dieses Gegenüber in der Person Jesu Christi. Es war aber seinerzeit unmöglich, "Jesus Christus" zu sagen und hoffen zu dürfen, verstanden zu werden. Zweifelsohne ging es Barth auch damals schon um die Wahrheit, dass der Mensch ein echtes, lebendiges, ansprechbares und *redendes* Gegenüber besass. Was bedeutete denn das "deus dixit" anderes, als dass es ein tatsächliches redendes, sich offenbarendes Gegenüber *gab*? Auch damals schon hiess dieses Gegenüber "Jesus Christus". Dass nun aber dieser Jesus Christus so wenig Mensch war (in der Barthschen Darstellung), das musste seinerseits auch in die Irre führen, war selbst bereits wieder "häretisierend"(8). Den Erfahrungen des Hitler-Regimes und des zweiten Weltkrieges gegenüber musste und durfte jetzt die andere Seite des Blumhardt-Satzes betont werden: *Jesus* ist Sieger! Die Offenbarung Gottes in Jesus war zugleich die Offenbarung wahrer Menschlichkeit. Hier war zu suchen, hier war zu hoffen, hier war zu erwarten, dass auch dem Vakuum des Nihilismus eine Grenze gesetzt war:[26] das liebende, sich erbarmende

---

25   Man sehe sich daraufhin die frühe Christologie Barths an, z.B.: " Die menschliche Natur Christi hat keine eigene Persönlichkeit". **UCR** 193.

26   Vgl. hierzu Barths Ausführungen über das "Nichtige" in der **KD III/3** , welches von Gott "durch seine in Jesus Christus erschienene und kräftige Barmherzigkeit gerichtet" ist. AaO. 327.

Gegenüber des lebenden, redenden Gottes Jesus Christus.

Hierin steckt auch bereits die zweite Antwort auf die obige Frage, warum Barth seinen Kampf nun als Streiter für die "Menschlichkeit" Gottes weiterführte: die Theologie hatte - unter den Ägiden des Bultmannschen Entmythologisierungsprogramms - das göttliche Gegenüber in Jesus Christus wieder preisgegeben (falls sie es ernsthaft je besessen hatte). In jener Theologie war der Mensch wieder einmal mit sich allein beschäftigt, seinem Glauben, seiner Existenz und einem nebulösen Gott, dem man unter solchen Voraussetzungen eine "Menschlichkeit" allenfalls andichten konnte. Aber damit war ja die Theologie bereits wieder im Fahrwasser Schleiermachers, und so versteht es sich, dass auch unsere hier besprochene "retractatio" in ihrer Spitze Kampf gegen Schleiermacher blieb. Insofern ist sie nun also nicht identisch mit der Wende zur "Kirchlichen Dogmatik", als sie sich im Zeichen der Menschlichkeit Gottes gegen Bultmanns Entmythologisierung richtete.

Wir beschliessen dieses Kapitel - im Wissen, dass Barth keine Rückkehr zu den Fleischtöpfen Ägyptens im Sinn hat, - mit einem Seitenblick auf Bultmann, den "modernen Schleiermacher".

6.3   Bultmann - Schleiermacher redivivus

Barths Urteil über Bultmann lässt sich nicht ohne Bedenken auf die Formel "Schleiermacher redivivus" bringen. Zum Einen hat ja Barth in seinem Leben zu viele verschiedene Menschen der "Schleiermacherei" bezichtigt als dass es geboten schiene, diesen Vorwurf vorbehaltlos auf eine Person konzentriert sich denken zu dürfen. Zum Anderen hat Barth, je länger je mehr, die Person und Theologie Schleiermachers als auf weiter Flur einsam ragend geschildert und hätte also wohl Bultmann diese Ehre nicht gerne angetan.[27] Wenn wir uns hier doch dazu entschlossen haben, Bultmann - wie Barth ihn sieht - mit einem solchen Titel zu versehen, so hat das aber gute Gründe:

---

[27]   "Ich bitte Sie: Bultmann verglichen mit Schleiermacher ... !" **Briefe** 158 (13.7.1963 an Landessuperintendant D. Walter Herrenbrück).

Erstens wäre damit zum Ausdruck gebracht, dass nach Barths Ansicht die Theologie Schleiermachers sich auch nach über hundert Jahren noch bester Gesundheit erfreute und eben vorzüglich in der Arbeit Bultmanns offen zutage trete. Zweitens soll damit gesagt sein, dass die emotionale Ablehnung Schleiermachers, die wir bei Barth in den 20er Jahren miterleben, immer stärker auf Bultmann übertragen wurde (und damit - ob hier wirklich ein ursächlicher Zusammenhang vorliegt? - eine spürbare Entlastung des Verhältnisses Barths zu Schleiermacher bewirkte). Und drittens heisst es, dass Barths (meist) stiller Kampf gegen Bultmanns Theologie nur von dieser Identifikation mit Schleiermacher voll verständlich wird.

Es ist hier nicht der Ort, Barths facettenreiche Beziehung zu Bultmann darzustellen. Sie ist jedenfalls darin unvergleichlich, als Barth an keinem anderen "Dialektiker" (Thurneysen ausgenommen) eine so intensive Anteilnahme bekundete und mit keinem anderen in so energischer Auseinandersetzung stand wie mit Bultmann. Das offene[28] oder stille[29] Gespräch mit Bultmann hatte möglicherweise auch darin eine Pointe, dass Barth Zwiesprache hielt mit seiner eigenen Vergangenheit, war er doch trotzig-stolz selbst einmal "ein ganzer Marburger"[30] gewesen. Nein, woran wir hier lediglich interessiert sind, ist die Frage, ob nicht die Art und Weise, wie Barth in Bultmann einen Sprössling von "Vater Schleiermacher"[31] zu sehen glaubte, auch Aufschluss gibt über das zunehmend verschlüsselt dargestellte Verhältnis zu diesem "Kirchenvater".

In den zwanziger Jahren standen sich Barth und Bultmann zwar wohlwollend, jedoch distanziert gegenüber. Dabei hat es den Anschein, als hätte Barth nie eine letzte Reserviertheit, ein letztes Misstrauen den Unternehmungen Bultmanns gegenüber aufgeben wollen. Bultmann "und mit ihm die Gogartenecke"[32] waren ihm irgendwie suspekt, denn er verstand "rein tech-

---

28   Vgl. die umfangreiche Korrespondenz zwischen ihnen: **BwBu.**

29   S. Vorwort zu **KD IV/1.**

30   Briefe an J.Rathje v. 27.4.1947, **Lange** 366.

31   "Look at Rudolf Bultmann; he stems from Father Schleiermacher!" **Table Talk** 41.

32   **BwTh II** 424 (15.6.1926).

nisch auf weite Strecken *nicht* recht, was da passiert"[33]. Bultmann und Gogarten waren ihm darum "immer merkwürdig unfasslich"[34]. Zu einer regelrechten Abwehrbewegung kam es erst Anfang 1930, als Barth, unter dem Eindruck seiner Vorlesung über die Theologie des 19. Jahrhunderts, unverhohlen die Meinung vertrat, "es bereitet sich auf der ganzen Linie eine ganz ungute Sache vor, bei der ich unter keinen Umständen dabei sein will."[35]

> "In Marburg wird nun bereits wieder offen von einer 'Möglichkeit' des Glaubens, wie sie durch die Philosophie aufzuweisen sei, und die nachher das Kriterium der Reinheit der theologischen Begriffe sein solle, geredet. ... Ich weiss nicht, sehe ich in der Hitze des Semestertages zu leidenschaftlich, aber mir sträuben sich einfach alle Haare auf dem Kopf gegen die ganze Wirtschaft, von der wir da in nächster Nähe umgeben sind, und ich weiss nicht, ob es sich mir nicht einmal zu einem grossen Abwehr- und Abschiedsartikel an Emil [Brunner], Paul [Tillich], Friedrich [Gogarten], Rudolf [Bultmann] e tutti quanti zusammenballen wird, aussagend, dass ich, wenn ich da ankommen wollte, nicht einmal mehr Pfarrer in Safenwil sein, geschweige denn die Welt mit der Ankündigung eines theologischen Neuansatzes behelligen möchte."[36]

Der angedrohte "Abschied" kam denn auch knapp vier Jahre später. Wenngleich Barth seine Absage auch in globo erteilte, so scheint doch insbesondere Bultmann gegenüber der Vorwurf des Schleiermacherianismus ein besonderes Gewicht zu besitzen. Bei keinem Zweiten in der Dialektikergruppe war das Erbe Schleiermachers so offensichtlich, so mit den Händen zu greifen, wie bei ihm.

---

[33]   Ebd.

[34]   Ebd.

[35]   AaO. 700 (26.1.1930).

[36]   AaO. 701.

"Ich meine: dass Sie mit Ihrer Verhältnisbestimmung von
Anthropologie und Theologie das 18. und 19. Jahrhunderts
so wenig los geworden sind, dass sie das alte unverschämte
Diktat der modernen Philosophie unter dem neuen Heideg-
gerschen Vorzeichen so wenig erkannt und abgewiesen
haben, dass ich mich bei Ihnen schliesslich einfach in dasselbe Diensthaus Ägyptens zurückversetzt fühle, das wir nach
meiner Auffassung mit der Absage an Schleiermacher und
mit dem neuen Anknüpfen an die Theologie der Reformatoren verlassen haben sollten."[37]

Es ging Barth, wie wir inzwischen wissen, bei seiner heftigen Ablehnung um
die "theologische" Begründung der Theologie, d.h. um ihre Freiheit. Und es
ist wohl von Bedeutung, dass Barth zu seinem vernichtenden Urteil nur über
das Studium der Theologie des 19. Jahrhunderts kam. M.a.W.: die Theologie
Schleiermachers und seiner Nachfolger wurde ihm zu einem Schlüssel zum
eigentlichen Verständnis des Bultmannschen Ansatzes; er begann Bultmann
besser zu verstehen, als dieser sich - von seinen Voraussetzungen aus - je
verstehen konnte. Barth sah deutlich, was Bultmann offensichtlich verborgen
geblieben war: die "methodische Zusammengehörigkeit der Schleiermacher-
De Wetteschen und der Bultmannschen Konzeption"[38]. Er sah auch schon
das Schema voraus, "nach dem wohl auch die Einleitung zu einer Dogmatik
im Sinne von *Bultmann* verlaufen müsste"[39]: "anthropologische Möglichkeit", "historisch-psychologische Wirklichkeit", "Methode". Es war nicht
Hellsichtigkeit, sondern Scharfblick, besser: Durchblick, dass Barth den tatsächlichen Gang der Entwicklung Bultmanns so genau hat voraussagen können.[40] Das "Entmythologisierungsprogramm" Bultmanns und seine "existentiale Interpretation" entsprechen genau dem obigen Schema.[41]

---

[37]   **BwBu** 118 (27.5.1931).

[38]   **KD I/I** 36.

[39]   Ebd.

[40]   Bekanntlich hat sich Barth jedoch gerade Bultmann gegenüber mehr als einmal
       nicht als wahrer Prophet erwiesen!

[41]   So auch **Mildenberger** 31: "Man fragt zuerst nach der - ontologischen - Mög-
       lichkeit, um dann von dieser Möglichkeit aus die - ontische - Wirklichkeit zu

In den folgenden Jahren kam es zu immer gröberen Polarisierungen zwischen Barth und Bultmann samt ihren Anhängern. An Vermittlungsversuchen hat es freilich nicht gefehlt , aber Barth verbat sich ausdrücklich derlei "Kombinationen"[42], die ja nichts anderes waren als "Kompromisse"[43]. Ob man die bestehenden Differenzen auf blosse Missverständnisse reduzieren darf, ist mehr als fraglich. Insbesondere Barth hat ja überdeutlich dokumentiert, wie gut er Bultmann verstanden habe, nicht zuletzt durch den berühmten "Versuch, ihn zu verstehen"[44]. Es ist eben kein Mangel an intellektuellem Verständnis, wenn man "sich nicht mehr versteht". Hier standen Grundsatzentscheidungen zur Debatte, und darum meint Barth,

"dass heute *gewählt* werden muss zwischen einer ... nicht einmal verbesserten anthropologischen Ontologie - und von da aus Rückkehr ins finstere 19. Jahrhundert ... - und einer ernstlich verbesserten Ordnung des Verhältnisses von Objekt und Subjekt der Theologie - von da aus (jenseits von Fundamentalismus und Liberalismus!) Vordringen zu einer geistlich (pneumatikoos) erleuchteten und erleuchtenden evangelisch-ökumenischen Verkündigung."[45]

---

fassen. Glaube, oder Gottesbeziehung, oder wie man sagen mag, wird also zunächst als eine ontologische, nicht als eine ontische Bestimmung des Menschseins erfragt. So geht das in der Regel zu, von Schleiermacher bis hin zu der existentialen Interpretation R.Bultmanns und seiner Schüler."

42 "Auch Sie ... gehören also zu den zahlreichen Leuten, die das künftige Heil der Theologie in irgend einer Kombination zwischen mir und der Bultmann-Schule zu suchen meinen. Das ist eine mir aufs Tiefste problematische 'Heilsgeschichte'." **Briefe** 147 (28.6.1963 an R.G. Smith).

43 "Es wäre bedauerlich, wenn Ihre Theologie einen Kompromiss einginge mit der Bultmann'schen. Jede reformatorische Tat kommt eines Tages in die Versuchung des Kompromisses." **BwBu** 219 (Juli 1924, Brief von O. Urbach an Karl Barth!).

44 Karl Barth, **Versuch** (1952).

45 **Briefe** 147.

Zu seinem Leidwesen musste Barth feststellen, dass die theologische Jugend gewählt hatte, nämlich die Schule Bultmanns, und dass er mit seinen "bisher 12 Bänden den Einbruch dieser Sintflut nicht verhindern konnte"[46]. Es gehört sicher zu den wehmütig stimmenden Kapiteln der Lebensgeschichte Barths, dass er durch Bultmann und seine Anhänger sein Lebenswerk destruiert sah. Kein Wunder also, wenn er von neuem die Gefühle in sich aufsteigen sah, die einst für die Zeit seines Exodus so charakteristisch waren: "Vor dem Treiben unserer theologischen Existentialisten kann ich je länger umso mehr nur Ekel und Abscheu empfinden."[47] Daher auch die Scheu, nach seiner Emeritierung die Arbeit an der KD wieder aufzunehmen, aus Furcht, dass er "zu dem schlechthin entrüsteten Stil des zweiten Römerbriefes zurückkehren könnte, wonach dann alle die schönen über mich geschriebenen Bücher neu geschrieben werden oder ein tief befremdetes Schlusskapitel bekommen müssten."[48]

Muss man diese Töne auch der üblichen Emeritierungs-Depression zugute halten, bleibt doch das Faktum bestehen, dass Barth bei allem (vorgespielten?) Wohlwollen[49] und aller (scheinbaren?) Überlegenheit Bultmann gegenüber, in diesem gerade die Theologie höchst lebendig vorfand, die er doch ein Leben lang intensivst bekämpft und sogar überwinden zu können geglaubt hatte. Die Verwandschaft Bultmanns mit Schleiermacher ist so vielfach angemerkt worden[50], dass hier nur noch die Aufgabe bleibt, die Merkmale herauszustellen, in denen Barth in vorzüglicher Weise Schleiermacher

---

[46]   **Briefe** 82 (31.7.1962 an H.Gollwitzer).

[47]   Ebd.

[48]   AaO. 84.

[49]   Durch seine überwiegend sehr sachliche Auseinandersetzung mit den Gedanken Bultmanns hat Barth selbst (wie bei Schleiermacher) Anlass zu dem Missverständnis gegeben, die Opposition zu Bultmann sei nur eine Marginalie, nur eine vorübergehende Verstimmung. Aber Barth meinte es anders:"Dass ich mit Bultmann und den Seinen nicht einig gehe, habe ich nicht nur in dem Heftchen 'Ein Versuch, ihn zu verstehen', sondern in der ganzen Kirchlichen Dogmatik, insbesondere in den letzten Bänden, öffentlich und deutlich genug zu verstehen gegeben." **Briefe** 369 (4.12.1966 an einen Pfarrer in Deutschland).

[50]   **Lorenzmeier** 28ff. **Mildenberger** 31, **Niebuhr** 8, **Schultz** 41ff.

in Bultmann wiederentdeckte.

1. Wie wir oben bereits zeigten, war es zuerst die fundamentale Entscheidung, von woher die Gültigkeit theologischer Sätze zu bestimmen sei (KD I/1 36). Bultmann behauptete ja - so Barth - "dass man einen theologischen Satz dann und nur dann als gültig bejahen kann, wenn er sich als ein echter Bestandteil des christlichen Verständnisses der *menschlichen Existenz* ausweisen kann"[51]. Dies erscheint aber als höchst zweifelhafte Grundlage, denn die "sämtlichen Hauptsätze des christlichen Bekenntnisses erfüllen dieses Postulat auch nicht"[52]. Inbesondere ist davon die Auferstehung Jesu "in der Zeit und im Raume" betroffen, weil sie dieses Postulat nicht erfüllt. Damit ist nun allerdings der Kirche der Boden unter den Füssen weggezogen, denn man "glaubt im Sinn des Neuen Testamentes an den *auferstandenen* Jesus Christus oder man glaubt nicht an ihn"[53]. Nun ist Bultmann aber keineswegs der Entdecker dieses Neulandes:

> "Die anthropologische Enge, in die Bultmann die systematische und mit ihr leider auch die exegetische Theologie verweist, ist ein Erbe von *W.Herrmann* und weiterhinauf von *Albr. Ritschl* und *Schleiermacher* - ein Erbe, das man mit guten Gründen auch ausschlagen kann, um dann auch gegen die Auferstehung Jesu jedenfalls von hier aus keinen grundsätzlichen Einwand haben zu müssen."[54]

2. Hinter der grundlegenden Frage nach der Gültigkeit theologischer Sätze steht natürlich die Frage nach dem Motiv solchen Treibens. Eine Antwort sieht Barth darin, dass Bultmann "als ein *Apologet* - natürlich im Sinn

---

[51] **KD III/2** 534. Vgl. dazu **Mildenberger** 31: "Dogmatische Aussagen müssen sich direkt als Aussagen über christliches Selbstbewusstsein ausweisen - nur so können sie Geltung beanspruchen, meinte Schleiermacher .... Und in der Bultmannschen Hermeneutik müssen alle Aussagen der Tradition durch 'existentiale Interpretation' aufbereitet werden, wenn sie als 'verständlich' gelten wollen."

[52] **KD III/2** 534.

[53] AaO. 535.

[54] **Versuch** 42. Seitenangaben im Text.

und Format Schleiermachers und dann erst noch ganz eigener Art -" anzusprechen ist. Zwar ist diese Tendenz bei ihm nur ein "Aspekt", nur ein "allerdings bemerkenswertes Nebenprodukt seiner Arbeit"(43), zwar pflegen Bultmann und seine Schüler "in die Höhe zu fahren, wenn man im Blick auf ihn das Wort 'Apologet' in den Mund nimmt"(ebd.), aber: "In irgend einem Sinn sind wohl alle Theologen aller Zeit auch Apologeten gewesen und mussten sie es auch sein."(Ebd.) Will nicht auch Bultmann "(mehr wollte ja Schleiermacher auch nicht), die biblische Exegese, die Theologie überhaupt und besonders die kirchliche Predigt für die 'Gebildeten unter ihren Verächtern' wenigstens verhandlungsfähig, diskutabel, interessant" (42) machen?

3. Dies führt sofort zu der nächsten Frage, die in dem Zusammenhang auch Schleiermacher gestellt worden war: "was aus der Botschaft des Neuen Testamentes werden möchte, wenn man sie durchaus, ausschliesslich und totalitär in die Zange der Frage nach dem sich in ihr aussprechenden menschlichen Selbstverständnisses ... nimmt"(39f.)? Wird dadurch nicht das "Christusgeschehen als das alles andere begründende, bedingende, beherrschende *Christus*geschehen" verzerrt und verkürzt, so dass es schliesslich nur noch "in Form der Kommemorierung des Namens Jesu Christi und der in ihm geschehenen 'Tat Gottes' "(ebd.) ein kümmerliches Dasein fristet? Sicher ist die neutestamentliche Botschaft in der Darstellung Bultmanns nur schwer wiederzuerkennen, aber: auch bei ihm - wie bei Schleiermacher - bleibt die Christologie ein Störfaktor: "Bultmann sei geliebt und gelobt dafür, dass er wenigstens an jener einen Stelle (zum Verdruss von F. Buri) aus dem existenzialistischen Schema ausgebrochen ist."(Ebd.). Aber "trotz jener anerkennenswerten Inkonsequenz"(ebd.) bleibt die existenziale Interpretation Bultmanns ein unbefriedigendes und beklagenswertes Unternehmen, da es sich dem Diktat eines "anthropologischen Engpasses"(38), nämlich dem Vorverständnis der Interpretation beugen muss. Im "Panzer dieses Vorverständnisses" wirkt die neutestamentliche Botschaft wohl "stark, geschlossen, eindrucksvoll"(38), aber man kann darin das Evangelium "nur noch in den dunkelsten Umrissen wiedererkennen"(34). Was bleibt da noch zu interpretieren, nachdem so gründlich entmythologisiert wurde?

"Kann des neutestamentliche Kerygma da zur Sprache kommen, wo es, nachdem es in Bultmanns Sinn 'entmythologisiert' ist, nicht sagen darf, dass es Gott gefallen hat, sich selber zu erniedrigen und also allerdings weltlich, diesseitig, gegenständlich - horrible dictu: datierbar zu werden? Dass es dem, der im Neuen Testament 'Gott' heisst, wohl gar

nicht fremd, sondern höchst eigentümlich ist, das zu können
und zu tun?"(32f.).

Ja, darf ein solches Vorgehen mit Recht Interpretation genannt werden?
"Und hat nicht doch schon *Schleiermacher* schlicht ... in der Hauptsache nur
'interpretieren' wollen? Aber wer liest heute Schleiermacher...? Wo es doch
so nötig wäre, sich klar zu machen, was Alles mutato nomine längst dagewesen ist?"(28).

4. Eine Christologie jedoch, der - wie bei Bultmann - ein so "scharfes
Gerüchlein von Doketismus"(34) anhängt, bietet keinen ausreichenden
Schutz dagegen, dass wir im Glauben nun doch nur "auf unsere Beziehung
zu irgend einem fernen und unbekannten Göttlichen, Überweltlichen , Jenseitigen, Nichtgegenständlichen angewiesen sind"(33). Weiss das entmytho-
logisierte Keryma etwas von der "Errichtung einer *Gemeinschaft*, die doch
immer wieder den konkret geschichtlichen Charakter eines *Gegenübers* und
einer *Nachfolge* hat"(ebd.)? Weiss es davon, dass wir

> "im Raum unserer Existenz in Jesus Christus, dem dort und
> damals Gekreuzigten und Auferstandenen, jetzt und hier
> unseren göttlichen *Herrn* und menschlichen *Bruder* in seiner
> *Distanz* und seiner *Nähe* erkennen und haben dürfen:den
> auch *vor* unserem Glauben, auch *ohne* ihn, *gegen* unseren
> Unglauben *für* uns Lebenden, und Regierenden - den, in
> welchem uns Gott *zuerst* geliebt hat"(33f.)?

Hängt das Alles etwa damit zusammen, dass Bultmann mit dem "unübersehbar irdisch-geschichtlichen *Alten* Testament so kummervoll wenig - so weit
ich sehe: nicht mehr als einst Schleiermacher! - anzufangen weiss? Und so
wenig auch mit dem synoptischen *Jesus*, seiner Verkündigung und seinen
Taten, seinem Weg vom Jordan bis Gethsemane"(34)?

5. Was ist schliesslich von einer Christologie zu halten, die so ganz
vom Entwurf des jungen Melanchthon von 1521 lebt: Hoc est Christum
cognoscere - beneficia eius cognoscere? Sicher, es "kann und muss ... auch
einmal so geredet werden"(12). Wenn der Satz aber "zum systematischen
Prinzip erhoben"(12f.) wird, wenn die "Christologie, weit davon entfernt, das
dominierende Hauptstück zu sein, von der Soteriologie absorbiert wird"(18),
und schliesslich doch nur "als deren Anfang, Name und Titel, doch nur dazu
wichtig zu sein scheint, dieser 'geschichtlichen' Charakter zu geben"(ebd.),

dann ist Christus - wie bei Schleiermacher - nur noch Ursprung, nur noch prima causa einer geschichtlichen Ereigniskette. Zwar könnte dann immer noch die christliche Existenz - auch wie bei Schleiermacher - als durch den heiligen Geist bestimmt gedacht werden, aber es fragt sich dann, inwiefern dieser Geist auch der "Geist Jesu Christi" sein möchte:

> "Lieber Herr Bultmann, wenn ich aufs Friedlichste und Beste über Sie nachdenke, dann versuche ich es immer wieder mit der Hypothese, mit der ich mir selbst und meinen Studenten den grossen Schleiermacher nahe zu bringen suche: es möchte das, worauf Sie hinaus wollen, als der Versuch einer 'Theologie des dritten Artikels' und also des Heiligen Geistes zu verstehen sein. Das könnte ich als ein grundsätzlich legitimes und auch fruchtbares Unternehmen ansehen. Es müsste dann aber die Relation zwischen dem dritten und dem zweiten Artikel geklärt sein, d.h. es dürfte dieser nicht in jenen aufgelöst werden, sondern müsste ihm gegenüber in seiner eigenen Dignität sichtbar gemacht werden. Hier stocke ich Ihnen wie Schleiermacher (oft auch dem jüngeren Luther) gegenüber. Wenn Sie in dieser Richtung einen Ruck tun könnten, würde über vieles gemächlich zu reden sein."[55]

Wir können unseren Überblick hier beschliessen. Was Barth Schleiermacher gegenüber auf dem Herzen hat, das stört ihn auch an Bultmann: Bevormundung der Theologie, Apologetik, Auflösung der Christologie zugunsten einer sehr anthropologisch gefärbten Soteriologie. Das euphorische Lob Barths, dass Bultmann wie Schleiermacher schlussendlich und "trotz allem" *christliche* Theologen geblieben sind, ist angesichts des gesammelten Materials wahrhaftig ein schwacher Trost und vermutlich nicht sehr ernst gemeint. Nein, Schleiermacher und Bultmann sind für Barth die Paradigmen der "ägyptischen Gefangenschaft"(52) des Verstehens der Bibel, wo "immer wieder eine andere Philosophie darüber verfügen und uns darüber belehren wollte, was der Heilige Geist als Gottes- und Menschenwort sagen dürfe, um 'verständlich' zu sein"(ebd.). Barth selbst hatte "vor nun rund dreissig Jahren" angefangen, für die "*Umkehrung* des geläufigen Begriffs vom 'Verstehen' des Neuen (und des Alten) Testamentes"(ebd.) gestritten. Er hatte - mit anderen - gekämpft "um die Freigabe des Wortes, in

---

55   BwBu 200f. (24.12.1952!).

welchem Gott den Menschen anspricht zu Gunsten einer Freigabe auch des Wortes, in dem ein Mensch den anderen anredet"(ebd.). Es folgte ein "langer und mühsamer Weg mit vielen einzeln und gemeinsam erlebten Hindernissen"(ebd.). Nun aber sieht er seinen einstigen vermeintlichen Weggenossen Bultmann "nicht diesen Weg, sondern nun doch wieder den uralten gehen, ... in seiner Lehre vom Verstehen eben jene Umkehrung wieder rückgängig machen"(ebd.).

Barth glaubte auch an die Möglichkeit, dass Bultmanns "Unternehmen für die Theologie der zweiten Hälfte unseres Jahrhunderts bestimmend werden wird"(53). Schliesslich haben "die nachwachsenden Generationen Ägypten - die Ära Ritschl-Harnack-Troeltsch und die ihr vorangehenden Zeiten - nicht mehr aus eigener Anschauung gekannt"(ebd.). Uns so bleibt Barth nur Eines übrig, - ein geeigneter Schluss auch für dieses Kapitel - nämlich daran zu erinnern

"wie einst das Volk Israel zu weinen begann nach den verlassenen Fleischtöpfen eben Ägyptens, wie schnell es des ihm inzwischen dargereichten 'Man' müde wurde, wie ihm dann Wachteln geschickt wurden und was für Erfahrungen es mit diesen machen musste. ... Sollte die Theologie der zweiten Jahrhunderthälfte wirklich eine 'entmythologisierende' und eine Theologie des obligaten 'Vorverständnisses', des verpflichtenden 'Bildes' werden, so möchte das Volk wenigstens mit *nicht zu vielen* - Wachteln gestraft werden!"(ebd.).

Kapitel 7

LETZTE WORTE

(1968)

"Am Schluss des 'Nachwortes' deutete Barth auch seinen - gelegentlich schon mündlich geäusserten -
'Traum' an, es möchte einmal einem und vielleicht
einer ganzen Zeit gegeben sein, eine 'Theologie des
Heiligen Geistes' auf den Plan zu führen - eine Theologie, 'die ich jetzt nur noch wie einst Mose das gelobte
Land von ferne in Auge fassen kann.'"

E. Busch[1]

Es ist kaum anzunehmen, dass das letzte Lebensjahr Karl Barths eine
wesentliche Änderung seines Verhältnisses zu Schleiermacher offenbaren
wird. Dennoch liess es Barth sich nicht nehmen, seine theologischen Nach-
fahren hinsichtlich Schleiermachers vor eine weitere Interpretations- und
Denkaufgabe zu stellen. Zum ersten Male nämlich thematisiert er seine
Geschichte mit Schleiermacher in einer separaten Veröffentlichung. Niemand weiss, was die Herausgeber der *Schleiermacher-Auswahl*[2] dazu bewogen hatte, ausgerechnet Barth um einen Beitrag dazu zu bitten. Hatte man
beide etwa derart missverstanden, dass man bedenkenlos Schleiermacher
hinter der Standarte Barths reiten lassen wollte? Wer hatte den Einfall, aus-

---

[1] **Lebenslauf** 511. Am Schluss Zitat eines Briefes Barths an C. Barth vom
14.5.1968.

[2] Herausgegeben von Heinz Bolli im Siebenstern Taschenbuch Verlag 1968.

gerechnet Barth zum Herold einer neuen Schleiermacher-Renaissance zu küren?[3] Im besten Falle darf man wohl unterstellen, dass die Verlagsleitung in Barth einen kompetenten Schleiermacher-Interpreten hinzuziehen wollte, der zugleich mit dem Gewicht seines Namens das Geschäft mit Schleiermacher erleichtern würde. Barth verzichtete jedoch auf die zweifelhafte Ehre eine "Einführung" zu schreiben, und stellte sich bescheiden mit einem "Nachwort" hinter Schleiermacher. Ob er vielleicht zu Schleiermacher doch lieber das letzte Wort haben wollte?

Als eine "kleine Übersicht über die Geschichte meines eigenen Verhältnisses zu diesem 'Kirchenvater des 19. (und auch des 20.!?) Jahrhunderts'"[4] will Barth sein "Nachwort" verstanden wissen. Was er hier also "unbescheidenerweise"(290) preisgibt, verspricht der Schlüssel zu sein zur Lösung der Interpretationsaufgabe, die mit dem Titel "Barth-Schleiermacher-Verhältnis" zweifelsohne gegeben ist. Wir werden darum Barths authentischem Rechenschaftsbericht grösste Aufmerksamkeit zu widmen haben, besonders im Blick auf folgende Fragen:
1. Inwiefern stimmt unser bisher gemaltes Bild mit Barths "Selbstbildnis" überein?
2. Worin erkennt Barth Schleiermachers Bedeutung für sein Werk?
3. Was ist schliesslich Barths "letztes Wort" zu Schleiermacher?

7.1   "Nachwort"

Zum Verständnis des "Nachwortes" ist ein Hinweis auf seine Vorgeschichte nicht unwichtig. Im Sommersemester 1968 nämlich hielt Barth seine allerletzte Lehrveranstaltung ab, ein Seminar über "Die Reden" Schleiermachers. Vieles von dem darin behandelten Material fand - wie die Seminar-

---

[3]   Feierte doch Schleiermacher im Jubiläumsjahr 1968 diesseits und jenseits des Ozeans fröhliche Urständ.

[4]   **Nachwort** 290. Weitere Seitenangaben im Text.

[5]   Die unveröffentlichten Protokolle der ersten 8 Sitzungen bis zum 22. Juni 1968 befinden sich im Karl Barth -Archiv in Basel. Die von verschiedenen Studentinnen und Studenten angefertigten Sitzungsberichte sind von sehr unterschiedlicher Qualität und lassen etliche Missverständnisse vermuten. Sie sind darum nur sehr

Protokolle zeigen[5] - seinen Weg in das "Nachwort". Ein gelegentlicher Verweis auf diese Sitzungsprotokolle erscheint somit angebracht.

Schon in der ersten Sitzung am 27. April wird eine Tonart angestimmt. die zwar auch dem "Nachwort" unterliegt, dort aber nicht ohne weiteres herausgehört werden kann. Eine Studentin schreibt:

> "Da der Seminarleiter einerseits als veraltet gilt gegenüber Schleiermacher, andererseits aber von Paul Seifert als Anstifter einer neuen Schleiermacher-Bewegung bezeichnet wird, ist es auf alle Fälle am Platz, dass Prof. Barth nochmals auf Schleiermacher zurückkommt."[6]

Wir wollen versuchen, das Moll, das hinter diesen Worten zum Ausdruck kommt, auch bei der Betrachtung des "Nachwortes" in den Ohren zu behalten.

Es fällt zunächst auf, dass Barth sein Verhältnis zu Schleiermacher als ein "nicht unwichtiges Segment meiner eigenen Lebensgeschichte"(290), also biographisch darzustellen versucht.[7] Damit soll offenbar die Dynamik dieses Verhältnisses zur Sprache gebracht werden und die geschichtlich bedingte Ambivalenz.

Die erste Phase dieser Geschichte zeigt den Studenten Barth, der in Berlin an Schleiermachers "Reden" sein "Heureka!"(291) erlebt, dann in Marburg (gegen seinen Lehrer Herrmann) "die durchgehende Linie in Schleiermachers Lebenswerk"(ebd.) ahnt und schliesslich das Pfarramt in Safenwil als "ein entschieden von Schleiermacher Angeregter"(293) versah.

---

bedingt als authentische Wiedergaben der Äusserungen Barths anzusehen. Zitiert als: **Protokolle**.

[6] Hanni Hadorn, **Protokolle** (27.4.1968).

[7] Es ist nicht undenkbar, dass Barth hier die Gelegenheit zu einer Mini-Biographie ergriff, da der Plan zu einer ausführlicheren schon seit Jahren aufgegeben worden war.

Die zweite Phase, die "Abwendung von Schleiermacher"(296), vorbereitet durch den Einfluss Kutters, Blumhardts, aber noch mehr durch die Erschütterung des 1. Weltkrieges, nahm ihren eigentlichen Ausgang von einer regelrechten Verschwörung "unter vier Augen", zu der Thurneysen halblaut flüsternd "das Stichwort" lieferte: "Was wir für Predigt, Unterricht und Seelsorge brauchten, sei eine 'ganz andere' theologische Grundlegung."(294) Als unmittelbarstes Ergebnis dieser Verschwörung für eine bessere Zukunft begann Barth bereits am "Morgen nach dem Tag, an dem Thurneysen mir jenes allgemein gehaltene Flüsterwort gesagt hatte"(294), mit der Arbeit am Römerbrief-Kommentar. Was aber hatte die Zuwendung zur Bibel mit Schleiermacher zu tun?

> "Sicher ist einmal, dass er eine Predigt wie die, die ich 1916 unter dem Titel: 'Der Pfarrer, der es den Leuten recht macht' gehalten und veröffentlicht habe, weder in seiner Jugend noch in seinem Alter gehalten haben könnte. Sicher ist weiter, dass ich es bei allem, was ich ungefähr seit jenem Jahr dachte, sagte und schrieb, schlicht ohne ihn machte und dass seine Brille nicht auf meiner Nase sass, als ich den Römerbrief auslegte. Er war für mich nicht mehr 'Kirchenvater'. Sicher ist auch, dass dieses 'ohne ihn' ein ziemlich scharfes 'gegen ihn' implizierte. Gelegentlich habe ich das denn auch mit Wissen und Willen explizit gemacht."(296)

Eine dritte Phase beginnt nach Barth mit Emil Brunners Schleiermacherbuch, welches Barth "sofort in eine gewisse Verlegenheit"(ebd.) versetzte. Nicht nur Brunners Kategorisierung Schleiermachers als Mystiker erschien ihm unzureichend. Auch Ebners "Logologie" galt ihm als ungeeignetes Mittel, gegen Schleiermacher zu kämpfen und zu siegen. Der Hauptgrund der "Verlegenheit" Barths aber, die Ursache dafür, dass es ihm "doch nicht so recht wohl {war} bei der Art, in der Brunner die Sache vorbrachte"(ebd.) war dies:

> "weil ich für meine Person mit Schleiermacher, obwohl und indem ich in meiner Weise offenkundig auch 'gegen' ihn war, lange nicht so sicher und gänzlich fertig war, wie Brunner es, nachdem er jenes Buch geschrieben hatte, zweifellos war"(ebd.).

Dennoch hatte Brunners Buch auf Barths Studium Schleiermachers "ungemein anregend gewirkt"(ebd.). Das gilt auch für die Schleiermacher-Vorlesung, bei der durchaus nicht verborgen blieb, "das ich mit dem, was sich da unseren staunenden Augen enthüllte, nicht eben zufrieden war"(297). Aber:

> "ohne die Voraussetzung eines über ihn ausgesprochenen Anathema konnte ich damals in meinen drei letzten Göttinger Semestern zum erstenmal an die Ausarbeitung und an den Vortrag meiner eigenen Dogmatik herangehen (ebd.).

Was Barth in der Folgezeit über Schleiermacher geschrieben hatteyeschah denn auch "aufs Ganze gesehen immer mit aufrichtiger Hochachtung gegenüber seiner Leistung, seiner überragenden menschlichen Person und Geistigkeit ..., eben nicht ohne eine gewisse Liebe zu diesem Menschen"(ebd.)[8] Die Bemerkung Paul Seiferts,[9]

> "ein neuerdings bemerkbares wachsendes Interesse an Schleiermachers Theologie sei 'gewiss angeregt durch die überraschend positive Beurteilung', die ich ihm in meiner 'Geschichte der protestantischen Theologie' hätte widerfahren lassen"(ebd.),

ist allerdings eine kleine Übertreibung, denn "'Positiv' ist wohl eine etwas zu starke Bezeichnung für den wirklichen Sachverhalt, der da gemeint ist"(ebd.).

In die vierte und "vermutlich ihre letzte Phase"(298) trat die Geschichte Barths mit Schleiermacher durch das Bultmannsche Programm der Entmythologisierung und Existenzialisierung.

> "Nun muss ich von dem Eindruck reden, den mir das ganze Phänomen von Anfang an und dann immer mehr machte: das war und ist ja Schleiermacher - nicht, wie er leibte und lebte, wohl aber in neuer Gestalt, der heutigen 'Geisteslage' und 'Gesprächslage' und dem heutigen (oder doch einem

---

[8] Wenn man von der Ironie in der "Weihnachtsfeier" absieht.

[9] Paul Seifert, **Die Theologie des jungen Schleiermacher** (1960) 11.

heutigen) Vokabular angepasst, unverkennbar mein alter
Freund-Feind Schleiermacher! Noch einmal der Vollzug des
christlichen Zuspruchs im Lauschen auf den massgeblichen
Anspruch der zeitgenössischen Gesellschaft und Welt! Noch
einmal die für Schleiermacher so bezeichnende Symbiose
von Theologie und Philosophie! Noch einmal eine ebenso
selbstverständlich wie bei Schleiermacher ins Werk gesetzte
Anthropologisierung der Theologie, mit der er in seinen
Tagen gleichzeitig die Gottesgelehrsamkeit des 18. Jahrhunderts vollendete und die des 19. Jahrhunderts begründete.
Noch einmal die in der zweiten seiner 'Reden' so meister-
haft beschriebene Spannungseinheit von Objekt und Subjekt! Und noch einmal die dort so triumphal verkündigte
ursprüngliche und letztliche Einheit beider: die gloriose
Beseitigung des 'Subjekt-Objekt-Schemas'. Noch einmal die
im Buch 'Der christliche Glaube' vollstreckte Oberherr-
schaft des 'Gefühls', an dessen Stelle man jetzt freilich
etwas bibel- oder doch reformationsnäher den 'Glauben'
setzte: seine Souveränität gegenüber allem, was sein Grund,
Gegenstand und Inhalt sein möchte. So ungefähr (die Liste
der Analogien liesse sich leicht verlängern) meinte und meine ich in andächtiger Betrachtung des Aufstiegs und der Entfaltung die nun eben heute 'moderne Theologie' verstehen
zu sollen: als eine neue, wuchtige Schleiermacher-
Renaissance!"(300).

Diese Renaissance verliert jedoch etliches von ihrer Wuchtigkeit, wenn man
Schleiermacher mit seinen heutigen "Epigonen" vergleicht: "ein erschüttern-
der Unterschied des Niveaus"(304) ist da zu konstatieren. Statt eines Ver-
gleiches genügt ein Exkurs "in Form eines kleinen Lobliedes auf die humane
Grösse Schleiermachers und seines Werkes"(ebd.), um den "Schleiermacher-
Epigonen der Gegenwart"(306) mit allem Nachdruck zuzurufen: "Schleiermacher imponiert mir ..., während ihr mir ... ganz und gar nicht imponiert."(307)

Das Schleiermacherbild, das wir Barth dann malen sehen, ist in der Tat
imposant: Schleiermacher war "ein weiträumiger und darum weitausgreifender, ein wahrhaft komprehensiver Geist"(304),"auf den Frieden ausgerichtet,
auch wenn er sehr scharf wurde"(ebd.). Nie äusserte er sich "grämlich, sauer
oder gar giftig"(ebd.) und hatte "in all den Sparten seines Lebenswerkes

etwas Positives zu sagen"(ebd.). "Er entdeckte und vertrat in Personalunion
eine konsistente Philosophie und eine ebenso konsistente Theologie."(Ebd.)
Er "wusste was Freundschaft, und er wusste, was Liebe ist"(305), trug Ent-
täuschungen in "männlich-schonungsvoller Würde", war "vornehm und ritterlich, ein Gentleman durch und durch"(ebd.). Daneben besass er auch die
herrliche Freiheit, lachen und vor allem über sich selbst lachen zu können"(ebd.). Als Ethiker wagte er sich "an die diffizilsten Einzelprobleme des
menschlichen und christlichen, des individuellen und sozialen Daseins"(ebd.) heran. Und schliesslich das Zentrum seiner Humanität: "Schleiermacher war ein ausgesprochen kirchlicher Mann."(Ebd.) , "er hat vom
'Gefühl schlechthiniger Abhängigkeit' nicht nur geredet, sondern er hat dieses Gefühl - vielmehr: es hat ihn gehabt"(ebd.). Die treibende Kraft seiner
Kanzel- und Lehrtätigkeit war zweifelsohne dies, dass er "zu Jesus ... ein
persönliches Verhältnis hatte, das man wohl als Liebe bezeichnen
darf"(306). Die Grösse seiner Leistung zeigt sich schlicht darin, dass er
nicht nur das 19. Jahrhundert bestimmt hat ("auf dem Felde der Theologie"),
sondern sogar Feuerbach, Ritschl, "jene 1914 hereinbrechende Katastrophe
der ganzen ihm folgenden Theologie und auch den Ansturm 'unserer', der
sogenannten 'dialektischen' Theologie überstanden"(ebd.) hat.

Dieser Hymnus auf Schleiermacher[10] ist nun aber "das Loblied eines
Solchen, der mit Schleiermacher *rebus sic stantibus* sachlich von Grund aus
nicht einig zu gehen vermag"(ebd.). Barth meldet also einen "Vorbehalt, eine
gewisse Unsicherheit"(307) an. Er ist "bis auf den Tag nicht einfach fertig"(ebd.) mit Schleiermacher, auch nicht im Blick auf dessen Sache:

"Meines Weges und meiner Sache bin ich gewiss. Ich bin
aber meiner Sache nicht ebenso gewiss, sofern mein Ja ein
Nein der Sache Schleiermachers gegenüber impliziert. Denn:
habe ich ihn richtig verstanden? Könnte er nicht vielleicht
anders verstanden werden, so dass ich seine Theologie nicht
ablehnen müsste, sondern mir freudig bewusst sein dürfte,
im Grunde mit ihm einig zu gehen?"(Ebd.)

---

10   Wir machen aufmerksam auf die verblüffenden Übereinstimmungen zwischen
     dem hier gezeichneten Schleiermacherbild und - Barth selbst! Spricht sich
     darin möglicherweise eine tiefgehende Identifizierung Barths mit der überra-
     genden Grösse der Persönlichkeit Schleiermachers aus, der auch sachliche Dif-
     ferenzen keinen Abbruch tun können? M.a.W.: sah sich Barth etwa selbst als
     Schleiermacher redivivus?

Öffnet sich hier also die Tür, die nach Barth "in der Tat nicht ins Schloss
gefallen"(ebd.) ist? Wäre es möglich, dass Barth seinem "Freund-Feind"
Unrecht getan hat? Meldet sich etwa das schlechte Gewissen über ein jahr-
zehntelanges Missverständnis? Es hat tatsächlich den Anschein.

Quasi zur Selbstprüfung stellt Barth fünf Doppelfragen:
1. Handelt es sich bei Schleiermachers Unternehmen eigentlich um Theologie oder um Philosophie?
2. "Fühlt, denkt und redet der Mensch in Schleiermachers Theologie"(308)
im Verhältnis zu einem ihm überlegenen Gegenstand, "demgegenüber Anbetung, Dank, Busse, Bitte konkret möglich, ja geboten sind"(ebd.), oder fühlt
und redet dieser Mensch "aus einem souveränen Bewusstsein seines eigenen
Zugleichseins, ja *Einsseins* mit allem, was als Gegenstand, als ein von ihm
verschiedenes Anderes oder gar als ein Anderer in Frage kommen könnte"(ebd.)?
3. Geht es diesem Menschen primär um das Verhältnis zu einer besonderen
Wirklichkeit und "erst von daher, sekundär, verallgemeinernd, abstrahierend,
im Blick auf Wesen und Sinn dessen, wozu er sich in Beziehung findet?"(Ebd.) Oder geht es ihm primär um das Verhältnis zu einer allgemeinen
Wirklichkeit und "erst von daher, nur sekundär ... um ihre besondere,
bestimmbare und bestimmte Gestalt"(ebd.)?
4. Ist der den Menschen bewegende Geist ein "schlechthin *partikularer*, ...
ein ernstlich 'heilig' zu nennender Geist"(309)? Oder ist dieser den Menschen Bewegende Geist "zwar indivuduell differenziert, aber doch *universal*
wirksam, im Einzelnen aber eine diffuse, geistige Dynamis"(ebd.)?
5. Sind die Fragen richtig, der Intention Schleiermachers entsprechend,
gestellt, oder sind sie falsch gestellt?

Nur allzugern möchte Barth Schleiermacher jeweils im ersten Teil jeder
Frage antreffen, sieht sich dazu allerdings ausserstande: "Ich möchte ja mit
Schleiermacher ums Leben gern im Frieden leben. Ich musste aber in allen
vier mal zwei Fragen mit einer Frage schliessen!"(309) So tröstet sich Barth
denn mit der Hoffnung auf ein Gespräch mit Schleiermacher, was er "ein
paar Jahrhunderte lang"(310) im Himmelreich ausgiebig zu suchen sich vor-
nimmt.

Barth schliesst das "Nachwort" mit einer Erwägung "zur sachlichen
Klärung meines Verhältnisses zu Schleiermacher"(310), nämlich der "Möglichkeit einer Theologie des 3. Artikels, beherrschend und entscheidend also
des Heiligen Geistes"(311). Er verschweigt allerdings, inwiefern eine solche

Theologie Klärung bringen könnte. Nur soviel lässt Barth erkennen: "dass eine Theologie des Heiligen Geistes das Schleiermacher schwerlich bewusste, aber ihn faktisch beherrschende Anliegen schon seiner theologischen Aktion gewesen sein möchte"(311). Ja, sogar die "Pietisten", die "Rationalisten", die "Herrnhuter niederer Ordnung" und die "von den Reformatoren so uneinsichtig und übel behandelten 'Schwärmer'", die "Spiritualisten und Mystiker des Mittelalters"(ebd.) dürften diese Vermutung zu ihren Gunsten in Anspruch nehmen.

> "Die ganze 'Kirchen- und Ketzer-Historie' könnte dann - nicht als 'unparteiische', sondern als gar sehr kritische, überall Alles prüfende und das Beste behaltende 'Historie' der durch den Heiligen Geist versammelten ecclesia una, sancta, catholica et apostolica erfunden, verstanden und geschrieben werden."(312)

Doch die "Verlegenheit, in der ich mich beim Versuch, Schleiermacher und die ihm Vorangehenden und Nachfolgenden auch sachlich zu würdigen, heute befinde"(ebd.), bleibt bestehen. Die wahre Theologie des Heiligen Geistes bleibt ein Traum, ein Anliegen, eine Aufgabe, zu der nur "wirklich 'kundige Thebaner' brauchbar"(ebd.) sein werden. Barth schliesst mit der Mahnung, seinen Traum nicht dahin misszuverstehen, als ob er "statt von einer Möglichkeit besseren Verständnisses von Schleiermachers Anliegen ganz primitiv von einer Fortsetzung seines {Schleiermachers} eigenen Weges geträumt hätte."(Ebd.)

Wir sprachen oben schon von den Rätseln, die das "Nachwort" aufgibt. Insbesondere fällt es schwer, hier von einer Klärung des Verhältnisses Barths zu Schleiermacher zu sprechen. Sollte das letzte Wort wirklich nur die "Verlegenheit" sein? Der im folgenden unternommene Versuch einer Interpretation des "Nachwortes" wird natürlich auch kein letztes Wort sein können, aber vielleicht ein klärendes.

7.2   Zur Interpretation des "Nachwortes"

Jede Barth-Interpretation steht vor nicht geringen Problemen. Am Schluss dieser Arbeit werden wir darauf noch einmal und prinzipieller zurückkommen. Dass wir aber hier der Interpretation des "Nachwortes" einen so breiten Raum gewähren, hängt mit der Wichtigkeit dieses Epilogs zusammen. Wir meinen nämlich Gründe zu haben für die Annahme, dass Barths letzte Worte zu Schleiermacher weithin einfach missverstanden werden. Falls diese Behauptung zutrifft, bezeichnet sie einen Tatbestand, an dem Barth selbst nicht unschuldig sein dürfte. Wir werden auch darauf noch zurückkommen.

7.2.1   Barths "Selbstbildnis"

Im Grossen und Ganzen bestätigen die Reminiszenzen Barths unsere eigenen Untersuchungen. Die Phasen seiner Geschichte mit Schleiermacher entsprechen im Groben auch den von uns gezeichneten Perioden. Und doch kann man Barth nicht einfach alles "abnehmen", was er in seinem "Nachwort" anbietet. Neben einigen historischen Ungenauigkeitem sind es vor allem die Selbst-Verschleierungen in Form biographischer Retouchen und gespieltem understatement, die hier ins Auge fallen.

Was die historischen Ungenauigkeiten betrifft, hat W. Härle bereits den Anfang gemacht, indem er die Bedeutung des "Aufruf{s} der 93 Intellektuellen"[11] für die theologische Wende Barths als legendär entlarvte. Eine weitere Ungenauigkeit betrifft die Beschreibung der Schleiermacher-Vorlesung von 1923/24. Hier (297) ist einmal die tatsächliche Reihenfolge der behandelten Werke verlassen, und dann werden die "Monologen" hineingeschmuggelt, die Barth nun allerdings in dieser Vorlesung gar nicht besprochen hat. Diese eher belanglosen Fehlgriffe zeigen immerhin, dass die bewusste Schleiermacher-Vorlesung Barth nicht mehr gegenwärtig war, als er diese Zeilen schrieb. Eine unmittelbare Auswirkung des Abstandes von dem vor 45(!) Jahren gehaltenen Kolleg ist darum auch das abschliessende (Fehl-)Urteil:

> "Also: ohne die Voraussetzung eines über ihn ausgesprochenen Anathema konnte ich damals ... an die Ausarbeitung
> und an den Vortrag meiner eigenen Dogmatik herange-

---

11   Vgl. dazu W. Härle, **Aufruf.**

hen"(297).

Wir glauben, oben deutlich genug gezeigt zu haben, dass Barth hier ein Versteckspiel betreibt, auf Kosten Emil Brunners. Man braucht nur die letzten Vorlesungen Barths aus dem Februar und März 1924 zu lesen, um zu sehen, dass Barth mit Schleiermacher "fertig" war, wie man eben nur fertig sein kann. Dass es tatsächlich Emil Brunner war, der ihn zu Schleiermacher "zurückbrachte"[12], ist - wie wir auch oben zeigten - eine Wahrheit, die allerdings cum grano salis zu nehmen ist.

Wir wollen weiterhin auf Barths humorvoll gemeinte Untertreibungen hinweisen. So z.B., wenn er im Blick auf die erwähnte Vorlesung sagt, dass er "mit dem, was sich da unseren staunenden Augen enthüllte, nicht eben zufrieden war"(297). Oder, wenn er die "kleine Übertreibung" Paul Seiferts glossiert: "'Positiv' ist wohl eine etwas zu starke Bezeichnung für den wirklichen Sachverhalt"(ebd.). Wie wir oben sahen, ging es Barth ja eher darum, eine Dekadenzgeschichte der evangelischen Theologie zu schreiben, als darum, Schleiermacher als Vorbild auf den Leuchter zu stellen. All diese understatements könnte man ebenso zu den Belanglosigkeiten rechnen, hätten sie nicht den fatalen Effekt, Barths tatsächliche Einstellung zu den Dingen und Personen zu vernebeln.

Und was ist weiterhin von Barths Liebeserklärungen an Schleiermacher zu halten? Wie ernst ist es ihm etwa mit folgenden Sätzen:[13]

"... 'alte Liebe rostet nicht' ..."(296);
"... nicht ohne eine gewisse Liebe zu diesem Menschen, der
es offenbar auf die 'menschliche Natur' in ihrer Ganzheit
abgesehen hat"(297);

---

[12] In den Seminarprotokollen gibt Inge Pretzsch dazu folgende interessante Bemerkung: "In der Folgezeit entfernte sich Prof. Barth zunächst einmal von Schleiermacher. Emil Brunner war es dann, der ihn zu diesem Philosophen {sic!} zurückbrachte, da sein Buch nach Meinung von Prof. Barth dem Leser zuviel an Ablehnung zumutete." **Protokolle**, 2. Sitzung, 4.5.1968.

[13] Vgl. dazu **Protokolle** ebd.: "Prof. Barth bezeichnete sich selbst als Antipoden, {Schleiermacher?} allerdings als geliebten Antipoden, denn er ist von Schleiermacher sein ganzes Leben nicht losgekommen."

"... dass ich Schleiermachers ... wohl nie ganz ohne die Emp-
findung gedenken konnte ...: 'Immer sprach zu seinem Vorteil eine innere Stimme schon'"(297f.) ?

Sollte es sich hier gar um *Über*treibungen handeln? Wir lassen die Frage
zunächst noch offen.

Barths "Selbstbildnis" wäre allerdings unvollständig dargestellt, ohne
den Hinweis auf den Hauch von Wehmut, der, beinahe kokett, - den Leser
des "Nachwortes" gelegentlich anweht:

" ... musste ich vielmehr, wie es im Liede heisst, 'seitwärts
durch den Wald, ein räudig Schäflein, traben' - ich armer
Neuorthodoxer, Supranaturalist und Offenbarungspositivist,
wie ich es von so vielen Seiten diesseits und jenseits des
Atlantik hören muss"(303).

Wir können uns des Eindrucks nicht erwehren, dass hier nicht die Sprache
der Bescheidenheit zu hören ist, der tiefen Einsicht in die eigenen Grenzen,
sondern eine gewollte Gelassenheit, die allerdings nicht ohne Zähnekni-
schen zu vernehmen ist. Und die wehmütige Resignation des "Verlierers"
wird vollends zur Ironie, ja zur Karikatur, in der Gegenüberstellung zun
Schleiermacher: "er, der grosse, und ich, der kleine Mann"(309). Das hätte
Barth nicht nötig gehabt!

Es ist eindeutig: Barth misst sich an der Elle Schleiermachers und
zeichnet sich bewusst zu klein, aber (vermutlich) nicht aus Bescheidenheit,
sondern in der Absicht, es möchten die geneigten Leser im Namen der
Wahrheit widersprechen und Barth "obenan" setzen (Lk 14,10). Damit erhält
das Selbstbildnis Barths einen tragischen Zug, und man muss es wohl dem
Schicksal danken, dass Barth es bei dieser Skizze belassen hat und sein eigenes Portrait anderen zu malen überlassen hat.

7.2.2   Barths Schleiermacherbild

Hatte Barth sich selbst übertrieben klein dargestellt, so wird Schleiermacher
im Gegensatz dazu über die Massen gross gezeichnet. Da Barth von diesem
überdimensionierten Schleiermacher nur den Gebrauch macht, dessen Epigonen herabzusetzen, stellt sich die Frage, ob das ganze Manöver nicht insge-

heim der Erhöhung Barths dienen soll, der sich auf diese Weise gerade als Nicht-Epigone ausweist. Darum auch die Frage:

> "Wo und wann ist unter euch, in eurer Schule und in euren Hervorbringungen bis jetzt eine Persönlichkeit und eine Lebensleistung sichtbar geworden, deren Kaliber und deren Dimensionen denen der Gestalt Schleiermachers auch nur von ferne adäquat zu nennen wäre? Ich stelle mich selbst in dieser Hinsicht in eure Reihe, aber die Frage geht euch, die ihr in besonderer Weise an ihm zu messen seid, doch in besonderer Weise an."(306)

Wir erwähnten oben schon, dass Barths Schleiermacherbild verzweifelte Ähnlichkeiten mit Barths Selbststilisierungen aufweist, dass also Barth Schleiermacher "nach seinem Bilde" geschaffen hat. Das macht jetzt auch verständlich, warum Barth so freimütig zum Vergleich mit Schleiermacher aufrufen kann: er selbst wird den Test ja fraglos bestehen können.

Wie lässt es sich aber erklären, dass Barth, wie er mehrfach betont, mit Schleiermacher "sachlich von Grund aus *nicht* einig zu gehen vermag"(306)? Wie gehen Ablehnung und übertriebenes Lob zusammen? Die Antwort ist einfach: Barth teilt Schleiermacher! Als Mensch ist und bleibt Schleiermacher sein Vorbild, sowohl im Hinblick auf seine Persönlichkeit als auch auf seine überragende Leistung: "Wahrhaftig ein grosser Mann und eine grosse Leistung!"(Ebd.) Barths Loblied auf Schleiermacher gilt nur "auf dieser rein humanistischen Ebene"(ebd.), und hier wäre dann auch der Ort, die "Schleiermacher-Epigonen" der Gegenwart "wenn auch nicht auf eure Sache gesehen, so doch auf der humanistischen Ebene ebenfalls zu lobpreisen"(ebd.). Menschlich gesehen will Barth keinen (anderen) neben Schleiermacher gelten lassen, aber von der Sache her konnte er "nicht zu Schleiermacher zurückkehren"(298). Die "bewusste und nicht mehr aufzuhaltende Distanzierung ihm gegenüber"(ebd.) war nun einmal durch die Sache bedingt, durch den "ehernen Klang des 'Apostolikums' und des Nicänischen Bekenntnisses"(ebd.).

Ob die Unterteilung Schleiermachers in eine menschliche und eine sachliche Seite genügt, um den Begriff "Freund-Feind"(300) zu verstehen und zu rechtfertigen? Das Schema erscheint doch allzu starr, um der realen Dialektik des Lebens gerecht zu werden. Auch Barth dürfte es ja nicht entgangen sein, dass Barth bei aller "Menschlichkeit im engeren Sinn"(305)

nicht nur "Gentleman durch und durch"(ebd.), sondern eben auch Mensch
war, homo viator.[14] Die Idealisierung des Menschen Schleiermacher
erscheint darum tendenziös, mit dieser Pointe: Barth wollte so sein und werden wie Schleiermacher es (in seinen Augen) war und ist - ein grosser
Mensch und ein grosser Theologe. In der Tat wurde Barth beides, allerdings
das erstere mit, das zweite gegen Schleiermacher![15]

7.2.3   "Schleiermacher zum Leuchten bringen"

Das Motiv, dem wir hier nachgehen wollen, ist zunächst geeignet, das
Dämmerlicht des Verhältnisses Barths zu Schleiermacher noch stärker zu
verdunkeln. Wir meinen den rätselhaften Versuch Barths, Schleiermacher
"zum Leuchten" zu bringen. Was soll das? Denn hier geht es ja nicht um den
Menschen Schleiermacher, sondern um die Sache, die er vertrat.

Das merkwürdig Schillernde dieses Unternehmens kommt sehr schön
in einem Brief an Carl Zuckmayer zum Ausdruck, in welchem er diesem seinen Plan für das Sommersemester 1968 vorstellt:

> "Im kommenden Semester möchte ich - so Gott will und wir
> leben - mit den Studenten noch einmal Schleiermacher lesen.
> Ob ihnen der Name des (1768 geborenen) Mannes etwas
> sagt? Ich habe seine romantische Theologie ein Leben lang
> ernstlich bekämpft, möchte aber zum Schluss versuchen, sie

---

14   Dass Schleiermacher, aus der Nähe betrachtet, durchaus nicht immer "auf den
      Frieden ausgerichtet"(304) war, zeigt eine kleine Begebenheit, die man sich
      damals bei Hofe erzählte. Schleiermacher und Hegel "seien anlässlich einer
      Besprechung über eine Dissertation mit Messern aufeinander losgegangen, und
      es bleibt ihnen, um das Gerücht öffentlich zu dementieren, nichts anderes übrig,
      als einträchtig miteinander im Tivoli die Rutschbahn hinunterzugleiten". Aus:
      W. Weischedel, **34 grosse Philosophen in Alltag und Denken** (1984[10]) 255.

15   Es muss hier unbedingt angemerkt werden, dass Barth seinen Lesern im "Nach-
      wort" so gar nichts darüber mitteilt, dass seine gesamte Dogmatik in Anlage
      und Begründung an Schleiermacher - wenn auch gegensätzlich - orientiert war.
      (Ob er geahnt hat, dass schon wenige Jahre nach seinem Tode es alle Welt wür-
      de nachlesen können, wie sehr sein Werk der Versuch einer gezielten Überwin-
      dung Schleiermachers sein wollte?)

unter der heutigen Jugend zum Leuchten zu bringen. Ob es gelingen wird?"[16]

Was meint Barth eigentlich? Wie reimt sich das zusammen, "ein Leben lang ernstlich bekämpft" und "zum Schluss versuchen, sie ... zum Leuchten zu bringen"? Eine späte Bekehrung?

Auch im "Nachwort" erhebt Barth erneut den Anspruch, er sei von seinen "Voraussetzungen her eigentlich in der Lage, Schleiermacher viel schöner zum Leuchten zu bringen als etwa Horst Stephan"(298)[17]. Tatsächlich wollte Barth in dem erwähnten Schleiermacher-Seminar mit seinen Studenten "ganz bescheiden auf das hören, was Schleiermacher gesagt hat"[18].

"Eines unserer Ziele soll es sein, aus dem Zusammenhang über seine Worte nachzudenken. Am Ende soll das Gesagte vor unseren Augen stehen, und wir werden dann dazu Stellung nehmen. Prof. Barth versprach, uns dabei nicht beeinflussen zu wollen. Prof. Barth erinnerte sich an ein früheres Seminar, in dem ein Student einmal gesagt hat: 'Wie reimt sich das mit dem Worte Gottes?' Diese Frage soll nicht

---

[16] BwZuckmayer 39 (16.3.1968).

[17] Dies ist Zitat und Anspielung auf einen Satz im Vorwort der **ProtTh**: "Und vor allem gerade entsprechend der und heute mit Recht und Notwendigkeit wieder ganz anders lebendig gewordenen Erkenntnis des göttlichen Gerichtes über alles, was Fleisch heisst! Woher geschichtliche Gerechtigkeit, wenn nicht von daher? Ich wage den zugespitzten Satz, dass es auf dem Hintergrund meiner 'Kirchlichen Dogmatik' möglich und notwendig sein müsste, eine Gestalt wie etwa Schleiermacher ganz anders, viel schöner und eindrücklicher zum Leuchten zu bringen, als es etwa Horst Stephan auf dem Hintergrund seiner Theologie gegeben war." (Geschrieben im September 1946). Jetzt wird bereits manches klarer: Barth spricht hier natürlich aus der Position des Drachentöters, dem es ein Leichtes ist, das erlegte und ausgestopfte "Untier" in seiner Sammlung auf einen erhöhten Ehrenplatz zu stellen, es also "zum Leuchten zu bringen". Aber auch diese Position wäre noch nicht das, was Barth eigentlich sagen will. Es muss um mehr gehen, denn im Reich der Geistesgeschichte gibt es keine Mausoleen!

[18] Inge Pretzsch, **Protokolle** 2. Sitzung am 4.5.1968.

beantwortet, sondern uns am Ende mitgegeben werden."[19]

Schleiermacher "zum Leuchten zu bringen" heisst nach diesen Worten: ihn kennenlernen und am Worte Gottes messen. Barth ahnte, dass es nur eine Möglichkeit gab, kommende Theologengenerationen vor der Schleiermacherschen Versuchung zu schützen, nämlich indem man sie mit Schleiermacher vertraut machte. Schon vor Jahren hatte er am Himmel das Heraufziehen einer neuen "Schleiermacherei" gesehen, "weil die nachwachsenden Generationen Ägypten ... nicht mehr aus eigener Anschauung gekannt haben, den Sinn unseres Auszugs von dort vielleicht nicht mehr realisieren können"[20]. Schleiermacher "zum Leuchten zu bringen" ist somit nichts anderes als eine - Schutzimpfung.

Aber auch das trifft noch nicht den Kern der Sache. "Schleiermacheritis" ist schliesslich (auch in den Augen Barths) nicht nur eine Krankheit, sondern eben auch echtes, lebendiges Anliegen, dem sich kein Denkender ganz und dauerhaft verschliessen darf. Und was für Schleiermacher gilt, das gilt überhaupt für die Theologie:

"Für mich wäre es geradezu ein Kanon aller theologiegeschichtlichen und vielleicht aller geschichtlichen Forschung überhaupt, dass man versuchte, das, was einen Anderen - im Guten oder weniger Guten - beschäftigt hat, als etwas *Lebendiges*, als etwas, das ihn so oder so *bewegt* hat und das nun einen *selbst* auch sehr wohl bewegen könnte und irgendwie tatsächlich auch bewegt, darzustellen - es so zu *entfalten*, dass, auch wenn man schliesslich andere Wege geht, deutlich ist, dass der Weg des Anderen verlockende, oder wenn Sie so wollen: versuchliche Anziehung auf einen selbst ausübt. Eine Verachtung dieses Kanons, meine ich, könnte nur mit Unfruchtbarkeit und Langweiligkeit der Unternehmung einer geschichtlichen Untersuchung bestraft werden. Ich hatte aber nun bei der Lektüre Ihrer Abhandlung nicht gerade stark den Eindruck, dass Sie es sonderlich darauf abgesehen hätten, den von Ihnen verhandelten Gegenstand - meinetwegen mit seinen Schattenseiten - zum *Leuch-*

---

[19] Ebd.

[20] **Versuch** 53.

ten zu bringen, ihn als eine verlockende - oder meinetwegen: versuchliche - Angelegenheit zu entfalten"[21]

Somit hat uns die Untersuchung des Motivs "Schleiermacher zum Leuchten zu bringen" daran erinnert, dass es einfach nicht gelingen kann, Barths Einstellung zu Schleiermacher irgendwo einfach festzumachen, sei es bei der Zustimmung, bei der Ablehnung oder gar bei der "Verlegenheit". Man wird sich hier warnen lassen müssen, dass es der Tod aller - nicht nur der Barthschen - Theologie sein muss, wenn man sie festlegt und nicht mehr als eine lebende und damit sich bewegende und verlockende Möglichkeit begreift.

7.2.4   Nicht sagen, - fragen!

Von allen Ausführungen, die Barth im "Nachwort" der Nachwelt anvertraut hat, fanden die fünf Doppelfragen zweifellos die grösste Aufmerksamkeit: Barth in "Verlegenheit"! Die Unsicherheit im Urteil über Schleiermacher erscheint tatsächlich als ein Novum. Warum sollte Barth um ein Urteil verlegen sein? Warum sind seine letzten Worte zu Schleiermacher keine (vorsichtigen) Aussagen, sondern scheinbar hilflose Fragen? Oder sollten diese Fragen etwa gar nicht Ausdruck der Verlegenheit Barths sein? Wir meinen allerdings drei gewichtige Gründe für diese Vermutung zu haben.

Der erste Grund ist in der ursprünglichen Funktion dieser Fragen zu sehen. Aus den Seminar-Protokollen[22] und einer fast wörtlichen Wiedergabe[23] der ersten zwei Seminar-Sitzungen des oben erwähnten Schleiermacher-Seminars im Sommer 1968, die ja dem "Nachwort" zugrundeliegen, geht unstreitbar hervor, dass Barth die fünf Doppelfragen als pädagogische Mittel gebraucht wissen wollte. Barth gibt diese Fragen also seinen Studenten in die Hand, sozusagen als ständiger Begleiter bei der Aus-

---

[21]   **Briefe** 375 (18.1.1967, an Pastor Dr. Tjarko Stadtland).

[22]   Protokoll der 2. Sitzung vom 4.5.68

[23]   Vgl. "Colleges over Schleiermacher," **De oude Barth** 95-121. Die fast stenographischen, aber unvollständigen, Wiedergaben liegen hier allerdings nur in holländischer Übersetzung vor.

legung von Schleiermacher-Texten.[24] Und er sagt dazu: "Meine eigene Meinung hört ihr dazu nicht. Ich selbst bin zu vorsichtig geworden, um noch ein eigenes Urteil abzugeben."[25] Vieles (auch der vorangehende Text) deutet darauf hin, dass Barth hier mit "Vorsicht" Zurückhaltung meint, dass er eine dezidierte Meinung zwar besitzt, sie aber nicht preisgibt. Warum?

Bevor wir versuchen auf diese Frage eine Antwort zu geben, wollen wir einen zweiten Grund dafür anführen, dass die Fragen keineswegs ein Ausdruck Barthscher Verlegenheit sein müssen. So wie die vier ersten Doppelfragen formuliert sind, beschreibt nämlich deren erster Teil sehr präzise die Position Barths selber.[26] Sollte Barth also in der Tat so naiv gewesen sein zu meinen, Schleiermacher könnte möglicherweise auch Barthianer gewesen sein? Das kann Barth allen Ernstes niemals als ernsthafte Möglichkeit ins Auge gefasst haben! Dadurch verliert natürlich auch die Ernsthaftigkeit seiner Verlegenheit sehr viel von ihrem Gewicht. Was also soll der Zweck dieser Doppelfragen sein, wenn es sich so offensichtlich nicht um echte, d.h. offene Alternativen handelt?

Die Antwort ergibt sich aus einer historischen Retrospektive, die uns deutlich macht, was Barth jahrzehntelang mit der Methode des Fragens bezweckt hat: die Frage ist Barths Eristik! Wie Barth sein Fragen verstanden wissen wollte, das sagt er ganz unumwunden an zahlreichen Stellen, von denen wir hier einige anführen wollen.

> "Anders ausgedrückt: es pflegt uns sehr viel mehr daran zu
> liegen, dem Andern gegenüber die Stellung des Fragenden
> zu beziehen und zu behaupten, die bekanntlich seit Sokrates
> als die Wissenden und Geburtshelfer der Erkenntnis, also als
> die überlegene Stellung zu verstehen ist, als uns etwa wirk-
> lich von dem Andern etwas fragen und gefragt sein lassen
> und uns also in die weniger vornehme Stellung des Schülers

---

[24] "Wanneer u een tekst van Schleiermacher in uw handen krijgt, dan moet u zich steets de volgende vragen stellen." **De oude Barth** 119.

[25] "Mijn eigen mening hoort u niet. Ik zelf ben te voorzichtig geworden om nog een eigen oordeel te bieden." Ebd.

[26] Zu diesem Schluss kommt auch **Leuba** 515.

zu begeben."[27]

"Er {Gott} allein weiss, ob der Mensch ihm sein Herz ...
schenken bereit ist. Man kann nur *fragen*. Sich selbst und die
ganze moderne Theologie des 'und' fragen, ob gegen jene
Freiheit, gegen jenes 'und' angesichts der Verantwortlichkeit
der Theologie vor dem ersten Gebot nicht mindestens ein
schweres Bedenken bestehen möchte."[28]

"Wir durchschauen ja keine Theologie so, dass wir mit letzter Bestimmtheit behaupten könnten: sie hat 'andere Götter'
neben dem Deus ecclesiae. Wir können uns nur gemeinsam
an das erste Gebot erinnern. Wir können nur fragen, wir
können nur protestieren, wenn uns die Klarheit des Verhältnisses der Theologie zum ersten Gebot wieder einmal
gefährdet erscheint."[29]

Barth hat sich selbst an seinen Kanon gehalten. Seine Auseinandersetzung
mit den Theologien Anderer ist durchzogen von Bündeln von Fragen.[30] Eng
verbunden mit der Methode des Fragens ist das Motiv des "Nicht-

---

27   ThuK 329 ("Der römische Katholizismus als Frage an die protestantische Kir-
      che").

28   "Das 1. Gebot als theologisches Axiom", **ZZ** 11[1933) 308.

29   AaO. 314. Vgl. dazu auch **ThFrA** 88f.!

30   Aus der Vielzahl der Barthschen Fragenbündel seien hier nur einige herausge-
      griffen: an **Schleiermacher** : ThSchl 270, ThuK 168, 176, 188; an **Herr-
      mann** : ThuK 265ff.; an **Brunner** , **Bultmann** , **Gogarten** : ZZ 11(1933)
      313; an **Bodelschwingh** : **TEH** 9(1934) 12; an Bultmann: **Versuch**
      29,34,48,50; an **Rom** : **Ad Limina Apostolorum** 21ff.; et passim.

31   Alle in Anm. 2 angeführten Stellen wären auch hier zu nennen, da Barths Fra-
      gen eigentlich *immer* Verstehensversuche sind! Speziell zum Motiv des Nicht-
      Verstehens wären noch die folgenden Zitate zu nennen: "Oder sollte Anselm
      alles ganz anders, sollte er es wenigstens teilweise und gelegentlich aus ganz
      anders gemeint haben? ... nicht weniger als Alles ... spricht gegen die Möglich-
      keit, dieser Ansicht auch nur teilweise Raum zu geben." **FQI** 53. Im Hinblick

Verstehens".[31] Beides, das Fragen und das Nicht-Verstehen, sind nicht etwa ein Zugeständnis Barths, dass ihm der Durchblick fehle, sondern sind seine eristische Methode, die sich (obwohl sie nicht ohne feste Meinung ist) eines abschliessenden, eines letzten Wortes bewusst enthalten will.

Wir machen daher den Vorschlag, die Doppelfragen in Barths "Nachwort" in diesem Sinne zu verstehen: als die Frage an jeden Leser, auf welche Seite er sich zu stellen gedenkt, auf die Seite Barths, der als "armer Neuorthodoxer, Supranaturalist und Offenbarungspositivist" seinen einsamen Weg "trabt", oder auf die Seite Schleiermachers und seinen Nachfolger. Wenn wir uns hier (schweren Herzens!) für diese Deutung des "Nachworts" entschieden haben, so bedeutet das natürlich auch eine implizite Absage an Barths explizite Beteuerung seiner "Verlegenheit". Dass Barth sein letztes Wort zu Schleiermacher tatsächlich offen gelassen, tatsächlich nicht gesagt oder gewusst hat, das könnten wir ihm allerdings nur mühsam glauben, und um es in seinen eigenen Worten zu sagen:

> "Es ist aber wirklich ein Glaubenssatz und nicht ein Satz geschichtlicher Erkenntnis, mit dem wir uns an dieser für die Geschichte neuerer Theologie entscheidenden Stelle trösten. Das geschichtlich Erkennbare würde uns hier letzlich untröstlich zurücklassen."[32]

---

auf Luther: "Verstehe ich Martin Luther nicht, wenn ich das Alles nicht verstehe?" **KD IV/3** 428. Am gleichen Ort findet sich ebenfalls das Bündel eines fünffachen "Ich verstehe nicht", welches sich gegen die Lutherdeutung von Elert, Althaus, Sommerlath, Thielicke, Joest, Wingren und Schlink richtet. Sehr aufschlussreich sind in unserem Zusammenhang Barths Deutungen seines Nichtverstehens: "Doch muss ich hier beiläufig erklären, dass ich durch das, was von seiten der durch sie {Barths Auffassung von Evangelium und Gesetz} besonders betroffenen Theologen ... dagegen eingewendet worden ist, auch nicht davon überzeugt worden bin, dass sie *nicht* richtig sind {besser: ist?}. Zu vieles ist mir in der von diesen Autoren ... vorgetragenen Gegenthese ... nach wie vor völlig dunkel." AaO. 427. Besonders kommt natürlich, wie oben schon gezeigt, Barths Motiv des Nicht-Verstehen-Könnens als eines Nicht-Akzeptieren-Könnens in seinem Versuch, Bultmann zu verstehen, zum Ausdruck. Kurz: Barth kann, aber er will nicht verstehen.

[32]   **ProtTh** 424.

7.2.5 Theologie des Heiligen Geistes

Ein letztes Interpretationsproblem des "Nachwortes" besteht schliesslich in dem ganzen Komplex, den Barth mit dem Begriff einer Theologie des Heiligen Geistes kennzeichnete. Zwei verschiedene Anliegen werden hier von Barth vorgetragen: erstens, dass eine Theologie des Heiligen Geistes "zur sachlichen Klärung meines Verhältnisses zu Schleiermacher"(310f.) führen könnte, das er selbst dieses Vorhaben jedoch, trotz seines guten Instinktes "in der 'Kirchlichen Dogmatik' IV/1-3 wenigstens die Kirche und dann den Glauben, die Liebe und die Hoffnung ausdrücklich unter das Zeichen des Heiligen Geistes zu stellen"(311), nicht mehr "in Angriff nehmen könnte"(312). Darum träumt er eben "wie ich es in meinem Nachwort zu der Siebenstern-Auswahl von Schleiermacher noch einmal ausgeplaudert habe, so ratlos von einer 'Theologie des Heiligen Geistes'".[33] Das zweite Anliegen, welches Barth hier bewegt, ist das Rechnen mit der Möglichkeit, "dass eine Theologie des Heiligen Geistes das Schleiermacher schwerlich bewusste, aber ihn faktisch beherrschende legitime Anliegen schon seiner theologischen Aktion gewesen sein möchte"(311). Ja, die gesamte "Kirchen- und Ketzerhistorie" will er in diese Vermutung eingeschlossen wissen. Wie soll man diesen verblüffenden Universalismus, diese erstaunlichste apokatastasis panton verstehen? Findet hier nun endlich die ersehnte Aussöhnung mit Schleiermacher statt, denn Barth "möchte ja mit Schleiermacher ums Leben gern auch sachlich in Frieden leben"(309)?

Im Blick auf das zweite Anliegen ist folgendes anzumerken: Barths Versuch, Schleiermachers Theologie als eine Theologie des heiligen Geistes zu verstehen, ist schon fast vierzig Jahre alt.[34] Später hat er Bultmann ebenso verstehen wollen, jedenfalls, wenn er "aufs Friedlichste und Beste"[35] über ihn nachdachte. Auf jeden Fall bedeutete dieser Erklärungsversuch keine Rechtfertigung oder etwa Heiligsprechung der Theologie Schleiermachers oder Bultmanns.[36] Schliesslich fehlte bei beiden ja eine befriedigende "Rela-

---

33   **Briefe** 494 (an E.Wolf, 10.8.1968).

34   **ProtTh** 411 (aus der Vorlesung von 1929/30). Aber vgl. schon **UCR** 225 (oben Kap.III Anm. 192).

35   **BwBu** 200.

36   "Hier stocke ich Ihnen wie Schleiermacher ... gegenüber". AaO. 201.

tion zwischen dem dritten und dem zweiten Artikel"[37] die ihre Theologien überhaupt erst "ein grundsätzlich legitimes und auch fruchtbares Unternehmen"[38] hätten werden lassen. Barths Deutung könnte *allenfalls* den Charakter einer "Zwangsdeutung" haben, einer Interpretation in optimam partem, also eher einer Annexion.[39] Dennoch lässt sich Barths Urteil schwerlich aufrechterhalten, wie er ja auch selbst einschränkend und seine Vermutung revozierend gesagt hat.[40] Also: ist Schleiermachers Theologie eine Theologie des Heiligen Geistes?[41] Ja und Nein:

> "Schleiermacher must be understood as one who made a great attempt to centre theology on the Holy Spirit, but in the wrong way. Thus it was a great failure; but we should appreciate the attempt!"[42]

Hier nun kommt Barths erstes Anliegen zum Tragen. Was nämlich Schleiermacher falsch gemacht hat kann eigentlich nur dadurch zurechtgebracht werden, dass das Schleiermacher Bewegende noch einmal aufgegriffen und von den rechten Voraussetzungen her, im Rahmen einer wirklich biblischen Besinnung, ins Lot gebracht wird.

---

37 Ebd.

38 Ebd.

39 Diese Art der "Zwangsdeutung" findet sich bei Barth gelegentlich, am deutlichsten wohl in seiner Interpretation W. Herrmanns in "Die dogmatischen Prinzipienlehre bei Wilhelm Herrmann": "Sodann indem ich zu zeigen versuche, warum und inwiefern ich Herrmann meine *totaliter aliter* verstehen zu müssen, als er sich selbst verstand." **ThuK** 241.

40 Vgl. **ProtTh** 422. **KD III/3** 370f.:

41 Vgl. hierzu W. Brandt, **Der Heilige Geist und die Kirche bei Schleiermacher** (1968) 17: "Der Glaubenslehre als Lehre des *Glaubens* das Prädikat einer Theologie des Heiligen Geistes zuzuschreiben, wie es wohl bei Barth gemeint ist, wäre von Schleiermachers eigener Pneumatologie aus nicht angebracht."

42 **Table Talk** 27f.

"A good theology can be based on any of the three articles of the Creed. You could base it on the Doctrine of the Holy Spirit. I now think that a good doctrine of the Holy Spirit would have been the best criticism of Schleiermacher and of all Modernism, better than my own attack on Schleiermacher. A good critique of Bultmann and existential theology would lie along the same line."[43]

Hier liegt also der Schlüssel für Barths Verhältnis zu Schleiermacher. Er sieht seinen Versuch Schleiermacher zu überwinden als gescheitert an, weil er Schleiermachers Anliegen zu stark ignoriert, zu stark verdrängt hatte, und er sieht von neuem das "gelobte Land" nur von ferne, diesmal aber jenseits seiner eigenen Möglichkeiten. Was Barth in seinem *Table Talk* (zwischen 1953 und 1956) bereits gesehen hatte, das war ihm nun am Ende seines Lebens Gewissheit geworden: nur eine rechte Theologie des Heiligen Geistes kann sich gegen den Geist Schleiermachers und der Moderne behaupten.[44] Im Blick auf die heutige kirchliche Landschaft weltweit, hat sich Barth hier als prophetischer Seher bewährt, dem nichtsdestoweniger das Tragische aller Visionäre anhaftet, eine Entwicklung zu sehen, zu mahnen und - nicht gehört zu werden.

7.2.6   Rebus sic stantibus

Es bliebe nun zum "Nachwort" noch viel zu sagen. Das letzte Wort zu Schleiermacher hat Barth - bewusst oder unbewusst? - nur verschlüsselt ausgesprochen. Er hat kein Urteil fällen wollen und hat es unwillentlich gleichwohl getan. Er und Schleiermacher sind "geschiedene Leute"(309), auch wenn ein Blick ins Eschaton sehr erfreuliche Gespräche mit dem " 'alten Hexenmeister' "(310) in Aussicht stellt. Dort wird er dann das "im Licht erkennen, was ich auf Erden dunkel sah"(ebd.). Dort wird man sich dann "sehr festlich anlachen"(ebd.). Was aber in eschatologischer Beleuchtung verklärt und leicht erscheint, das ist hier und jetzt nur Hoffnung und Traum.

---

[43]   AaO. 27.

[44]   AaO. 28:"I personnally think that a theology of the Holy Spirit might be all right after A.D. 2000, but now we are still too close to the eighteenth and nineteenth centuries. It is still too difficult to distinguish between God's Spirit and man's spirit!"

So wie die Dinge jetzt liegen, kann die grosse Versöhnung nicht stattfinden,
bleibt der menschliche Freund auch der theologische Feind. Aber je näher
sich Barth dem Eschaton wähnte, desto grössere Freiheit spürte er, seinem
lebenslangen Antipoden ein Loblied zu singen, allerdings "das Loblied eines
Solchen, der mit Schleiermacher rebus sic stantibus sachlich von Grund aus
nicht einig zu gehen vermag"(306!)!

7.3   "Aufbrechen - Umkehren - Bekennen"

Womit liesse sich dieses Kapitel und damit der Hauptteil unserer gesamten
Arbeit besser beschliessen als mit den tatsächlichen letzten Worten, die
Barth noch am Abend vor seinem Tode geschrieben hat. Noch einmal
enthüllt sich uns dabei die Symbolkraft seiner Metapher vom Auszug der
Kinder Israel aus Ägypten. Da die Sätze auf dem Hintergrund unserer
gemeinsamen Wanderung mit diesem homo viator für sich selbst sprechen,
gestatten wir Barth, kommentarlos das letzte Wort zu haben:

> "Die Bewegung der Kirche ist (*zum Ersten*) ein kräftiges
> *Aufbrechen.* ... Aufbrechen als solches findet da statt, wo ein
> bisheriges veraltet ist und zurückbleiben muss, indem es ver-
> gangene Nacht geworden ist, und wo an seiner Stelle ein
> Neues angekündigt, ein neuer Tag im Kommen ist. Wo bei-
> des miteinander wahr und als erkannt ist, da ereignet sich
> Aufbruch. Die alte, die mittlere, die neue und die heutige
> Kirchengeschichte ist fortlaufend eine offene oder verborge-
> ne Geschichte solcher - scheinbar grosser, scheinbar kleiner,
> scheinbar gelungener, scheinbar misslungener - Aufbrüche.
> Das nicht genug zu beleuchtende und zu bedenkende
> Modell: der Auszug Israels aus Ägypten in das verheissene
> Land. Aufbrechen vollzieht sich also in einer Krisis. Ent-
> schlossener Abschied wird da genommen von einem
> Bekannten, jetzt noch sehr Nahen, das vielleicht (etwa in
> Gestalt der berühmten Fleischtöpfe Ägyptens) auch seine
> Vorteile hatte. Und entschlossene Zuwendung findet da statt
> zu einem noch Fernen, in seiner herrlichen Gestalt noch
> reichlich unbekannt zu sein. Indem die Kirche aufbricht, hat
> sie gewählt, sich entschieden. Sie hat sich das Heimweh
> nach dem, was sie hinter sich lässt, im Voraus verboten. Sie

begrüsst und liebt schon, was vor ihr liegt. Sie ist noch hier
und doch nicht mehr hier, noch nicht dort und doch schon
dort. Sie hat eine weite Wanderschaft vor sich - auch Kämp-
fe, auch Leiden, auch Hunger und Durst. Nicht zu verkennen: sie seufzt. Aber noch weniger zu verkennen: sie freut
sich. Dementsprechend denkt, redet, handelt sie. In dieser
Krisis besteht das Aufbrechen der Kirche; das noch gefange-
ne, schon befreite Volk Gottes. Aber sehen wir etwas
genauer zu: Das echte, rechte Aufbrechen der Kirche ist
zuerst und vor allem ein Jasagen zur Zukunft:erst dann und
darum ein Neinsagen zur Vergangenheit. Blosse Müdigkeit,
blosse Kritik, blosse Verachtung und Proteste gegen das Bisherige - man sagt heute gern: gegen das Establishment - hat
mit der grossen Aufbruchbewegung der Kirche noch nichts zu
tun. Als Mose jenen bösen Mann erschlug und verscharrte,
da war das noch lange nicht Israels Befreiung der Gefangenschaft. Wir hören heute in beiden Konfessionen noch zuviel
berechtigtes, aber hohles Nein: hohl, weil es nicht gefüllt ist
mit dem Ja zu künftigen Besseren. Ein hohles Nein wird
aber immer mehr oder weniger hässig und traurig klingen.
Wenn die Kirche ihr wichtiges Nein sagt zum Bisherigen,
dann ist es ein klares, aber freundliches und fröhliches Nein.
Daraus folgt nun: das echte und rechte Aufbrechen der Kirche geschieht da und nur da: wo sie *das Neue* als Verheissung und also als Zukunft, aber als klare, bestimmte
Verheissung und Zukunft vor sich sieht. Mir hat vor Jahren
ein junger Mann in einer Versammlung von Pfarrern entge-
gengeschmettert: 'Herr Professor, Sie haben Geschichte
gemacht, aber nun sind Sie auch Geschichte geworden. Wir
Jungen aber sind im Aufbruch zu neuen Ufern!' Ich antwor-
tete ihm: 'Wie schön, das höre ich gern, erzählen Sie uns
etwas von diesen neuen Ufern!' Er wusste nur leider nichts
zu erzählen. Der Auszug aus Ägypten hat damals damit
angefangen, dass Mose vom Gottesberg und vom feurigen
Busch herkam, wo er Gottes Wort gehört hatte, und dann
dem Volk und auch dem Pharao etwas zu sagen wusste darüber, wohin die Reise gehen sollte. Es gibt heute auch in der
Kirche sehr viele sympathische junge Menschen - auch junge Pfarrer und Priester, die uns laut genug sagen, dass ungefähr Alles anders werden müsse. Wenn Gott ihnen sagen
wird, wenn sie es sich von Gott werden sagen lassen und

wenn sie es dann auch Anderen werden sagen können, was
an die Stelle des Bisherigen treten soll, dann, dann erst wird
die Sache mit dem Aufbrechen der Kirche ernst und glaubwürdig werden. ...
Die in und mit ihrem Aufbruch zu vollziehende Umkehr der
Kirche ist, indem er der Aufbruch zu ihrem Ursprung ist,
immer auch ein Akt des Respektes und der Dankbarkeit
gegenüber dem Alten, das ja seinerseits recht und schlecht
aus diesem Ursprung hervorgegangen ist. Nicht darum, weil
es alt ist, nicht allem Alten, aber vielem Alten gegenüber, in
dem das Neue, genau besehen, sich schon ankündigt, und in
dem es, sorgfältig behandelt, auch aufzuspüren ist. Vor
Israel waren seine Patriarchen: Abraham, der nur eben im
Glauben auszog aus seinem Vaterland und seiner Freundschaft in das Land, das Gott ihm zeigen wollte und gezeigt
hat - Isaak und Jakob und die Ahnherren jenes nach und
nach in den Bereich jenes Landes versetzten Stämmebundes.
Und dies Israel verheissene und ihm geschenkte Land selbst
war ja nach der Überlieferung kein anderes als das, in welchem schon seine Väter gewohnt, gesündigt, gelitten und
dem Herrn da und dort Altäre errichtet hatten. In der in der
Umkehr begriffenen Kirche gilt: 'Gott ist kein Gott der
Toten, sondern der Lebendigen.' 'Ihm leben sie alle' - von
den Aposteln bis zu den Vätern von vorgestern und gestern -
Sie haben nicht nur das Recht, [sondern auch die Aktualität],
auch heute gehört - nicht unkritisch, nicht in mechanischer
Unterwerfung, aber aufmerksam gehört zu werden. Die Kirche wäre nicht Kirche in der Umkehr, wenn sie sie, stolz und
beruhigt mit (?) ihrem jeweiligen Kairosbewusstsein, nicht
hören wollte oder wenn sie das nur beiläufig, nur schloddrig
und liederlich täte, oder wenn sie, was sie von jenen zu lernen hätte, seiner Wirkung damit berauben würde, dass sie,
was jene ihr sagen wollten"[45]

---

[45]   **Letzte Zeugnisse** 63-66 und 70-71. Der Satz blieb unvollendet.

Teil 3

ERGEBNISSE

Dieser Teil der Arbeit ist kein Summar des vorangegangenen. Vielmehr soll hier in gegebener Kürze ein Reflexionsprozess in Gang gesetzt werden, der den Hauptteil (dessen Darstellung ja zugleich seine Begründung ist) auf gewisse strukturelle und systematische Elemente hin anschaut. Dabei geht es um dreierlei:

• die Hermeneutik der Barthschen Schleiermacher-Interpretation,

• Aspekte der Barthschen Schleiermacher-Kritik,

• die Bedeutung Schleiermachers für das Gesamtwerk Barths.

Ein persönliches Nachwort soll dann diese Arbeit beschliessen. Zunächst jedoch wollen wir etwas davon weitergeben, was wir in der Beschäftigung mit Barth und Schleiermacher gelernt haben. Es handelt sich also um eine Art Rechenschaftsbericht. Wir wollen nichts beweisen und nicht viel belegen. Mit *eigenen* Worten wollen wir wiedergeben, was sich uns als die Ergebnisse "zwischen den Zeilen" aufgedrängt hat.

Kapitel 1

DIE HERMENEUTIK DER BARTHSCHEN
SCHLEIERMACHER-INTERPRETATION

1.1   Allgemeine Beobachtungen

Ohne Verstehensprobleme gäbe es keine Hermeneutik. Barth selbst hat in
nicht geringem Masse dazu beigetragen, das Verständnis seines Werkes zu
erschweren. Indem wir uns die erschwerenden Umstände des Zugangs zu
ihm bewusst machen, gelingt es vielleicht, gröbste Missverständnisse zu vermeiden. Die folgenden Gedanken sollen dazu beitragen.

1.1.1   Sprache

Barths Sprache ist wie sein Denken: reich, anschaulich, unglaublich grosszü-
gig in ihrer Begrifflichleit, unnachgiebig in ihrer Sachlichkeit, engagiert, in
steter Bewegung, immer auf der Suche nach dem Ganzen, dem Eigentlichen,
immer unzufrieden mit dem bereits Gesagten. Kaum ein anderer Theologe
litt so wie er unter der Differenz des Gesagten und des Gemeinten. So drängte es ihn beständig, "dasselbe ganz anders zu sagen". Für Theologen, die einander bei den Begriffen behaften, ist Barth natürlich "nicht zu fassen".[1] Er
ist nun einmal nicht beim Wort - beim einzelnen - zu nehmen. Hier liegt die
Quelle unzähliger Missverständnisse.

Barths Sprache ist Symphonie: nur als Ganzes zu nehmen und - wenn
man das kann - zu geniessen. Dabei fehlt seiner "Sprachmusik" oft gerade
die Klarheit und Einsilbigkeit, die er an Mozarts Kompositionen so sehr
schätzte. Mozart ist ja alles andere als pleonastisch. Zwar ist er auch ver-
spielt und musiziert nicht selten mit einem lustigen Augenzwinkern, aber er

---

[1]   Vgl. dazu **Küng** 21f.

ist nie breit - will nie alles sagen - und ist vor allem kein Systematiker![2]

Der entscheidende Unterschied aber scheint hier zu liegen: Mozart darf sagen, was er will, Barth nicht! Als Gebundener - und darin als Freier - kennt seine Sprache, und d.h. sein Denken, keine Freiflüge. Sie muss bei der Sache bleiben. Darum ist seine Sprache so stark mit Biblizismen durchsetzt, weil er im Buch der Bücher lebte. Joh. 1,1 ist gerade in seiner Geschichte Wahrheit geworden! Aber gerade Joh. 1,1 weist auch auf eine weiteres: Menschenwort ist *nicht* Gotteswort. Barths Reden wollte nur *signum* sein, nie *res*.[3] Aber es konnte das nur sein als hörendes Reden. Besonders in der "Kirchlichen Dogmatik" wird es mit den Jahren zunehmend deutlicher: Barth hat das, was er sagt, selbst gehört, indem er gelauscht hat auf das Reden des Wortes Gottes, das in jeder guten Theologie allem Selbstreden vorangeht.

1.1.2 Äusserungen

Was Barth gehört hatte, äusserte sich in unterschiedlichster Art: in Vorträgen, Predigten, Dogmatik, Vorlesungen, Artikeln. Bei der Vielzahl der Äusserungen fällt auch deren Vielfalt ins Auge. Wer z.B. von der harten Kost der "Kirchlichen Dogmatik" herkommt, steht vielleicht verwundert vor so einfachen Gedankengängen wie denen in der "Einführung in die Evangelische Theologie" oder im "Grundriss der Dogmatik". Das ist auch Barth!

Man darf mit Recht fragen, wo denn nun der eigentliche Barth zu suchen und zu finden sei: in diesen ungepanzerten Kurzfassungen, oder in dem hochkomplexen Makromolekül, genannt "Kirchliche Dogmatik"? Wir meinen folgendes zu sehen: Wer beim Lesen der KD müde geworden ist, die "Sache" aus den Augen verloren haben sollte, findet in jenen "einfältigen" Äusserungen Barths den Faden wieder. Dort ist auch der ruhige Schattenplatz, wo man der "Sache" wieder ansichtig wird.[4] Es geht ja nicht um einen gedanklichen Jongleurakt, sondern um die lebendige Begegnung und Bezie-

---

[2] Wenn ein solcher Vergleich erlaubt sein darf.

[3] Ob es dieser Umstand war, der ihn sich von der "Hermeneutischen Theologie" hat entfremden lassen?

[4] Grässliches Wort: "Sache", wenn man Gott meint; aber äusserst hilfreich, wenn man es im Sinne des hebr. "dabar" gebraucht.

hung zu dem Herrn, dem die Christenheit ihren Namen und die Kirche ihr Sein verdankt. Nicht ein Prinzip steht zur Debatte, sondern Jesus Christus selbst, sein Wort, sein Geist, seine Gemeinde.[5] Es muss geradezu als *das* hermeneutische Prinzip aller Barthauslegung bezeichnet werden, dass alle seine Äusserungen zur Sache nur aus dieser einen Quelle kommen wollen, alles andere ist "sekundär", ist äusserlich. Nach *aussen* hört man: Ethik, Dogmatik, Politik, Anthropologie, Exegese. Das sind aber nur die Schalen, die Gewänder, die allerdings oft weit und faltig genug waren, um die Person, die sie trug, völlig zu verbergen. Aber sie *sollten* auch nur das Äussere sein, Ausdruck dessen, was innen Gestalt angenommen hatte.

Daneben gibt es nun allerdings sehr *menschliche* Äusserungen. Das wird deutlich in Barths Briefen an enge Freunde (Thurneysen, Gollwitzer, Zuckmayer, und die Rundbriefe!). Hier redet Barth ganz ungeschützt. Wir sind darum der Meinung, dass es gerade *diese* Äusserungen sind, die besonders gehört werden müssen, soll Barth nicht missverstanden werden. Hier redet Barth nämlich mit hochgeklapptem Visier. Da wird darum auch sehr oft und eindrücklich klar, dass es mit der "dicken Haut" Barths nicht weit her war. Wir hören von Trauer, Unsicherheit, Versagen, Hilflosigkeit, Depression. Nach aussen ist Barth stark, kämpferisch, überlegen, tatkräftig, entschlossen, mit einem Wort: "männlich" (im Sinne Barths). Das Innere zeigt sich jedenfalls nur selten als das was es auch war: ein verzagter Mensch, mit dem Stossgebet "Ach, ja!"[6] Ob die häufig anzutreffende Ironie etwa das Ringen des "äusseren" mit dem "inneren" Barth war?

1.1.3   Entwicklungen

Stehen die eben erwähnten Äusserungen häufig *nebeneinander*, im Gegenüber von einfach und umfassend oder ungeschützt und öffentlich, so gibt es aber auch Äusserungen, die *hintereinander*stehen, eher in der Beziehung früh-reif oder Ansatz-Entfaltung.

---

[5] Dass man so auch heute in der Theologie reden darf, verdankt man durchaus Karl Barth!

[6] "'In diesem kleinen Seufzer', 'mit dem wir zu Gott sagen: Ach, ja!', 'steckt Alles und Alles muss auch immer wieder zu diesem kleinen Seufzer werden'." Zitiert nach E. Jüngel, "Barth, Karl", **TRE** 5(1980) 267. (Aus: K. Barth, "Gottes Gnadenwahl", **TEH** 47(1936) 56.).

Kein Zweifel: Barths Theologie hat sich entwickelt. Wenn von Entwicklungsstufen gesprochen werden soll, dann sehen wir die folgenden:
1.Hinwendung zum biblischen Realismus (1915/16)
2.Abwendung von der zeitgenössischen Theologie (1921)
3.Nur-theologische "Begründung" der Dogmatik (1931).
Im Hauptteil dieser Arbeit bezeichneten wir diese Stationen als "Brennender
Busch", "Exodus" und "Einzug ins gelobte Land". Entscheidend für jede
Barth-Auslegung wird also sein, zu beobachten, um welche der drei Perioden
es sich jeweils handelt (von der Zeit vor dem "Anfang" abgesehen). Nun gibt
es aber u.E. in allen Perioden konstante Grössen, Fixpunkte, an denen sie
sich immer orientieren, und die selbst keiner Veränderung unterliegen. Einer
dieser Fixsterne, ja sicherlich der "Polarstern", ist fraglos die lebendige
Wirklichkeit Jesu Christi. Von der Begegnung mit den Blumhardts bis zu
seinem Tode war der auferstandene Jesus für Barth (wie für Thurneysen!)
die Quelle und *das* Ziel seines theologischen Schaffens.[7] Allerdings: Wer
Jesus ist, das hat Barth immer wieder neu lernen wollen. Und er hat es
immer wieder neu sagen wollen, theologisch, predigend, dogmatisierend und
im Bekenntnis. Von einer "Wende" zur Christologie bei Barth zu sprechen
ist darum völlig verfehlt, wenn man darunter etwa einen systematischen
Neuansatz, einen Gedankensprung verstehen will. Was liegt einer Theologie,
die aus der Auferstehung Jesu lebt, denn näher als die Christologie? Und war
nicht das Reden von der "Offenbarung" immer schon ganz schlicht das
Reden von Jesus Christus? Der einzige "Bruch" in der Theologie Barths ist
u.E. darum der Ein*bruch* der Gotteswirklichkeit in seine Theologie. Was
Barth (und auch Brunner) bei Schleiermacher sah, das war ja zunächst einmal Projektion der eigenen Erfahrung: die Christologie ist die grosse Störung
der Theologie! Sie war und blieb das auch immer: die "Unruhe", die sein
Lebenswerk antrieb.

---

7   Fr. Marquardt berichtet dazu, Thurneysen habe ihm einst gesagt, "Es sei ihnen
    beiden von Anfang an selbstverständlich um Jesus gegangen und niemals um so
    etwas wie einen Gottesbegriff; schon von Blumhardt her könne man es sich doch
    gar nicht anders erklären wollen." Aus: F.W. Marquardt, "Vom gepredigten
    Jesus zum gelehrten Christus", **EvTh** 46 (1986) 316.

1.1.4   Verschleierungen

In den bisher veröffentlichten Briefen Barths tritt uns Barth "privatim" entgegen, so wie man ihn nicht kennt! Hier wird eine markante Differenz zu seinen Veröffentlichungen sichtbar, die u.E. auf mehr als nur die Existenz einer Privatsphäre schliessen lässt. Wir meinen darin zweierlei zu sehen: die Tendenz zu *Selbststilisierungen*[8] und den Hang zu *Verschleierungen*.

Es ist sicher unfair, die Versuche zur Eigenidealisierung eines Menschen zu monieren. Im Falle Barths ist die Sachlage jedoch heikel. Immerhin pflegt man bisher - zu recht - seine Äusserungen prima facie zu zitieren und zu werten. Hier ist Vorsicht geboten. An einer Stelle scheint Barth nämlich grösste Schwierigkeiten zu haben: bei der Klärung seiner Beziehungen zu anderen Zunftkollegen. Nicht dass wir in menschlichen Beziehungen letzte Worte erwarten, nicht dass Beziehungen etwa klar sein müssten? Nein, aber ihre Ungeklärtheit muss klar zur Sprache gebracht werden, sonst kann es nie zu einer Klärung kommen. Barth hat hier u. E. Unklarheiten wachsen lassen, die oft genug ärgerlich sind. (Von Herrmann wäre hier zu sprechen, von Bultmann, v.Balthasar und natürlich von Schleiermacher!) Wir meinen Barths Hang zur Verschleierung verstehen zu können mit dem Wunschideal, aus der Kämpferrolle der frühen Jahre herauszukommen und in den Ruf eines friedfertigen Menschen hineinzuschlüpfen. Um dieses Ideal zu erreichen, zeigt er sich grossherzig und souverän nach aussen; er hat Verständnis für (fast) alles. So jedenfalls in den öffentlichen Verlautbarungen der späteren Jahre. Der "private" Barth ist glücklicherweise viel klarer, d.h. viel "menschlicher": verärgert und grimmig, frohlockend und schadenfroh, dankbar und schuldbewusst. In der Differenz zwischen diesen beiden "Barths" steckt aber ein grosser Teil Ungeklärtes, das bisher nur zu Verwirrungen und

---

[8]   Vgl. dazu **Ebeling** 435.

[9]   Man denke z.B. an das grosszügige Lob, mit dem er v.Balthasars Barth-Buch bedacht hat: "Sein {v.Balthasars} Buch ist bedeutend." Dann aber fährt er fort: "Ich meine, dass es an dem, was ich wollte und will, haarscharf *vorbei* geht." **Briefe** 147f. (28.6.1963). Wenige Wochen später gibt Barth ein weiteres Bekenntnis: "Meine Differenz mit v.Balthasar ... besteht darin, dass er sich wie so viele Protestanten für irgendwelche philosophischen Strukturen meiner Theologie interessiert, statt für diese selbst. Aber das will ich ihm nun nicht mehr öffentlich vorhalten." AaO. 163 (17.7.1963). Wir meinen, dass diese Differenz nicht so unwesentlich für die weitere Barth-Interpretation sein kann!

Fehlurteilen geführt hat.[9]

Wir meinen nun allerdings hinter den "Verschleierungen" Barths ein
Merkmal seiner Persönlichkeit entdeckt zu haben: die Abneigung gegen das
Festgelegtwerden, bzw. die Zuneigung zur Offenheit. Dahinter steckt u.E.
sein Freiheitsdrang, der sich nur an einer Stelle "gefangennehmen" liess -
von der Wirklichkeit der Offenbarung Gottes in Jesus Christus! Der Hang
zur "offenen Situation" drückte sich schon in der Zeit der "Dialektischen
Theologie" als Kampf für die Freiheit des Wortes Gottes aus. Er kam in seinen Geschichtsvorlesungen zum Tragen, wo sich Barth jedes letzten Urteils
enthielt. Und nicht zufällig ist ja auch die *KD* selbst "offen" geblieben: Barth
ist nicht zu fassen. Dass die Scheu davor, sich festlegen zu lassen, sein Werk
und seine Äusserungen häufig verschleiert, sollte bei allen Barthauslegungen
berücksichtigt werden.

1.1.5   Inter-esse

Sprachen wir eben von Barths Freiheitsstreben, so muss sofort hinzugefügt
werden: Barth hat sich oft genug gefangennehmen lassen. Den Dingen dieser
Welt stand er mit solcher Offenheit gegenüber, dass sie ihn häufig so sehr in
ihren Bann zogen, dass er vergass, wo er selbst stand. Ob es sich um Bücher,
Tagespolitik, Gäste handelte, Barth war so schnell fasziniert, gefesselt, dass
viele seiner Schilderungen den Eindruck hinterlassen: hier spricht ein Vereh-
rer, ein Liebhaber. Barths Inter-esse an Dingen und Menschen bewirkte, dass
er ihnen nicht gegenüber stand, sondern (wenn möglich) *in* ihnen lebte.
Nicht über das Wort Gottes wollte er predigen, sondern aus ihm heraus.
Bloss keine distanzierte Theologie! Kein Standpunkt *über* dem Christentum,
sondern mitten darin. Nicht *über* den Glauben reden, sondern *im* Glauben
reden, war seine Devise. Dieses wahrhaftige Inter-esse bewirkte nun aber
nicht selten, dass er vor lauter "Entdeckerfreude" zu so starken Lobesworten
griff, dass seine "eigentliche" Meinung, das Urteil aus der Distanz, darüber
verlorenging.[10] Barth verstehen wollen, heisst hier zunächst: sehen wo Barth
gerade steht. D.h. wir müssen unsererseits das aufbringen, was ihn auszeichnet: Inter-esse!

---

10   "... einen Anderen hören, heisst jedesmal, das eigene Anliegen suspendieren,
um für das Anliegen des Anderen offen zu sein. Es wird immer dafür gesorgt
sein, dass es mit dieser Offenheit nicht zu weit her sein wird." **ProtTh** 10.

1.2 Die Funktion der Schleiermacher-Interpretation Barths

Nach den eben angestellten Beobachtungen allgemeiner Art soll nun der
Beschäftigung Barths mit Schleiermacher nachgedacht werden. Wir meinen
zunächst feststellen zu können, dass sie durch und durch funktional ist.
Schon in der Marburger Studienzeit sollte Schleiermacher ja helfen, eine
Begründung der Theologie zu ermöglichen. Aber auch später, nach der
Abwendung von Schleiermacher, blieb die Beschäftigung mit ihm Mittel
zum Zweck.

1.2.1 Orientierung

Schleiermacher war für Barth ein Leuchtturm; ein Licht, an dem man sich
orientiert, um an ihm *vorbei* zu fahren. Der Plan, eine wirklich un-
Schleiermachersche Theologie zu begründen, hatte zur Voraussetzung,
Schleiermacher umfassend zu kennen und zu studieren. Dies tat Barth in den
ersten 10 Jahren seiner akademischen Laufbahn ausgiebig. An Schleiermacher lernte er die "Untiefen" der Theologie kennen und meiden. An Schleiermacher lernte er aber auch die Geschlossenheit und Dichte eines theologischen Systems kennen, dessen Quader fugenlos abschlossen. Hier sah er
schliesslich, dass Theologie einen *Grund* haben kann und haben muss.

1.2.2 Kritik

Schleiermacher diente aber auch als Markenzeichen der Kritik an der zeitgenössischen Theologie. Schleiermacher war der Rammbock, mit dem die
Bastionen neuprotestantischer Theologie gestürmt werden solten. Es ging
Barth *nie* um eine wissenschaftlich-gefühllose Darstellung Schleiermachers
sine ira et studio. Er hat Schleiermacher (vermutlich) auch nie anders denn
blitzenden Auges abhandeln können. Aber die Kritik richtete sich nicht
gegen den Theologen Schleiermacher (für den Barth ja sehr viel Verständnis
aufbringen konnte), sondern gegen die Bedrohung der Kirche durch eine
unsachliche Theologie.[11] Man wird also weder Barth noch seiner
Schleiermacher-Kritik gerecht werden, wenn man *ihre* Unsachlichkeit etwa

---

11   Vgl. dazu **Siegfried** 283: "Barth sagt Schleiermacher, aber er meint zu einem
      erheblichen Teil die Rückwendung zu Schleiermacher, die um die Jahrhundert-
      wende von der nachritschlschen Generation vollzogen wurde."

nur an Schleiermacher nachweisen wollte.

1.2.3 Polemik

Man wird der Schleiermacher-Kritik Barths aber ebensowenig gerecht, wenn man sie etwa nur als Schulstreit, als Theologengezänk ansähe. Es ging Barth nicht um das Rechthaben in dieser oder jener Frage, sondern um die Existenz der Kirche: ihr Sein war bedroht durch Nichtsein, und dies nicht von aussen, sondern von innen. Darum ist Barths Auseinandersetzung mit Schleiermacher Existenz*kampf* der Kirche. Von hier versteht sich die Unerbittlichkeit der Polemik, das Kompromisslose der Ablehnung! Nicht weniger als totale Überwindung, Auslöschung, Ersetzung der Schleiermacherschen Theologie, lautete das anfängliche Programm Barths. *Reformation*, das war es, was Barth vorschwebte!

Nun fragt sich aber, ob nicht Barths Polemik seit etwa 1930 stillschweigend verebbte und einer friedlicheren Betrachtung Platz machte. Wir meinen dazu, dass die Polemik weiterhin bestehen blieb, aber nicht im wilden Gestikulieren und Schiessen, sondern in der Verkündigung des Wortes Gottes und in der Ausbildung "gesunder" Theologen. In dieser "Wende" kommt u.E. die geistliche Wahrheit von Eph.6 zum Tragen, wie es im "Kirchen*kampf*" dann sehr deutlich wurde.

1.2.4 Aufklärung

Diesem eigentlichen polemischen Ziel diente Barths Unterricht. Dass er neben seiner Dogmatik immer wieder zu Schleiermacher zurückkam und ihn der theologischen Jugend vor Augen stellte, war ein gezieltes Aukklärungsprogramm, mit dem Barth seinen Studenten "des Pudels Kern" demonstrierte. Schleiermacher wurde zum grossen Vorbild, wie man es nicht machen sollte. Dass Barth sich dabei oft genug eigener Kommentare enthielt, ist Hinweis auf die Einsicht, dass man Theologen nicht "machen" kann, dass der Lehrer höchstens "Geburtshelfer" sein darf, oder besser: Zeuge für das Wort Gottes. D.h. Dogmatik ist tatsächlich nichts anderes als Prolegomenon der Christologie.

1.3   Schleiermachers Bedeutung für Barths Gesamtwerk

Unter diesem Titel kommt uns sofort v.Balthasars Metapher vom "Prägstock" in den Sinn, der Schleiermacher für Barth gewesen sein soll. Es will
uns bei dieser Vorstellung jedoch nicht so recht wohl werden. Denn: war
Schleiermacher auch Barths Leuchtturm, so war er doch nicht sein Polarstern. Diente er ihm auch zur Orientierung, so gab er ja doch nicht die Richtung an! Nein. Nach allem bisher Gelerntem und Gesagten war Barth keineswegs *so* geprägt von Schleiermacher, dass er sich von ihm "bei aller
materiellen Entgegensetzung ... nicht mehr befreit"[12] hat. Die Befreiung hat
viel gekostet, aber sie hat auch viel gebracht. Dem wenden wir uns nun im
einzelnen zu.

1.3.1   "Gesprächspartner"

Im Gespräch mit Schleiermacher lernte Barth eine bedeutende, geachtete und
höchst intelligente Theologie kennen. Manches seiner "Interviews" mit diesem Kirchenvater des 19. Jahrhunderts liess ihn kopfschüttelnd und zornig
zurück. Dennoch gab er das Gespräch mit ihm nie auf. An Schleiermacher
gab es nämlich etwas zu lernen[13], auch wenn man gänzlich anderer Meinung
war. Nicht nur im systematischen Denken konnte man sich an ihm schulen,
sondern besonders in der "vornehmen Art", die Schleiermachers Äusserungen so regelmässig zu begleiten pflegte. Hier fühlte sich Barth zweifelsohne
besonders angezogen, und hier hat er u.E. auch viel von Schleiermacher
gelernt. Dass ihm das Gespräch mit Schleiermacher so sehr viel bedeutete,
mag auch diesen Grund gehabt haben: hier begegnete Barth einer Seite von
sich selbst, die ihn zugleich anzog und erschreckte - dem Bereich des

---

[12]   v.Balthasar 210. Dieses subjektive Urteil hängt natürlich vom Beurteilungs-
rahmen ab. Wir erinnern an Kap.V, Anm.6!

[13]   Man vergleiche dazu nochmals Ritschls Ansichten oben S. 29.

[14]   Damit sagen wir nichts anderes, als dass Barths Ringen mit Schleiermacher ein
Ringen mit sich selbst war. Barth bekämpfte ja durchaus nicht Schleiermacher,
sondern seine Projektion von diesem. Es ist zwar nur eine "psychologisierende"
Vermutung, dass Barth in Schleiermacher seine *anima* bekämpft hat, aber sie
erklärt wenigstens zum Teil das Rätsel, warum Barth Schleiermacher ein Leben
lang geliebt und gehasst haben will. Eine Weiterarbeit an dieser Vermutung

Gefühls und des Irrationalen.[14]

Aber das Gespräch mit Schleiermacher hatte ein weiteres Motiv: An Schleiermachers Theologie klärte sich Barths eigene! Indem er Schleiermacher nachdachte, erkannte er sich selbst. Schleiermacher stellte ihn, Barth, nämlich immer wieder in Frage. So leistete Schleiermacher ihm den mäeutischen Dienst des Sokrates. Kein Wunder, dass es Barth immer wieder zu ihm hinzog.

1.3.2   Massstab

Nicht nur sich selbst, auch andere Theologen mass Barth an Schleiermacher. In diesem hatte offensichtlich die Theologie eine Vollgestalt angenommen, an der sich zu messen die bleibende Aufgabe der Theologie sein musste. Nur einer Theologie, die nicht weniger als diejenige Schleiermachers bot, könnte es allenfalls beschieden sein, die Kirche von der "Knechtschaft" Schleiermacherschen Denkens zu "erlösen". Eben eine solche aber will die Barthsche sein. Sie *ist* die positive Gegenleistung, die *ganz andere* Möglichkeit des Theologisierens. Dass ihre tatsächliche qualitative Andersartigkeit heute so weitgehend vergessen oder übersehen bzw. heruntergespielt wird, liegt u.E. daran, dass es kaum noch wirkliche Beschäftigung mit den Fundamenten der "Kirchlichen Dogmatik", den "Prolegomena", gibt. Wer aber hier (in den "Prolegomena") nicht gehört, bzw. nicht zugehört hat, wird den Rest der Dogmatik vielleicht nur als eine phantasievolle Spekulation *miss*verstehen können. Das Mass bot Schleiermacher aber noch in folgenden Punkten:

● Theologie muss die Probleme der Aufklärung kennen, ernstnehmen und *wirklich* verarbeiten;

● Theologie muss darum von einer Erkenntnistheorie ausgehen, die dem neuzeitlichen Wirklichkeitsverständnis gewachsen ist;

● Theologie muss das *Ganze* der Theologie im Blick behalten und in ihre Arbeit einbeziehen.

---

wird sicher berücksichtigen dürfen, dass Barth eine "männliche" Christologie vorgeschwebt hat, als er Schleiermachers Gefühlstheologie als "Geschlechtsperversion" desavouierte.

An diesem Massstab hat sich Barth selbst gemessen und ist, u.E. in jeder Hinsicht erfolgreich gewesen.

1.3.3   Widerpart

Die Tatsache, dass Schleiermacher "Gesprächspartner" und "Massstab" war für Barth, kann und darf nun allerdings nicht das andere verdecken, dass er in der *Hauptsache* sein *Widerpart* war. Was bei Schleiermacher geringschätzig und bisweilen verächtlich behandelt wurde, das hat Barth aufgenommen und zu Ehren gebracht: die ganze Bibel in ihrem Wortlaut, die Wirklichkeit der Offenbarung eines persönlichen Gottes, die Auferstehung Jesu, die Trinitätslehre, die Bedeutung des Heiligen Geistes als eines *partikularen* Geistes, die Gnade und Erlösung als eines unverdienten Geschenkes. Oft genug war es für Barth ein Indiz für die Wichtigkeit eines Theologumenons, wenn Schleiermachers es als entbehrlich ansah.

Dennoch: Barth hat seine Theologie nicht konstruiert, indem er bewusst Schleiermacher auf den Kopf stellte. Das mag ansatzweise für die ersten Entwürfe der Dogmatik gelten. Aber er hatte doch neben Schleiermacher einen ganz anderen Massstab, an dem sich auch dieser und er selbst sich messen lassen mussten: das Wort Gottes und sein Zeugnis in der Heiligen Schrift. *Hier* war das Licht, in welches Barth unentwegt hineinblickte. Alles wäre missverstanden, wenn dieses Grunddatum unberücksichtigt bliebe. *Neben der Schrift aber konnte Schleiermacher (und kann er bis heute) nicht bestehen!* Aus dieser Notwendigkeit heraus musste Barth Schleiermacher den Abschied geben und blieb er - bei aller Zuneigung - bis ans Ende dessen Widerpart.

Kapitel 2

ASPEKTE DER BARTHSCHEN
SCHLEIERMACHER-KRITIK

Neben den vorwiegend formalen Beobachtungen zur Hermeneutik der Schleiermacher-Interpretation Barths wollen wir nun das Augenmerk auf die materialen Aspekte dieser Interpretation richten, die ja - wie schon gesagt - durchweg *Kritik* ist. Dabei unterscheiden wir zwischen Haupt- und Einzelaspekten.

2.1 Hauptaspekte

Barths Schleiermacher-Kritik verblüfft in vieler Hinsicht. An Intensität kennt sie wohl nichts Vergleichbares in der der Geschichte der Kirche! Die vier Gesichtspunkte *Messianität, Radikalität, Inklusivität, Aktualität* sollen uns zur Beschreibung des Phänomens dienen.

2.1.1 Messianität

Wir sprachen oben (Hauptteil 2.1.2.) von einer "Berufung" Barths. Uns scheint, als hätte die Berührung mit der "Boller Gnade" bei Barth u. Thurneysen etwas ausgelöst, das in kurzer Zeit in ihnen das Bewusstsein einer messianischen Rolle schuf. "Allein gegen Alle!" - so etwa lautete ihr Selbstverständnis zu Beginn der 20er Jahre. Es ging ihnen um die Befreiung der Kirche, der Theologie, der Bibel von dem Diktat einer modernistischen Kulturreligion, die dem Theologen tatsächlich einen "Maulkorb" anlegte, einen unsichtbaren zwar, aber einen höchst wirksamen. Von Auferstehung Jesu durfte man zwar reden, es aber nicht so meinen. Von Gott wurde viel gesprochen, aber wer statt "Gott" den Begriff "Schicksal", "Geschichte" oder

"Fortschrittskraft" vorzog, brauchte nicht mit ernstlichem Widerstand zu rechnen. Dass die Bibel etwas mit *diesem* Gott zu tun hatte, war ausser einer Selbstverständlichkeit auch eine Belanglosigkeit. Dass Offenbarung Gottes, wirkliches Wort Gottes, eine aktuelle Möglichkeit und Notwendigkeit für die Kirche bedeuteten, darüber konnte man nur lächelnd den Kopf schütteln. Die Kirche *hatte* doch bereits alles, was sie brauchte: kluge Köpfe, fähige Ausleger, bedeutende Redner, wohlwollende Hörer. Diese Kirche konnte leben, "etsi deus non daretur".

Ohne sich dessen bewusst zu sein, war diese Kirche aber alles andere als frei (wofür sie sich doch so freudestrahlend hielt). Sie lebte unter dem Zwang einer Denknotwendigkeit, die sich nun eben auf Schleiermacher *berief*: Freiheit von Bibel und Dogma, Freiheit zur individuellen Gestaltung der Frömmigkeit. Aber: diese Freiheit war ein Muss! Sie war nur die logische Konsequenz aus dem Kniefall vor dem modernen Wissenschaftsbegriff. Das "Etsi deus non daretur" war Pflicht geworden und konnte nur in der (Schleiermacherschen) Gestalt des "Quia deus datum est", entschärft und verharmlost, in das fromme Weltbild integriert werden. Erschüttert und verwirrt durch den 1. Weltkrieg und die Begegnunf mit Gottes *wirklicher Wirklichkeit* waren Barth und Thurneysen sich plötzlich dieser Knechtschaft bewusst geworden und begannen für die Freiheit, die ja ihre eigene war, zu kämpfen. Im 2. Römerbrief, in der Dogmatik, im Kirchenkampf und im Kampf gegen Bultmann sehen wir Manifeste der Freiheit, in Opposition gegen alle Theologie (und sonst wen!), die die Wirklichkeit Gottes schmälerte, indem sie sie entweder vereinnahmte oder bestritt.

Die messianische Rolle Barths spiegelt sich in seinem Verständnis von Theologie als einer Einheit von Prophetie und Wissenschaft, das der Wirklichkeit Gottes *und* der Wirklichkeit des Menschen gerecht werden will, ohne zu einer Knechtschaft zu führen. Frei ist der Mensch nur in der Bindung an Gott! Diese Grundaussage der Barthschen Ethik kann natürlich auch als "Barthsche Knechtschaft" angesehen und abgeschüttelt werden. Ob allerdings diese Art von "Knechtschaft" eventuell doch jeder anderen vorzuziehen sei, wird sich je und je erweisen müssen und ist eine Sache der persönlichen Wahl.

Durch Schleiermacher war die "Knechtschaft der Bibel, der Kirche, der Theologie" gesellschaftsfähig geworden. Er hatte in genialer Weise "Ägypten" "vergoldet". Barth aber achtete die Reichtümer (er hat sie immer als solche angesehen!) Ägyptens geringer als das Leben in der Freiheit Gottes und zog die Wüstenexistenz ein Leben lang den Fleischtöpfen vor.

2.1.2   Radikalität

Zu Schleiermacher kann man nur ganz Ja oder ganz Nein sagen.[1] Diese Radikalität verblüfft angesichts der Tatsache, dass Barth im Grossen Ganzen Eklektiker war. Derselbe Satz würde - in anderem Zusammenhang: etwa auf Luther, Calvin, Kant oder Kierkegaard angewandt - absurd klingen. Aber Barth hat Wort gehalten. An keiner Stelle hat er zu Schleiermachers Unternehmen Ja gesagt. Es hat - wie wir sahen - vielfach den Anschein, als ob Barth auch sachlich wieder bei Schleiermacher Station macht, aber eine nähere Prüfung erweist immer das Irrige dieser Annahme.

Was mag Barth wohl der Anlass zu dieser radikalen Haltung gewesen sein? Eine erste Antwort mag darin liegen, dass Barth wirklich mit dem *Anfang* anfangen wollte, "etsi Schleiermacher non daretur"! Vielleicht ging er darum bis zur Reformation zurück und brachte sowohl gegen Luther als auch gegen Calvin nicht unerhebliche Korrekturen in Anschlag. Es sollte eben nicht wieder so herauskommen wie das erste Mal!

Eine zweite Antwort sehen wir in der Geschlossenheit des Schleiermacherschen Systems. Hier kann man offenbar nicht teilweise Ja sagen.[2] Das Ganze der Theologie Schleiermachers lebt aus gewissen Grundentscheidungen und ist nur von dorther zu würdigen und zu verstehen, aber auch nur von dort gegebenenfalls zu verlassen und zu verwerfen. Völlig überzeugt sind wir von diesen beiden Antworten allerdings nicht, und wir bescheiden uns darum mit der Feststellung des Faktums.

2.1.3   Inklusivität

Noch mehr verwundert es uns jedoch, wie sehr - nach Barth - der Virus des Schleiermacherschen Denkens die gesamte Theologie infiziert haben soll. Nicht nur das gesamte 19. Jahrhundert (Beck und Blumhardt inbegriffen!) war angesteckt worden, sondern auch weitgehend das 20. und sogar die ehemaligen Freunde Brunner, Gogarten und Bultmann. Diese Gesamtschau ist

---

[1]   Vgl. **ThSchl** 161.

[2]   Etwa vergleichbar mit der heutigen Frage der nuklearen Rüstung.

[3]   Cum grano salis ist allerdings etwas daran!

nun allerdings zu schön, um wahr zu sein.[3] Dass der anfangs ebenfalls in
Quarantäne geschickte Pietismus von Barth viel später wieder in Frieden ent-
lassen wurde, ist nur *ein* Anzeichen dafür, dass es mit dieser Grossrazzia
doch nicht so recht stimmen konnte.

Wir geben zu, dass wir uns auf diese Inklusivität der Barthschen
Schleiermacher-Kritik ebensowenig einen Reim machen können wie auf ihre
Radikalität.

2.1.4   Aktualität

Dieses Stichwort liegt in einer Linie mit den vorangehenden. Schleierma-
cher war für Barth immer aktuell: während seiner Studienzeit, während des
Lösungsprozesses aus der neuprotestantischen Theologie, im Lehramt, im
Kirchenkampf, in der Auseinandersetzung mit der Römischen Kirche, in der
Polemik gegen Bultmann und seine Schüler, ja sogar im Briefwechsel mit
seinem späten Freund Carl Zuckmayer.

Zweifellos war Barth im Recht, wenn sein Vorwurf des "Schleiermacherianismus" eben die neuzeitliche unzweifelhaft anthropozentrische Denkweise bezeichnen sollte. (Interessanterweise tat der Name des Kopernikus
einen ähnlichen Dienst). Diese aber Schleiermacher anzuhängen, war natürlich ebenso wahr *und* falsch zugleich, wie es die Etikettierung etwa mit den
Namen Kant oder Luther gewesen wäre. Ob die mit zunehmendem Alter
abnehmenden Erwähnungen Schleiermachers etwa ein Unwohlsein Barths
indizieren, der sich wohl immer klarer wurde, dass er den Namen Schleiermachers nun doch zu oft gebraucht bzw. missbraucht hatte? Wir wissen
nicht, was Barth im Himmel mit Schleiermacher zu besprechen sich vorgenommen hatte; vielleicht wollte er ihm zuflüstern: "Pater, peccavi."

2.2   Einzelaspekte

Auch hier wollen wir nicht einfach zusammenfassen, was man im Hauptteil
der Arbeit lesen konnte. Es geht und hier um die Frage nach der Stossrichtung der Barthschen Schleiermacher-Kritik, und diese sehen wir in folgendem: in der Bestreitung der Un-Wirklichkeit Gottes, in der Widerlegung der
Un-Selbständigkeit der Theologie, im Kampf gegen die Un-Freiheit der Kirche und in der Überwindung des Un-Glaubens des Menschen.

2.2.1 Gegen die Un-Wirklichkeit Gottes

Dass Gott mit der Wirklichkeit der Welt zu tun hat, das war so sehr die Voraussetzung Schleiermachers, dass in ihrem Gefolge dieser Gott fast restlos in "Natur und Geschichte" aufgegangen war. Eine Wirklichkeit Gottes jenseits unserer Wirklichkeiten, abgesehen, ausserhalb von ihnen, das war fast unvorstellbar geworden. Gott war Teil des Systems, u.a. der Seelengrund.

Mit seiner Kritik setzt Barth hier ein und bestreitet zunächst jede Kontinuität zwischen Gott und Natur. Gerade weil er selbst Gott erlebt *hatte*, bestritt er, dass man ihn - wenn man nur will - erleben *kann*. Gott ist wirklich, aber nicht als Selbstverständlichkeit, irgendwo "mitgesetzt". Seine Wirklichkeit begegnet dieser Welt im Wort Gottes, in Jesus Christus, im Auferstandenen, im *wirklichen* Gegenüber einer *wirklichen* Person.

2.2.2 Gegen die Un-Selbständigkeit der Theologie

Schleiermachers "ewiger Vertrag" mit der Wissenschaft hatte die Theologie - nach Barth - ihre Freiheit gekostet. Nicht ihr faktisches Herkommen von nicht-theologischen "Lehnsätzen", sondern ihr prinzipielles, systematisches Gegründetsein darauf war es, was Barth monierte. Die Theologie *ist* (faktisch) begründet, sie muss darum nach keiner Begründung suchen. Sie *ist* gerechtfertigt, braucht sich nach keiner weiteren Rechtfertigung umzusehen. Wo die Theologie sich dennoch auf ausser-theologische Begründungen stützt, bekennt sie nur ihre Hilflosigkeit, ihre Un-Selbständigkeit. Das aber hat sie nicht nur nicht nötig, das führt sie auch sofort in ungesunde Abhängigkeiten von anderen Disziplinen.

2.2.3 Gegen die Un-Freiheit der Kirche

Wo die Wirklichkeit der Offenbarung Gottes missachtet wird, wo die Theologie ihre Selbständigkeit verloren hat, gerät die Kirche in Unfreiheit. Bei Schleiermacher sah Barth die Kirche, einem monströsen Gewächs vergleichbar, allein den natürlichen Gesetzen der Geschichte (d.h. der "Ethik") unterworfen. Kirche war nur eine der vielen Pflanzen im Garten der Religion, wohl eine besondere, aber keine "qualitativ" andere. Hier opponiert Barth mit aller Schärfe: die Kirche hat ihr Sein nur von Jesus Christus - wenn sie es hat! -, sie lebt aus dem Heiligen Geist, der *kein* Allgemeingeist ist, sondem ein partikularer, der "weht, wo er will". Die Ersetzung der göttlichen Dimension der Kirche durch naturhafte Grössen, die die Kirche "haben" kann, ist schlichtweg Götzendienst und muss ebenfalls zu ungesunden Abhängigkeiten führen.

2.2.4   Gegen den Un-Glauben des Menschen

Dass ein Christ glaubt, ist für Barth *das* Grunddatum des Christseins. Bei Schleiermacher aber sieht er den Glauben eingebettet in die allgemein-menschliche Grunddisposition, die sich zu ihrer Vollgestalt erst entwickeln muss. Barth hingegen betont die völlige Unverfügbarkeit des Glaubens (z.B. im "Akt"), der sich nur der Gnade und dem Worte Gottes verdankt. Ist der Glaube - bei Schleiermacher - mit der Gewissheit schlechthiniger Abhängigkeit verknüpft und losgelöst von jedem Wissen und Tun, so ist er letztlich etwas anderes als neutestamentlicher Glaube, der - nach Barth - ohne Wissen und Tun undenkbar ist. Rechter Glaube sucht zu verstehen und zu gehorchen.

Wir vermuten, dass diese Kurzdarstellungen der Stossrichtung der Barthschen Kritik sehr missverständlich formuliert sind. Wir bitten darum, sie nicht als zusammengefasstes Ergebnis dieser Arbeit, sondern als schematische Skizze einer Denk*bewegung*, nämlich der Bewegung Barths *gegen* Schleiermacher, aufzufassen.[4] Wir meinen allerdings, diese Arbeit nicht beschliessen zu können, ohne eine einen Seitenblick getan zu haben auf die Beurteilung der Barthschen Schleiermacher-Kritik.

---

[4]   Die vier Stichworte dieses Abschnittes haben wir mit Bedacht so formuliert, dass sie sofort die Grundanliegen Barths deutlich werden lassen: Wirklichkeit Gottes, Selbständigkeit der Theologie, Freiheit der Kirche, Glaube des Menschen.

Kapitel 3

ZUR BEURTEILUNG VON BARTHS
SCHLEIERMACHER-KRITIK

U.W. gibt es bislang keine Übersicht über die Rezeption der Barthschen Schleiermacher-Kritik. Auch hier soll dieses wünschenswerte Unternehmen nicht begonnen werden. Nur in Stichproben wollen wir uns sagen lassen, welches Echo Barths Umgang mit Schleiermacher in der Theologenwelt gefunden hat.

Die relativ seltenen Angriffe bzw. Äusserungen Barths zu Schleiermacher in den 20er Jahren trugen ihm den Vorwurf ein, seine "Interpretation Schleiermachers {sei} von einer erstaunlichen Blick- oder Materialenge"[1]. Diese Klage konnte sich aber nicht lange halten. Die 1947 herausgegebene Schleiermacher-Darstellung[2] wurde viel gelobt, auch von ihren Kritikern. Daran beeindruckte vor allem Barths "Noblesse gegenüber ihrem Gegenstand"[3]. Zwar habe sie eine "Aversion gegen Schleiermacher"[4] zur Folge gehabt, aber von etwaigen Fehlinterpretationen ist nicht mehr die Rede.

Auch *Fr. Hertel* anerkennt, dass Barth Schleiermachers christologischen Ansatz "zweifelsohne sehr scharfsinnig diskutiert"[5], allerdings, "ohne

---

[1] **Siegfried** 283.

[2] In **ProtTh.**

[3] **Trillhaas** 290.

[4] AaO.291.

[5] **Hertel** 19.

ihm doch ganz gerecht zu werden."[6]

Eine echte, handfeste Kritik erfährt Barth erst spät durch *E. Quapp*[7].
Dieser weist Barth anhand der "Weihnachtsfeier" von 1924 allerlei Peinli-
ches nach: "Verzeichnung"(12), "Verdrehung"(13), "keine sachgerechte
Behandlung"(19), "Diskreditierung"(22), etc. Quapp schliesst seine Analyse
mit scharfen Worten:

> "Recht betrachtet haben offensichtlich die Weihnachtspre-
> digtentwürfe wie die Weihnachtspredigten wie auch die
> Weihnachtsfeier Schleiermachers so unter Karl Barth gelit-
> ten, dass sie entstellt wurden. Kann es einen da wundern,
> dass dann auf eine so brutale theologische Fehlauswertung
> eine Renaissance der Schleiermacher-Forschung aufkam?
> Wohl nicht; im Gegenteil: um der theologischen Genauigkeit
> und dogmatischen Wahrhaftigkeit willen musste sie kom-
> men."(60)

Zu ganz anderen Resultaten kommt *A. Radler* in seiner Rezension der
Schleiermacher-Vorlesung von 1924.[8] Radler erkennt, - im Gegensatz zu
Quapp - dass die Schleiermacher-Kritik der frühen 20er Jahre "nicht vorwiegend neuen Einsichten in die Denkstrukturen Schleiermachers entsprang, ...
sondern dass der kritische Impuls an das Werk Schleiermachers herangetra-
gen wurde"(29). Die Tatsache, "dass man das Werk Schleiermachers strec-
kenweise wie einen Steinbruch benutzte, ... erschwert eine gerechte Wertung
dieser Epoche der Schleiermacherrezeption"(ebd.).

Auch Radler lobt Barths "Zurückhaltung" und "Nuancenreich-
tum"(ebd.) - natürlich im Vergleich mit dem bösen Brunner! -, und auch er
bleibt dabei, dass Schleiermacher für Barth "Prägstock seines Denkens"(ebd.) war, eine Kraft, "mit der er ein Leben lang ringen sollte, ohne
im Grunde je von ihr loszukommen"(ebd.). Dann aber beginnt Radler mit der
Sachkritik an Barths Schleiermacher-Interpretation:

---

[6] Ebd.

[7] **Barth contra Schleiermacher? Die Weihnachtsfeier als Nagelprobe.** 1978.

[8] **VF** 30(1985) 28-44. Weitere Seitenangaben im Text.

Er pflichtet Barth bei, dass Schleiermacher "die Aporie des Verhältnisses von natürlicher und positiver Religion"(36) nicht gelöst habe. Im gleichen Atemzug aber tadelt er Barths eigenes (späteres!) Verständnis von "Offenbarung" und "Erwählung" und äussert sein Befremden darüber, dass "einem in den Ausführungen Karl Barths {doch wohl in der KD?} der kalte Hauch des Rationalismus"(ebd.) entgegenschlägt.

Des weiteren bezeichnet er Barths "Anklage, dass die Schleiermachersche Methode nur einen alles relativierenden Psychologismus enthalte"(37), als "einfach nicht wahr"(ebd.). Wenn dann Barth die "Christologie die offene Wunde des Schleiermacherschen Systems"(39) nennt, sieht Radler das als eine "Übertreibung"(ebd.). Auch die "Barthsche Beschreibung der sogenannten Schleiermacherschen Kulturtheologie als einer Theologie 'vom Menschen her'" bedarf nach Radler "historisch-kritisch und sachlich-theologisch einer Korrektur"(41f.). Seine Zustimmung gibt Radler schliesslich zu Barths Kritik an Schleiermachers Gotteslehre, worin auch er den "wunden Punkt"(43) sieht, nämlich "das Zurücktreten der lebendigen Persönlichkeit hinter ein abstraktes Prinzip"(ebd.).

Abschliessend äussert sich Radler allerdings "beeindruckt" durch die "durchaus faire und am Text durch zahlreiche und lange Zitate belegte Kritik"(ebd.), und er sieht darin ein Indiz dafür, dass "die zahlreichen {späteren} Äusserungen Barths über die Theologie Schleiermachers auf einer gründlichen und umfassenden Kenntnis des Schleiermacherschen Werkes fussen"(44).

Diese wenigen Stichproben aus den Urteilen der eigenen Zunftkollegen zeigen u.E. sehr deutlich zweierlei:

- Erstens, dass jedes Urteil bereits von Voraussetzungen ausgeht und von Vor-Urteilen herkommt und sich damit selbst relativiert.

- Zweitens, dass Barths Schleiermachermacher-Interpretation im Ganzen, bei aller Ungemütlichkeit, die sie bereiten mag, keineswegs als abwegig oder unmöglich diskreditiert werden kann. (Mitunter fällt die Kritik an der Kritik in ihr selbstgegrabenes Loch.)

Wir nehmen diesen Tatbestand zum Anlass, noch einmal daran zu erinnern, dass die hier geleistete Arbeit als "Vorarbeit" anzusehen ist, die insbesondere einer Weiterarbeit in Richtung einer kritischen Beurteilung der Barthschen

Schleiermacher-Kritik ruft. Und wer könnte dazu einen eindringlicheren
Appell geben als der ungestüme Barth-Kritiker Quapp, mit dessen Mahnung
wir diesen Teil der Ergebnisse abgeschlossen sein wollen lassen:

>"Wenn nun schon seit über einem Dezennium von einer
>Schleiermacher-Renaissance gesprochen wird, so kann diese
>'Wiedergeburt' nur als eine Totgeburt bezeichnet werden,
>wenn sie sich an der von Karl Barth erhobenen Kritik ohne
>Auseinandersetzung mit ihr vorbeimogeln wollte."[9]

Eben das meinen wir auch.[10] Zweifelsohne gehört eine kritische Sichtung
der Barthschen Schleiermacherinterpretation zu den dringlichen Aufgaben
der theologischen Forschung. Ein solches Unternehmen würde aber nicht nur
den hier gesetzten Rahmen sprengen, sondern auch eine prinzipielle Änderung der Perspektive erforderlich machen. Dazu gehörte vor allem ein kon-
zentriertes Hören auf Schleiermacher selbst und ein Aufnehmen der Fragestellungen, denen er sich seinerzeit gegenübergestellt sah. Dass eine solche
Bemühung für ein vertieftes Verständnis Schleiermachers und Barths fruchtbar würde, erscheint uns unzweifelhaft.

Trotz aller Vorbehalte wollen wir an dieser Stelle wenigstens in die
Richtung weisen, in die eine Kritik der Barthschen Schleiermacherdeutung
u.E. sich zu bewegen hätte. Wir denken dabei an den zentralen Begriff des
"schlechthinigen Abhängigkeitsgefühls". Hier hat Barth nach unserem Empfinden kräftig danebengegriffen, und da der Begriff, wie wir oben zeigten, in
Barths Überwindungs- und Vermeidungsprogramm eine entscheidende Rolle
spielte, erscheint es uns ratsam, diesen Begriff und seine Deutung sehr genau
daran zu messen, was Schleiermacher ihm selbst seinerzeit mit auf den Weg

---

[9]   **Quapp 9.**

[10] Wie schade, dass von einer solchen Auseinandersetzung auf dem letzten
      Schleiermacher-Kongress in Berlin, 1984, *keine* Rede war, von einigen
      Fussnoten-Scharmützeln abgesehen. Immerhin gilt hier an die rühmliche Aus-
      nahme G. Ebelings zu erinnern, dessen Vortrag auf diesem Kongress ihn zu
      intensivster Auseinandersetzung mit Karl Barth angeregt hatte.

[11] Eine genaue Analyse dürfte hier eigentlich nicht am Kontext des Begriffes
      vorbeigehen, müsste biographische, genetische, zeitgeschichtliche Linien ver-
      folgen und insbesondere die Sekundärliteratur zu Worte kommen lassen. Eini-

gegeben hat.[11] Immerhin hat Barth aus seinem Verständnis des "Gefühls schlechthiniger Abhängigkeit" derart einschneidende Konsequenzen gezogen, dass wir versucht sind zu behaupten, eine Revision seines Verständnisses dieses Begriffes hätte nicht weniger als eine grundsätzliche Wiedererwägung der Ansätze, Strukturen und des Aufbaues seiner gesamten Dogmatik nach sich ziehen müssen. Wir erinnern uns noch einmal an einige Aspekte, mit denen Barth Schleiermachers zentralen Terminus belastet sah:

• die Indifferenz des "stummen" Gefühls der Wahrheitsfrage gegenüber;

• die Passivität des Menschen in reiner Empfänglichkeit vor Gott;

• die "Gegenstandslosigkeit" des göttlichen Gegenübers;

• die Verneinung schlechthiniger Freiheit;

• das "Mitgesetztsein" Gottes im Gefühl, d. h. im Menschen;

• das Versagen des Ansatzes in der Trinitätslehre und fundamentalen Glaubensaussagen wie z. B. der Auferstehung;[12]

Offenbar bezeichnete das "schlechthinige Abhängigkeitsgefühl" in Barths Augen summarisch alle jene Krankheitssymptome, an denen er auch die Nachfolger Schleiermachers leiden sah: Psychologisierung und Anthropologisierung des dogmatischen Ansatzes und damit die Isolierung des genuin Christlichen als eines "Fremdkörpers". Noch im letzten von ihm selbst herausgegebenen Bande seiner "Kirchlichen Dogmatik"[13] bleibt er bei der ursprünglichen Deutung und Ablehnung des Begriffes:

"Das darf - ... - nicht etwa bedeuten, dass wir jenes Ereignis {sc. die Erneuerung des Menschen} nun als Regung und Auswirkung einer dem Menschen an sich und als solchem eigenen Macht - etwa mit *Schleiermacher* als eine eigentüm-

---

ges von dem Genannten werden wir hier jedoch stillschweigend übergehen, bzw. voraussetzen, so wie es die hier gebotene Kürze gebietet.

[12]   Ausführlich in **ThSchl** 378ff.

[13]   **KD IV/4**, erschienen 1967.

liche Affektion und Gestaltung seines Gefühls schlechthiniger Abhängigkeit - zu deuten hätten."[14]

Das Verständnis des "schlechthinigen Abhängigkeitsgefühls" als einer "dem
Menschen an sich und als solchem eigenen Macht"(ebd.) kommt in Barths
Schriften immer wieder und in sehr unterschiedlichen Wendungen zum Aus-
druck. "Gotteskraft der Phantasie"[15] wird es 1924 bereits genannt. Damit ist
jedoch der Haupteinwand Barths klar: der Schleiermachersche Mensch ist
Schöpfer seiner eigenen Religion, oder, wie es später einmal heisst:

"Darum heisst Gott verkündigen für Schleiermacher die
eigene Frömmigkeit verkündigen, darum ist Predigt für ihn
wesentlich Selbst-Mitteilung des Predigers."[16]

"... so kann die Aussprache der Vorstellung 'Gott' nichts
Anderes bedeuten als die Aussprache des Gefühls über sich
selber, die unmittelbarste Selbst-Reflexion."[17]

Im "Gefühl schlechthiniger Abhängigkeit" bleibt es nach Barth also dabei,
dass "Gottes Offenbarung und Gegenwart als letztes, höchstes Ergebnis der
Beschäftigung des Menschen mit sich selbst"[18] missverstanden wird. Wohl
sieht auch er ein berechtigtes Anliegen im *Deus definiri nequit* des Areopa-
giten[19], aber er kann es nur als ein Missverständnis und mangelnde Radikalität verstehen,

"wenn die Theologie und Verkündigung auf das Anschauen
und Begreifen Gottes selbst verzichten wollte, um an Stelle
dessen zu einer Theologie und Verkündigung der subjekti-

---

[14] AaO. 29.

[15] **ThSchl** 378.

[16] **ProtTh** 406.

[17] AaO. 418.

[18] **KD II/I** 79.

[19] Vgl. AaO. 217.

ven Empfindungen und Erlebnisse des frommen Menschen
bezw. des diesen zu Grunde liegenden Gefühls 'schlechthiniger Abhängigkeit' zu werden"[20].

Es ist die Klarheit der Offenbarung Gottes, ja die Offenbarung Gottes, und
damit Gott selbst, der ihm bei Schleiermacher in einem Nebelmeer von
Gefühl verschwunden scheint. Nicht, dass Barth hier schlicht Gottlosigkeit
unterstellt:

> "Gewaltig hat auch *Schleiermacher* von Gott geredet, wenn
> er ihn als das Woher unseres Bewusstseins schlechthiniger
> Abhängigkeit und damit nicht nur als den Grund aller Religi-
> on, sondern zugleich und als solchen als den jenseitigen
> Grund unseres ganzen Selbstbewusstseins, als die geheim-
> nisvolloe Mitte unserer erkennenden und tätigen Existenz
> beschrieben hat."[21]

Vielmehr ist es das Wissen "um die Entbehrlichkeit eines besonderen Gottes-
begriffs"(ebd.), welches Barth hier moniert. Denn

> "Schleiermacher hat mit einem solchen, uns von aussen
> Bewegenden und also zuerst und vor allem in sich selbst
> Bewegten faktisch so wenig gerechnet, dass er seiner Glau-
> benslehre zuletzt eine Gestalt zu geben gedachte, in we lcher
> sie zur reinen Darstellung des in sich selbst bewegten
> christlich-religiösen Selbstbewusstseins als solchen gewor-
> den wäre"(ebd.).

Mit anderen Worten: in Schleiermachers Behandlung bleibt Gott ein
gesichtsloses "Neutrum"[22], ein "das", welches selbst keinerlei Affektionen
fähig ist: "Das Woher des Gefühls schlechthiniger Abhängigkeit hat kein
Herz."[23] So sehr Barth jedoch die Zuverlässigkeit des "schlechthinigen

---

[20]   Ebd.

[21]   AaO. 303.

[22]   Vgl. dazu **ThSchl** 386

[23]   **KD II/1** 416.

Abhängigkeitsgefühls" in den Fragen der Gotteserkenntnis bezweifelt, so
sehr weiss er auch um die Richtigkeit der existentiellen Seite des religiösen
Bewusstseins. Schliesslich existiert der Mensch "nicht abstrakt, sondern
konkret, d. h. aber in Erfahrungen, in Bestimmungen seiner Existenz durch
Gegenstände, durch ein von ihm unterschiedenes Aussen".[24]

> "Wenn z. B. *Schleiermacher* vom christlichen Bewusstsein
> oder Selbstbewusstsein sprach, so meinte er ja damit ein
> "Affiziert-sein" ..., d. h. offenbar etwas ähnliches wie unser
> 'Bestimmtsein'. Wenn wir den Begriff der Erfahrung vorzie-
> hen, so tun wir es, weil er Umfassenderes sagt."[25]

Die Erfahrungen, von denen Barth spricht, sind allerdings Erfahrungen der
Menschen vom Worte Gottes, und das meint "die Bestimmtheit ihrer Existenz als Menschen durch das Wort Gottes"(ebd.). Es ist also nicht die religiöse Erfahrung als solche, die Barth bemängelt, sondern der Rückschluss
von der Erfahrung (Bewusstsein) auf den Grund, das Woher dieser Erfahrung. Ganz vorbehaltlos äussert sich Barth also in seiner Deutung des
Schleiermacherschen "schlechthinigen Abhängigkeitsgefühls" nun doch
nicht. *Faktisch* kenne dies Gefühl zwar kein Gegenüber, keinen "Gegenstand", *nachweisen* jedoch kann Barth diese Vermutung nicht.Das folgende
Zugeständnis überrascht darum nicht:

> "Man würde *Schleiermacher* (und den Seinigen bis auf
> diesen Tag) Unrecht tun, wenn man ihnen unterschieben
> wollte, sie hätten gewollt, was dann *Feuerbach* allerdings
> wollte, sie hätten nämlich das menschliche Subjekt zum
> Schöpfer seiner Bestimmtheit durch Gott machen wollen,
> ihre Theologie sei also als direkter Cartesianismus anzuspre-
> chen."[26]

Was Barth somit und schlussendlich von Schleiermachers "schlechthinigem
Abhängigkeitsgefühl" hält, lässt sich also u.E. nicht auf einen Nenner bringen. Am ehesten darf wohl angenommen werden, dass sich Barth auf die

---

24   **KD I/1** 206f.

25   AaO. 207.

26   AaO. 220.

rätselhaften Modifikationen" und die "Evolutionen dieses schlechthinigen Abhängigkeitsgefühl genanntes "Chamäleons"[27] schon 1924 keinen Reim zu machen wusste. Es ist daher nicht auszuschliessen, dass Barths Ringen mit Schleiermacher zu einem nicht geringen Teil auf einem Missverständnis (Schleiermachers) aufruht, welches sich schon in der Schleiermacher-Vorlesung von 1923/1924 dokumentiert. Nicht zufällig behauptet er darin ja, im Blick auf den entscheidenden §4 der "Glaubenslehre", dass dieser Absatz von "Rätsel{n} und Widersprüche{n}" "nur so wimmelt"[28] Wir sehen in all dem Grund genug, Schleiermacher selbst zu Worte kommen zu lassen, in der Hoffnung, er werde sich als klar genug erweisen, um sich gegen die Barthsche "Verrätselung" durchzusetzen. Die Wirkungsgeschichte dieser "Glaubenslehre" zeigt allerdings, dass es durchaus nicht böser Wille ist, der ihren Interpreten den Zugang zu ihr versperrt. Neben zahlreichen sprachlichen Neuschöpfungen sind es ja vor allem die "Hintergedanken", die unausgesprochene Zielstrebigkeit dieses dogmatischen Neuansatzes, die von Anfang an zur Interpretation reizten und zu Mutmassungen verleiteten. Schleiermachers eigene hilflos-kopfschüttelnde Entrüstung über die Aufnahme der 1. Auflage, wie sie z. B. in seinem 1. Sendschreiben an Lücke[29] zur Sprache kommt, zeigt doch nicht nur die Souveränität eines Missverstandenen, sondern auch echtes Klagen über das Mass der Verwüstung, das seinem Werke widerfahren war:

"Gar viele Einwendungen nämlich beruhen lediglich darauf, dass Sätze als die meinigen aufgestellt werden, die ich nirgend ausgesprochen habe und zu denen ich mich niemals bekennen könnte, ja auch wohl solche, von denen ich das gerade Gegenteil gesagt."[30]

---

27 ThSchl403.

28 AaO. 386. Nicht selten haben Theologen (und andere) die Angewohnheit, ihr eigenes Nichtverstehenkönnen eines Autors diesem als "Unklarheiten" und "Ungereimtheiten", d. h. als mangelhafte gedankliche Durchdringung der Materie, zur Last zu legen.

29 Hier zitiert nach der Schleiermacher-Auswahl 120-175

30 AaO. 123.

Darum sind die beiden Sendschreiben an Lücke keineswegs als zufällige und damit auch entbehrliche Interpretationshilfen anzusehen, vielmehr hat Schleiermacher mit ihnen die Anmerkungen vorweggenommen, die man üblicherweise als Vorwort einer Neuauflage vorausschickt.[31] Sie sind also im folgenden stets mit zu berücksichtigen. Wenden wir uns nun Schleiermachers "Glaubenslehre" zu, und zwar in der reifen Form der 2. Auflage und dort vor allem den §§ 3-5.

Was auf diesen wenigen Seiten[32] den Lesern zugemutet wird, ist schlichte aber anstrengende Denkarbeit. Die Behauptung Schleiermachers, "der Denker hat nur Mitarbeiter"[33], weist auf die Voraussetzung zum angemessenen Lesen: Willigkeit zur Mitarbeit. Nicht allein das Zuhören ist gefragt, nicht allein das Nachdenken, sondern erwartungsvolles Inter-esse, im Idealfall das, was Gerhard Ebeling "die stimulierende Freude an sehr anderen Texten"[34] nennt.

In den drei hier betrachteten Paragraphen definiert Schleiermacher das, was für ihn die die Religion ausmacht: die Frömmigkeit. Sie, die "Basis aller kirchlichen Gemeinschaften"[35], ist weder ein Wissen noch ein Tun, sondern "Bestimmtheit des Gefühls oder des unmittelbaren Selbstbewusstseins"(6, Leitsatz §3). Die differentia specifica dieses bestimmten Gefühles ist, "dass wir uns unsrer selbst als schlechthin abhängig, oder, was dasselbe sagen will, als in Beziehung mit Gott bewusst sind"(13, Leitsatz §4). Sie ist "höchste Stufe des menschlichen Selbstbewusstseins"(19, Leitsatz §5), ohne jedoch von der niederen je getrennt zu sein. Demzufolge ist die Frömmigkeit genau das "schlechthinige Abhängigkeitsgefühl" und damit das Bewusstsein der Beziehung zu Gott. Ein ganzer Strauss von näheren Bestimmungen versucht also, das am christlichen Glauben Wesentliche zu benennen, zu sagen, was die Frömmigkeit sei, und was sie nicht sein dürfe. Nun erweckt die

---

31   Immerhin hat Schleiermacher selbst einen Hinweis auf die "Sendschreiben" als "Fussnote" in seine Vorrede zur 2. Auflage der "Glaubenslehre" eingefügt.

32   In der von uns verwendeten Ausgabe: 23 Seiten.

33   **1. Sendschreiben** 121.

34   **Ebeling** 424.

35   **GL** 5, Leitsatz §3. Die "Glaubenslehre" wird im folgenden im Text zitiert.

Schleiermachersche Gedankenführung mit ihrer Stringenz ganz den Eindruck eines Beweises. Indem die Sätze aufeinander aufbauen und fast naht-
los ineinandergreifen, reizen sie zu erhöhter Aufmerksamkeit und zu dem
kritischen Widersprechen, das jedem widerfährt, dessen Gedanken "zwingend" sind. Dass man mit einer solchen Auffassung jedoch der Absicht
Schleiermachers zuwiderläuft, sieht man leicht daran, dass die Leitsätze
selbst, die ja das eigentliche Rückgrat der "Glaubenslehre" bilden, keinesfalls als Deduktionen eines obersten Prinzips - etwa einer spekulativ erfas-
sten Idee - verstanden werden dürfen. Das folgt u.E. aus dem, was Schleiermacher in seinem ersten Sendschreiben an Lücke andeutet, wenn er die
"Frömmigkeit, so wie sie sich wirklich findet", als das "Unbegründete, Willkürliche, Zufällige, also Nichtige" bezeichnet, als etwas, "womit die Philosophie ehrenhalber gar nichts zu tun haben kann"[36]. Gerade für die jungen,
edlen Gemüter, die "aus Ehrfurcht gegen die Philosophie sich der Frömmigkeit ebenfalls entschlagen und sie den Nichtwissenden überlassen"[37], will er
sich einsetzen, um "ohne Beweis und Ideen ... ihre Frömmigkeit klar zu
machen und zu befestigen"[38]. Die seelsorgerliche Absicht in diesen Worten
ist unverkennbar.

Darum darf denn auch die Beurteilung der Schleiermacherschen Analyse nicht von den Gesetzen der Logik und der Begrifflichkeit ausgehen (wie
es allerdings Ritschl gerne gesehen hätte), sondern muss versuchen, seinen
Motiven und eigensten Intentionen nachzuspüren. Gerade "zwingen" will
Schleiermacher nicht, vielmehr ist er auf "Einverständnis" aus, das aus der
begleitenden Mitarbeit des Lesers erwächst: "eben so wenig habe ich jemals
mit meinen Gedanken etwas anderes bezwekkt, als sie anregend mitzuthei-
len, damit Jeder sie nach seiner Weise gebrauche"(VI, Vorrede zur 2. Auflage).

Kehren wir zu unserer ursprünglichen Frage zurück: was bedeutet nach
Schleiermacher das "Gefühl schlechthiniger Abhängigkeit" hinsichtlich seines menschlichen Subjektes bzw. eines göttlichen Gegenübers[39]? Zunächst

---

[36] **1. Sendschreiben** 129.

[37] Ebd.

[38] Ebd.

[39] "Gegenüber" aber nicht im Sinne eines Objektes, das wäre völlig gegen das

geht Schleiermacher ohne Umschweife davon aus, dass die "Frömmigkeit" als solche dem Leser ein vertrautes Phänomen ist, ja noch mehr: "Dass eine Kirche nichts anders ist als eine Gemeinschaft in Beziehung auf die Frömmigkeit ist für uns evangelische Christen wol ausser allen Zweifel gesetzt"(6). Nicht dieser Tatsache gilt darum sein Augenmerk, sondern ihrer Deutung. Als Gefühl will er die Frömmigkeit verstanden wissen, um sie so vor dem Missverständnis zu retten, sie sei ein Wissen oder Tun, d.h. intellektuelle oder ethische "Leistung". Dem aber begegnet er mit einem unschlagbaren Argument ad hominem: "Sonach wäre ... der beste Inhaber der christlichen Glaubenslehre auch immer zugleich der frömmste Christ"(10), bzw. "dass der, welcher die religiösen Säze am klarsten und vollständigsten einzeln und in ihrem Zusammenhange denkt, auch der frömmste sein müsste"(ebd.). Zugleich muss Schleiermacher jedoch dem Einwand wehren, die Gefühlsebene sei unter-bewusst, indem er "Gefühl und Selbstbewusstsein als gleich geltend neben einander"(6) stellt. Aber nicht jenes Selbstbewusstsein ist von ihm gemeint, "welches mehr einem gegenständlichen Bewusstsein gleicht, und eine Vorstellung von sich selbst und als solche durch die Betrachtung seiner selbst vermittelt"(7), sondern das *unmittelbare,* das unvermittelte, "welches nicht Vorstellung ist sondern im eigentlichen Sinne Gefühl"(ebd.) Mit Zustimmung zitiert er darum Steffens Beschreibung vom Gefühl als sehr "verwandt und leicht auf die meinige zu übertragen": "'Die unmittelbare Gegenwart des ganzen ungetheilten Daseins etc.'"(ebd. Anm.). Die Frömmigkeitals eine ganzheitliche Daseinserfahrung also? So scheint es allerdings. Wie sehr Schleiermacher dem Begriff "Gefühl" mit eigenem Bedenken gegenübergestanden haben muss, zeigt auch seine Anlehnung an Tzschirner, der behauptet hatte, "das ursprünglichste in der Frömmigkeit sei ebensowenig Gefühl als Wissen oder Tun, sondern Gesinnung"[40]. Dem will sich Schleiermacher durchaus anschliessen, wenngleich er sich des Ausdrucks "Gesinnung" nicht bedienen mag, "weil er dem Sprachgebrauch nach eine Färbung überwiegend nach dem praktischen hin an sich trägt"[41]. Inhaltlich jedoch stimmt er ihm zu:

Verständnis Schleiermachers.

[40]		**1. Sendschreiben** 126.

[41]		Ebd.

"Wenn ich mir aber denke die Neigung eines frommen Menschen, alle seine Affektionen mit dem Gottesbewusstsein zu
verbinden und darin gleichsam aufzulösen: so konstituiert
diese eigentümliche Gefühlsweise, aus der sich übereinstim-
mende Denkweisen und Handlungsweisen entwickeln,
offenbar seine Gesinnung."[42]

Die Frömmigkeit wäre demnach Quelle des frommen Denkens und Handels,
wäre ihre Wurzel, nicht ihre Frucht. Dies wird nachdrücklich unterstrichen
durch die Erklärung, "dass, was ich unter dem frommen Gefühl verstehe, gar
nicht von der Vorstellung ausgeht, sondern die ursprüngliche Aussage ist
über ein unmittelbares Existentialverhältnis"[43].

Selbst wenn man der Versuchung widersteht, das "unmittelbare Existentialverhältnis" in modernen Kategorien verstehen zu wollen, bleibt doch
der Gesamteindruck, Schleiermacher ertaste sich hier geeignetes Sprachma-
terial und ringe mit letztlich unzulänglichen Begriffen. Was ihm u.E. wichtig
ist, hat keine anti-intellektualistische oder anti-moralistische Pointe, will er
die Frömmigkeit doch ausdrücklich "keineswegs von aller Verbindung mit
dem Wissen und Thun ausgeschlossen"(9) wissen. Ihr kommt es vielmehr
zu, "Wissen und Thun aufzuregen, und jeder Moment, in welchem überwiegend die Frömmigkeit hervortritt, wird beides oder eines von beiden als Kei-
me in sich schliessen"(ebd.). Damit wird alles Menschsein auf seinen
Urgrund zurückgeführt, dahin, wo Denken und Handeln ihren Ursprung
haben, und gerade dort wird die Gottesbeziehung lokalisiert. Man übersehe
auch hier nicht die seelsorgerliche Komponente dieses Vorgehens:

"Wenn man auch jetzt nicht mehr im allgemeinen sagen
kann, dass es den Weisen verborgen bleibe, haben wir nicht
alle Ursache, Gott zu danken, dass er es vorzüglich den
Unmündigen offenbart hat, das heisst denen, deren Frömmigkeit gar nicht weit her sein müsste, wenn sie auf einem
complexus von Ideen beruhen sollte?"[44]

---

[42] Ebd.

[43] Ebd.

[44] AaO. 127.

Keine Rede davon also, dass die Frömmigkeit etwa unklar oder gestaltlos sein müsste, ziellos oder handlungsunfähig. Gefühl ist sie ihrem Wesen, nicht ihrer Erscheinung nach. Vielmehr sind Wissen und Tun so "zur Frömmigkeit gehörig, dass aber keines von beiden das Wesen derselben ausmacht, sondern nur sofern gehören sie ihr an, als das erregte Gefühl dann in einem es fixierenden Denken zur Ruhe kommt, dann in ein es aussprechendes Handeln sich ergiesst"(11).

Nun ist nach Schleiermacher allen verschiedenen Äusserungen der Frömmigkeit gemein, "dass wir uns unsrer selbst als schlechthin abhängig, oder, was dasselbe sagen will, als in Beziehung mit Gott bewusst sind"(13). Selbst dem uneingeweihten Leser fällt der Wechsel zum persönlichen "wir" auf. Wollte Schleiermacher unüberhörbar dem Missverständnis entgegentreten, "als ob die in meiner Glaubenslehre aufgestellt Analyse des Selbstbewusstseins etwas anderes sein wollte als ganz einfach und ehrlich nur empirisch"[45]? Oder suchte er dem Eindruck zu wehren, seine "Lehre würde ja wohl auch Wiedergeborne ausser der christlichen Kirche annehmen"[46]? Oder schien ihm ein unpersönlicher Gebrauch des "Sich-schlechthin-abhängig-fühlens" unangemessen oder sprachlich ungeschickt? Es ist uns nicht gelungen, diesen Schleier zu lüften. Jedenfalls weht gerade durch diesen vierten Paragraphen - nicht zuletzt wegen des verwendeten "wir" - ein warmer Hauch von Nähe und Zwiegespräch. Und gleichwohl hat kein Abschnitt der "Glaubenslehre" auch nur annähernd solche Missverständnisse über sich ergehen lassen müssen, wie gerade dieser § 4. Wie ist das schlechthinige Abhängigkeitsgefühl zu verstehen, wie ist es von Schleiermacher gemeint?

Ohne auf den gesamten Duktus der Gedanken einzugehen, wollen wir das uns Wesentliche mit knappen Strichen nachmalen.

Um den Kern gleich vorweg zu nehmen: u.E. liegt hier eine Anwendung der Newton-Laplaceschen Gravitationstheorie auf den geistig-seelischen Bereich vor. Dieser Theorie zufolge besteht das Universum aus Körpern, die *alle* untereinander in einer physikalischen Wechselwirkung stehen, wonach jeder Körper auf *jeden* anderen Körper gemäss des Gravitationsgesetzes eine Anziehungskraft ausübt und auch selbst von *jedem* anderen

---

[45]   1. Sendschreiben 132.

[46]   AaO. 123.

dieser Körper angezogen wird. Selbst die kleinsten, mikroskopischen, Teilchen unterliegen dieser Gesetzmässigkeit des Anziehens und Angezogenwerdens.[47] Wendet man diese Theorie auf den menschlichen Bereich an, natürlich im Sinne einer Analogie, so wird es durchaus sinnvoll, auch die Menschen und ihre seelisch-sozialen Beziehungen in einem Kräftefeld von Wechselwirkungen sich zu denken. Der Anziehung entspricht dann (nach Schleiermacher) die Freiheit, dem Angezogenwerden die Abhängigkeit. Dass Schleiermacher selbst von dieser Analogie Gebrauch macht, quasi als Illustration seiner These von der Wechselwirkung zwischen Freiheit und Abhängigkeit, kann nicht verbergen, dass das astronomische Modell das ursprüngliche ist:

> "Dasselbe ist der Fall auf der Seite der Natur, wie wir denn
> selbst auf alle Naturkräfte, ja auch von den Weltkörpern
> kann man es sagen, in demselben Sinn, in welchem sie auf
> uns einwirken, auch ein kleinstes von Gegenwirkung ausüb-
> en."(16)

Mit Hilfe dieser Analogie wird nun sehr leicht verständlich, worauf es Schleiermacher ankommt: "Ein schlechthiniges Freiheitsgefühl kann es gar nicht geben"(16), denn "schlechthinig" hiesse in diesem Zusammenhang "unter Ausschluss jeder Art von Wechselwirkung", d.h. zugleich erfahrener Abhängigkeit.

> "Denn sagt das Freiheitsgefühl eine aus uns herausgehende
> Selbstthätigkeit aus: so muss diese einen Gegenstand haben,
> der uns irgendwie gegeben worden ist, welches aber nicht
> hat geschehen können ohne Einwirkung desselben auf unse-
> re Empfänglichkeit, in jedem Falle ist daher ein zu dem Frei-
> heitsgefühl gehöriges Abhängigkeitsgefühl mit gesezt, und
> also jenes durch dieses begrenzt."(16)

Ebenso dürfte es eine "schlechthinige Abhängigkeit" *eigentlich* gar nicht geben:

---

[47] Durch Einstein wurde diese Theorie zwar gründlich überholt, in ihrer praktischen Bedeutung jedoch kaum erschüttert.

"Wenn nun unser Saz demohngeachtet auf der andern Seite
ein schlechthiniges Abhängigkeitsgefühl fordert: so kann
dies aus demselben Grunde auf keine Weise von der Einwirkung eines irgendwie zu gebenden Gegenstandes ausgehn,
denn auf einen solchen würde immer eine Gegenwirkung
stattfinden, und auch eine freiwillige Entsagung auf diese
würde immer ein Freiheitsgefühl mit einschliessen. Daher
kann es auch, streng genommen, nicht in einem einzelnen
Momente als solchem sein, weil dieser seinem Gesammtin-
halt nach immer durch gegebenes bestimmt ist, also durch
solches an welchem wir ein Freiheitsgefühl haben."(16f.)

Schlechthinige Abhängigkeit "gibt" es somit nur von "Nichtgegebenem".
Ursprung solcher absoluten Abhängigkeit, ihr "Woher", kann darum nicht
Welt sein, da die unvermeidliche Wechselwirkung mit allem, was Welt ist,
eine *absolute* Abhängigkeit von vornherein ausschlösse. Mit anderen Worten: die Behauptung schlechthiniger Abhängigkeit setzt eine Einwirkung von
jenseits der Welt voraus, wenngleich auch das "unser ganzes Dasein begleitende, schlechthinige Freiheit verneinende, Selbstbewusstsein ... schon an
und für sich ein Bewusstsein schlechthiniger Abhängigkeit {ist}"(17). Diese
gefühlte absolute Abhängigkeit nennt der Mensch "Gott", in dem Bewusstsein, "dass unsere ganze Selbstthätigkeit eben so von anderwärtsher
ist"(ebd.). Ohne die Vorstellung "Gott" bliebe das Selbstbewusstsein unklar,
denn das "schlechthinige Abhängigkeitsgefühl wird nur ein klares Selbstbewusstsein, indem zugleich diese Vorstellung wird"(18). "In welchem Maass
nun während des zeitlichen Verlaufs einer Persönlichkeit dieses wirklich
vorkommt, in eben dem schreiben wir dem Einzelnen Frömmigkeit
zu."(Ebd.)

Ohne der in § 5 beschriebenen Entwicklung des schlechthinigen
Abhängigkeitsgefühls weiter nachzugehen, wollen wir abschliessend doch
noch einige Augenblicke bei dem verweilen, was Schleiermacher als dessen
"Woher", als "Gott" bezeichnet.

Was ist wohl gemeint, wenn "jedes irgendwie Gegenbensein Gottes
völlig ausgeschlossen"(ebd.) bleibt, andererseits jedoch gesagt wird, "Gott
sei uns gegeben im Gefühl auf eine ursprüngliche Weise"(ebd.)? Müssen
hier nicht Missverständnisse einfahren wie in eine weit geöffnete Scheune?
Es ist offensichtlich, dass nicht zuletzt Schleiermacher selbst hier Tür und
Tor geöffnet hat. Wird hier nicht tatsächlich die so oft beklagte totale Sub-

jektivierung jeder Gottesvorstellung vorbereitet? Ein näheres Hinsehen belehrt uns des Gegenteils.

Erstens: es bleibt dabei, Gott ist nicht äusserlich gegeben, er ist kein "wahrnehmbarer Gegenstand"(18f.), "weil alles äusserlich gegebene immer auch als Gegenstand einer wenn auch noch so geringen Gegenwirkung gegeben sein muss"(18). Gott ist also kein Teil der Welt, und jede Vorstellung Gottes "als ein wahrnehmbares beharrliches Einzelwesen"(19) ist eine "Corruption". Das bedeutet jedoch nicht, dass es Gott etwa nicht gäbe, denn ohne Gott - kein schlechthiniges Abhängigkeitsgefühl!

Zweitens: wird Gott in keiner Weise vorgestellt, so muss doch geklärt werden, was dann mit dem Begriff "Gott" gemeint sein soll, wenn "das Wort überall ursprünglich mit der Vorstellung Eins ist"(18). Schleiermacher schlägt zur Lösung vor, dass "Gott uns zunächst nur das bedeutet was in diesem Gefühl das mibestimmende ist, uns worauf wir dieses unser Sosein zurückschieben"(ebd.). Er weigert sich also schlicht, das Undenkbare zu denken.

Fazit: der Gottesgedanke wird bei Schleiermacher also keineswegs anthropologisiert, sondern jedem menschlichen, vorstellenden Zugriff entzogen. Wir erleben somit auch Schleiermacher im konsequenten Streik gegenüber allen Forderungen nach einleuchtenden Gottesvorstellungen. Ja, es drängt sich der Eindruck auf, als sei auch sein Hauptanliegen die Freiheit Gottes,[48] den er von allen Seiten mit Gottesvorstellungen verhängt sieht. Im Ende ist es gar der Mensch selbst, der schlechthin abhängig vor seinem Gotte steht, keiner absoluten Freiheit auch nur mit einem Zipfelchen fähig. Die Wirk-lichkeit Gottes steht ausser Frage. Dafür steht Schleiermacher ein mit seinem eigenen Zeugnis: "Wir fühlen uns schlechthin abhängig, oder, was dasselbe sagt, in Beziehung mit Gott." Diese Aussage ist nun nicht Deduktion allgemeinmenschlicher Wahrheiten oder wissenschaftlicher Sätze, sondern Zeugenaussage, Bekenntnis zu einem Gott, der persönliche Wirklich-

---

[48] Vgl. dazu aus dem 1. Sendschreiben an Lücke 130: "Wer sich einen Gott denken kann, der Akte der Selbstbeschränkung ausübt, der kann sich dann auch mit einer Freiheit schmeicheln, welche sich über die absolute Abhängigkeit erhebt; wer sich hingegen mit solchen Akten Gottes nicht zu befreunden vermag, wie ich denn meine Unfähigkeit hierzu gern bekenne, der bringe die Vorstellung von einer absoluten Freiheit gegenüber der absoluten Abhängigkeit, dergleichen ich auf keine Weise zugeben kann, zum Opfer."

keit geworden war, zu einem Gott, dessen "Gegenstandslosigkeit" ihn nicht daran hinderte, dem betroffenen Menschen eine ganzheitliche Gotteserfahrung zu ermöglichen, zu einem Gott, der barmherzig genug war, sich nicht nur von Tüftlern und Schlaubergern finden zu lassen, sondern von Unmündigen, ja von "Wilden".

Was an diesen voranstehenden Zeilen etwa eine Kritik an Barths Schleiermacher-Interpretation gewesen sein könnte, das zu beurteilen überlassen wir für einmal dem Leser.

Kapitel 4

PERSÖNLICHES NACHWORT

Irgendwann hatte ich den berühmten Satz von Treitschke gelesen:

"Noch heute gelangt kein deutscher Theolog zur inneren Freiheit, wenn er nicht zuvor mit Schleiermachers Ideen abgerechnet hat."[1]

Wen sollte es wundern, dass dieser kühne Satz mein junges Theologiestudentenherz in eine eindeutige Richtung wies. Kein Wunder auch, dass die Beschäftigung mit Schleiermacher mich schliesslich auch zu Karl Barth führte. Nun war mir allerdings nicht verborgen geblieben, dass mit Schleiermacher nicht nur abgerechnet sein wollte, sondern dass er weithin als *der* Prophet der Freiheit angesehen wurde. Darin trat er also ohne Frage mit Barth in Konkurrenz, gelten doch beide als die Symbolfiguren theologischer Freiheit.[2] Mir wurde allerdings bald klar, dass ich zwischen den beiden "Freiheitskämpfern" zu wählen hätte. Wie diese Wahl ausgefallen ist,

---

[1] H. v.Treitschke, **Deutsche Geschichte im Neunzehnten Jahrhundert.** Zweiter Teil. Leipzig, 1917 (=1882), S. 88.

[2] Vgl. **Hertel** 9: "An Schleiermachers theologischem Denken wird ... gezeigt, wie leidenschaftlich er den Fragen seiner Zeit und der eigenen Betroffenheit gegenüber die Antwort zu geben bemüht ist: Theologie ist Befreiung des Menschen. Diese Freiheit des Menschen zu sich selbst heisst bei Schleiermacher: Religion." Zu Barth vgl. **Jüngel** 20: "Als freie Theologie eines freien Mannes ist das Lebenswerk Barths zu würdigen, weil es auch inhaltlich letztlich nichts anderes ist als der Versuch einer Theologie der Freiheit: Rede von der souveränen Freiheit des gnädigen Gottes und von der verantwortungsvollen Freiheit des begnadeten Menschen. Zu dieser Freiheit Gottes sowohl als des Menschen hat Barth denkend Ja gesagt."

braucht wohl keines weiteren Hinweises.

Es erscheint mir sehr bezeichnend, dass die grossen Neubesinnungen in der Theologie bisher fast ausschliesslich im Namen der Freiheit durchgeführt wurden. Das ist nicht zufällig, kann doch die schönste und freieste aller Theologien - allein durch das Gewicht ihrer Überzeugungskraft und die Persönlichkeit ihrer Repräsentanten - auf nachfolgende Generationen belastend und einengend wirken. Wurde z.B. in den zwanziger Jahre die Barthsche Theologie noch stürmisch als Befreiung gefeiert, konnte es bereits 30 Jahre später vorkommen, dass von einer "Barthschen Knechtschaft"[3] geredet wurde. Auch Theologien können offensichtlich veralten und verkalken!

Interessanterweise ist jeder Neuansatz - im Namen der Freiheit - begleitet von einer stürmischen Zurückweisung jeder "natürlichen Theologie". "Natürlich" bezeichnet in diesem Zusammenhang dann immer das veraltete und verkalkte, "nur" den menschlichen Gehirnwindungen entsprungene und zugleich einsichtige Eigenprodukt des menschlichen Geistes. Aber: *dort* ist das Eigentliche der Religion, des christlichen Glaubens, natürlich *nicht* zu finden! So hören wir Luther reden, so Schleiermacher, so Barth. Das Bedürfnis, dieses Eigentliche, das Unfassbare, Nichtmenschliche nun doch in menschliche Worte zu fassen, hat jedoch noch jeden Theologen eingeholt und gelegentlich überholt. Der Existenzkampf und damit die Eigenbewegung der Theologie ist der ewige Befreiungsversuch aus der Knechtschaft des Systems, was sie übrigens mit allen Wissenschaften gemein hat.

Darum stehen sich Schleiermacher und Barth auch nicht eigentlich als Feinde gegenüber, sondern letztlich als Freunde, die bei allem Unterschied in der Sache sich durch die gemeinsame Liebe zur Freiheit verbunden wissen. Es ist aber höchst sinnlos, sie deswegen in einer Synthese vereinigen zu wollen. Nur in ihrer Gegensätzlichkeit vermögen sie der Theologie den Dienst zu tun, den diese so dringend nötig hat: nur an Schleiermacher wird Barth verstanden, und Schleiermacher nur an Barth!

Schleiermacher und Barth haben ihre Zeit gehabt, aber sie werden sie immer wieder haben. Einer Schleiermacher-Orthodoxie wird eine Barth-Renaissance folgen und umgekehrt, denn der Geist, der die Theologie treibt, verträgt keine Formeln.

---

[3]　R. Niebuhr spricht von einer "Barthian captivity". **Niebuhr** 11 und 12.

Wohlgemerkt: die Namen Schleiermacher und Barth bezeichnen einen Gegensatz in der Theologie, wie er strenger wohl nicht gedacht werden kann. Auf diesen Gegensatz von Neuem aufmerksam zu machen, darf ich wohl getrost als eines der Ziele der vorliegenden Arbeit bekennen. Dass meine Sympathien *sachlicherseits* ganz auf der Seite Barths liegen, habe ich nirgends verschwiegen, soll aber hier noch einmal ausdrücklich betont werden.

M.E. lässt sich der Gegensatz ganz schlicht so formulieren: Barth und Schleiermacher trennen sich in der Frage der Auferstehung Jesu von den Toten. Schleiermachers Jesus ist tot.[4] Barth jedoch glaubt an die Wirklichkeit des Auferstandenen Jesus. Gibt es für ihn - bei aller unbestrittenen geschichtlichen Wirksamkeit des "historischen" Jesus - keinen Glauben, keine Kirche ohne die direkte, wirksame, schöpferische Kraft des auferstandenen Jesus ("von oben"!), so will Schleiermacher ja bewusst den Glauben und die Kirche als geschichtliche Wirkungen des Nazareners und seines absolut kräftigen Gottesbewusstseins verstanden wissen. Damit stellt sich also die Differenz zwischen Barth und Schleiermacher dar als das uralte Ringen um das angemessene Verständnis Christi. Mit Recht hat Barth an Schleiermacher und dessen Nachfolger die Frage nach deren Christologie gestellt. Mit Recht hat er sie vom Neuen Testament her gestellt, und die heutige, Schleiermacher so beschwingt und gleichmütig nachfolgende Theologie wird gut daran tun, diese Frage nicht zu überhören! Aber auch Barth ist gefragt, ist gefragt worden und hat gut daran getan, Schleiermacher immer wieder als Anfrage zu verstehen. Schleiermachers Frage kam nicht vom Neuen Testament, sondern vom Menschen her, aus seinem Leben und Glauben. Barth hat geantwortet, hat aber nicht nachgelassen, weiterhin auf Schleiermachers Fragen zu lauschen und zu achten.

Auf diese Weise wurde Barths Lebenswerk zu einer einzigen Antwort an Schleiermacher, und da Barth die Grösse besass, sich immer wieder fragen zu lassen, behielt seine Theologie die Frische, die nur aus dem gemeinsamen Hören auf das Neue Testament *und* auf die Menschen möglich ist.

---

[4] Was Trillhaas bewogen hat zu behaupten, dass für Schleiermacher "die Auferstehung als Tatsache unbestritten" ist (**Trillhaas** 301), bleibt im Dunkeln. Vgl. dagegen E. Hirsch, **Schleiermachers Christusglaube** 57: "Nach der üblichen Kennzeichnung der Osterdeutungen muss Schleiermacher, obwohl er sich gegen das Wort 'Scheintod' abwehrend verhält, als Vertreter einer gereinigten, durchgeistigten und vertieften Scheintodhypothese gelten."

Barths Antwort bestand jedoch nicht nur in Worten, sondern in einem Leben, einer theologischen Existenz, die sich - ihres Grundkapitals bewusst-von allen Fleischtöpfen Ägyptens hinweg auf das Abenteuer einer 50 Jahre dauernden Wüstenwanderung einliess: auf das Leben eines Menschen im Widerspruch, widersprechend, widersprochen, widersprüchlich, das Leben eines wahrhaften

HOMO VIATOR.

Kapitel 5

VERZEICHNIS DER VERWENDETEN LITERATUR

Die in {= } gesetzte Angabe bezieht sich auf die im Text verwendete Abkürzung des Titels. Für häufig verwendete Titel und für Zeitschriften siehe das Abkürzungsverzeichnis am Anfang der Arbeit.

Das hier vorgelegte Literaturverzeichnis enthält auch einige nicht ausdrücklich im Text zitierte Werke, deren Angabe uns aber - sozusagen als "Hintergrundmusik" - unerlässlich scheint.

5.1   1. Aus den Schriften Karl Barths

Barth, Karl, "Abschied", **ZZ** 11(1933) 536-544.

------, "Antwort an D. Achelis und D. Drews", **ZThK** 19(1909) 479-486.

------, **Die Auferstehung der Toten.** Eine akademische Vorlesung über 1. Kor.15. Evangelischer Verlag AG., Zollikon-Zürich, 1953[4] (= 1924).

------, "Bemerkungen zu Hans Michael Müllers Lutherbuch", **ZZ** 7(1929) 561-570.

------, **Biblische Fragen, Einsichten, Ausblicke.** Chr. Kaiser Verlag, München, 1920. (Vortrag gehalten an der Aarauer Studenten-Konferenz am 17. April 1920). Dieser Vortrag ist auch abgedruckt in: **WGuTh** 70-98   und in **Anfänge I** 49-76.

------, "Ein Brief an den Verfasser", in: Küng, Hans. **Rechtfertigung** 11-14, datiert vom 31.1. 1957.

------, **Briefe 1961 - 1968.** Herausgegeben von Jürgen Fangmeier und Hinrich Stoevesandt, Theologischer Verlag Zürich, 1979, GA V. {= **Briefe**}

------, **Die Christliche Dogmatik im Entwurf.** Erster Band. Die Lehre vom Worte Gottes. Prolegomena zur christlichen Dogmatik. 1927. Herausgegeben von Gerhard Sauter. Theologischer Verlag Zürich, Zürich, 1982. GA II. {= **CD**}

------, **Das christliche Leben.** Die kirchliche Dogmatik IV/4. Fragmente aus dem Nachlass. Vorlesungen 1959 - 1961. Herausgegeben von Hans-Anton Drewes und Eberhard Jüngel, Theologischer Verlag Zürich, 1976. GA II. {= **KD IV/4**}

------, **Die christliche Lehre nach dem Heidelberger Katechismus.** Vorlesung, gehalten an der Universität Bonn im Sommersemester 1947. Evang. Verlag A.G., Zollikon-Zürich, 1948.

------, **Christus und wir Christen.** Evang. Verlag AG., Zollikon-Zürich, 1947.

------, **CREDO.** Die Hauptprobleme der Dogmatik dargestellt im Anschluss an das Apostolische Glaubensbekenntnis. 16 Vorlesungen, gehalten an der Universität Utrecht im Februar und März 1935. Evang. Verlag AG., Zollikon-Zürich, 1948. {= **Credo**}

------, **Dogmatik im Grundriss.** Theologischer Verlag Zürich, 1983[6] (= 1947). {= **Grundriss**}

------, **Einführung in die evangelische Theologie.** Theologischer Verlag Zürich, Zürich, 1985[3] (= 1970). {= **Einführung**}

------, "Das erste Gebot als theologisches Axiom", **ZZ** 11(1933) 297-314. Vortrag, gehalten in Kopenhagen, am 10. März und in Aarhus am 12. März 1933.

------, **Ethik I.** Vorlesung, gehalten in Münster im Sommersemester 1928, wiederholt in Bonn, Sommersemester 1930. Herausgegeben von Dietrich Braun. Theologischer Verlag Zürich, 1973.

------, **Ethik II.** Vorlesung, gehalten in Münster, Wintersemester 1928/29, wiederholt in Bonn, Wintersemester 1930/31. Herausgegeben von Dietrich Braun. Theologischer Verlag Zürich, 1978. GA II.

------, **Evangelische Theologie im 19. Jahrhundert.** Theologische Studien 49. Evang. Verlag AG., Zollikon-Zürich, 1957. {= **EvTh19.Jh**}

------, **Fides quaerens intellectum.** Anselms Beweis der Existenz Gottes im Zusa mmenhang seines theologischen Programms. 1931. Herausgegeben von Eberhard Jüngel und Ingolf U. Dalferth. Theologischer Verlag Zürich, Zürich, 1981. GA II. {= **FQI**}

------, **Geschichte der protestantischen Theologie seit Schleiermacher.** W.S. 1929/30. Schreibmaschinengeschriebenes Manuskript. Karl Barth-Archiv , Basel. Das Manuskript enthält den grössten Teil von **ProtTh.** Darunter befinden sich unveröffentlichte Aufsätze über Lessing, Kant, Herder, Novalis, Hegel, die z.T. erheblich abweichen von **ProtTh.**

------, "Der Glaube an den persönlichen Gott", **ZThK** 24(1914) 21-32 und 65-95. Nach einem Vortrag vom 19. Mai 1913 in Langburg, Aargau.

------, **Das Glaubensbekenntnis der Kirche.** Erklärung des Symbolum Apostolicum nach dem Katechismus Calvins. Aus dem Französischen übersetzt von Helmut Goes. EVZ-Verlag, Zürich, 1967. (Die franz. Originalausgabe erschien 1943 und enthält Nachschriften von Seminaren Barths aus den Jahren 1940 bis 1943).

------, **"Der Götze wackelt".** Zeitkritische Aufsätze, Reden und Briefe von 1930 bis 1960. Herausgegeben von Karl Kupisch. Käthe Vogt Verlag, Berlin, 1961.

{Der Götze wackelt}

------, **Gotteserkenntnis und Gottesdienst.** Nach reformatorischer Lehre. 20 Vorlesungen (Gifford Lectures) über das Schottische Bekenntnis von 156 0, gehalten an der Universität Aberdeen im Frühjahr 1937 und 1938. Verlag der Evangelischen Buchhandlung Zollikon, Zollikon, 1938.

------, "Vom heiligen Geist. Eine Pfingstbetrachtung", **ZZ** 4(1926) 275-278.

------, **Homiletik.** Wesen und Vorbereitung der Predigt. Nachschrift des homiletischen Seminars "Übungen in der Predigtvorbereitung" im Wintersemester 1932 und Sommersemester 1933 in Bonn. Herausgegeben von Günter Seyfferth. EVZ-Verlag, Zürich, 1966.

------, **Humanismus.** Theologische Studien 28. Evang. Verlag AG., Zollikon-Zürich, 1950.

------, **Karl Barth zum Kirchenkampf.** Beteiligung - Mahnung - Zuspruch. **TEH** 49. Chr. Kaiser Verlag, München, 1956.

------, "Karl Barth and Oscar Cullmann on their theological Vocation. I. On Systematic Theology by Professor Karl Barth", **SJTh** 14(1961) 225-228.

------, **Karl Barth's Table Talk.** Herausgegeben von John D. Godsey. John Knox Press, Richmond, Virginia, keine Jahresangabe. (Vorwort von 1962).
{= **Table Talk**}

------, "Kirche und Theologie", **ZZ** 4(1926) 18-40 Abgedruckt in **WGuTh**, aber leider ohne die aufschlussreichen Fussnoten 1) und 2) auf Seite 35f.

------, **Die Kirchliche Dogmatik. I/1.** Die Lehre vom Wort Gottes. Prolegomena zur kirchlichen Dogmatik. Evang. Verlag AG., Zollikon-Zürich, 1981[10] (= 1932).
{= **KD I/1**}

------, **Die Kirchliche Dogmatik. I/2.** Die Lehre vom Wort Gottes. Prolegomena zur kirchlichen Dogmatik. Evang. Verlag AG., Zollikon-Zürich, 1983[7] (= 1938).
{= **KD I/2**}

------, **Die Kirchliche Dogmatik. II/1.** Die Lehre von Gott. Evangelischer Verlag AG. Zollikon-Zürich, 1948[3] (= 1940).
{= **KD II/1**}

------, **Die Kirchliche Dogmatik. II/2.** Die Lehre von Gott. Evangelischer Verlag A.G., Zollikon-Zürich, 1946[2] (= 1942).
{= **KD II/2**}

------, **Die Kirchliche Dogmatik. III/1.** Die Lehre von der Schöpfung. Evangelischer Verlag AG., Zollikon-Zürich, 1945.
{= **KD III/1**}

------, **Die Kirchliche Dogmatik III/2.** Die Lehre von der Schö pfung. Evangelischer Verlag AG., Zollikon-Zürich, 1948.
{= **KD III/2**}

------, **Die Kirchliche Dogmatik. III/3.** Die Lehre von der Schöpfung. Evangelischer Verlag AG., Zollikon-Zürich, 1950.
{= **KD III/3**}

------, **Die Kirchliche Dogmatik III/4.** Die Lehre von der Schö pfung. Evangelischer Verlag AG., Zollikon-Zürich, 1951.
{= **KD III/4**}

------, **Die Kirchliche Dogmatik IV/1-3.** Die Lehre von der Versöhnung. Evangelischer Verlag AG., Zollikon-Zürich, 1953, 1955, 1959.
{= **KD IV/1-3**}

------, **Die Kirchliche Dogmatik IV/4 (Fragment).** EVZ-Verlag, Zürich, 1967.

------, und Thurneysen, E., **Komm Schöpfer Geist!** Predigten. Chr. Kaiser Verlag, München, 1932[4] (= 1924).

------, und Barth, H., **Zur Lehre vom Heiligen Geist.** Beiheft Nr. 1 von "Zwischen den Zeiten". Enthält Barths Aufsatz "Der heilige Geist und das christliche Leben". Chr. Kaiser Verlag, München, 1930.

------, "Die Lehre von den Sakramenten", **ZZ** 7(1929) 427-460. Vortrag, gehalten in Emden und Bern 1929.

------, **Letzte Zeugnisse.** EVZ-Verlag, Zürich, 1969.

------, **Die Menschlichkeit Gottes.** Vortrag, gehalten an der Tagung des Schweiz. Ref. Pfarrvereins in Aarau am 25. September 1956. Theologische Studien 48. Evangelischer Verlag A.G., Zollikon-Zürich, 1956. {= **Menschlichkeit**}

------, "Moderne Theologie und Reichsgottesarbeit", **ZThK** 19(1909) 317-321.

------, "Möglichkeiten liberaler Theologie heute", **SThU** 30 (1960) 95-101.

------, "Nachwort", zum Artikel "Ludwig Feuerbach", in **ZZ** 5(1927) 33-40.

------, "Nachwort", in Bolli, H., (Hrsg.), **Schleiermacher-Auswahl.** Siebenstern Taschenbuch Verlag, München und Hamburg, 1968. {= **"Nachwort"**}

------, "Die Notwendigkeit der Theologie bei Anselm von Canterbury", **ZThK** 12(1931) 350-358. Ein (fast) unveränderter Vorabdruck aus **Fides quaerens intellectum**allerdings um den letzten Satz erweitert: "Wenn Anselm als Theologe 'beweisen' will, so hat man diese Absicht im Rahmen und auf dem Hintergrund dieser seiner Anschauung von der Notwendigkeit des intelligere zu verstehen."

------, **Offene Briefe 1945 -1968.** Herausgegeben von Diether Koch. Theologischer Verlag Zürich, 1984. GA V. {= **oBriefe**}

------, **Predigten 1913.** Herausgegeben von Nelly Barth und Gerhard Sauter. Theologischer Verlag Zürich, 1976. GA I.

------, **Die Protestantische Theologie im 19. Jahrhundert.** Ihre Vorgeschichte und ihre Geschichte. Evangelischer Verlag AG., Zollikon-Zürich, 1947. (In der Gestalt des Kurses WS 32/33, SS 33 in Bonn). {= ProtTh}

------, **Der Römerbrief.** Erste Fassung. 1919. Herausgegeben von Herrmann Schmidt. Theologischer Verlag Zürich, Zürich, 1985. GA II. {= Röm^1}

------, **Der Römerbrief.** Chr. Kaiser Verlag, München, 1933^6 (= 1922). In der Neubearbeitung von 1922. {= Röm^2}

------, **Rudolf Bultmann.** Ein Versuch, ihn zu verstehen. Theologische Studien 34. Evang. Verlag AG., Zollikon-Zürich, 1952. {= Versuch}

------, **Die Schrift und die Kirche.** Theologische Studien 22. Evang. Verlag AG., Zollikon-Zürich, 1947.

------, und Thurneysen, E. **Suchet Gott, so werdet ihr leben!** Predigten. Leicht veränderter Nachdruck der 1. Auflage. Chr. Kaiser Verlag, München, 1928^2 (= 1917).

------, **Texte zur Barmer Theologischen Erklärung.** Mit einer Einleitung von Eberhard Jüngel und einem Editionsbericht herausgegeben von Martin Rohkrämer. Theologischer Verlag Zürich, 1984.

------, **Die Theologie Schleiermachers.** Vorlesung Göttingen Wintersemester 1923/24. Herausgegeben von Dietrich Ritschl. Theologischer Verlag Zürich, 1978. GA II. {= ThSchl}

------, **Die Theologie und die Kirche.** Gesammelte Vorträge. Bd. 2. Chr. Kaiser Verlag, München, 1928. {= ThuK}

------, **Theologische Fragen und Antworten.** Gesammelte Vorträge. Bd. 3. Evang. Verlag AG., Zollikon, Zollikon, 1957. {= ThFrA}

------, **Trouble and Promise in the Struggle of the Church in Germany.** Translation of the substance of the Philip Maurice Deneke Lecture delivered at Lady Margaret Hall, Oxford, on 4 March 1938, by P.V.M. Benecke. Oxford at the Clarendon Press, 1938.

------, **Unterricht in der christlichen Religion.** Erster Band. Prolegomena. 1924. Herausgegeben von Hannelotte Reiffen. Theologischer Verlag Zürich, 1985. GA II.
{= **UCR**}

------, "Vom Verhältnis der theologischen Generationen", **EvTh** 31(1971) 182-186. Nachdruck aus: **KBRS** 97(1941) 114- 116.

------, "Vorwort zur fünften Auflage des 'Römerbriefs'", **ZZ** 4(1926) 99-101.

------, **Das Wort Gottes und die Theologie.** Gesammelte Vorträge. Bd. 1. Chr. Kaiser Verlag, München, 1925^2 (= 1924).
{= **WGuTh**}

------, "Zwischenzeit", in "Die tollen 20er Jahre", in: **Magnum** 35 (1961) 38.
{= **"Zwischenzeit"** }

BIBLIOGRAPHIE KARL BARTH, Bd. 1: Veröffentlichungen von Karl Barth. Herausgegeben von H.-A.Drewes. Theologischer Verlag Zürich, 1984.
{= **BKB**}

5.2   2. Briefwechsel

Barth, K. und Bonhoeffer, D., in: Bonhoeffer, D., **Bonhoeffer-Auswahl.** Bd. 2, 91-101. Gegenwart und Zukunft der Kirche. 1933 -1936. Siebenstern-Taschenbuch 150, Chr. Kaiser Verlag, München, 1970.
{= **BwBonh**}

------, in: Bonhoeffer, Dietrich, **Schweizer Korrespondenz 1941-42.** Im Gespräch mit Karl Barth. Herausgegeben und kommentiert von Eberhard Bethge. Ch. Kaiser Verlag, München, 1982.

Barth, K. und Bultmann, R., **Briefwechsel.** 1922 - 1966. Theologischer Verlag Zürich, 1971. GA V.
{= **BwBu**}

Barth, K. und v.Harnack, A., "Ein Briefwechsel mit Adolf von Harnack", in **ThFrA** 7-31. Aus dem Jahre 1923. :BR {= **BwHarnack**}

Barth, K. und Kittel, G., **Ein theologischer Briefwechsel.** Verlag von W. Kohlhammer, Stuttgart, 1934.
{= **BwKittel**}

Barth,K. und Thurneysen, E., **Briefwechsel.** Bd.I. 1913 -1921. Theologischer Verlag Zürich, 1973.
{= **BwTh I**}

------, **Briefwechsel.** Bd. 2. 1921 - 1930. Evangelischer Verlag Zürich, Zürich, 1974. GA V.
{= **BwTh II**}

Barth, K. und Zuckmayer, C., in: **Späte Freundschaft in Briefen.** Theologischer Verlag Zürich, 1981[7] (= 1977).
{= **BwZuckmayer**}

5.3   3. Schriften anderer Autoren

Adriaanse, H. J., "Kant-Rezeption in der Theologie, insbesondere bei Karl Barth", **Zeitschrift für Dialektische Theologie** 1(1985) 74-90.

Althaus, P., "Natürliche Theologie und Christusglaube", **ZSTh** 16(1939) 417-425.

Althaus, P., "Theologie und Geschichte. Zur Auseinandersetzung mit der dialektischen Theologie", **ZSTh** 1(1923) 741-786.

Asmussen, H., "Finitum capax infiniti", **ZZ** 5(1927) 70-81.

von Balthasar, H.U., **Karl Barth**. Darstellung und Deutung seiner Theologie. Verlag Jakob Hegner in Köln, 1951.
{= v.Balthasar}

------, **Rechenschaft 1965**. Johannes Verlag, Einsiedeln, 1965.

Bartelheimer, W., **Schleiermacher und die gegenwärtige Schleiermacher-
kritik**. Eine Untersuchung über den Subjektivismus. Mit einem Vorwort von F. Gogarten. J.C.Hinrichs'sche Buchhandlung, Leipzig,
1931.

Beintker, M., "Die christliche Dogmatik", **VF** 30(1985) 58-65. Eine Rezension von Karl Barths **CD** aus der Gesamt-Ausgabe.

------, "Unterricht in der christlichen Religion", **VF** 30(1985) 45-49. Eine
Rezension von Karl Barths **UCR** aus der Gesamt- Ausgabe

Binder, J., "Kant als Metaphysiker", **ZSTh** 3(1925) 648-661.

Bockmühl, K., **Atheismus in der Christenheit**. Anfechtung und Überwindung. Erster Teil: Die Unwirklichkeit Gottes in Theologie und Kirche.
Aussaat Verlag Wuppertal, Wuppertal, 1969.

------, "Die Wende im Spätwerk Karl Barths", **ThBeitr** 14(1983) 180-188.

Bohren, R., **Prophetie und Seelsorge**. Eduard Thurneysen. Neukirchener
Verlag, Neukirchen - Vluyn, 1982.

Bolli, H., (Hrsg.), **Schleiermacher - Auswahl**. Mit einem Nachwort von
Karl Barth. Siebenstern Taschenbuch Verlag, München und Hamburg,
1968.

Bornhausen, K., "Die Religion als Freiheit. Ein Schleiermacher-Bekenntnis
zu der 100. Wiederkehr seines Todestags 12. Februar 1934", **ZThK**
15(1934) 46-54.

Bornkamm, K., "Die reformatorische Lehre vom Amt Christi und ihre
Umformung durch Karl Barth", in: **ZThK** (1986) Beiheft 6, 1-32.

Brandt, W., **Der Heilige Geist und die Kirche bei Schleiermacher.**
Zwingli Verlag Zürich, 1968.

Brunner, E., "Autobiographische Skizze", **Ref.** 12(1963) 630-646.

------, **Erlebnis, Erkenntnis und Glaube.** Verlag von J.C.B. Mohr(Paul Siebeck), Tübingen, 1921.

------, "Der neue Barth", **ZThK** 48(1951) 89-100. Eine Besprechung von
Karl Barths **KD III/2** aus dem Jahre 1948.

------, **Der Mittler.** Zur Besinnung über den Christusglauben. Zwingli-
Verlag, Zürich, 1947[4] (= 1927).

------, **Die Mystik und das Wort.** Der Gegensatz zwischer moderner Religi-
onsauffassung und christlichem Glauben dargestellt an der Theologie
Schleiermachers. Verlag von J.C.B. Mohr (Paul Siebeck), Tübingen,
1924.
$\{= MyW^1\}$

------, **Die Mystik und das Wort.** Der Gegensatz zwischen moderner Religi-
onsauffassung und christlichem Glauben dargestellt an der Theologie
Schleiermachers. Verlag von J.C.B. Mohr(Paul Siebeck), Tübingen,
1928[2], (2. stark veränderte Auflage).
$\{= MyW^2\}$

------, **Natur und Gnade.** Zum Gespräch mit Karl Barth. Zwingli-Verlag,
Zürich, Zürich, 1935[2] (= 1934).

------, **Ein offenes Wort.** Bd. I. Vorträge und Aufsätze 1917 - 1934. Theologischer Verlag Zürich, 1981.

------, **Das Symbolische in der religiösen Erkenntnis.** Verlag von J.C.B.
Mohr(Paul Siebeck), Tübingen, 1914.

Brunner, R., **Schleiermachers Lehre vom Gefühl schlechthiniger Abhängigkeit.** (Inaugural-Dissertation). Kommissionsverlag Paul Haupt,
Akademische Buchhandlung vorm. Max Drechsel Bern und Leipzig,
1931.

Bultmann, R., "Die Bedeutung der Eschatologie für die Religion des Neuen Testaments", **ZThK** 27(1917) 76-87.

------, "Die Frage der 'dialektischen' Theologie. Eine Auseinandersetzung mit Peterson", **ZZ** 4(1926) 40-59.

------, "Zur Frage der Christologie", **ZZ** 5(1927) 41-69.

------, **Glaube und Verstehen**. Gesammelte Aufsätze. Verlag von J.C.B. Mohr(Paul Siebeck), Tübingen, 1933.

------, **Theologische Enzyklopädie**. Herausgegeben von E. Jüngel und Klaus. W. Müller. Verlag J.C.B. Mohr (Paul Siebeck), Tübingen, 1984.

Busch, E., **Karl Barths Lebenslauf**. Nach seinen Briefen und autobiographischen Texten. Chr. Kaiser Verlag, München, 1975.
{= **Lebenslauf**}

------, "Karl Barth und die Juden 1933/34. Auch ein Beitrag zu einem umstrittenen Aspekt der 'Theologischen Erklärung' von Barmen", **Judaica** 40(1984) 158-175.

Come, A.B., "Was kommt nach Karl Barth?", in: Peerman, D., (Hrsg.), **Theologie im Umbruch**. Der Beitrag Amerikas zur gegenwärtigen Theologie. 205-210. Chr. Kaiser Verlag, München, 1968.

Crimman, R. P., **Karl Barths frühe Publikationen und ihre Rezeption**. Mit einem pädagogisch-theologischen Anhang. Verlag Peter Lang A.G., Bern, 1981.

Dekker, A., und Puchinger, G., **De oude Barth**. Zoals we hem hoorden in colleges en gesprekken. Uitgeversmij J. H. Kok N. V. Kampen, 1969.

Dickerman, D.L., (Hrsg.), **Karl Barth and the Future of Theology**. A Memorial Colloquium held at the Yale Divinity School, January 28, 1969. Yale Divinity School Association, 409 Prospect Street, New Haven, Connecticut, 1969.

Diem, H., "Credo, ut intelligam. Ein Wort zu Hans Michael Müllers Kritik an Karl Barths Dogmatik", **ZZ** 6(1928) 517ff.

Dilthey, W., **Leben Schleiermachers.** Bd. I/1. Aufgrund des Textes der 1. Auflage von 1870 und der Zusätze aus dem Nachlass herausgegeben von Martin Redeker. Walter de Gruyter u. Co., Berlin, 1970.

Duhm, B., **Israels Propheten.** 2. verbesserte Auflage. Verlag von J.C.B. Mohr (Paul Siebeck), Tübingen, 1922.

Ebeling, G., **Lutherstudien.** Band III. J.C.B. Mohr (Paul Siebeck), Tübingen, 1985.

Elert, W., "Über die Herkunft des Satzes *Finitum infiniti non capax*", **ZSTh** 16(1939) 500-504.

Enslin, H., "Der ontologische Gottesbeweis bei Anselm von Canterbury und bei Karl Barth", **NZSTh** 11(1969).

Faure, A., "Tod und Leben nach dem Tode in Predigten Schleiermachers", **ZSTh** 18(1941) 436-457.

Fischer, H., **Christlicher Glaube und Geschichte.** Voraussetzungen und Folgen der Theologie Friedrich Gogartens. Gütersloher Verlagshaus Gerd Mohn, Gütersloh, 1967.

Flückiger, F., **Philosophie und Theologie bei Schleiermacher.** Evangelischer Verlag AG., Zollikon-Zürich, 1947.

Foley, G., "The Catholic Critics of Karl Barth. In Outline and Analysis", **SJTh** 14(1961) 136-155.

Geiger, M., u.a., (Hrsg.), **Herrmann Kutter in seinen Briefen. 1883 - 1931.** Chr. Kaiser Verlag, München, 1983.

Gestrich, Chr., **Neuzeitliches Denken und die Spaltung der Dialektischen Theologie.** Zur Frage der natürlichen Theologie. J.C.B. Mohr(Paul Siebeck), Tübingen, 1977.
{ = **Gestrich**}

------, "Die unbewältigte natürliche Theologie", **ZThK** 68(1971) 82-120.

Gloege, G., "Barth, Karl", **RGG**³ Bd. I(1957) 894-898.

Gogarten, F., "Geleitwort", zu Bartelheimer, W., **Schleiermacher und die gegenwärtige Schleiermacherkritik.** (s. dort).

------, "Karl Barths Dogmatik", **ThR** NF 1(1929) 60-80.

------, "Das Problem einer theologischen Anthropologie", **ZZ** 7(1929) 493-511.

------, "Die Problemlage der theologischen Wissenschaft", **ZZ** 10(1932) 295-311.

------, **Die religiöse Entscheidung.** Verlag Eugen Diederichs, Jena, 1924² (= 1921).

------, **Die Schuld der Kirche gegen die Welt.** Verlag Eugen Diederichs, Jena, 1928.

------, **Die Selbstverständlichkeiten unserer Zeit und der christliche Glaube.** Furche-Verlag G.m.b.H., Berlin, 1932.

------, **Wider die Ächtung der Autorität.** Verlag Eugen Diederichs, Jena, 1930.

------, "Das Wort und die Frage nach der Kirche", **ZZ** 4(1926) 279-296.

Gollwitzer, H., **Die Existenz Gottes im Bekenntnis des Glaubens.** Christian Kaiser Verlag, München, 1963.

Grützmacher, R.H., "Altprotestantismus und Neuprotestantismus II", **NKZ** 11(1915) 789-825.

Härle, W., "Der Aufruf der 93 Intellektuellen und Karl Barths Bruch mit der liberalen Theologie", **ZThK** 72(1075) 207-224.
{ = **Aufruf**}

------, "Dialektische Theologie", **TRE** VIII(1981) 683-696.

v.Harnack, A., **Ausgewählte Reden und Aufsätze.** Herausgegeben von D.Dr. Agnes v.Harnack-Zahn. Walter de Gruyter & Co, Berlin, 1951.

Hassiepen, W., **Der Religionsbegriff Karl Barths in seiner Auseinandersetzung mit der Theologie Schleiermachers.** (Unveröffentlichtes) Manuskript der Dissertation Göttingen. 1967.
{ = **Hassiepen**}

Herrmann, W., **Schriften zur Grundlegung der Theologie. Teil II.** Herausgegeben von P. Fischer-Appelt. Chr. Kaiser Verlag, München, 1967.

Hertel, F., **Das theologische Denken Schleiermachers.** Untersucht an der ersten Auflage der Reden "Über die Religion". Zwingli-Verlag, Zürich-Stuttgart, 1965.

Hirsch, E., **Schleiermachers Christusglaube.** Drei Studien. Gütersloher Verlagshaus Gerd Mohn, 1968.

------, **Die Theologie des Osiander** und ihre geschichtlichen Voraussetzungen. Vandenhoeck&Ruprecht, Göttingen, 1919.

Hohlwein, H., "Neuprotestantismus", **RGG**[3] IV(1960) 1430-1432.

Jüngel, E., "Barth", **TRE** V(1980) 251-268.

------, **Barth - Studien.** Benziger Verlag, Zürich-Köln und Güterloher Verlagshaus Gerd Mohn, Gütersloh, 1982.
{ = **Jüngel**}

------, **Gottes Sein ist im Werden.** Verantwortliche Rede vom Sein Gottes bei Karl Barth. Eine Paraphrase. 1986[4] (= 1966). Mit eine m Vorwort zur 4. Auflage.

Kant, I., **Prolegomena** zu einer jeden künftigen Metaphysik, die als Wissenschaft wird auftreten können. Riga, 1783. in: **Immanuel Kants Werke.** Schriften von 1783-1788. Verlegt bei Bruno Cassirer, Berlin, 1922. Band 4.
{ = **Prolegomena**}

Karl Barth. 1886 -1968. **Gedenkfeier im Basler Münster.** Theologische Studien 100. Evangelischer Verlag Zürich, Zürich, 1969. {= **Gedenkfeier**}

Kierkegaard, S., **Angriff auf die Christenheit.** Herausgegeben von A. Dorner und Chr. Schrempf. Fr. Frommanns Verlag (E. Hauff), Stuttgart, 1896.

------, **Der Augenblick.** 2. Auflage, Eugen Diederichs, Jena, 1909. Gesammelte Werke Bd. 12.

------, **Philosophische Brocken.** Gesammelte Werke X. Übersetzt von E. Hirsch. Verlag Eugen Diederichs, Düsseldorf/Köln, 1952.

Koch, G., **Die christliche Wahrheit der Barmer Theologischen Erklärung.** Erschienen in der Reihe **Theologische Existenz heute** Heft 22. Chr. Kaiser Verlag, München, 1950.

Kohlenberger, H., "Fides quaerens intellectum", **VF** 30(1985) 72-76. Eine Besprechung von Karl Barths **FqI** aus der Gesamt-Ausgabe.

Kreck, W., **Grundentscheidungen in Karl Barths Dogmatik.** Zur Diskussion seines Verständnisses von Offenbarung und Erwählung. Neukirchener Verlag, Neukirchen-Vluyn, 1978.

Küng, H., **Rechtfertigung.** Die Lehre Karl Barths und eine katholische Besinnung. Mit einem Geleitbrief von Karl Barth. (s. dort). Johannes Verlag Einsiedeln, 1957.

Kupisch, K., **Karl Barth zum 80. Geburtstag am 10. Mai 1966.** Erschienen in der Reihe "Berliner Reden", Lettner-Verlag G.m.b.H., 1966.

Lange, P., **Konkrete Theologie?** Karl Barth und Friedrich Gogarten "Zwischen den Zeiten" (1922-1933). Theologischer Verlag Zürich, 1972.

Leese, K., **Natürliche Religion und christlicher Glaube.** Eine theologische Neuorientierung. Junker und Dünnhaupt Verlag, Berlin, 1936.

Leuba, J.L., "Geleitwort", zu Stalder, R., **Grundlinien der Theologie Schleiermachers.**

------, "Schleiermacher selon Karl Barth", **Archivio di Filosofia** 52(1984) 499-517.
{= **Leuba**}

Löwith, K., "Grundzüge der Entwickelung der Phänomenologie zur Philosophie und ihr Verhältnis zur protestantischen Theologie. (Fortsetzung)", **ThR** NF2(1930) 333-361.

Lorenzmeyer, Th., **Exegese und Hermeneutik**. Furche Verlag, Hamburg, 1968.

Marquardt, Fr., **Theologie und Sozialismus**. Das Beispiel Karl Barths. 1972^2.
{= **Marquardt**}

------, "Vom gepredigten Jesus zum gelehrten Christus", **EvTh** 46(1986) 315-324.

Matczak, S.A., **Karl Barth on God**. The Knowledge of the Divine Existence. ST. Paul Publications, New York, London, Rome, Paris, 1962.

McGrath, A., "Karl Barth als Aufklärer. Der Zusammenhang seiner Lehre vom Werke Christi mit der Erwählungslehre", **KuD** 30(1984) 273-283.

Mildenberger, Fr., **Gotteslehre**. Eine dogmatische Untersuchung. J.C.B. Mohr (Paul Siebeck), Tübingen, 1975.

Moltmann, J., (Hrsg.), **Anfänge der dialektischen Theologie**. Bd. I. Chr. Kaiser Verlag, München, 1962.
{= **Anfänge I**}

------, **Anfänge der dialektischen Theologie**. Bd. II. Chr. Kaiser Verlag, München, 1963.
{= **Anfänge II**}

Müller, D., "Christentum und Deutsche Glaubensbewegung als theologisches und kirchliches Gegenwartsproblem", **ZThK** 15(1934) 97-119.

Müller, H.M., "Albrecht Oepke: Karl Barth und die Mystik", **ThBl** 7(1928)158-159.

------, "Credo, ut intelligam. Kritische Bemerkungen zu Karl Barths Dogmatik", **ThBl** 7(1928) 167-176.
{ = **Müller** }

Mulert, H., "Die Aufnahme der Glaubenslehre Schleiermachers", **ZThK** 18(1908) 107-139.

------, "Nachlese zu dem Artikel: Die Aufnahme der Glaubenslehre Schleiermachers", **ZThK** 19(1909) 243-246.

------, "Neuere deutsche Schleiermacher-Literatur", **ZThK** 15(1934) 77-88. (Der erste Teil dieses Aufsatzes in **ZThK** 14(1933) 370-378).

Neubauer, E., "Die Theologie der 'Krisis' und des 'Wortes'", **ZThK** 7(1926) 1-36.

Neuser, W.H., **Karl Barth in Münster. 1925 - 1930.** Theologische Studien 130. Theologischer Verlag Zürich, 1985.

Niebuhr, Richard, R., **Schleiermacher on Christ and Religion.** Charles Scribner's Sons, New York, 1964.

Offermann, Doris, **Schleiermachers Einleitung in die Glaubenslehre.** Eine Untersuchung der "Lehnsätze". Verlag Walter de Gruyter u.Co., Berlin, 1969.

Quapp, E.H.U., **Barth contra Schleiermacher?** Die "Weihnachtsfeier" als Nagelprobe. Verlag Karl Wenzel, Marburg, 1978.

Przywara, E., "Das katholische Kirchenprinzip", **ZZ** 7(1929) 277-302.

Radler, A., "Die Theologie Schleiermachers", **VF** 30(1985) 28-44. Eine Besprechung von Karl Barths **ThSchl** aus der Gesamt- Ausgabe.

Rendtorff, T., "Ernst Troeltsch" (1865-1923), in Greschat, M. (Hrsg.), **Theologen des Protestantismus im 19. und 20. Jahrhundert. II.** Verlag W. Kohlhammer, Stuttgart, 1978.

Ritschl, A., **Schleiermachers Reden über die Religion und ihre Nachwirkungen auf die evangelische Kirche Deutschlands.** Bonn, bei Adolph Marcus, 1874.

Sapper, K., **Neuprotestantismus.** C.H.Beck'sche Verlagsbuchhandlung Oskar Beck, München, 1914.

Schaeder, E., "Die Geistfrage in der neueren Theologie", **ZSTh** 3(1925) 424-460.

Schindler, H., **Barth und Overbeck.** Ein Beitrag zur Genesis der dialektischen Theologie im Lichte der gegenwärtigen Situation. 1.Auflage: Leopold Klotz Verlag, Gotha, 1936. Nachdruck: Wissenschaftl. Buchgesellschaft, Darmstadt, 1974.

Schlegel, Fr., **Charakteristiken und Kritiken I.** (1796-1801). Kritische Friedrich Schlegel-Ausgabe. Herausgegeben von H. Eichner, Verlag Ferdinand Schöningh, München, 1967, 2. Band.

Schleiermacher, F.E.D., **Der christliche Glaube.** Nach den Grundsätzen der evangelischen Kirche im Zusammenhange dargestellt. Nachdruck der 2. Auflage von 1830. Halle an der Saale. Verlag von Otto Hendel. Keine Jahreszahl.

------, **Zur Darstellung des theologischen Studiums.** Verlag von Otto Hendel, Halle. Keine Jahreszahl.

------, **Monologen. Weihnachtsfeier.** Deutsche Bibliothek in Berlin. (Bearb. von M. Rade). Keine Jahreszahl.

------, **Über die Religion.** Reden an die Gebildeten unter ihren Verächtern. Deutsche Bibliothek in Berlin. (Hrsg. M. Rade.). Keine Jahreszahl.

------, **Schleiermacher-Auswahl.** Mit einem Nachwort von Karl Barth. Herausgegeben von H. Bolli, Siebenstern Taschenbuch Verlag, München und Hamburg, 1968.

Schoch, M., **Karl Barth.** Theologie in Aktion. Verlag Huber, Frauenfeld und Stuttgart, 1967.

Scholz, H., **Christentum und Wissenschaft in Schleiermachers Glaubenslehre.** Ein Beitrag zum Verständnis der Schleiermacherschen Theologie. J.C.Hinrichs'sche Buchhandlung, Leipzig, 1911[2] (= 1901). (Vorrede zur 2. Auflage im Juni 1909).

Schrofner, E., **Theologie als positive Wissenschaft**. Prinzipien und Methoden der Dogmatik bei Schleiermacher. Verlag Peter D. Lang, Frankfurt/M., Bern, 1980.

Schultz, W., **Schleiermacher und der Protestantismus**. Herbert Reich, Evanhelischer Verlag G.m.b.H., Hamburg-Bergstedt, 1957.

Seifert, P., **Die Theologie des jungen Schleiermacher**. Gütersloher Verlagshaus Gerd Mohn, 1960.

Siegfried, Th., **Das Wort und die Existenz**. I.Die Theologie des Worts bei Karl Barth. Leopold Klotz Verlag/Gotha, 1930.

Spieckermann, I., **Gotteserkenntnis**. Ein Beitrag zur Grundfrage der neuen Theologie Karl Barths. Chr. Kaiser Verlag München, 1985.

Stadtland, T., **Eschatologie und Geschichte in der Theologie des jungen Karl Barth**. Neukirchener Verlag des Erziehungsvereins GmbH, 1964.

Stalder, R., **Grundlinien der Theologie Schleiermachers**. I. Zur Fundamentaltheologie. Mit einem Geleitwort von Jean-Louis Leuba. Franz Steiner Verlag GMBH, Wiesbaden, 1969.

Steck, K.G., "Der Einfluss Karl Barths in der bekennenden Kirche Deutschlands seit 1935", **EvTh** 38(1978) 252-268.

------, **Gedenkrede auf Karl Barth**. Gehalten in der Aula der Universität Münster am 29. Januar 1969. Beilage zur Schriftenreihe **Theologische Existenz heute**, Chr. Kaiser Verlag, München, 1969.

------, und Schellong, D., **Karl Barth und die Neuzeit**. Erschienen in der Reihe **Theologische Existenz heute** Heft 173. Chr. Kaiser Verlag, München, 1973.

Steinmann, Th., "Zur Auseinandersetzung mit Gogarten, Brunner und Barth", **ZThK** 10(1929) 220-237 und 452-470.

Stephan, H., **Die heutigen Auffassungen vom Neuprotestantismus**. Vorträge der theologischen Konferenz zu Giessen. Verlag A.Töpelmann, Giessen, 1911.

------, "Der neue Kampf um Schleiermacher", **ZThK** 6(1925) 159-215.

------, "Weltanschauung, natürliche Religion und Christentum", **ZThK** 15(1934) 315-328.

Sykes, S.W., **Karl Barth.** Studies of his Theological Method. Clarendon Press, Oxford, 1979.

Thielicke, H., **Glauben und Denken in der Neuzeit.** Die grossen Systeme der Theologie und Religionsphilosophie. J.C.B. Mohr(Paul Siebeck), Tübingen, 1983.

Thurneysen, E., **Christoph Blumhardt.** Chr. Kaiser Verlag, München, 1926.

------, "Die drei homiletischen Grundregeln", **ZZ** 11(1933) 473-496.

Thyssen, K.-W., **Begegnung und Verantwortung.** Der Weg der Theologie Friedrich Gogartens von den Anfängen bis zum zweiten Weltkrieg. J.C.B. Mohr(Paul Siebeck), Tübingen, 1970.

Tillich, P., **Begegnungen.** Paul Tillich über sich selbst und andere. Gesammelte Werke XII. Evangelisches Verlagswerk Stuttgart, 1971.

------, **Ein Lebensbild in Dokumenten.** Herausgegeben von Renate Albrecht und Margot Hahl. Ergänzungs- und Nachlassbände zu den Gesammelten Werken von Paul Tillich, Bd. V. Evangelisches Verlagshaus Stuttgart, 1980.

------, **Der Protestantismus als Kritik und Gestaltung.** Schriften zur Theologie I. Gesammelte Werke VII. Evangelisches Verlagswerk Stuttgart, 1962.

------, **Vorlesungen über die Geschichte des christlichen Denkens.** Teil II: Aspekte des Protestantismus im 19. und 20. Jahrhundert. Ergänzungen zu den Gesammelten Werken, Bd. II. Evangelisches Verlagswerk Stuttgart, 1972.

Traub, F., "Zum Begriff des Dialektischen", **ZThK** 10 (1929) 380-388.

------, "Zur Frage der natürlichen Theologie", **ZSTh** 13(1936) 34-53.

------, "Die neue Fassung der Barthschen Dogmatik", **ZThK** 14(1933) 219-236.

Trillhaas, W., "Der Mittelpunkt der Glaubenslehre Schleiermachers", **NZSTh** 10(1968) 289-309.

Troeltsch, E., **Die Bedeutung des Protestantismus für die Entstehung der modernen Welt.** Neudruck der Ausgabe von 1911. Otto Zeller Verlagsbuchhandlung Aalen, 1963. (erweiterte Fassung eines Vortrags von Troeltsch vor dem IX. Deutschen Historikertag in Stuttgart, April 1906).

------, **Glaubenslehre.** Nach Heidelberger Vorlesungen aus den Jahren 1911 und 1912. Verlag von Duncker u. Humblot, München und Leipzig, 1925.

------, "Schleiermacher und die Kirche", in: Apel, M., (Hrsg.), **Schleiermacher der Philosoph des Glaubens** 9-35. Buchverlag der "Hilfe", G.m.b.H., Berlin-Schöneberg, 1910.

Visser't Hooft, W.A., "Karl Barth und die ökumenische Bewegung", **EvTh** 40(1980) 2-25.

Vogel, H., **Freundschaft mit Karl Barth.** Ein Porträt in Anekdoten. Theologischer Verlag Zürich, 1973.

Weerts, ..., "Schleiermacher und das Alte Testament", **ZSTh** 16(1939) 233-249.

Wehrung, G., "Der Durchgang Schleiermachers durch die Brüdergemeinde", **ZSTh** 4(1926) 193-210.

------, "Die Haupttypen theologischen Denkens in der neueren Theologie", **ZSTh** 2(1925) 75-145.

Wendland, J., "Philosophie und Christentum bei Ernst Troeltsch im Zusammenhange mit der Philosophie und Theologie des letzten Jahrhunderts", **ZThK** 24(1914) 129-165.

Wobbermin, G., "Luther, Kant, Schleiermacher und die Aufgabe der heutigen Theologie", **ZThK** 5(1924) 104-120.

Wolf, E., "Glaube und Erkenntnis. Über die Einheitlichkeit im Denken Karl Barths", **EvTh** 21(1961) 209-224.

Zahrnt, H., **Die Sache mit Gott**. Die protestantische Theologie im 20. Jahrhundert. R.Piper u. Co. Verlag, München, 1966.

Zündel, Fr., **Johann Christoph Blumhardt**. 15. Auflage, 1948 (=1889). Brunnen Verlag, Basel.